눈물의 땅,
팔레스타인

눈물의 땅, 팔레스타인

70여 년 동안 이어진 분쟁은
어떻게 시작되었으며 왜 끝나지 않는가

김재명 지음

미지북스

1897년 8월 오스트리아 언론인 테오도어 헤르츨의 주도 아래 스위스 바젤에서 제1차 시오니스트 대회 열림. "팔레스타인에 국제법으로 보장되는 유대인의 조국을 건설하고자 한다"는 선언문 발표.

1917년 11월 영국 외무부 장관 아서 제임스 밸푸어, "영국 정부는 팔레스타인에 유대인의 민족적 고향을 건설하는 것을 긍정적으로 생각하면서, 이 목적을 이루기 위해 최선을 다하겠다"며 유대인 국가 건설을 약속(밸푸어 선언). 제1차 세계대전 뒤 팔레스타인은 영국 위임통치 아래 놓임.

1947년 11월 유엔 총회는 '결의안 181호'를 채택, 유대인 국가와 독립 아랍 국가로 팔레스타인 분할 결정. 팔레스타인 영토의 56%를 유대인 국가, 44%를 아랍인 국가로 나누되 예루살렘은 유엔 신탁통치 아래 양쪽에 모두 개방된 국제도시로 두기로 함.

1948년 5월 14일 이스라엘 건국 선포. 다음 날부터 아랍군과 이스라엘군 사이에 전쟁 벌어짐(제1차 중동전쟁). 이스라엘이 승리하며 팔레스타인 영토의 78%를 차지하고 87만 명의 팔레스타인 난민 생겨남. 그해 12월 유엔 총회는 난민 귀환은 허용돼야 한다는 '결의안 194호' 채택.

1956년 10월 이집트 가말 압델 나세르 대통령이 수에즈운하 국유화를 선언. 이스라엘, 영국, 프랑스가 함께 이집트를 공격했으나 국제사회의 여론 악화로 철수(제2차 중동전쟁).

1964년 5월 팔레스타인해방기구(PLO) 공식 출범.

1967년 6월 이스라엘이 기습 공격으로 팔레스타인 가자지구와 서안지구(요르단강 서안), 동예루살렘, 이집트령 시나이반도, 시리아령 골란 고원 점령(제

3차 중동전쟁 또는 6일전쟁). 그해 11월 유엔 안전보장이사회(이하 안보리)에서 이스라엘의 점령지 철군을 촉구하는 '결의안 242호' 채택.

1969년 11월 야세르 아라파트, PLO 의장으로 뽑힘.

1973년 10월 이집트-시리아 연합군이 이스라엘을 기습 공격했으나 미국의 도움으로 이스라엘이 승리(제4차 중동전쟁). 그 뒤 이슬람 산유국들이 석유를 무기화함으로써 제1차 석유파동 일어남. 유엔 안보리, 이스라엘에 점령지(팔레스타인의 가자지구와 서안지구, 레바논 남부 셰바팜스, 시리아 골란 고원)로부터 철군을 촉구하는 '결의안 338호' 채택.

1979년 3월 미국의 중재 아래 이집트-이스라엘 평화조약 체결. 그 여파로 1981년 10월 사다트 이집트 대통령이 피살되고, 1982년 4월 이스라엘은 시나이반도를 이집트에 반환.

1982년 6월 이스라엘이 레바논을 침공, 야세르 아라파트와 PLO 세력을 레바논에서 아프리카 튀니지로 몰아냄. 베이루트 사브라-샤틸라 팔레스타인 난민촌에서 학살 사건 일어남.

1987년 12월 이스라엘의 억압에 맞서 팔레스타인 사람들의 1차 인티파다(봉기)가 일어나 1993년 오슬로 평화협정이 맺어질 때까지 이어짐. 팔레스타인 사망자는 1,166명, 이스라엘은 90명.

1993년 9월 미 백악관에서 이스라엘 총리 이츠하크 라빈과 PLO 의장 야세르 아라파트가 오슬로 평화협정(정식 명칭은 '잠정적인 팔레스타인 자치 원칙 선언')에 서명. '땅과 평화의 교환' 논리에 따라 이스라엘은 (팔레스타인의 테러 공격으로부터 벗어나는) 평화를 얻고, 팔레스타인은 (이스라엘군의 무단통치로부터 벗어나) 땅을 되돌려 받기로 합의.

1994년 2월 미국 의사 자격증을 지닌 유대교 광신자 바루흐 골드스타인이 서안지구 헤브론의 한 이슬람 사원에서 예배 중이던 사람들을 향해 총을 쏘아 29명 사망, 150명 부상.

1994년 12월 이츠하크 라빈 이스라엘 총리, 시몬 페레스 이스라엘 외무부 장관, 야세르 아라파트 PLO 의장이 오슬로 평화협정 서명으로 중동 평화를 앞당긴 공로를 인정받아 노벨 평화상 공동 수상.

1995년 11월 라빈 이스라엘 총리의 중동 평화 정책에 반발한 유대인 극우파 청년 이갈 아미르, 라빈 총리 암살.

1996년 1월 팔레스타인 자치정부 수립을 위한 총선거 실시. 아라파트 PLO 의장, 초대 대통령으로 뽑힘.

1996년 5월 이스라엘 리쿠드당 지도자 베냐민 네타냐후, 이스라엘 총리로 뽑힘.

1999년 5월 이스라엘 노동당 지도자 에후드 바라크, 이스라엘 총리로 뽑힘. 1년 안에 레바논 남부에서 이스라엘군의 철수 공약하고, 2000년에 실제로 실행에 옮김.

2000년 7월 미 클린턴 대통령, 캠프 데이비드 별장으로 바라크 이스라엘 총리와 아라파트 팔레스타인 자치정부 수반을 불러 평화 협상을 추진했으나 실패.

2000년 9월 이스라엘 야당인 리쿠드당 당수 아리엘 샤론이 동예루살렘 알 아크사 이슬람 사원을 방문하자 충돌 일어남. 팔레스타인 사람들의 2차 인티파다 시작.

2001년 2월 유혈 사태 속에 벌어진 이스라엘 총선에서 강경파가 승리. 아리엘 샤론이 총리가 됨.

2001년 6월 이스라엘 텔아비브 나이트클럽에서 자살 폭탄 공격으로 이스라엘인 21명 피살.

2002년 3월 유엔 안보리, '결의안 1397호'를 통과시킴. "유엔 결의안 242호(1967년)와 338호(1973년) 등 이전에 채택된 모든 결의의 취지를 감안, 이스라엘과 팔레스타인 양측이 안전하고도 공인되는 국경 안에서 나란히 존립하는 비전을 지지한다"는 내용의 '결의안 1397호'는 유엔 안보리에서 처음으로 팔레스타인 국가를 명시했다는 점에서 큰 의미를 지님.

2002년 6월 이스라엘 정부, "테러 공격을 막는다"는 명분 아래 총 길이 710킬로미터의 분리 장벽을 세우기 시작.

2003년 4월 중동 평화를 위한 이정표 마련. 미국 조지 W. 부시 대통령의 중재 아래, 2005년까지 팔레스타인 국가 창설을 목표로 이스라엘-팔레스타인 양측이 단계적으로 이행해야 할 3단계 평화 실현의 청사진을 담았으나 결국 문서로만 남고 무산됨.

2004년 3월 하마스 창립자이자 '정신적 지도자'인 셰이크 아흐메드 야신, 이스라엘 헬기의 미사일 공격으로 사망(67세).

2004년 4월 하마스 지도자 압둘 아지즈 란티시, 이스라엘 헬기의 미사일 공격으로 사망(57세).

2004년 5월 유엔 총회, 팔레스타인의 자결권과 주권을 인정하는 내용의 결의안 채택.

2004년 11월 팔레스타인 자치정부 수반 야세르 아라파트, 프랑스 육군병원에서 사망(75세).

2005년 8월 이스라엘 정부, 가자지구의 유대인 정착촌을 폐쇄하고 정착민 철수시킴.

2006년 1월 이스라엘 강경파 총리 아리엘 샤론(당시 77세), 뇌졸중으로 쓰러져 식물인간이 됨(2014년 사망). 3월 총선으로 에후드 올메르트가 후임 총리로 뽑힘.

2006년 1월 팔레스타인 총선에서 하마스 승리, 팔레스타인 자치의회 제1당에 올라 단독 내각 구성. 하마스 지도자 이스마일 하니야, 자치정부 총리로 뽑힘.

2006년 3월 미국과 유럽연합(EU), 하마스 내각을 압박하기 위해 팔레스타인에 대한 원조를 중단하기로 발표.

2006년 7월 이스라엘 에후드 올메르트 총리, 레바논 침공 명령. 헤즈볼라와 교전. 베이루트를 비롯한 주요 도시의 민간인 주거지역 공습으로 최소 1,100명 사망. 국제사회, 이스라엘 비난.

2007년 6월 미국과 이스라엘의 압력으로 고전하던 하마스 내각 붕괴. 하마스는 유혈 사태 끝에 가자지구 장악(약 600명 사망). 이로써 팔레스타인은 세력이 양분돼 서안지구는 파타, 가자지구는 하마스가 지배. 이스라엘은 가자지구에 대한 봉쇄를 강화.

2008년 12월 27일 이스라엘군이 가자지구를 공습하면서 하마스 무장 세력과 전면전. 2009년 1월 17일까지 이어진 22일 동안의 전쟁으로 약 1,400명 사망.

2009년 1월 12일 유엔 인권이사회, 가자지구에 대한 이스라엘의 무차별 군사 공격을 비난하는 결의안 채택.

2009년 1월 21일 이스라엘 총선. 강경파의 승리로 베냐민 네타냐후(리쿠드당 당수) 총리 재등장.

2009년 3월 10일 제10차 유엔 인권이사회, '팔레스타인과 여타 이스라엘의 아랍 점령 지역 인권 상황'이라는 제목의 보고서 발표. 43쪽 분량의 이 보고서에서 유엔 인권이사회는 전쟁범죄 행위 사례들을 꼽으며 이스라엘군의 행위를 비난.

2010년 5월 31일 이스라엘 특공대, 가자지구로 향하던 국제평화구조선을 지중해 공해상에서 공격해 평화운동가 10명 사망.

2011년 10월 팔레스타인, 유네스코 정식 회원국으로 가입.

2012년 11월 유엔 총회에서 팔레스타인의 지위를 옵서버 단체에서 옵서버 국가로 격상하는 결의안 통과.

2012년 11월 이스라엘군과 하마스의 포격전으로 8일 동안 팔레스타인에서 177명, 이스라엘에서 6명 사망.

2013년 1월 22일 이스라엘 총선. 리쿠드당 지도자 베냐민 네타냐후 총리 집권 연장.

2014년 4월 23일 팔레스타인 파타-하마스 연립정부 구성하고 6개월 안에 새 정부 수립을 위한 총선거를 실시하기로 합의. 이스라엘과 미국은 이 합의가 평화 협상의 전망을 어렵게 만든다고 비난.

2014년 7월 8일 이스라엘군, 가자지구 대규모 공습. 8월 26일, 이스라엘-하마스 장기 휴전에 합의. 50일간의 전쟁으로 약 2,200명 사망.

2014년 7월 23일 유엔 인권이사회, 가자지구에 대한 이스라엘의 군사 공격 중단을 촉구하고 인권침해 조사위원회를 구성한다는 결의안 채택(한국은 표결에서 기권).

2014년 11월 12일 이스라엘 정부, 유엔 인권침해 조사위원회 활동에 협력하지 않겠다고 발표.

2015년 1월 유대인 정착촌 확대를 반대하는 미국 오바마 대통령과 정착촌 건설을 밀어붙이는 이스라엘 네타냐후 총리 사이의 반목과 긴장이 높아짐.

2015년 10월 팔레스타인 청년이 예루살렘 구시가지에서 흉기를 휘둘러 이스라엘인 2명이 사망한 뒤 서로 간의 잇단 보복성 공격으로 10월 한 달 동안 팔레스타인인 21명과 이스라엘인 4명이 숨지고 수백 명이 다침.

2016년 12월 23일 유엔 안보리, "이스라엘이 점령 중인 팔레스타인 서안지구에 유대인 정착촌을 더 이상 세워서는 안 된다"는 결의안을 통과시킴. 트럼프 미 대통령 당선자는 안보리 표결을 앞두고 "미국은 당연히 거부권을 행사해야 한다"고 주장했으나, 오바마 대통령은 유엔 주재 미 대사에게 표결에서 기권하도록 지침 내림.

2017년 1월 24일 이스라엘 정부, 트럼프 미 대통령 취임식 나흘 뒤 유엔 안보리 결의안을 비웃듯이 서안지구에 새로운 정착촌 건물 2,500채를 새로 짓겠다고 발표.

2017년 10월 12일 미국, 유네스코 탈퇴. 팔레스타인 서안지구의 헤브론 구시가지를 유네스코가 '이스라엘의 문화유산'이 아닌 '팔레스타인의 문화유산'으로 등재하면서 이스라엘이 이에 반발하자, 트럼프 대통령이 유네스코 탈퇴를 선언하면서 이스라엘을 지원사격.

2018년 5월 14일 트럼프 대통령, 텔아비브에 있던 미 대사관을 예루살렘으로 옮김. 이를 반대하는 팔레스타인 사람들의 시위가 거세졌고, 이스라엘군의 총격으로 사망자와 부상자 다수 생겨남.

2021년 6월 13일 15년 동안 이스라엘 총리를 지냈던 네타냐후가 물러나고, 나프탈리 베네트를 우두머리로 한 새 연립내각 출범. 연립정부 구성 실패로 지난 2년 동안 4차례 총선을 치른 끝에 새 총리에 오른 베네트는 네타냐후보다도 더 극우 성향의 인물이기에 중동 평화의 전망은 매우 흐림. 이스라엘 정치권의 불안정으로 베네트는 단명 총리에 그칠 가능성이 크지만 총리를 바꿔가면서도 극우 보수-종교 연립정부의 집권은 계속될 전망.

제1차 세계대전을 촉발시켰고 1990년대 내내 내전으로 몸살을 앓았던 발칸반도가 '20세기의 화약고'였다면, 중동은 '21세기의 화약고'다. 기본적으로 분쟁의 불씨가 휴화산처럼 남아 있는 탓에, 언제라도 전투가 벌어질 가능성이 크기 때문이다. 이스라엘의 군사적 강공책, 그에 맞선 팔레스타인의 하마스HAMAS를 비롯한 무장 대원과 일반 시민들의 죽음을 무릅쓴 격렬한 저항으로 폭력의 악순환이 그치지 않고 있다.

이스라엘군의 침공을 받아 만신창이가 된 팔레스타인 가자지구의 현장 취재를 비롯해, 2000년 이래 지금까지 10여 차례 팔레스타인과 이스라엘을 다녀왔다. 이스라엘-팔레스타인 분쟁은 중동 지역은 물론이고 지구촌의 평화를 흔들어대는 뇌관이나 다름없다. 지구상의 유일한 분단국가에 살면서 한반도 평화와 안정을 소중하게 여기는 우리이기에 중동 분쟁을 강 건너 불구경하기는 어려운 일이다.

개정 증보판을 준비하면서 다시 중동 현지로 갔다. 팔레스타인 사람들을 가두는 이스라엘의 거대한 분리 장벽을 돌아보던 날, 오후에는 예루살렘의 홀로코스트 기념관에 가보았다. 기념관 곳곳에 전시된 내용물들은 하나같이 지난날 유대인이 겪은 고난을 말해주었다. 하지만 아돌프 히틀러가 유대인들을 게토ghetto에 가두고 박해했듯이 21세기의 유대인들이 히틀러의 몹쓸 짓을 지금 팔레스타인 땅에서 되풀이한다는 생각에 내내 마음이 불편했다. 유대인들이 그들의 고난의 역사로부터 배운 교훈은 무엇일까. 힘으로 약소민족의 생존권을 빼앗으면 역사의 준엄한 심판을 받게 된다는 너무도 뻔한 교훈은 배우지 못했을까.

이 개정 증보판은 2015년 개정판에 견주어 100여 쪽가량 늘어났다. 중동 지역의 변화된 상황에 맞추어 전반적으로 내용을 가다듬었고, 그동안 달라진 통계 수치들도 바로잡았다. 특히 미국 트럼프 행정부가 들어선 뒤 더욱 노골적으로 벌어지는 친이스라엘 일방주의의 문제점을 곳곳에 덧붙였다. 해마다 30억 달러어치의 군사원조를 무상으로 받는 등 미국의 지원에 기대 팔레스타인에 대한 군사적 억압통치를 강화하는 이스라엘의 민낯을 좀 더 가까이에서 들여다보았다.

이와 관련해, 새로 2개의 장을 추가했다. 1부 2장에서는 예루살렘이 분쟁의 도시인지, 평화의 도시인지를 따져보았다. 5부 26장에서는 팔레스타인의 위상이 유엔을 비롯한 국제사회에서 높아진 것과 보이콧-투자 철회-제재(BDS) 운동을 비롯해 이스라엘에 대한 국제사회의 제재와 압박이 커가는 상황을 새로이 덧붙였다. 이스라엘의 제1동맹국인 미국의 중동 정책이 지닌 문제점과, 평화와 인권의 가치를 소중하게 여기는 전 세계 사람들로부터 '21세기 깡패 국가'로 지탄을 받는 이스라엘이 팔레스타인 사람들에게 저지르는 불법 행위와 차별을 비판하는 글의 흐름에는 변함이 없다.

개정 증보판을 준비하면서 사실에 바탕을 두고 되도록 객관적으로 글을 쓰려고 노력했다. 하지만 글의 논조는 '중립적'이지 못하다. 프란치스코 교황이 지난 2014년 한국에 와서 세월호 유가족을 만났을 때 "인간적 고통 앞에서 중립을 지킬 수는 없습니다"라고 했던 말과 같은 맥락이다. 이 책의 관점도 마찬가지다. 중동 평화를 위협하는 '21세기 깡패 국가' 이스라엘의 전쟁범죄 행위를 비판하고, 팔레스타인 사람들의 고난 어린 투쟁에 동참하는 마음으로 써내려갔다.

일본 제국주의의 만행을 기억하는 한국인으로서는 이스라엘이 내세우는 국가 안보 논리보다는 생존의 벼랑 끝에서 인간 안보와 평화적 생존권을 되찾아 지키겠다는 팔레스타인의 목소리가 더 가까이 다가오기 마련이다. 이 책은 팔레스타인 사람들이 현재진행형으로 겪고 있는 좌절과 분노의 기록이다. 팔레스타인 사람들의 눈물이 그치는 날이 하루라도 빨리 오길 바랄 뿐이다.

2019년 2월

동예루살렘의 한 호텔방에서

2021년 미국 트럼프 대통령, 이스라엘 네타냐후 총리가 물러나면서 중동 정세는 새 국면을 맞이했다. 개정 증보판 2쇄에는 최근의 변화된 상황과 통계 숫자들을 반영하여 고쳐 넣었다.

차례

일러두기

1. 외국 인명, 지명은 국립국어원의 외래어 표기법을 따랐으며, 네이버백과사전, 브리태니커 등을 참조했다. 그 외의 것은 원음에 가깝게 표기했다.

2. 『 』는 단행본 또는 정기간행물, 「 」는 논문, 〈 〉는 영화나 TV 프로그램 등을 의미한다.

3. 지은이 주는 ✽ 표시를 붙여 모두 각주로 처리했다.

4. 오스만 튀르크는 1923년 수립된 터키공화국과의 연속성을 강조하기 위해 오스만 터키로 표기했다.

1부

왜 눈물의 땅인가

1장

팔레스타인의 분노와 좌절
그리고 저항

"인간적 고통 앞에서 중립을 지킬 수는 없습니다." 세월호 침몰 넉 달 뒤인 2014년 8월 한국에 왔을 때 프란치스코 교황이 했던 말이다. 나흘 동안의 방한 기간 중 첫째 날 교황은 세월호 유가족들을 만났고, 그들에게 받은 노란 리본을 가슴에 달았다. 반나절쯤 지나 어떤 사람이 교황에게 다가와 "중립을 지켜야 하니 그 리본을 떼는 것이 좋지 않겠습니까" 하자 그와 같이 대답해주었던 것이다. 바티칸으로 돌아가는 비행기 안에서 열린 기자회견에서도 누군가 비슷한 질문을 했다. "세월호 추모 행동이 정치적으로 이용될 수 있다고 생각하지는 않았습니까?" 교황의 대답은 한결같았다. "세월호 유족의 고통 앞에서 중립을 지킬 수는 없었습니다."

고통 앞에서 중립을 지킬 수 없는 이유 21세기 이스라엘의 식민 지배 아래서 팔레스타인 사람들이 받아온 고통에 대해서도 교황은 중립을 지키기 어렵다고 여긴다. 세월호 유가족들을 만나기 석 달 전인 2014년 5월 프란치스코 교황은 사흘 일정으로 중동 요르단과 이스라엘-팔레스타인 지역을 처음 방문했다. 그때의 모습을 찬찬히 살펴보면 프란치스코 교황의 깊은 생각을 헤아릴 수 있다. 여태껏 로마 교황들은 팔레스타인보다는 이스라엘을 먼저 방문해 유대인들과 악수를 나눴다. 하지만 이번엔 달랐다. 요르단 방문을 마치자 교황은 헬기를 타고 팔레스타인 서안West Bank지구 영토인 베들레헴에 내렸다. 흰색 오픈카를 타고 예수가 태어난 베들레헴에 마련된 미사 장소로 가는 길에 교황은 갑자기 차를 세우도록 했다. 그러고는 8미터 높이의 콘크리트 분리 장벽 앞으로 다가가 5분 가까이 기도를 올렸다.

이스라엘은 "팔레스타인 테러분자들이 넘어오는 것을 막겠다"는 명분 아래 2002년부터 팔레스타인 지역을 둘러싸며 710킬로미터나 되는 거대한 분리 장벽을 세워왔다. 이스라엘이 '보안 장벽'이라고 부르는 이 엄청나게 긴 건축물은 중국 만리장성처럼 인공위성에서도 보인다. 바로 그 장벽 앞에 선 교황의 눈에는 스프레이로 누군가가 남긴 "팔레스타인에 자유를"이란 글이 뚜렷이 보였다. 장벽은 이스라엘 유대인들에겐 국가 안보를 위한 시설물이겠지만 팔레스타인 아랍인들에게는 '점령과 억압, 인종차별의 흉물'이다.

교황이 멈춰서서 기도를 올렸던 분리 장벽 너머 반대편 지역에는 해마다 확대를 거듭하는 유대인 정착촌이 20개가 넘는다. 교황이 장벽 앞에서 기도를 올리는 모습을 TV 중계로 바라보던 유대인들은 이

칼킬리야 지역에 세워진 분리 장벽. 이스라엘은 "팔레스타인 테러분자들이 넘어오는 것을 막겠다"는 명분을 내세우지만, 장벽 너머 올리브 밭으로 가지 못하는 팔레스타인 농민들은 생존을 위협받고 있다.

스라엘-팔레스타인 문제에 대한 교황의 행동이 결코 '중립적'이지 않다고 여겼을 것이다. 하지만 평화를 사랑하고 인권의 가치를 귀하게 여기는 지구촌 사람들은 신앙인이든 무신론자이든, 가톨릭이든 무슬림이든, 종교의 유무나 다름을 떠나 교황의 그날 행동에 공감하며 고개를 끄덕였을 것이다.

나크바의 날 해마다 봄이 오면 이스라엘-팔레스타인 땅에는 긴장감이 돈다. 1976년 3월 30일 6명의 팔레스타인 원주민이 이스라엘 정부의 토지 강제수용에 맞서다 죽었다. 그 일이 벌어진 뒤로 팔레스타인 사람들은 그 비극의 날을 '땅의 날Land Day(아랍어 발음으로는 '욤 알-아르드')'로 기리고 있다. 해마다 그날이 다가오면 크고 작은 유혈 충돌이 벌어진다.

'땅의 날'이 지나가면 곧 '나크바Nakba(대재앙)의 날'(5월 15일)이 다가온다. 이스라엘의 건국 기념일 바로 다음 날이다. 그 무렵에도 대규모 시위와 그에 따른 유혈 충돌로 어김없이 사상자가 나온다.

예루살렘-라말라 사이에 자리 잡은 칸달리야 검문소에도 수천 명이 모여들어 '알라우 아크바르!'(알라는 위대하다) '인티파다!'(봉기), '이스티샤드!'(순교)를 외치고, 일부 시위 군중은 "(이스라엘이 점령 중인) 예루살렘으로 가자!"며 이스라엘군에 맞서다 피를 흘리기도 한다. 2018년 3월부터 6월까지 팔레스타인에선 이스라엘군의 총격으로 135명이 사망하고, 약 1만 5,000명이 부상을 입었다. 더구나 2018년 5월 14일엔 미국 대사관이 텔아비브에서 예루살렘으로 옮겨가 개관식이 열렸던 터라 유혈 사태가 더 크게 일어났다. 5월 14일 하루 동안 적어도 52명의 팔레스타인 사람들이 이스라엘군의 총격으로 목숨을 잃었다.

이스라엘은 1948년 5월 14일 독립국가임을 선포한 뒤 곧이어 벌어진 팔레스타인 토착민들과 주변 아랍국들과의 전쟁(제1차 중동전쟁)에서 이겼다. 이 때문에 팔레스타인 사람들에게 5월은 치욕스런 기억으로 남아 있다. 해마다 이스라엘의 건국 기념일이 다가오면 유대인들은 여러 종류의 기념행사를 준비하느라 바쁘다. 예루살렘에서 벌어지는 대규모 시가행진도 그 가운데 하나다. 시가행진에 참여하기 위해 예루살렘은 물론이고 이스라엘 곳곳에서 학생들과 유대인 정착민들이 단체로 버스를 타고 몰려와 예루살렘 시내는 하루 종일 시끌 벅적하다.

이스라엘 건국 70주년을 맞아 2018년의 축하 행사는 특히 거창하게 열렸다. 4월 초부터 이스라엘 곳곳에서는 여러 다른 이름을 붙인 행사들을 진행하느라 학생이나 군인들은 물론이고 모든 유대인들이 바삐 움직였다. 지중해 변을 따라 70킬로미터에 이르는 해변에서 며칠 동안 파티가 열리고, 노래와 춤의 향연이 이어졌다. 화려한 불꽃놀이는 기본이다. 예루살렘과 텔아비브를 비롯한 주요 도시들에선 유대인이 겪었던 지난날의 고난과 지금의 영광을 기리는 오케스트라의 웅장한 음악이 야외 또는 실내 공연장에 울려퍼졌다.

건국 기념일의 하이라이트는 동예루살렘 '통곡의 벽' 광장에서 벌이는 야간 행사이다. 여기에 참석하기 위해 많은 유대인들이 동예루살렘 성벽에서 북쪽으로 난 출입구인 다마스쿠스 문 앞으로 몰려든다. 그들은 둥그렇게 원을 그리고 어깨동무를 한 채 노래를 부르고 춤을 춘다. 가까이 가보니 이들 가운데 자동소총을 어깨에 멘 정착민들도 끼어 있다. "아랍 테러리스트들의 공격에 대비하기 위한 것"이란 설명이다.

이들을 멀리서 바라보는 팔레스타인 사람들은 마음이 불편하기 마련이다. 더구나 이스라엘 시민권을 지닌 팔레스타인 사람이라면, 자신의 정체성에 새삼 회의를 느끼는 날이기도 하다. 유대인들은 아랍인들의 따가운 눈길에도 아랑곳없이 노래와 춤으로 승리자, 점령자로서의 기분을 한껏 즐긴다. 늦은 저녁 다마스쿠스 문을 나와 숙소로 가는데 어제와 달리 운전기사 가말의 입이 무겁다. 그는 대대로 팔레스타인에 살던 원주민의 후손으로 이스라엘 시민권을 지녔다. 숙소

이스라엘의 건국 기념일(5월 14일)을 자축하기 위해 동예루살렘 중심가인 다마스쿠스 문으로 몰려든 유대인들.

앞에서 내려 헤어지려는데 그가 내뱉듯이 말한다. "오늘은 참 우울한 날이네요."

중동 현대사는 전쟁의 역사　　이스라엘 건국 선포 바로 다음 날부터 팔레스타인 사람들에게 잔혹한 시련과 고난의 문이 열렸다. 당시 130만 명의 팔레스타인 주민 가운데 87만 명이 살던 집과 땅을 잃고 쫓겨나기 시작한 날이기에, 역사의 기록에서 지우고 싶은 우울한 날이다. 팔레스타인 사람들은 이날 가게와 학교의 문을 닫는다. 어떤 이들은 상복을 입고 하루 종일 슬피 운다. 1948년의 나크바 이후로 팔레스타인 사람들의 고난은 그치지 않았다. 이스라엘의 팔레스타인 점령, 군사적 억압 통치와 인권침해, 팔레스타인 사람들의 저항 ……. 이런 표현은 몇십 년 동안 중동의 상황을 나타내는 기본 용어로 굳어졌고, 중동의 하늘에는 늘 먹구름이 드리워져 있다.

이스라엘은 미국산 F-16 전폭기와 에이브럼스 M1A1 탱크, 그리고 이스라엘산 머카바스Merkavas 탱크를 동원한다. 팔레스타인 전사들은 그런 이스라엘에 맞서 고작 AK-47로 무장한 채 죽음을 각오하고 누가 봐도 승패가 뻔한 싸움에 나선다. 팔레스타인 가자Gaza지구에서 이스라엘군에 맞서 싸우다 죽은 한 하마스 대원의 장례식에 가보았다. "순교자의 죽음을 헛되이 하지 않겠다"며 많은 이들이 울부짖고 고함치며 이스라엘에 대한 복수를 다짐하고, 일부 하마스 대원들은 하늘에 대고 총을 마구 쏘아댔다. 이스라엘에 눌려 살아온 분노와 좌절감을 한순간이나마 그렇게라도 날려버리고 싶은 절박한 그 무엇이 그들의 충혈된 눈에서 묻어나왔다.

큰 그림으로 보면 중동의 현대사는 피로 점철된 전쟁의 역사다. 히브리어를 말하는 유대인들과 아랍어를 말하는 아랍인들은 이스라엘 건국 과정에서 일어난 제1차 중동전쟁(이스라엘 독립 전쟁, 1948~1949년), 이집트의 수에즈운하 국유화 선언에서 비롯된 제2차 중동전쟁(1956~1957년), 전쟁이 터진 지 6일 만에 이스라엘의 일방적인 승리로 끝났다 해서 '6일전쟁'이라고도 불리는 제3차 중동전쟁(1967년), 유대교의 축일인 욤 키푸르(사죄의 날)에 맞춰 아랍 연합군이 이스라엘을 기습 공격했다고 해서 '욤 키푸르 전쟁'이라고도 일컬어지는 제4차 중동전쟁(1973년)까지 모두 4차례의 큰 전쟁을 치렀다.

팔레스타인 사람들은 특히 1948년의 제1차 중동전쟁과 1967년의 제3차 중동전쟁에서 크나큰 아픔을 겪었다. 1948년 전쟁에서 유대인들이 주변 아랍국들(이집트, 시리아, 요르단, 이라크)의 연합군을 이기고 팔레스타인 땅에 그들의 독립국가를 세우면서 많은 팔레스타인 사람들이 집과 땅을 잃고 쫓겨났다면, 19년 뒤에 터진 제3차 중동전쟁에서는 이스라엘이 아랍 연합군(이집트, 시리아 주축)을 또다시 격파하면서 그때까지 이집트가 다스리던 가자지구와 요르단이 다스리던 서안지구가 이스라엘의 군사통치 아래 들어갔다.

그 밖에도 이스라엘은 1982년과 2006년에 레바논을 침공했고, 2009년과 2012년, 2014년 거듭해서 가자지구로 쳐들어가 엄청난 유혈 학살극을 벌였다. 20세기 전반기만 해도 세계 지도에 없었던 이스라엘이란 나라가 중동에 생겨남으로써 팔레스타인 사람들은 엄청난 희생을 치렀고, 지금껏 눈물 속에 지내는 상황이다.

1, 2차 인티파다 이스라엘의 강압적 군사통치에 맞선 팔레스타인 사람들의 투쟁을 중동 지역 사람들은 '인티파다intifada'라고 일컫는다. 우리말로는 '봉기' 또는 '저항'이란 뜻이다. 팔레스타인 현대사에서 인티파다는 두 번에 걸쳐 일어났다. 1차 인티파다(1987~1993년)는 이스라엘의 점령 지역에서 이스라엘군의 지프차에 치여 팔레스타인인 4명이 사망한 사건을 계기로 팔레스타인인들이 이스라엘 검문소를 습격하면서 일어났다.

6년 넘게 이어졌던 1차 인티파다로 팔레스타인에서는 1,166명이, 이스라엘에서는 90명이 사망했다. 1차 인티파다 당시 팔레스타인에는 무기가 별로 없었다. 하지만 뜨거운 용암이 땅 밑에서 끓다가 어느 날 솟구쳐 오르듯이, 팔레스타인 사람들의 해묵은 분노가 폭발한 1차 인티파다는 국제사회의 높은 관심을 끌었다. 미국과 유럽의 적극적인 개입이 이루어졌고, 팔레스타인 사람들이 제한적 자치정부를 세우는 것을 뼈대로 하는 오슬로 평화협정(1993년)이 맺어지며 유혈 사태는 일시적으로 진정되었다.

그러나 말보다는 주먹이 앞서는 폭력적인 상황 속에서 중동의 평화는 그리 오래가지 못했다. 2000년 9월, 당시 이스라엘의 야당 당수였던 아리엘 샤론이 팔레스타인 사람들의 이슬람 성지인 동예루살렘의 알 아크사 사원에 의도적으로 발을 들여놓자, 팔레스타인 사람들이 돌을 던지며 항의했다. 이때 이스라엘 군대가 팔레스타인 사람들을 총으로 진압하면서 비롯된 유혈 투쟁이 바로 지금까지 이어지고 있는 2차 인티파다. 국가 간의 본격적인 전쟁이 아니라 낮은 수준의 전쟁이라는 뜻에서 이스라엘이 '저강도 전쟁'이라고 일컫는 이 2차 인티파다 과정에서 무려 5,000명 이상의 많은 사람들이 목숨을 잃었다. 이스라엘 쪽도 1,000명 이상의 사망자를 냈다. 팔레스타인 자치정부(PA)가 들어서면서 AK-47 소총 수준으로나마 무장이 되어 있던 터에, 하마스를 비롯한 팔레스타인 무장 조직들이 죽음을 마다하지 않고 거세게 항쟁했던 까닭이다.

예루살렘의 이스라엘 외무부 건물에서 이스라엘군 전략여단장 기세라 에일랜드 준장을 만나 이스라엘군이 F-16 전폭기까지 사용해야 하는가를 물었다. 그는 "전폭기가 공격용 아파치 헬기보다 공격 목표에 더 정확히 접근할 수 있을 뿐 아니라, 파괴력이 강하기 때문"이라고 밝혔다. "팔레스타인 사람들에게 '이스라엘은 이길 수 없는 상대'라는 인식을 심으려는 심리전을 노린 건 아닌가요?"라고 묻자, 그는 "그런 전략적 결정은 내 소관이 아닙니다" 하며 입을 닫았다. 그는 군인이지 정치인이 아니므로 그렇게 답변하는 것이라 짐작이 됐다. 내친김에 "F-16 공격은 전시 상황에서나 가능한 일로 여겨집니다. 지금 상황은 전쟁을 치르는 중인가요, 아니면 일반적인 충돌인가요?" 하고 물었다. 그러자 그는 단호한 말투로 "우리는 팔레스타인을 국가로 보지 않습니다. 따라서 전쟁은 아닙니다. 상당한 정도의 충돌high level of conflict일 뿐입니다"라고 답했다. 그러면서 이스라엘이 정보 판단 차원에서 한 가지 잘못한 게 있다고 했다. 지금의 유혈 사태가 금세 끝날 걸로 판단했는데, 그렇지가 않다는 것이다. "1차 유혈 사태 때와 가장 크게 다른 점이라면 지난번엔 팔레스타인에 무기가 별로 없었는데, 이번에는 무장이 잘되어 있다는 것입니다"라고 주장했다. 그렇지만 이스라엘 평화운동 단체들도 지적하듯이, 희생자의 다수는 무장을 하지 않은 팔레스타인 민간인들이다.

특히 2차 인티파다가 일어난 2000년 9월 29일부터 2008년 4월 30일까지 7년 반 동안 많은 사망자가 생겨났다. 이스라엘 평화운동 단체 베첼렘B'Tselem(이스라엘 점령 지역 인권정보센터) 자료에 따르면, 이스라엘인 1,053명(민간인 719명, 군인 334명), 팔레스타인인 4,789명(민간인 2,204명, 전투원 1,671명, 불확실 914명)이다. 여기에는 이스라엘 정보기관의 스파이 혐의를 받고 죽은 120명과 하마스-파타Fatah(팔레스타인 민족해방운동) 무장 대원들끼리의 총격전으로 죽은 457명은 포함되지 않는다. 이들까지 포함하면 2000년부터 7년 반 동안 팔레스타인 희생자는 5,000명을 넘어선다. 이스라엘의 희생자는 해가 갈수록 줄어드는 양상을 보이는 반면에, 팔레스타인에서는 2005년을 제외하고 해마다 500명 이상의 사망자를 내왔다.

잇단 침공에 큰 희생을 치르는 가자지구
이스라엘군이 가자지구를 침공해 2008년 12월부터 2009년 1월까지 22일 동안 벌어진 전투에서도 많은 희생자가 나왔다. 전폭기로 공습을 한 다음 탱크를 앞세워 가자지구로 진격해 들어온 이스라엘의 군사적 공세는 단기간에 가자지구를 피로 물들였다. 팔레스타인 사망자는 1,366명이었다.

특히 여성과 어린이의 피해가 컸다(어린이 430명, 여성 111명). 팔레스타인 부상자 5,380명 가운데 어린이 부상자는 1,870명, 여성 부상자는 800명에 이른다. 이에 비해 이스라엘 사망자는 13명(그 가운데 5명은 이스라엘군의 오인 사격으로 사망)뿐이었다. 따라서 이를 두고 팔레스타인 쪽에서 "전쟁이라기보다는 이스라엘의 일방적인 학살극"이라고 주장하는 것도 무리는 아니다.

가자지구를 점령했던 이스라엘군이 2009년 1월 철수한 뒤로도 그곳 사람들의 피눈물이 그친 것은 아니었다. 걸핏하면 공습을 해대고 탱크 포격, 조준 사격을 되풀이함으로써 희생자 수를 더 늘렸다. 특히 2012년 11월 14일에서 22일까지 8일 동안, 이스라엘군이 가자지구를 다시 집중 포격하면서 팔레스타인인 162명이 죽었는데, 희생자 대다수가 비무장 민간인들이었고, 그 가운데 어린이 37명과 여성 13명이 포함돼 있었다. 부상자는 어린이 315명, 여성 179명을 포함하여 1,039명에 이르렀고, 학교와 언론사를 비롯한 공공건물과 주택들이 부서졌다. 팔레스타인 사람들의 고통이 전 세계에 알려진 것이 어제 오늘의 일은 아니었지만, 바로 그 무렵 한국에서도 YMCA를 비롯한 여러 민간단체에서 팔레스타인 돕기 운동을 펼쳤고, 지금도 모금 활동이 이어지는 중이다.

베첼렘에 따르면, 팔레스타인 사람들의 '인티파다'가 일어난 2000년 9월 29일부터 2012년 10월 31일까지 약 12년 동안 이스라엘의 공격으로 사망한 팔레스타인 사람은 모두 6,633명에 이른다. 이에 비해 이스라엘인 사망자는 1,097명에 그쳤다. 이스라엘군이 가자를 침공한 것을 두고 연도별로 2009년을 1차 가자 침공, 2012년을 2차 가자 침공으로 본다면, 3차 가자 침공이 이뤄졌던 2014년 7~8월은 팔레스타인 사람들에게 악몽의 여름이었다. 이때 숨진 사람이 2,104명에 이른다. 문제는 이들 사망자 10명 가운데 7명, 정확히는 69%가 비무장 민간인이라는 점이다(민간인 희생자는 1,462명으로, 이 가운데 어린이 495명과 여성 253명이 포함돼 있다). 그에 비해 이스라엘 사망자는 71명으로, 군인 66명, 민간인은 5명이다.

이스라엘과 팔레스타인 사이의 유혈 분쟁은 포연이 그치자마자, 단 한 번의 예외도 없이 '통계 전쟁'으로 이어진다. 팔레스타인은 사망자 통계에서 민간인 비율이 높은 것은 이스라엘이 민간인 주거지역을 마구잡이로 공격했기 때문이라며 이스라엘을 비난한다. 하지만 이스라엘 정부는 이 통계가 가자지구에서 활동하는 인권 관련 비정부기구(NGO) 요원들에게서 나온 것이라 정확하지 않으며 믿을 수 없다고 주장한다.

전체 사망자 수도 논란거리지만, 사망자 속에 얼마만큼의 무장 대원이 포함돼 있느냐도 논란이다. 이스라엘은 "우리가 죽인 많은 테러분자들이 민간인 희생자로 분류됐다"고 주장한다. 2014년 8월 전쟁이 끝난 뒤 이스라엘 강경파 총리 베냐민 네타냐후는 "우리는 약 1,000명의 테러리스트들을 죽였다"고 말했다. 그의 말을 받아들인다 해도, 가자지구에서 사망한 사람이 2,100명을 넘어섰으니 민간인 희

가자지구는 이스라엘군의 잇단 공격으로 철저히 파괴됐고, 많은 희생자를 내왔다.

생자가 1,000명이 넘는 셈이다.

베첼렘을 비롯한 여러 기구나 조직에서 낸 통계 자료를 모아보면, 2000년부터 2021년까지 22년 동안 팔레스타인 희생자는 최소 1만 2,600명이고 이스라엘 희생자는 1,700명가량이다. 사망자 비율로 따지면 유대인(이스라엘) 1명당 아랍인(팔레스타인) 7.4명꼴이다. 이스라엘-팔레스타인 유혈 분쟁의 희생자에는 100명쯤의 외국인도 포함되어 있다. 이들 가운데는 취재기자, 팔레스타인 주택을 허무는 이스라엘군 불도저 앞에서 항의 시위를 벌이다 그 밑에 깔려 죽은 미국인 여성 평화운동가, 친척을 만나기 위해 이스라엘을 방문한 외국 시민권을 가진 유대인 등 다양하다. 이스라엘이나 팔레스타인 양쪽 모두 희생자 가운데 민간인이 전투원보다 많고, 특히 여성과 어린이의 희생이 크다는 점이 문제점으로 꼽혀왔다.

팔레스타인을 읽는 코드, 좌절과 분노

이스라엘은 팔레스타인의 저항을 '테러'라고 몰아붙여왔다. 미국의 언론 매체들도 팔레스타인의 저항을 '테러'로 낙인찍는 데 익숙하다. 미국 언론에 실린 기사를 토씨도 안 바꾸고 그대로 우리말로 옮기는 데 익숙한 한국 언론의 국제면 기사도 팔레스타인 관련 보도를 미국이나 이스라엘 코드에 맞춰온 게 사실이다. 그런 탓에 중동 사태를 보는 많은 한국인들의 시각을 객관적이라고 말하기는 어렵다.

외형적으로만 보면 하마스로 대표되는 팔레스타인 사람들의 저항이 '테러'의 형식을 띠는 경우가 많은 것은 사실이다. 그러나 중요한 것은 테러가 왜 일어나는가 하는 점이다. 제2차 세계대전이 끝나고도 한참 뒤인 1960년대까지 아프리카 지역을 식민지로 거느리던 서구 열강들은 그 지역 민족해방운동을 '테러'로 몰아붙였다. 제3세계 민초들의 눈으로 보면, 그런 압제는 다름 아닌 기독교 문명국가들의 '국가 테러'였다. 이스라엘이 팔레스타인 저항운동가들을 미사일로 표적 사살하는 것도 '국가 테러'라고 비난받는다.

바로 여기에서 국가 테러에 맞서는 테러 균형론의 근거가 설 자리를 찾는다. 하마스의 창립자이자 정신적 지도자였던 셰이크 아흐메드 야신은 2002년 5월 가자지구 자택에서 나와 가졌던 인터뷰에서 '하마스의 저항을 테러라고 일컫는다면, 그것은 이스라엘의 국가 테러에 맞선 테러의 균형'인 셈이라고 주장했다. 그러면서 야신은 이스

팔레스타인 가자지구에서 열린 하마스 대원의 장례식. 죽은 대원의 관을 메고 이스라엘에 대한 복수를 외치고 있다.

라엘의 무단통치를 거부하는 팔레스타인 민중의 저항은 '테러'가 아닌 '자유를 위한 투쟁'이라고 했다.

야신은 인터뷰 중 내게 "한국도 한때 일본의 식민지였다고 알고 있습니다. 그 시절 일본에 맞섰던 투쟁가를 한국 사람들은 테러리스트라고 부릅니까"라고 물었다. 안중근 의사가 이토 히로부미를 저격한 것은 일본 사람들의 눈에 분명히 '테러'다. 지금도 많은 일본인들은 이토 히로부미를 근대 일본을 현대화시키고 부국강병으로 이끈 위대한 정치인으로 여긴다. 1984년 일본 화폐 디자인이 바뀌기 전까지 그의 얼굴이 일본인들이 가장 많이 쓰는 1,000엔권 화폐에 새겨져 있었을 정도다.

19세기 초 프로이센의 전쟁 이론가 카를 폰 클라우제비츠는 그의 유명한 『전쟁론^{Vom Kriege}』(1832년)에서 전쟁을 "다른 (물리적) 수단들을 동원한 정치적 관계의 연장"이라고 정의했다. 테러도 마찬가지다. 테러라는 폭력적인 현상은 그 행위자들의 열정과 분노라는 정치적 동기에서 비롯되었다. 테러가 무엇인가를 심리학의 분석 틀로 알아내려고 했던 연구자들은 '테러의 원인을 분노와 좌절에서 찾아야 한다'고 결론지었다. 이른바 좌절-분노 이론이다. 이에 따르면, 인간의 분노는 고통을 느낄 때 일어나는 반응이며, 특히 좌절의 고통이 클 때 분노가 커진다. 단순한 종교적 열정이 폭력의 원인이 아니라는 것이다.

여기서 우리는 팔레스타인 사람들의 저항을 이해하는 코드를 발견할 수 있다. 그것은 다름 아닌 '좌절과 분노'다. 팔레스타인 무장 요원들 가운데 상당수는 그들의 가족이나 친구들이 이스라엘군의 총격에 죽음을 당하는 모습, 또는 그들이 살던 집과 농토가 이스라엘군의 불도저에 허물어지는 광경, 아버지나 형이 이스라엘 정착민들에게 얻어맞거나 모욕을 당하는 모습을 두 눈으로 목격했던 이들이다. 그 자신들도 팔레스타인 곳곳에 설치된 이스라엘군 검문소 앞에서 몇 시간씩 쪼그리고 앉아 통과 허가가 나기를 기다리며 모욕감을 곱씹은 이들이다. 그들의 마음속에 담겨 있던 고통과 좌절, 분노의 폭발적인 표현이 곧 '테러'이자 저항이다.

흔히 테러는 '약자의 무기'라고 일컬어진다. 지구촌의 여러 저항 집단들은 자신들에게 '테러' 말고는 마땅한 저항 수단이 없다고 주장한다. "무장력에서 압도적인 국가조직에 맞서려면 테러는 불가피한 폭력"이라는 논리다. 테러의 노림수는 힘의 열세를 메우고 강한 적으로부터 양보를 받아내는 것이다. 전술로만 따진다면, 테러는 교전 당사자 중 한쪽이 군사력에서 적에게 크게 뒤지는 이른바 '비대칭 전쟁' 상황에서 쓰이는 극한 전술이다.

'약자의 무기'로 테러 전술을 적극 활용해온 대표적인 저항 조직이 하마스다. 지난 2004년 봄 이스라엘군의 헬기 미사일에 숨진 하마스 지도자 압둘 아지즈 란티시는 "우리 하마스가 지닌 저항 수단으로 '순교 작전' 말고는 마땅한 것이 없으며, 이는 이스라엘의 강력한 첨단 무기에 대항하는 약자의 전술"이라고 주장했다.

여기서 한 가지 답답하고 심각한 문제가 대두된다. 지구촌 저항 세력이 테러를 '약자의 무기'로 활용하면서도, 정작 많은 경우 민간인을 그 대상으로 삼고 있다는 점이다. 이라크에서 거의 날마다 일어나는 차량 폭탄 테러의 희생자들도 침략군인 이라크 주둔 미군이 아니라 바그다드 거리의 보통 사람들이다. 북아일랜드 아일랜드공화국군(IRA)의 테러 희생자도 경찰이나 군 병력이 아니라 거리의 보통 시민들이었다. 하마스를 비롯한 팔레스타인의 저항 세력들도 그런 문제점을 잘 알고 고민해왔다. 지난 2006년 하마스가 팔레스타인 총선에서 승리한 뒤 자살 폭탄 테러를 중지하겠다고 선언한 것도 그런 고민에서 벗어나려는 시도로 풀이된다.

선민의식과 약속의 땅 　그렇다면 이스라엘을 이해하는 코드는 무엇일까. 유대인은 자신들이 (그들이 믿는 유일신으로부터) '선택받은 민족'이며, 팔레스타인 땅은 '신이 유대인에게 약속한 땅'이라는 믿음을 갖고 있다. 한마디로 배타적인 종교적 믿음이다. 전 세계

각국의 정보와 통계자료를 담은 미국 중앙정보부(CIA)의 『월드 팩트 북The World Factbook』에 따르면, 이스라엘 인구 840만 명(2018년) 가운데 유대인의 비율(74.4%)과 종교에서의 유대교 신자 비율(74.7%)은 거의 같다. 유대인들 가운데 세속적인 무신론자들도 물론 적지 않지만, 일단 유대인이라면 유대교를 믿는 것으로 통계자료에 잡혀 있는 셈이다.

이스라엘의 정체성을 논할 때도 유대교를 빼고 말하기 어렵다. 유대교는 이스라엘에서 종교를 넘어 정치를 지배하고 있다고 해도 지나친 말이 아니다. 스스로를 '리버럴리스트'라고 여기는 세속적인 유대인들과 종교적 열성분자들 사이의 갈등이 가끔 문제가 되긴 하지만, 국가가 위기에 처할 때 이들을 하나로 모으는 것은 결국 유대인이라는 의식이며, 유대교 안에서 하나가 된다. 따라서 이스라엘을 이해하는 코드는 유대교의 선민의식, 즉 유대 민족이 유일신으로 모시는 야훼 하느님으로부터 '선택받은 민족'이고, 일찍이 '젖과 꿀이 흐르는 땅'인 팔레스타인 지역을 약속받았다는 믿음이다. 유일신으로부터 약속받은 땅에 대한 권리를 따지는 것은 유대인들에게는 먹혀들지 않는, 한마디로 불가침의 영역이다.

이스라엘-팔레스타인 유혈 분쟁의 배경을 따져보면, 유대교와 이슬람교의 종교적 갈등이 스며 있다. 그렇지만 중동 분쟁을 종교로 설명하려 들면 자칫 함정에 빠지기 쉽다. 일부 전쟁 연구자들은 동서 이데올로기의 대립이 막을 내린 1990년대 이후 전쟁의 원인 가운데 하나로 종교를 꼽아왔다. 특히 9·11 테러가 일어난 뒤 미국을 중심으로 한 기독교 근본주의 세력과 급진 이슬람 세력 사이의 갈등 양상으로 이른바 '문명 충돌론'이 힘을 얻기도 했다.

결론부터 말하자면, 이는 본질을 흐리는 분석이다. 이른바 세계화 바람 속에서 중동 이슬람권의 풍부한 석유 자원을 지배하려는 서구 세력의 21세기형 신식민주의neocolonialism를 '문명 충돌론'으로 풀이한다면 부분적인 상황은 알 수 있을지 몰라도 본질에서는 멀어지게 된다.

9·11 테러를 둘러싼 미국과 반미 이슬람 사이의 갈등 역시 마찬가지다. 미국 기독교 근본주의자들의 시각에서 보면 오사마 빈라덴을 비롯한 급진 이슬람 세력과의 전쟁은 '테러와의 전쟁' 또는 '전 세계 폭력적 극단주의자들과의 투쟁'이다. 그렇지만 많은 이슬람 사람들이 볼 때 미국의 이슬람권 지배와 패권 확장에 저항하는 투쟁은 다름 아닌 지하드jihad(성전)다. 우리는 흔히 이슬람 저항 세력의 투쟁을 '종교적 광신에 바탕한 테러'라고 생각하지만, 이슬람권의 반미 정서가 왜 그렇게 높은지에 대해서는 곰곰 생각해볼 필요가 있다.

마찬가지로 팔레스타인 하마스의 '테러'가 지닌 성격을 오로지 이스라엘의 시각에서 편협하게 이해하려 든다면, 절반의 진실을 놓칠 수도 있다. 이슬람교와 유대교의 충돌로 이스라엘-팔레스타인 분쟁을 풀이하는 것은 이스라엘의 전쟁범죄 행위들이 지닌 반인간성-비도덕성을 덮어버릴 위험이 있다. 많은 팔레스타인 사람들은 이스라엘이 말하는 '테러'라는 행위 자체가 이스라엘의 국가 폭력에 대한 팔레스타인의 적극적인 반응이라고 여긴다.

『샤를리 에브도』 테러와 네타냐후

미국의 테러 연구자 브루스 호프먼(조지타운 대학 교수)은 "테러리즘은 근본적으로, 그리고

원래부터 정치적"이라고 정의했다. 하지만 테러 사건을 보도하는 서구의 언론들은 몇 명이 죽고 다쳤다는 끔찍한 사건 보도에만 열심일 뿐 테러리스트의 좌절과 분노에 대해선 눈길을 두지 않는다. 사건만 있고 동기는 가려져 있다. 팔레스타인의 '테러' 사건만 보도되고 21세기 깡패 국가 이스라엘이 수많은 팔레스타인 사람들을 절망과 좌절감에 빠뜨린 사실에 대해선 눈을 감는다.

2015년 1월 프랑스 파리에서 시사 주간지 『샤를리 에브도』의 편집장을 비롯해 17명이 숨진 테러 사건도 마찬가지다. 테러를 맹렬히 비판하고 희생자들의 죽음을 슬퍼하는 분위기에 눌려서일까, 왜 그런 비극적인 유혈 사태가 벌어졌는지를 제대로 돌아보지 않는다. 『샤를리 에브도』 편집진이 주장한 언론과 표현의 자유는 물론 논란의 여지가 없는 소중한 가치이다. 하지만 '언론과 표현의 자유'를 내세워 예언자 무함마드가 엉덩이를 드러낸 모습을 만평으로 조롱하는 행위는 이슬람 신성 모독에 다름 아니다.

2001년 9·11 테러 뒤 미국의 공격으로 아프가니스탄 탈레반 정권이 무너진 직후 수도 카불에 갔을 때의 일이다. 카불의 한 호텔 구내서점에 들어가니 진열된 영어 책들의 표지가 좀 이상했다. 표지에 나온 사람의 얼굴이 스티커로 가려져 있는 게 아닌가. 서점 주인에게 물어보니, 이슬람교의 창시자 무함마드의 얼굴을 스티커로 가렸다는 것이다.

기독교는 신성한 존재를 이미지로 표현하는 것을 당연하게 여긴다. '형상을 입은 신(인간이 된 신, 성육신)'을 이미지로 나타내는 것이 허용되는 것이다. 그 덕에 예수나 성모 마리아의 얼굴을 담은 그림이나 조각 등 수많은 예술 작품이 만들어졌다. 하지만 이슬람교에선 이를 절대 금기로 여긴다. 이슬람 문화권의 어느 예술 작품도 신성한 존재를 그림이나 조각으로 표현하지 않는다. 『샤를리 에브도』처럼 '표현의 자유'를 내세워 이슬람교의 금기를 깨뜨리고 무시한다면 어떤 형태로든 논란이 생길 수밖에 없다.

민간인과 경관 등 모두 17명이 희생된 그 테러 사건으로 프랑스는 물론 전 세계적으로 애도의 물결이 일었다. 테러 사건 나흘 뒤 프랑스 파리에서는 세계 34개국 지도자들과 160만 명의 시민이 희생자들을 추모하고 '이슬람 극단주의자들'의 테러를 규탄하는 대규모 행진을 했다. 시위대는 "우리가 샤를리(테러를 당한 시사 주간지)다"라고 쓴 손 팻말과 언론과 표현의 자유를 상징하는 펜을 흔들어댔다. 프랑수아 올랑드 프랑스 대통령을 비롯해 앙겔라 메르켈 독일 총리, 데이비드 캐머런 영국 총리, 마흐무드 압바스 팔레스타인 자치정부 수반 등이 팔짱을 끼고 함께 행진에 나섰다.

그런데 베냐민 네타냐후 이스라엘 총리도 그들과 함께 파리 행진에 나선 것은 매우 어색해 보였다. 팔레스타인 저항 세력을 '테러리스트'로 낙인찍으며 팔레스타인 사람들의 인권을 짓밟아왔기에 '이스라엘 국가 테러의 왕초'라는 비판을 받아온 그가 아니었던가. 파리 테러 사건을 비판하고 언론과 표현의 자유를 외칠 자격이 그에겐 없다. 네타냐후와 함께 파리 행진에 참여했던 이집트, 알제리, 아랍에미리트 등 중동의 독재국가 대표들도 자격이 없기는 마찬가지다. '국경없는기자회'가 "표현의 자유를 억압하는 장본인들이 표현의 자유를 옹호하는 시위에 참가했다"고 질타했지만, 『샤를리 에브도』 참극을 정치적으로 이용하려는 데에만 관심을 지닌 네타냐후가 그런 비판의 소리에 귀를 기울였을 것 같지는 않다.

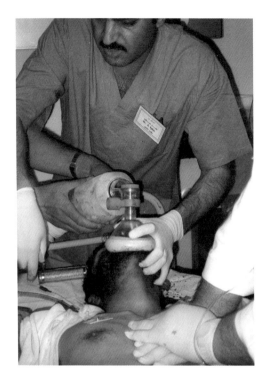

유대인 정착촌 건설을 반대하는 시위에
나섰다가 이스라엘군의 총격으로 사경
을 헤매는 한 중상자. 응급실의 팔레스
타인 의사는 "이스라엘의 만행을 세계에
알려달라"고 했다(서안지구 나블러스).

우리의 현대사와 맞닿는 팔레스타인   돌이켜보면, 20세기

전반 유럽 땅에서 팔레스타인으로 건너온 유대인들은 1948년 이스라
엘이라는 독립국가를 세우면서, 그곳에서 2,000년 넘게 살아온 원주
민인 팔레스타인 사람들을 폭력적으로 몰아냈다. 고향 땅에서 쫓겨
난 팔레스타인 원주민들은 난민 처지로 내몰렸다. 팔레스타인을 사
실상 식민지로 삼은 이스라엘은 팔레스타인 사람들의 자주권 요구를
힘으로 눌렀다.

　팔레스타인 사람들은 이스라엘 군인들이 지키는 검문소와 분리
장벽으로 인해 이동의 자유가 제한되었고, 농민들은 대대로 지어오

던 농토에 쉽게 갈 수 없게 되었다. 가자지구는 이미 콘크리트와 철망으로 둘러싸인 지 오래다. 열린 출구라고는 지중해뿐이지만 바다 역시 이스라엘 해군의 감시하에 놓여 있다. 팔레스타인 어부는 해변에서 5킬로미터 이상 벗어날 수 없다. 이런 이스라엘의 봉쇄정책으로 팔레스타인 경제는 붕괴 직전이고, 남은 것이라곤 유대인들을 향한 증오와 절망감뿐이다.

19세기 미국의 백인들이 인디언들에게 보여주었던 잔혹한 인종 청소(강제 이주와 학살), 20세기 남아프리카공화국의 소수 백인 정권이 1990년까지 다수 흑인 주민들을 상대로 펼친 악명 높았던 흑백 인종차별apartheid은 이제 아득한 전설이 되었다. 그런데 중동 땅에서는 21세기 이스라엘판 인종차별이 벌어지는 중이다. 이스라엘의 팔레스타인 점령과 군사적 억압 통치는 21세기를 사는 우리 인류가 아직도 문명이나 평화와는 거리가 멀다는 것을 보여주는 실제적인 증거다. 20세기 중반 아돌프 히틀러를 우두머리로 한 독일의 나치 정권은 인종적으로 우수한 게르만 민족의 순수성을 지켜야 한다며 동성애자, 집시, 유대인들을 학살했다. 70년의 세월이 흐른 지금 중동 땅에서는 군사력에 바탕한 비인간적인 점령 정책들이 펼쳐지고 있다.

팔레스타인의 현대사, 나아가 중동의 현대사는 강제 추방과 약탈의 역사다. 요르단이나 이집트 여행길에서 팔레스타인 난민들을 만나기란 어렵지 않다. 대대로 살던 집과 땅을 빼앗기고 떠나온 팔레스타인 민초들은 서안지구와 가자지구에서 더욱 쉽게 만날 수 있다. 그들은 궤짝 속에 깊이 넣어둔 빛바랜 땅문서며 집문서를 들여다보면서, 선조들이 묻혀 있는 고향으로 돌아갈 수 없음에 다시금 절망한다.

2003년 눈을 감은 에드워드 사이드(전 컬럼비아 대학 교수)는 중동

이스라엘에 맞선 팔레스타인 시위 현장의 소년(가자지구).

이슬람권을 왜곡과 편견으로 바라보는 서구 백인들의 잘못된 시각과 이스라엘의 잔혹한 점령 정책에 대한 비판으로 이름이 널리 알려진 팔레스타인계 미국 지식인이다. 그는 죽기 3년 전에 가졌던 한 인터뷰에서 "이스라엘의 팔레스타인 지배는 20세기와 21세기의 가장 긴 식민 지배이자 군사점령"이라고 한탄하면서 "그 이전 가장 길었던 식민 지배의 역사는 1910년부터 1945년까지 이어졌던 일본의 한반도 점령이었다"고 말했다. 일제 식민 통치 아래 우리 한민족이 겪어야 했던 지난날의 고난과 지금 팔레스타인 사람들이 겪고 있는 고난은 시공간의 차이를 뛰어넘어 그 본질에서는 같을 것이다.

이스라엘군의 침공을 받아 만신창이가 된 가자지구의 현장을 비롯해 거듭 중동 곳곳을 돌아보면서, 나는 이런 물음을 스스로에게 던지곤 했다. 한 민족이 자신들의 생존권만을 고집하며 폭력적으로, 그리고 오랜 기간 지속적으로 다른 민족의 생존권을 짓밟아도 되는 것일까. 독일 나치 정권의 '최대 피해자'라고 할 수 있는 유대인들이 히틀러에게 배운 교훈은 도대체 무엇이었을까. 인종 말살 정책을 펼치면 언젠가는 전쟁범죄자로서 역사의 준엄한 심판대에 서게 된다는 교훈을 배우기나 한 것일까.

2장

왜 예루살렘인가
분쟁의 도시인가, 평화의 도시인가

예루살렘의 8개 성문 가운데 가장 크고 잘 보존된 것이 동예루살렘 구시가지의 북쪽 문인 다마스쿠스 문이다. 서북쪽으로 360킬로미터 쯤 떨어진 시리아 다마스쿠스 쪽을 바라본다고 해서 붙여진 이름이라고 한다. 신약성서 「사도행전」에 따르면, 바울로 이름을 바꾸기 전의 사울은 예수를 믿는 사람들을 잡아 죽이려고 이 다마스쿠스 문을 지나다녔다. 다마스쿠스 문은 바로 가까이에 시장과 시외버스 터미널이 자리 잡고 있기에 오늘날 팔레스타인 사람들이 가장 많이 드나드는 문이다.

동예루살렘의 중심인 바로 그곳 성문 위에는 조준경이 달린 총을 들고 위압적으로 아래를 내려다보는 무장 군인들이 있다. 이스라엘 병사들이다. 예루살렘의 살벌한 현주소를 상징적으로 보여주는 광경이 아닐 수 없다. 그들을 바라보는 순간, 2,000년 전 예수가 살아 있을 무렵 예루살렘을 지배했던 로마 군인들의 얼굴이 저랬을까 하는 생각이 들었다. 이스라엘 병사들은 밤낮으로 구시가지를 순찰하면서 조금이라도 의심스런 사람이 있으면 불러 세워 몸을 뒤진다.

예루살렘 지역은 크게 동예루살렘과 서예루살렘으로 나뉜다. 하늘에서 내려다본 예루살렘의 모습은 동과 서가 크게 차이가 난다. 서예루살렘엔 현대적인 고층 빌딩과 고급 아파트들이 보이지만, 동예루살렘 주거지엔 작은 단독주택들이 다수를 이룬다. 서예루살렘이 부자들과 중산층의 거주지라면, 동예루살렘은 기껏해야 중산층 또는 빈민들이 살고 있다고 보면 틀림없다. 예루살렘 시민이라고 다 같은 시민이 아니다. 팔레스타인계 아랍인들은 스스로 "우리는 2등 시민"이라고 자조적인 푸념들을 한다.

예루살렘을 가리켜 '역사의 도시'라고 하는 것은 동예루살렘을 두고 하는 말이다. 구시가지와 성곽으로 이어지는 동예루살렘 거리를 걷다보면 어느 곳이라도 얽힌 옛이야기들이 엄청나다. 하루 종일 들어도 끝이 안 나는 이야기들이 그득 쌓여 있다. 높이 12미터의 성벽을 이루는 벽돌 하나하나가 다 무엇인가에 얽힌 역사의 말없는 증언자들이다.

면적 0.9평방킬로미터, 가로 둘레 4킬로미터, 높이 12미터의 성벽으로 둘러싸인 동예루살렘 성곽 안은 크게 4구역으로 나뉜다. 유대인 구역, 기독교도 구역, 아르메니아인 구역 그리고 이슬람교도 구역이다. 이슬람교의 성지인 바위돔 사원(황금돔 사원)과 알 아크사 모스크가 이슬람교도 구역의 중심부이다. 그리고 모스크 바로 밑의 높다란 돌담이 유대인들의 성지인 '통곡의 벽'이다. 서기 1세기 무렵 3차에 걸친 유대인들의 반란을 진압하면서 로마군은 유대교 성전을

예루살렘 다마스쿠스 문 위에서 경계 근무 중인 이스라엘 군인. 2,000년 전 예수가 살아 있을 무렵 이곳엔 로마군이 보초를 섰다.

철저히 파괴했고, 그 터 위에 서기 7~8세기에 이슬람 사원들이 세워졌다.

유대인들로선 통곡할 만한 역사의 기억을 지운 것은 1967년. 치열한 시가전 끝에 동예루살렘 성곽을 점령한 이스라엘은 통곡의 벽 주변의 집들을 모두 헐어내고 널찍한 광장을 만들었다. 승자의 특권이라면 특권인 셈이다.

지금 그 지역 일대에서는 부동산 매매를 둘러싼 묘한 신경전이 벌어지고 있다. 유대인들이 야금야금 부동산을 사들여 구역을 넓히려 들기 때문이다. 한 아르메니아인 치과 의사는 "선대로부터 물려받은 이 집을 사려는 유대인들이 값을 후하게 쳐줄 테니 팔라고 거듭 조르지만, 팔지 않고 있다"고 했다.

역사가 숨 쉬는 도시

중동의 주요 도시 가운데 하나인 예루살렘은 역사가 숨 쉬는 도시다. 수천 년 동안 이곳을 거쳐간 여러 민족들은 저마다 영광과 오욕의 순간들을 경험했다. 어떤 순간들은 자랑스런 대서사시가 됐고, 어떤 순간들은 떠올리고 싶지 않은 참담한 비극으로 기록됐다. 길든 짧든 얼마 동안 이 역사의 도시를 지배했던 민족들은 다른 민족에게 정복당하고 피눈물을 흘렸다. 예루살렘은 정복과 피지배가 되풀이됐던 폭력의 도시다. 21세기의 정복자는 유대인, 피정복자는 팔레스타인인이지만, 언제 또 다른 지배 질서가 이 도시에 들어설지는 아무도 모르는 일이다.

인구나 면적으로만 볼 때 예루살렘을 가리켜 세계적인 대도시라고 말하기는 어렵다. 면적은 125평방킬로미터, 인구는 약 90만 명으로, 서울(면적 605평방킬로미터, 인구 977만 명)에 견주면 면적은 5분의 1, 인구는 10분의 1도 채 안 된다. 한국으로 치면 지방 도시 수준이다(청주 84만 명). 하지만 예루살렘을 세계적인 도시로 여기는 것은 바로 이곳이 역사와 종교의 무게감을 지닌 도시이기 때문이다. 예루살렘은 이미 역사적으로 검증된 종교(유대교·기독교·이슬람교)의 주요 성지이다. 예루살렘 시민의 다수를 차지하는 유대인들에게는 유대 민족주의의 뿌리이고, 기독교도들에게는 예수 그리스도의 삶과 죽음의 현장이며, 무슬림(이슬람교도)들에게는 예언자 무함마드가 죽을 때 이곳에서 백마를 타고 하늘로 올라갔다는 제3의 성지이다.

예루살렘은 종교적 신화로 가득한 도시다. 유대교, 기독교, 이슬람교 모두 저마다 예루살렘에 얽힌 수많은 이야기를 지니고 있다. 선지자와 예언자, 순례자들의 발길이 끊이지 않았고, 그들은 예루살렘 구시가지에 자리한 신전에서 자신들이 믿는 절대자에게 경배를 드렸다. 관건은 당시 예루살렘의 지배자가 누구였는가, 타민족에 대해 얼마만큼의 관용이 있느냐는 것이었다. 안타깝게도 정복자들은 한결같이 피지배자들의 신전을 허물고, 그 폐허 위에 새로이 자신들이 믿는 종교 건축물을 세웠다. 피지배자들은 허물어진 신전을 복원하기 위해 복수를 맹세했고, 피가 피를 부르는 폭력의 악순환이 이어졌다. 11세기부터 13세기 사이에 무려 8차에 걸쳐 벌어졌던 십자군 전쟁이 대표적인 보기다.

전쟁사 자료에 따르면, 100여 년 전인 1917년 12월 11일 에드먼드 앨런비 장군이 이끌었던 영국군이 오스만 터키군으로부터 예루살렘을 빼앗는 전투를 벌였을 때, 영국군-터키군 합쳐 4만 명이 넘는 사상자가 생겼다. 그 뒤로 영국은 꼭 30년 동안 예루살렘을 다스렸다. 1947년 영국이 물러나면서 국제사회가 짰던 예루살렘의 모습은 이스라엘이나 팔레스타인 어느 한쪽이 도시 전체를 차지하는 것이 아니었다. 그해 11월 유엔 총회 '결의안 181호'는 "예루살렘을 유엔 신탁통치 아래 이스라엘-팔레스타인 양쪽에 모두 개방된 국제도시로" 두기로 한다.

그러나 1948년 5월 이스라엘이 독립국임을 선포하면서 벌어졌던 제1차 중동전쟁이 터지면서 '개방된 국제도시'는 허공으로 사라졌다. 유대교를 믿는 이스라엘 사람들은 1948년 '20세기의 십자군 전쟁(이스라엘 독립 전쟁, 제1차 중동전쟁)'을 벌여 서예루살렘을 차지했고, 예루살렘 동쪽은 요르단이 차지했다. 그로부터 19년 뒤인 1967년 이른바 '6일전쟁'이라고도 일컬어지는 제3차 중동전쟁은 예루살렘의 운명을 또 한 번 바꾸었다. 그 전쟁에서 이스라엘이 승리를 거두자, 동예루살렘을 포함한 팔레스타인 전체가 이스라엘의 통치권 아래 들어가버렸다.

여기서 중요한 사실 하나를 짚고 넘어가야겠다. 유엔을 비롯한 국제사회는 예루살렘 전체에 대한 이스라엘의 통치권을 인정하지 않아왔다는 것이다. 1967년 이스라엘이 동예루살렘을 점령하자 유엔은 '안전보장이사회(이하 안보리) 결의안 242호'를 통해 이스라엘이 점령지에서 철수하도록 권고했다. 유엔 안보리 결의안은 핵무장에 열중하는 북한에 대한 유엔 제재 결의안처럼 하나의 국제법 조항처럼 구속력을 지닌다. 하지만 지금껏 이스라엘은 이를 받아들이지 않고 있다.

이스라엘과의 전쟁에서 잇달아 진 팔레스타인 사람들은 나라 없는 설움 속에 하루하루를 힘겹게 지내고 있다. 팔레스타인 인구의 대부분을 차지하는 수니파 무슬림들은 이스라엘 군인들이 총을 들고 지켜보는 살벌한 분위기 아래, 때로 군홧발에 엉덩이를 차이는 수모를 당하면서 예배를 보는 상황이다. 언젠가는 예루살렘에서 유대인들을 내몰고 자유를 되찾게 알라가 도와달라는 간절한 기도를 드리고 있을 것이다. 이렇듯 예루살렘은 현재진행형의 분쟁의 도시이다.

영감을 불러일으키는 올리브산 언덕　역사와 종교의 도시 예루살렘에 산다는 특권을 가장 잘 누릴 수 있는 장소 하나만 꼽으라면, 올리브산(감람산) 언덕이다. 유대인들이나 아랍인들 가릴 것 없이 많은 예루살렘 시민들이 돈 문제나 이성과의 애정 문제, 직장 문제 등으로 머릿속이 복잡해지면 혼자 조용히 찾아가는 곳이 바로 이곳이다. 올리브산 언덕에 올라 아무 데나 걸터앉아도 동예루살렘 성곽은 물론 서예루살렘 시가지가 내려다보인다.

특히 해가 질 무렵 이곳에 혼자 앉아 있다보면, 자신도 모르는 사이에 어느덧 철학자나 시인이 된다. 동예루살렘의 랜드마크인 황금돔 사원의 지붕이 저녁 햇빛을 받아 반짝이는 모습을 바라보노라면 시간이 정지된 느낌마저 든다. 이곳은 나무가 별로 없는 언덕이라 맞바람이 세차다. 머리카락이 휘날리고 겉옷도 바람에 흔들린다. 1시간쯤 앉아 있다보면 여름철에도 추위를 느낄 정도다. 그렇게 체온이 내려갈 무렵이면 일상사의 스트레스로 복잡해졌던 머리는 차분해지고 생각도 정리되기 마련이다.

올리브산은 예루살렘 시가지를 한눈에 굽어보는 지형이다. 날씨가 맑은 날에 오르면 예루살렘뿐만 아니라 멀리 사해를 비롯한 요르단강 주변 지역까지 보인다. 사실 예루살렘 자체가 이스라엘에서는 고지에 속한다. 해발 800미터 언덕 위에 도시가 세워졌고, 도시 주변을 또 다른 언덕들이 둘러싼 형세다. 그래서 유대인이나 아랍인들은 예부터 "마지막 언덕을 넘기 전까지 예루살렘을 볼 수가 없다"는 말을 해왔다. 구약성서 「시편」도 "산들이 예루살렘을 감싸주듯이 야훼께서 당신 백성을 영원히 감싸주시리라"고 읊고 있다.

종교적으로도 올리브산은 매우 뜻깊은 곳이다. 2,000년 전에 예수가 예리코에서 나귀를 타고 예루살렘으로 들어갈 때 이곳을 거쳐갔다. 올리브산 언덕에서 예루살렘 성곽을 바라보면서 예수는 그곳 사

올리브산에서 바라본 동예루살렘. 사진 아래쪽으로 숱한 무덤들이 보인다.

람들을 어찌 구원의 길로 이끌 것인가를 생각하면서 마음이 무거웠을 것이다. '예수 눈물 교회'라는 이름의 오랜 교회가 올리브산에 들어선 것도 그런 역사적인 배경을 지닌다. 예루살렘에서 유대교 지도자들로부터 핍박을 받고 죽음의 길로 접어드는 과정을 기록한 신약성서 속의 게세마니 동산도 바로 이곳 가까이에 있다. 「사도행전」 1장에 따르면, 예수가 죽을 때 이 올리브산을 거쳐 하늘로 올라갔다고 한다.

　기독교를 믿고 안 믿고를 떠나 어느 누구라도 올리브산 언덕에 서면, 2,000년 전 고난의 길을 걸어갔던 한 위대한 인물의 삶과 죽음에 얽힌 의미를 곰곰 씹어보며 지금 자신의 문제를 차분하게 바라보게 된다. 바로 그렇기에 유대인들이나 아랍인들 가릴 것 없이 머리가 복잡한 예루살렘 시민들은 혼자 이곳으로 걸음을 옮기곤 하는 것이다.

예수의 발자취가 서린 올리브산 언덕에 서면, 종교적 의미와는 별개로 삶과 죽음의 문제에 영감을 주는 또 다른 구조물을 볼 수 있다. 반듯하게 자른 대리석으로 지은 수천 기의 무덤이 올리브산 기슭에서 동예루살렘 성벽 가까이 뻗어 있다. 대부분은 유대인들의 오래된 무덤이다. 예부터 많은 유대인들이 죽어서도 예루살렘을 바라보는 곳에 묻히길 바라왔다. 해질 무렵 그 석조 무덤들을 바라보면서 예루살렘 시민들은 다시 깊은 생각에 잠긴다.

모처럼 바람을 쐬러 그곳을 찾은 아랍인들은 애써 고개를 들어 올리브산 꼭대기 쪽을 쳐다보지 않는다. 그곳 전망대엔 대형 이스라엘 국기가 휘날리고 있고, 그걸 바라보는 순간 차가워졌던 머리가 다시 열을 받기 십상인 탓이다. 일제 강점기 시절 서울 남산에 올랐다가, 그곳에서 휘날리는 일장기를 쳐다보는 바람에 모처럼 산뜻해진 기분을 망쳤다는 할아버지의 말씀이 떠오른다.

텔아비브에선 놀고, 예루살렘에선 기도하고

인구만을 놓고 볼 때 이스라엘의 제1도시는 예루살렘(인구 90만 명)이고, 제2도시는 지중해 변의 텔아비브(인구 40만 명)이다. 예루살렘과 텔아비브를 견줄 때 이곳 유대인들이 자주 하는 말이 있다. "텔아비브에선 놀고play, 예루살렘에선 기도한다pray." 우리 인간이 호모 루덴스Homo Ludens(놀이하는 인간)임을 잘 보여주는 곳이 텔아비브이다. 중동의 라스베이거스라는 이름을 얻을 정도로 온갖 유흥으로 흥청대는 환락의 도시다. 여성들은 시내 서쪽 지중해 변의 널찍한 백사장에서 맨가슴을 드러낸 채 드러누워 일광욕을 즐긴다. 어스름한 저녁이면 수영복을 벗어던진 남녀 연인들의 노골적인 정사신이 목격되기도 한다. 이스라엘은 성에 관한 한 매우 개방적인 나라이다. 물론 근엄해 보이기 그지없는 유대교 성직자들에겐 해당되지 않는 얘기다.

예루살렘의 밤이 어두운 편이라면 텔아비브의 밤은 다르다. 술집이나 나이트클럽의 네온사인이 곳곳에서 빛난다. 이른바 물 좋다고 입소문이 난 나이트클럽들은 발 디딜 틈이 없다. 동성애자들만 모이는 나이트클럽도 여러 개 성업 중인 곳이 텔아비브이다. 젊은이들은 밤새 술을 마시고 춤추며 놀다가 새벽 5시나 돼야 집으로 돌아간다. 대마초도 쉽게 구할 수 있고, '에스콧'이란 이름 아래 창녀들도 득실댄다. 그곳 환락가의 시계는 밤 12시에서 멈추지 않는다. 밤이 깊어갈수록 귀청을 울리는 록 음악의 주파수는 더 높아진다.

예루살렘의 경건한 유대교 성직자의 잣대로 잰다면, 텔아비브는 21세기의 소돔과 고모라이다. 물론 텔아비브 시민들 모두가 이런 지적에 고개를 끄덕이진 않을 것이다. 서울만 해도 큰 도시의 다양함을 지니지 않는가. 이태원과 압구정동, 홍대 주변만 둘러보고 서울이 어떻다 잘라 말하기 어려운 것과 마찬가지다.

예루살렘에도 이른바 나이트 라이프night life라는 것이 없지는 않다. 나이트클럽도 있고, 카페나 바bar 같은 술집들도 있다. 시내 중심가의 바는 밤 12시나 1시면 대충 문을 닫는다. 하지만 일부 업소들은 밤늦게까지 손님을 받는다. 하지만 텔아비브의 열기나 환락을 예루살렘에서 쉽게 찾아보기는 어렵다. 어딜 가나 나이트클럽이 흔한 텔아비브와는 달리 신시가지를 찾아가야 보이고, 은밀하기까지 하다. 마니아들이 알아서 가는 곳이지 지나가다가 기웃거릴 만한 곳에 있지 않다. 한마디로 노는 물이 다르다. 텔아비브가 노는 데 거칠 것이 없다면, 예루살렘에선 내 돈 내고 노는데도 눈치를 보고 조심스럽다.

 그다지 종교적이지 않은 세속적인 유대인들, 특히 젊은이들의 눈길로 보면, 유대교 랍비(성직자)들이 거리를 활보하는 예루살렘은 숨통이 막히는 도시로 비쳐지기 마련이다. 이들의 출구는 자동차로 1시간 거리인 텔아비브이다. 앞서 이야기한 대로 텔아비브는 놀고 먹고 마시고 춤추며 즐기기엔 그야말로 파라다이스다. 그래서 예루살렘의 많은 시민들이 저녁이면 차를 몰고 아예 텔아비브로 이동한다. 욕망의 배출구를 찾아나서는 차량 행렬로 주말 저녁이면 예루살렘에서 텔아비브로 향하는 국도가 붐빈다.

 텔아비브가 좋게 말해 리버럴한 현대 도시라면, 예루살렘은 차분하고 옛스런 문화의 도시다. 그렇다면 무엇이 예루살렘으로 하여금 환락과는 거리를 두게 할까. 그 중심엔 오랜 시간에 걸쳐 켜켜이 쌓인 종교와 역사, 정치의 무게가 자리 잡고 있다. 예루살렘을 세계적인 도시로 여기는 것도 바로 이곳이 역사, 종교, 정치적으로 매우 중요한 지역이기 때문이다.

 누가 예루살렘을 차지할 것인가　　이스라엘이 1948년 독립을 선언할 당시 행정 수도는 텔아비브였다. 하지만 1950년 이스라엘은 돌연 예루살렘(서예루살렘)을 수도로 삼는다고 선포했다. 이스라엘의 주요 국가기관, 이를테면 '크네세트Knesset'란 이름의 의회, 대법원, 대통령궁, 그리고 정부 주요 기관들이 모두 예루살렘에 집중돼 있다.

하지만 국제사회는 예루살렘을 이스라엘의 수도로 인정하지 않아 왔다. 1947년 11월 유엔 총회 '결의안 181호'를 통해 예루살렘을 '유엔 신탁통치 아래 두는 국제도시'로 선포했기 때문이기도 하다. 한국을 비롯해 이스라엘과 외교 관계를 맺은 대부분의 국가들이 예루살렘이 아닌 텔아비브에 대사관을 두고 있는 것도 이와 관련이 없지 않다. 이스라엘의 최대 동맹국인 미국의 대사관조차 텔아비브에 있었다. 일부 국가들이 예루살렘에 대사관을 두고 있지만, 서예루살렘 중심부가 아닌 메바세레트 시온 같은 도시 변두리 지역이다.

이스라엘의 강경파 정치인들은 "예루살렘은 결코 분할되거나 공유될 수 없는 이스라엘의 영원한 수도"라고 주장한다. 베냐민 네타냐후 이스라엘 총리도 기회가 있을 때마다 공개적으로 그런 발언을 해왔다. 그는 "통합된 예루살렘은 이스라엘의 수도이다. 예루살렘은 과거에도, 앞으로도 우리의 것이고, 결코 나뉘거나 분리되지 않을 것"이라고 못 박았다.

팔레스타인 사람들은 동예루살렘을 아랍어로 '알 쿠즈Al-Quds'(우리말로 옮기면 신성神聖)라고 부른다. 언젠가는 세워질 팔레스타인 독립 국가의 수도가 바로 알 쿠즈다. 그러나 이스라엘은 그렇게 되길 결코 바라지 않는다. 많은 유대인들이 '예루살렘은 영원히 이스라엘의 중심 도시로 남아야 한다'는 믿음을 지녔다. 따라서 지금처럼 도시 전체가 이스라엘의 통제 아래 놓여 있어야 한다고 주장한다. 크네세트(이스라엘 의회)는 2009년 '예루살렘의 경계를 변경하기 위해서는 재적 의원 3분의 2 이상의 찬성을 얻어야 한다'는 규정을 담은 법률을 통과시켰다. 예루살렘을 이스라엘에 영원히 묶어두기 위해서다. 그렇다고 팔레스타인이 동예루살렘을 포기할 리도 없다. 그들에게도 동예루살렘은 목숨처럼 소중한 곳이다. 역사의 도시 예루살렘을 누가 차지할 것인가를 둘러싼 갈등은 현재진행형이다.

예루살렘 인구는 약 90만 명. 이 가운데 63%가 유대인이고, 37%가 팔레스타인계 아랍인이다. 큰 그림으로 보면 유대인 6 대 아랍인 4로 유대인들이 머릿수에서 우위를 차지하고 있다. 주거민 수는 동예루살렘 쪽이 더 많다. 서예루살렘 주거민은 40만 명을 약간 밑돌고, 동예루살렘은 50만 명을 약간 웃돈다. 서예루살렘은 유대인들이 다수를 차지하고, 동예루살렘은 아랍인 6 대 유대인 4의 비율로 살고 있다. 문제는 이스라엘 정부가 동예루살렘의 아랍인 비율을 줄이기 위해 아랍인들에게 불이익을 주는 여러 정책, 이를테면 강제 철거, 주택 신축 불허 등을 시행해 해를 거듭할수록 아랍인들의 비율이 줄어든다는 것이다. 아랍인들의 높은 출산율도 이스라엘 정부의 '동예루살렘 점령 정책'을 이겨내지 못하는 모습이다.

동예루살렘의 인구 지도에 결정타를 가하는 것이 이른바 뉴타운이란 이름 아래 동예루살렘 주변을 둘러싸고 세워지는 대규모 아파트 단지들이다. 이름이 뉴타운이지, 팔레스타인 사람들의 눈에는 유대인 정착촌이나 다름없다. 잘 알려진 사실이지만, 유대인 정착촌은 사실상 팔레스타인 영토 안에 파고든 이스라엘 식민지다. 서안지구의 지도를 펴보면, 유대인 정착촌은 무수한 점처럼 곳곳에 터를 잡은 모습이다. 서안지구의 39만 유대인 정착민은 이스라엘과 팔레스타인 사이의 갈등 요인 중 하나이며, 중동 평화를 가로막는 암초와 같은 존재로 꼽힌다. 특히 문제가 되고 있는 것이 팔레스타인 사람들이 언젠가 들어설 독립국가의 수도로 꼽아온 동예루살렘 일대에 들어서는 뉴타운들이다.

동예루살렘 가까이에 들어서는 이스라엘의 대규모 뉴타운들은 미래의 독립국가 수도로 동예루살렘을 꼽는 팔레스타인 사람들에게 암초와 같은 존재로 비쳐진다.

이미 동예루살렘 주변은 유대인 뉴타운으로 포위된 상태다. 북쪽의 기브앗 지브와 네베 야아콘, 동쪽의 마알레 아두민과 미쇼르 아두민, 남쪽의 베타르와 구쉬 에치온 뉴타운이 자리를 잡았다. 현재 20만 명이 입주를 마쳤고, 뉴타운 건설은 지금도 이어지는 중이다. 중동 지역에 취재를 갈 때마다 동예루살렘 동쪽의 스카이라인이 바뀌는 것을 보았다. 동예루살렘을 포위하듯이 둘러싼 대규모 뉴타운들은 이스라엘 정부가 금융 지원(건설사에겐 건설비 융자, 입주자에겐 낮은 이자율의 주택자금 대출)으로 밀어붙인 결과다.

이스라엘 정부가 동예루살렘 너머 동쪽에 꾸준히 대규모 유대인 뉴타운 건설 프로젝트를 밀어붙이는 까닭은 뻔하다. 예루살렘 전체를 이스라엘 영토로 삼겠다는 것이다. 이 뉴타운들은 '언젠가 들어설 팔레스타인 독립국가 수도로는 동예루살렘 말고는 대안이 없다'고 여겨온 팔레스타인 사람들을 곤혹스럽게 만든다. 동예루살렘을 포위하듯이 들어서는 뉴타운을 바라볼 때마다 깊은 좌절감과 분노를 느끼는 이유이다.

'트럼프스러운' 결단　　　이스라엘 정부를 소개하는 홍보 자료를 보면, 이스라엘의 공식 수도는 예루살렘이다. 이스라엘의 주요 국가 기관, 이를테면 국회의사당을 비롯해 대법원, 대통령궁 등이 모두 예루살렘에 있다. 이스라엘 강경파들은 "예루살렘은 결코 동서로 나누거나 공유될 수 없는 이스라엘의 영원한 수도"라고 여긴다. 베냐민 네타냐후 이스라엘 총리도 공식 석상에서 "예루살렘 전체가 이스라엘 땅"이라고 주장하곤 한다.

이스라엘과 외교 관계를 맺은 나라들은 예루살렘 문제가 매우 예민하다는 점을 잘 알고 있기에, 대사관을 예루살렘이 아닌 지중해 변의 대도시인 텔아비브에 두고 있다. 이스라엘의 최대 우방국인 미국조차 지난 70년 동안 텔아비브에 외교 공관을 두고 있었다는 것은 예루살렘 문제의 휘발성을 잘 보여준다.

하지만 2018년 5월 14일 이스라엘 주재 미 대사관이 텔아비브에서 예루살렘 남부 아르노나 지역으로 옮겨갔다. 앞에서 말한 텔아비브의 환락과 소음을 피하려고 옮긴 것은 아닐 것이다. 예루살렘 대사관 문제는 가뜩이나 휘발성 높은 중동 분쟁의 뇌관에 불을 댕긴 것이나 다름없다. 트럼프 미 대통령이 "미 대사관을 예루살렘으로 옮기겠다"고 선언한 것은 곧 예루살렘을 이스라엘의 정식 수도로 인정하고, 나아가 이스라엘이 팔레스타인을 군사적으로 점령 지배하는 지금의 상황을 인정하겠다는 것이나 다름없다. 그러니 중동 전역의 민심이 끓어오를 수밖에 없다. 요르단, 터키를 비롯한 중동 국가 지도자들, 그 가운데서도 친미 색깔을 보여온 사우디아라비아의 지도자들조차 트럼프를 비판하고 나설 정도다.

미국과 이스라엘은 극단적인 유혈 사태, 이른바 테러 행위가 일어날 것에 대비해 긴장 상태다. 그래서일까, 트럼프 대통령은 새 대사관 개관식에 직접 참석하질 않고 비디오 녹화된 연설로 가름했다. 『뉴욕타임스』 보도에 따르면, 데이비드 프리드먼 미국 대사는 주로 텔아비브의 옛 대사관 건물에서 일하고 있다고 한다. 예루살렘 대사관엔 50~60명 정도의 인력만 배치하고, 나머지 대부분의 대사관 직원들도 텔아비브에 머물고 있다. 예루살렘 영사관으로 쓰던 건물을 대사관으로 쓰기엔 비좁다는 이유도 있지만, 중동의 흉흉한 민심을 무시할 수 없기에 조심하는 모습이다.

누가 뭐래도, 예루살렘으로의 미 대사관 이전은 큰 논란거리다. 한마디로 국제사회의 반대를 무릅쓴 트럼프의 일방적 행위이다. 이슬람권 국가들은 물론이고 유럽연합(EU) 국가들도 대사관 이전에 비판적이다. 미국과 이스라엘을 국제사회로부터 더욱 고립시키는 행위나 다름없다는 지적을 받는다. 하지만 트럼프는 아랑곳하지 않는 모습이다. 미국의 친이스라엘 일방주의는 트럼프 행정부 들어와 더욱 노골적으로 드러나는 모습이다.

친이스라엘에 관한 한 미국 의회도 민주당, 공화당을 가리지 않는다. 미 대사관을 텔아비브에서 예루살렘으로 옮기도록 결정한 트럼프에 대해 의회는 이러쿵저러쿵 시비를 걸지 않았다. 친이스라엘 일방주의에 관한 한 미 정치권은 한목소리라고 보면 된다. 기록을 보면,

이미 1995년 의회에서 미 대사관을 텔아비브에서 예루살렘으로 옮겨가도록 규정한 법률을 압도적인 찬성표로 통과시킨 바 있다.

예루살렘 문제가 민감하다는 점을 잘 알고 있는 미 대통령들은 "중동 평화 회담을 성공시켜야 한다"는 명분 아래 1995년 법률에 따라 예루살렘으로 대사관을 옮기는 것을 미루어왔다. 그런데 23년 뒤인 2018년 트럼프가 실행에 옮긴 것이다. 트럼프의 비외교적 기행들은 임기 초 파리기후변화협약 탈퇴, 이란 핵 협상 파기 등으로 이미 잘 알려졌다. 공화당 출신 전임자였던 조지 W. 부시 대통령도 망설였던 예루살렘으로의 대사관 이전은 지극히 '트럼프스러운' 결단이라고 말할 수밖에 없다.

한편 예루살렘으로의 미 대사관 이전은 이른바 이스라엘 로비Israel lobby가 이뤄낸 또 하나의 성과물이자 전리품으로 풀이된다. 미국-이스라엘 공공문제위원회(AIPAC) 같은 친이스라엘 로비 단체는 물론이고, 유대인 출신으로 카지노 재벌이자 공화당의 유력 기부자인 셸던 애덜슨을 비롯한 미국 내 친이스라엘 보수 강경파들의 오랜 바람 가운데 하나가 이스라엘 주재 미 대사관을 텔아비브에서 예루살렘으로 옮기는 것이었다.

트럼프는 이들의 바람을 들어주고 지지표와 정치자금을 챙기는 모습이다. 유대인이면서 트럼프의 사위인 재러드 쿠슈너 백악관 선임 보좌관은 미 대사관을 옮기는 것에 대해 처음엔 반대했다고 알려진다. 그가 주도적으로 맡게 될 이스라엘-팔레스타인의 중동 평화 회담을 좌초시킬 가능성이 크다는 이유에서다. 하지만 유대인 신보수주의자답게 곧 태도를 바꿨다. 2018년 5월 14일 쿠슈너는 부인인 이방카와 함께 예루살렘으로 날아가 대사관 개관식에 얼굴을 내밀었다. 개관식에 참석한 미국의 주요 인사는 스티븐 므누신 재무부 장관, 존 설리번 국무부 부장관, 그리고 이스라엘 로비 단체들로부터 정치 자금을 받아 챙겨온 미국 상하원 의원들이다. 므누신 재무부 장관도 유대인 출신이다.

'두 개의 국가 해법'을 버린 트럼프

트럼프의 미 대사관 이전 강행은 미국이 이른바 '두 개의 국가 해법two-state solution' 카드를 내팽개쳤다는 것을 뜻한다. 이스라엘-팔레스타인 두 개의 독립국가를 중동 땅에 세우는 것보다 한 개의 국가 해법one-state solution, 다시 말해 이스라엘만 인정하겠다는 얘기다.

알자지라 방송은 "트럼프가 예루살렘으로 미 대사관을 이전한 것은 미국이 팔레스타인-이스라엘 문제를 국제법에 따라 해결하는 데 더 이상 관심이 없음을 드러낸 것이다"라고 지적한다. 미국이 이스라엘로 하여금 더 많은 팔레스타인 땅을 차지하고, 아울러 (두 개의 국가 해법 대신에) 팔레스타인 사람들이 되도록 적게 포함된 '유대인 국가' 이스라엘만을 미국이 지지한다는 것을 대사관 이전으로 확실하게 보여주었다는 비판이다.

예루살렘으로의 미 대사관 이전이 현실로 나타나자, 팔레스타인 온건파인 파타가 이끄는 팔레스타인 자치정부는 "미국은 중립적인 중개자가 아니다"라며 비난의 목청을 높였지만, 약자로서의 무력감만 삼켰다. 파타가 기웃거려온 이스라엘과의 중동 평화 협상 테이블은 미 대사관의 예루살렘 이전으로 더욱 멀어진 상황이다.

파타와는 달리 강경파인 하마스는 "미국이 지옥문을 열어젖혔다"

며 투쟁에 나선 상황이다. 하마스는 2006년 팔레스타인 총선에서 승리한 뒤 이른바 자폭 테러를 중지하겠다고 선언한 바 있다. 또한 전략적 판단 아래 지금껏 미국인을 겨냥한 극한적인 행동을 삼가왔다. 하지만 지금의 상황이 워낙 엄중한 상태여서 예루살렘의 미 대사관 직원들은 비상근무 중이다.

2018년 3월 국무부 장관에서 물러난 렉스 틸러슨은 장관 재임 시절 트럼프 대통령의 예루살렘으로의 대사관 이전 방안에 반대했다. 짐 매티스 국방부 장관도 틸러슨과 같은 입장이었던 것으로 알려진다. 이들의 반대 논리에는 중동 지역의 반미 정서를 자극해 해외에 머무는 군인이나 외교관들을 위험에 빠뜨릴 수 있다는 걱정이 담겨 있었다.

이스라엘 건국 기념일인 5월 14일 다음 날을 해마다 팔레스타인 사람들은 '나크바(대재앙)의 날'로 기리며 땅과 자유를 빼앗긴 울분을 곱씹어왔다. 특히 2018년 5월은 1948년 87만 명(유엔 추정치)의 팔레스타인 사람들이 살던 집과 땅을 잃고 쫓겨났던 '나크바'가 일어난 지 꼭 70주년을 맞이하던 시점이었다. 바로 그런 시점에서 미 대사관이 예루살렘으로 옮겨간 것은 가뜩이나 휘발성 높은 중동에 불길을 댕긴 것이나 다름없다.

미 대사관의 예루살렘 이전으로 이스라엘 뒤엔 미국이 있음이 다시금 드러났다. 친이스라엘 일방주의를 거칠게 밀어붙이는 트럼프가 예루살렘이란 민감한 뇌관을 건드린 지금, 틸러슨과 매티스가 걱정했던 일이 자칫 현실로 나타날 수 있다. 예루살렘 대사관 문제를 투쟁 명분으로 삼은 중동 저항 세력이 9·11 테러에 버금가는 대형 유혈 사건을 일으켰다는 소식을 곧 듣게 될지도 모른다.

예루살렘 문제로 미국이나 이스라엘을 겨냥한 대형 유혈 사건이 터질 경우, 이해타산에 빠른 사업가 출신인 트럼프는 어떤 셈법을 할까. 2001년 9·11 테러 뒤 조지 W. 부시 대통령이 그랬던 것처럼 미국의 군산복합체에 '테러와의 전쟁' 일감을 몰아주고 반대급부를 챙기는 물신주의적 그림을 머릿속에 그릴지도 모르겠다. 트럼프 같은 인물에게 전쟁은 사업 기회로 비쳐지기 마련일 테니.

'평화의 도시'는 꿈인가

2000년대 전반기 수천 명의 사상자를 냈던 팔레스타인 사람들의 인티파다 과정에서 예루살렘도 폭력과 유혈 사태를 겪었다. 아랍계 버스 운전기사가 유대인들을 향해 차를 몰아 사상자를 내거나, 잇단 자살 폭탄 공격으로 예루살렘 시가지를 피로 물들이곤 했다. 그런 뒤 한동안 그런대로 불안 속의 평화를 이어왔지만, 이즈음 들어 예루살렘의 분위기는 다시 험악해졌다. 아랍계 청년들이 유대인들을 공격하고 이스라엘군이 대응 사격을 함으로써 사상자를 내는 상황이다. 이스라엘 정치권에선 동예루살렘 주민들에게 주어진 '영주권'을 박탈하고 모두 밖으로 내쫓아야 한다는 극단적인 주장마저 나오고 있다.

이스라엘-팔레스타인 현대사는 갈등과 유혈의 역사이다. 그동안 너무나 많은 피를 흘렸고, 그만큼 증오와 불신의 골이 깊이 파였다. 1948년 지도 위에 이스라엘이란 국가가 그려지고, 1967년 제3차 중동전쟁으로 팔레스타인 땅이 이스라엘에 모조리 점령당한 지도 벌써 오랜 시간이 흘렀다. 20세기 전반기에 우리 한민족이 독립을 꿈꾸었듯이, 21세기 전반기에 독립국가를 이루고 유엔에 194번째 회원국으로 가입하는 것이 팔레스타인 사람들의 꿈이다. 문제는 그 꿈이 이뤄지려면 넘어야 할 높은 벽들이 가로막고 있다는 점이다.

아마도 가장 높은 장벽은 이스라엘 사람들의 마음속 깊숙이 자리한 "이 땅은 신이 우리에게 주신 약속의 땅"이라는 믿음일 것이다. 대다수 유대인들은 중동 평화의 기본 방향이라고 할 '땅과 평화의 교환'(팔레스타인에게 독립국가의 물리적 토대인 땅을 돌려주고 이스라엘은 평화를 얻는 구도)에 반대하고 있다. 무려 15년 2개월 동안 이스라엘 총리직을 지내다 2021년 총선에서 패배해 물러난 베냐민 네타냐후의 지지 기반이 바로 이들 강성 유대인들이다. 네타냐후는 오슬로 평화협정(1993년)을 반대했고, 중동 땅에 이스라엘-팔레스타인이 평화적으로 공존하는 '두 개의 국가 해법'을 거부했다. 그러면서 국제사회의 비난을 못 들은 체하며 팔레스타인 서안지구에 정착촌 건설을 밀어붙였다.

네타냐후의 후임자인 나프탈리 베네트(야미나당) 총리도 평화 공존 노선과는 거리가 멀다. 2년 동안 4차례나 총선을 치르는 정치적 혼란 속에 반네타냐후 연합의 밀실 거래 덕에 2년 한시 임기의 총리에 오른 그는 네타냐후보다도 더 극우적인 인물이다. "내게 권력과 통제력이 있는 한 이스라엘 국토의 1센티미터도 팔레스타인에게 넘기지 않겠다"고 말할 정도다. 이런 강경파들이 이스라엘 정치권을 지배하는 상황에서는 독립을 외치는 팔레스타인의 저항이 끊이지 않을 것이다. 따라서 예루살렘이 '분쟁의 도시'에서 '평화의 도시'로 거듭나기는 더 어려워진 상황이다. 2,000년 전 예루살렘에서 고난의 십자가의 길을 걸었던 예수님이 다시 오신다면, 지금의 상황을 놓고 어떤 말씀을 하실까.

2부

좌절과 분노의 현장

3장

가자지구
하늘만 뚫린 거대한 감옥

이스라엘 정부는 팔레스타인 지역으로 취재를 떠나는 외국 기자들을 어떻게든 괴롭히기로 이미 악명이 높다. 중동 취재를 갈 때마다 이스라엘의 관문인 벤구리온 국제공항에서 보안 요원으로부터 '누구를 만나러 가느냐', '어디에 묵을 거냐' 등의 질문을 받으며 30분 넘게 시달리곤 했다. '왜 내가 이런 괴롭힘을 당해야 하느냐'고 항의하다가는 심문실에 갇혀 더한 괴로움을 겪어야 한다. 그러다 공항을 벗어나지도 못하고 되돌아간 사람들도 있다. 이스라엘에서 일을 마치고 떠날 때는 들어올 때보다 더 심한 심문을 견뎌내야 한다. '누구를 만났느냐', '무슨 얘길 주고받았느냐'…….

1967년의 6일전쟁 뒤로 50년 넘게 이스라엘군은 서안지구와 가자지구를 불법적으로 점령하여, 국제사회로부터 비난을 받아왔다. 그렇기에 팔레스타인의 상황을 취재하려고 들어오는 외국 취재진을 반기지 않는다. 팔레스타인에서 벌어지는 이스라엘의 군사적 억압 통치가 얼마나 현지 주민들을 고통 속에 몰아넣는가를 보여주고 싶지 않기 때문이다.

이스라엘은 유엔 관계자들의 입국마저 막는다. 이스라엘이 가자지구를 겨냥한 공습을 벌이면서 민간인 피해가 국제 문제로 떠오르던 2008년 12월 말, 유엔 인권특사 리처드 포크가 벤구리온 국제공항에 내리자, 이스라엘 당국은 그를 공항 밖으로 한 발자국도 못 나가게 하고 다음 비행기로 돌려보냈다. 유엔 인권특사를 못 들어오게 막는 형편이니, 팔레스타인 인권운동가가 비행기를 타고 나가 이스라엘의 만행을 알리기란 더더욱 어려운 일이다. 이스라엘이 외신 기자들의 팔레스타인 취재를 달가워하지 않는 것도 같은 맥락이다.

가자지구로 들어가는 길은 크게 두 가지다. 하나는 이스라엘의 에레즈 검문소를 거치는 길, 다른 하나는 이집트 수도 카이로에서 시나이반도를 거쳐 가자 남쪽 라파로 들어가는 길이다. 2000년 9월 인티파다가 일어난 뒤 그곳 상황을 취재하려고 가자지구로 들어갈 때마다 검문소에서 20세 안팎의 이스라엘 병사들로부터 의도적인 괴롭힘을 당해야 했다. 무작정 몇 시간씩 우두커니 기다리게 만들어 사람을 지치게 만들기 일쑤였다. 예루살렘에서 이스라엘 공보부로부터 발급받은 프레스 카드를 내밀며 왜 이리 더디냐고 불평이라도 하면? "로마에 가면 로마법을 따르라는 말 모릅니까?" 하는 핀잔을 듣곤 했다.

이스라엘군이 가자지구를 침공해 1,370명이 넘는 사람들이 사망했던 2009년 1월, 나는 이집트에서 라파로 가는 길을 선택했다. 라파 국경 검문소의 팔레스타인 관할은 이스라엘이 아닌 팔레스타인 자치정부라서 에레즈에서처럼 이스라엘 병사들로부터 시달림을 받진 않을 것으로 판단해서였다. 출국 절차를 밟는 이집트 관할 구역을 거쳐 축구장 절반쯤 크기의 마당을 지나면 곧바로 팔레스타인 입국 심사장 건물이 나타난다. 그곳엔 팔레스타인 자치정부에 소속된 하마스 계열의 공무원들이 입국 심사를 맡는다. 2007년 하마스가 가자지구를 장악한 뒤로 그곳은 사실상 하마스의 해방구인 셈이고, 따라서 이스라엘 병사들과 맞닥뜨리지 않는다.

그렇지만 라파를 거쳐 가자지구로 들어가는 길도 만만치 않음을 곧 깨달았다. 밤늦게 이집트 카이로 공항에 내려 다음 날 아침 가자지구 남쪽의 라파 지역으로 향했다. 모래바람 날리는 시나이반도의 사막지대를 달려 라파 국경 검문소에 닿았다. 카이로를 떠난 지 거의 6시간 만이었다. 국경 검문소임을 알리는 커다란 간판을 보았을 때 '아, 이제 드디어 가자지구로 가겠구나' 하는 생각에 걸음이 빨라졌다.

그런데 이집트 영토를 벗어나기가 쉽지 않았다. 가자지구로 통하는 이집트 관문을 지나려면, 이런저런 서류와 더불어 시간과 인내심이 받쳐줘야 한다는 것을 깨달았다. 이집트 관리는 "여권과 언론사의 취재 협조 요청서만으로는 가자지구에 들어갈 수 없고, 두 가지 서류가 더 있어야 라파 국경을 넘을 수 있다"고 했다. 그것은 카이로 한국 대사관의 추천서, 그리고 이집트 공보부의 승인서였다. 그렇다면 다시 카이로로 돌아가서, 전혀 급할 것 없는 관리들을 상대로 지루한 서류 작업에 매달려야 한다는 말인가. 카이로로 이어지는 시나이 사막 한가운데 밤길을 시속 150킬로미터로 내달리는 전세 택시 안에서, 이번 중동 취재길이 순탄치 않겠다는 생각을 했다.

나중에 알고 보니 이집트 관리가 말한 그 두 가지 서류만으로도 일이 끝나는 것은 아니었다. 카이로에서 다시 시나이 사막을 거쳐 라파 국경 검문소에 들어서니, 지난 2002년 아프가니스탄 현지 취재 때 얼굴을 익혔던 파키스탄 기자 한 사람이 시무룩한 얼굴로 앉아 있었다. 그는 이집트 관리가 말한 서류를 다 갖춰왔는데도 "하루 종일 대기실에서 통과 허가가 나기를 기다리고 있다"고 했다. 이집트 군부대의 보안 검색에서 통과되기를 기다리고 있다는 이야기였다. 그러면서 하는 말이 "이렇게 가자지구로 가기가 어렵도록 여기저기 지뢰밭을 만들어놓은 것은 친미 국가인 이집트의 독재 정권이 미국과 이스라엘 정부의 눈치를 보기 때문일 것"이라고 추정했다.

나는 고개를 끄떡였다. 이스라엘 서남쪽과 국경을 맞대고 있는 이집트는 이슬람 국가 가운데 이스라엘과 외교 관계를 가장 먼저 수립했다(1979년). 현재 이슬람 국가 가운데 이스라엘과 외교 관계를 맺은 국가도 이집트와 요르단(1994년)뿐이다. 그 덕에 이집트는 미국으로부터 해마다 13~15억 달러에 이르는 엄청난 원조를 받고 있다. 미국의 대외 원조 최대 수혜국은 아프리카나 아시아의 가난한 나라가 아니라 바로 이스라엘(1년에 30억 달러)이고, 두 번째 수혜국이 이집트다. 그런 현실로 미뤄, 이스라엘 정부가 친미 정부인 이집트 정부에게 라파를 통해 팔레스타인으로 가려는 외국 기자들의 입국을 어떤 형태로든 제한해달라고 요구했을 가능성이 높다. 그런저런 사정으로 예정보다 사흘 늦게 라파 국경을 넘어 가자지구로 들어섰다.

거대한 파괴 현장　　가자지구는 지중해 변을 따라 남북으로 길게 이어진, 고구마처럼 생긴 좁은 회랑이다(길이 40킬로미터, 폭

4~10킬로미터, 면적 360평방킬로미터). 가자 남쪽 끝인 라파에서 북쪽의 가자 시티까지 자동차로 한 시간이면 충분한 좁은 지역에 무려 180만 명의 인구가 산다. 가자지구의 절반 정도가 사막형 기후로 불모의 땅인 점을 떠올리면 1평방킬로미터당 인구밀도는 세계적으로 높은 수준이다.

가자지구에 사는 사람들은 밖으로 자유롭게 다닐 수 있는 이동의 자유가 없다. 이스라엘군 경비병의 총격에 죽을 위험을 무릅쓰고 몰래 장벽을 넘지 않는 한, 같은 팔레스타인 지역인 서안지구로도 가기 어렵다. 이웃 나라인 이집트나 요르단으로의 여행도 꿈같은 얘기이기는 마찬가지다. 현지에서 만난 팔레스타인 사람들은 "우리는 거대한 감옥에 갇혀 산다"는 말을 입에 달고 지낸다. 이스라엘의 봉쇄정책으로 말미암아 그런 좁은 땅에서 오도 가도 못하고 울분 속에 살아가는 것이다.

라파 국경 검문소를 거쳐 가자지구로 들어서니, 그곳은 거대한 파괴 현장 그 자체였다. 곳곳에서 메스꺼운 냄새가 코를 자극했다. 이스라엘군은 전폭기와 탱크, 아파치 헬기, 그리고 불도저를 동원해 많은 집들을 무너뜨렸다. 보다 정확히 표현한다면, 콘크리트 잔해가 곳곳에 커다란 무덤을 만든 상태였다. 이스라엘의 공격에서 비롯된 학살과 파괴의 흔적은 발길을 옮기는 곳마다 쉽게 눈에 띄었다. 가자지구의 남쪽 지역인 라파(인구 13만 명)는 물론 가자지구 중남부의 칸유니스(인구 20만 명), 그리고 가자지구의 중심인 가자 시티(인구 40만 명) 곳곳이 전쟁의 상처를 그대로 안고 신음하고 있었다. 무너져내린 건물이며 주택, 불 탄 채 버려진 자동차들, 탱크와 불도저로 밀어 쓰러져 누운 올리브나무들……. 중소기업 규모의 공장들이 모여 있는

이스라엘군의 포격으로 불타고 무너진 집터에서 혹시나 성한 물건이 있을까 싶어 둘러보는 주민들.

가자지구 동부 지역의 산업단지는 철저히 파괴되었고, 공장 직원들은 철골이 불길에 녹은 채 휘어진 공장 천장을 쳐다보며 어떻게 일을 처리해야 할지 몰라 당혹감에 휩싸여 있었다.

가자지구의 농부들도 시름이 깊기는 마찬가지였다. 이스라엘군의 공습으로 부인과 아들 둘이 심하게 다쳤다는 한 농부는 담배를 깊이 빨아들이더니 이렇게 말했다. "병원에 두고 온 가족은 그래도 시간이 지나면 건강을 되찾을 겁니다. 그러나 몇십 년을 키워온 올리브나무들은 어떡하나요. 나무 한 그루를 심어 키우는 데 얼마나 많은 땀과 시간이 들어가는데……."

무너진 집 앞에서나 이스라엘군 탱크에 황무지로 바뀐 올리브나 레몬 밭에서 서성대던 주민들은 통역자 칼리드와 내가 다가서면 당시 상황을 기꺼이 자세하게 설명하려 들었다. 사랑하는 가족이 죽고

삶의 밑천으로 애써 기르던 올리브나무들을 전쟁으로 모두 잃고 슬퍼하는 팔레스타인 농민. 그의 분노와 슬픔은 누가 달래줄 것인가.

집과 농토를 잃은 그들의 절박한 처지를 헤아려볼 때, 아마도 물에 빠진 사람이 지푸라기라도 잡는 심경이 아니겠나 싶었다. 제한된 취재 일정 탓에 그들의 이야기를 넉넉히 듣지 못하고 구경꾼마냥 잠시 왔다가 떠나는 것이 참으로 안타깝고 미안했다.

피해 지역 주민들로부터 조금씩 다르면서도 하나같이 비극적인 이야기를 들으면서 '일부 이스라엘 병사들은 사람을 죽이고 집을 부수는 것을 즐겼던 게 아닐까' 하는 생각마저 들었다. 가자지구 곳곳에서 저질러진 이스라엘군의 파괴 행위가 도를 넘어서 인간성을 포기한 게 아닐까 싶을 정도였기 때문이다. 그만큼 현장은 참혹했다.

집을 잃은 사람들은 친척 집에 나뉘어 신세를 지거나, 그럴 형편이 안 되면 무너진 집 바로 옆에 국제 구호 기관들이 보내준 천막을 치고 추운 밤을 지새웠다. 1948년 이스라엘이 독립하면서 벌인 전쟁,

1967년 6일전쟁으로 난민이 되었던 예전 상황을 그대로 되풀이하고 있는 것이다. 그들 가운데 상당수는 가족을 잃은 사람들이다. 살아남은 자들의 고통과 눈물은 언제나 멈추게 될까 하는 우울한 생각을 하며 가자지구에서의 첫 밤을 맞았다.

우리도 사람답게 살고 싶다 이스라엘군의 가자지구 파괴 현장을 취재하기 위해 통역자 칼리드와 함께 아침 일찍 나섰다. 이스라엘의 공격은 가자 전역에 걸쳐 가해졌지만, 그중에서도 북동부 지역의 피해가 컸다. 가자지구의 중심인 가자 시티 동남쪽에 자리한 알 제이툰 마을, 가자 시티 동부의 알 투파 마을이 특히 심한 피해를 입었다. 이 지역에는 이스라엘군이 거듭 공습을 되풀이했고, 그런 다음 탱크를 앞세우고 들어가 한동안 주둔했다.

이 두 마을은 가자 시티 동북쪽의 자발리야 난민촌과 더불어 하마스의 지지 기반이기도 하다. 그러나 현지에서 만난 주민들은 "우리가 하마스를 지지했다 하더라도 총을 들고 싸운 전투원이 아닌데, 왜 마구잡이로 폭격해 집을 부수고 사람 목숨을 앗아가느냐? 우리도 사람답게 살고 싶다"며 강한 분노를 나타냈다.

알 제이툰 마을의 주민들은 "이스라엘군이 마을 사람들 110명을 한집에 몰아넣고는 바로 그곳에다 포격을 해댔다. 그래서 30명이 넘는 사람들이 죽고 많은 사람들이 다쳤다. 전화로 연락을 받은 병원 응급 차량이 마을로 들어서는 것조차 이스라엘군이 막았다"며 울분을 터뜨렸다. "그야말로 고의적인 살인이자, 전쟁범죄가 아니냐"는 얘기였다. 이스라엘군이 이 마을에 포격을 해대던 열흘 동안, 마을 사람들은 물과 음식이 다 떨어졌는데도 이스라엘군의 총격을 피하느라 바깥출입은커녕 창밖조차 내다볼 수 없었다. 이 마을에서는 이스라엘군이 부모의 주검 옆에서 굶주리고 있는 어린이 4명을 나흘 동안이나 그대로 내버려둔 사실이 나중에 알려져 지구촌 사람들의 분노를 사기도 했다.

가자지구 동부 샤아프 마을에서 이스라엘과의 경계선을 따라 난 도로를 지나는데 길가에 말과 소 여러 마리가 쓰러져 있었다. 말이나 닭 등 집에서 기르던 가축들도 이스라엘 전폭기와 헬기, 탱크에서 쏘아대는 포탄에 희생됐다. 인간이 일으킨 전쟁의 광풍이 인간과 더불어 사는 동물들의 목숨도 앗아간 것이다. 가자지구의 팔레스타인 사람들은 굳이 농사를 짓지 않더라도 말을 이동 수단으로 이용하는 경우가 많다. 트랙터나 중고 자동차를 갖고 있더라도 비싼 석유 대신에 말이나 노새가 끄는 수레를 몰고 다닌다. 말하자면 가축은 많은 팔레스타인 사람들에게 귀한 에너지원이다.

무너진 이슬람 사원, 불 탄 유엔 창고

가자 시티 동북쪽에 자리한 자발리야 난민촌도 이스라엘의 공습에서 비롯된 파괴의 광풍을 비껴가지 못했다. 상주인구 11만 명의 이 난민촌 주민들은 대부분 1948년 이스라엘 독립 전쟁 때 대대로 살던 옛 땅에서 쫓겨난 사람들과 그 후손들이다. 이들은 하마스의 강력한 지지 기반이다. 6년 동안 이어졌던 1차 인티파다가 바로 이곳에서 처음 일어나 팔레스타인 전역으로 번진 것도 우연이 아니다.

자발리야 난민촌의 중심지인 알 콜라파 이슬람 사원과 그 앞의 널찍한 광장에서는 1차 인티파다 기간 중은 물론 2차 인티파다 중에도 각종 정치 집회가 열려온 곳이다. 2004년 이스라엘군 헬기가 쏜 미사일에 맞아 사망한 셰이크 아흐메드 야신도 생전에는 휠체어에 몸을 실은 채 이곳 광장에 나타나 투쟁 의지를 고취시키는 연설을 하곤 했다.

이렇듯 반이스라엘 저항의 정신적 구심점 역할을 해온 알 콜라파 사원은 그동안 새로운 성전을 크게 짓고 있었다. 하지만 공습으로 말미암아 거의 완공 단계에서 큰 피해를 입었다. 1층이 거의 내려앉아 지하층에 맞닿는 거대한 공간이 생겨났다. 바로 그곳에서 만난 한 이슬람 성직자는 "성스러운 사원을 공격한다는 게 말이 되느냐? 유대인은 지구상에서 사라져야 할 사악한 존재"라고 목소리를 높였다.

팔레스타인 난민들을 돕는 유엔 팔레스타인 난민구호기구(UNRWA) 창고도 이스라엘의 공습을 비껴가지 못했다. 현장에 가보니 타다 남은 구호물자들이 여전히 연기를 내뿜고 있었다. 휴전이 이루어진 직후 가자지구를 방문했던 반기문 당시 유엔 사무총장도 이스라엘의 무차별 폭격을 강하게 비난했다. 현장에서 만난 UNRWA 소속의 한 실무자는 "UN 마크가 뚜렷이 달려 있는데도 이스라엘군의 총격을 받아 부서진 차량들을 바라보는 반 총장의 얼굴이 무척 어두웠습니다"라고 전했다. UNRWA 관계자들은 "이스라엘군의 강압 조치가 해도해도 너무한다"며 불편한 심기를 감추지 않았다. UNRWA 대변인은 "난민촌을 파괴하고 점령 지역의 민간인들을 강제 이동시키는 강압 조치들은 제네바협약의 규정을 위반하는 뚜렷한 전쟁범죄 행위"라고, 이스라엘 정부를 대놓고 비난했다.

그러나 이스라엘군의 생각은 다르다. 예루살렘에서 만난 이스라

이스라엘군의 무차별 공격으로 파괴된 이슬람 사원.

군 대변인은 나와의 인터뷰에서 이를 두고 '공격적 방어'라고 설명했다. "이스라엘에 대한 팔레스타인 쪽의 테러 공격을 막으려면, 공격적 방어를 하는 것이 효과적이라는 게 우리 군의 판단입니다." 이스라엘군은 서안지구와 가자지구를 번갈아가며 일시적 점령, 퇴각을 되풀이하고 있다. 언제든 필요에 따라 팔레스타인 거점들을 점령할 수 있는 이른바 '무료 입장권'을 손에 쥐고 있는 것이다. 문제는 그런 군사적 강공책을 편다 해도 이스라엘이 말하는 이른바 '테러의 하부구조'를 완전히 파괴할 수도 없거니와, 이스라엘의 국제적인 이미지에도 도움이 되지 않는다는 점이다.

이번 전쟁이 터지기 전에도 가자지구 곳곳에서 이스라엘군은 갖가지 만행을 저질러왔다. 탁 트인 시계를 확보한답시고, 그곳 농민들의 생업인 올리브 밭을 불도저로 갈아엎고, 난민촌 주택들을 허물어뜨렸다. 가자지구 남쪽, 이집트와 국경을 맞댄 라파 난민촌은 잇단 무장 충돌 과정에서 많은 사람들이 죽고 다친 참혹한 현장이다. 이스라엘 군 탱크가 팔레스타인 저항 세력이 파묻어놓은 지뢰를 건드려 폭파 되자, 이스라엘군은 이집트로 통하는 무기 밀수 지하 터널을 찾는다 는 구실로 많은 집들을 허물었고, 이 일로 1,000명이 넘는 사람들이 집을 잃었다.

"이라크 팔루자에서 벌어진 일이 여기선 훨씬 전부터 일어났어요." 가자 시내 중심가에 자리한 시파 병원에서 만난 한 팔레스타인 청년 의 말은 가자 지역의 상황을 압축해 보여주는 듯했다. 2004년 3월 이 라크 팔루자에서 미국인 사설 보안업체 경호 요원 4명이 죽음을 당 하자, 미군이 팔루자를 쑥대밭으로 만들고 많은 목숨을 앗아간 상황 과 똑같다. 같은 라파 지역 안에서도 서쪽 텔 술탄 마을의 피해는 특 히 컸다. 그곳 알 무가이어 집에 가보니, 가족들이 깊은 슬픔에 잠겨 있었다. 집 옥상에서 빨래를 널던 15세 소녀 아스마와, 바로 곁에서 비둘기들에게 모이를 주던 11세의 동생 아흐메드가 대낮에 이스라엘 저격수의 총에 맞아 죽은 것이다. 그 저격수는 무슨 까닭에 이들 자 매를 죽였을까. 어머니 스리야(43세)는 내내 그런 의문을 지우지 못 했다. 스리야의 눈물을 뒤로하고 다시 곳곳에 집들이 파괴된 거리로 나섰다. 한 가정집의 옥상에 올라가보니, 보안 장벽 너머 멀리 세워진 유대인 정착촌의 현대식 주택들이 그림처럼 눈에 들어왔다.

라파 지역의 주민들도 대부분 이스라엘의 '독립 전쟁'(1948년) 과 정에서 대대로 살던 집과 농토에서 밀려난 난민들이다. 그런 난민들이 다시 한 번 집을 잃은 셈이다. 그들이 임시로 묵고 있는 라파 초등학교 교실에서 만난 한 50대 후반의 여인은 "평생 동안 하도 험한 일들을 여러 번 겪어서 이제는 눈물도 안 나옵니다"라고 했다. 그 여인의 얼굴에서 나는 일제 식민 지배 아래서 눈물과 한숨의 세월을 보냈을 우리 어머니들의 얼굴을 보았다. 지난날 일제 강점기 시절 우리의 아버지, 어머니들도 35년의 암담한 세월을 보냈지만, 팔레스타인은 훨씬 더 긴 세월을 눈물과 고통 속에 지내는 중이다.

전쟁의 이미지만 볼 뿐, 고통은 모른다

가자지구의 파괴 현장을 카메라에 담으면서 문득 20세기가 낳은 미국의 지성인이자 작가인 수전 손택(1933~2004년)을 떠올렸다. 손택은 미국 조지 W. 부시 행정부의 아프가니스탄 침공과 이라크 침공을 반대했던 평화운동가였다. 그녀는 동유럽 발칸반도에서 보스니아 내전이 한창이던 1993년, 적군에게 포위된 채 죽음의 공포와 절망에 빠진 사라예보 시민들에게 "희망을 가져야 한다"는 메시지를 전하려고, 사뮈엘 베케트의 작품 『고도를 기다리며』를 사라예보에서 연극 무대에 올린 휴머니스트였다. 사람들이 그녀에게 "전쟁 중에 웬 연극이냐?"고 물으면, 그녀는 이렇게 대답했다.

"우리 인간은 동물이 아닙니다. 방공호에 숨기만 하고, 식량과 물을 얻으려고 줄을 섰다가 폭격에 죽는 그런 부류의 인간이 되어서는 안 된다고 생각했습니다. 그래서 사뮈엘 베케트의 『고도를 기다리며』를 연극무대에 올렸습니다. 실제로 나는 몇 발자국 바로 앞에서 폭격이나 총알에 맞아 죽는 사람들을 아주 많이 봤습니다."

1969년에 노벨 문학상을 받은 사뮈엘 베케트의『고도를 기다리며』에서 '고도'는 대체로 '희망' 또는 '자유'를 상징하는 것으로 풀이된다. 보스니아 내전 당시 끝 모르는 전쟁과 적에게 포위된 도시에서의 불안한 삶에 지친 사람들을 위해 손택은 사라예보로 갔다. 손택이 연출했던 연극 공연을 보면서 사라예보 시민들은 잠시나마 전쟁의 공포로부터 벗어나 한줄기 희망의 빛을 보았을 것이다.

한국에도 소개된『타인의 고통』의 저자이기도 한 손택은 "사람들은 어디까지나 전쟁의 이미지만 볼 뿐, 전쟁을 직접 겪는 이들의 고통을 잘 모른다"고 말했다. TV나 신문 등 매체에서 보는 전쟁의 이미지와 실제 전쟁 상황에 갇힌 사람들이 겪는 고통은 분명 차이가 있기 마련이다. 그 하나의 보기로 손택은 "공습 현장에서 듣는 폭음은 TV 화면으로 전달되는 폭음보다 1,000배나 강하다"고 했다. 그래서 손택은 보도사진이 주는 이미지만으로는 전쟁의 실상이 어떠한지, 전쟁이 얼마나 끔찍한지 제대로 상상하기 어렵다고 여겼다.

손택은 많은 사람들이 전쟁 소식을 TV 화면이나 보도사진을 통해 보면서도 그것을 자신과는 상관없는 일로 여기는 것을 안타까워했다. "일반적으로 사람들은 TV나 신문에서 전쟁이란 끔찍한 이미지를 보면, 전쟁을 미워하게 됩니다. 그러나 전쟁이 터져도 많은 사람들은 스스로를 구경꾼으로 여깁니다. 전쟁에 끼어들어 죽지도 않을뿐더러, 남을 죽이지도 않기에 죄가 없다고 생각합니다. '전쟁은 참으로 소름끼치는 것이니까' 하며 TV 채널을 다른 데로 돌릴 뿐입니다."

손택의 말을 이스라엘의 가자 공습에 그대로 적용시키면 어떨까. 2009년과 2014년 이스라엘의 침공으로 지구촌 사람들의 눈길을 모았던 가자지구의 참상은 여러 보도사진과 TV 화면으로 지구촌 사람들에게 널리 전해졌다. 그렇지만 가자지구의 끔찍한 현장 상황을 두 눈으로 보고, 그곳 사람들의 가슴 저린 이야기들을 들으면서야 손택의 말이 새삼 옳다고 느꼈다. 팔레스타인 사람들이 여러 차례 전쟁을 겪으면서 지금도 고스란히 안고 있는 고통의 참모습을 보도사진과 TV 화면이 제대로 전달하기는 어렵다. 그저 작은 부분을 비출 뿐이다. 그리고 그런 사진들을 본 대부분의 시청자들이나 독자들도 잠시 안타까움을 느끼다가는 곧 남의 일처럼 잊을 것이다.

4장

생존의 벼랑 끝에 내몰린
팔레스타인

오래도록 이어진 중동의 유혈 분쟁은 이스라엘과 팔레스타인 양쪽에 많은 희생자를 냈을 뿐만 아니라, 경제적으로도 큰 타격을 주었다. 특히 팔레스타인 경제는 거의 고사枯死 직전이다. 많은 팔레스타인 사람들이 일자리를 잃고, 이스라엘의 봉쇄정책으로 수출길이 막힌 탓이다. 거듭되는 유혈 충돌과 이스라엘의 봉쇄정책 탓에 팔레스타인은 깊은 불황과 가난의 늪에 빠져 있다.

세계은행 통계에 따르면, 가자지구의 실업률은 거의 50%(서안지구는 30%)에 이르며, 소득은 2000년 2차 인티파다가 일어나기 전에 비해 3분의 1로 줄어든 것으로 추정된다. 이스라엘의 1인당 국민총소득(GNI)은 3만 5,000달러쯤에 이르지만 팔레스타인은 겨우 3,000달러에 머물러, 소득에서도 엄청난 차이를 보인다. 가자지구에서 만난 팔레스타인 자치정부 경제무역부의 한 실무자는 "세계은행 등 국제기구들의 기준으로 보면, 팔레스타인 사람 2명 중 1명은 절대 빈곤 상태"에 있다면서 어려운 사정을 전했다. 절대 빈곤의 국제적 기준대로라면 한 사람이 하루 1.25달러(구매력평가 기준)로 살아간다는 뜻이다.

이스라엘과 팔레스타인 사이에 유혈 충돌이 일어나기 전에는 약 14만 명의 팔레스타인 사람들이 이스라엘 공장 등에서 저임금 노동자로 일해왔다. 유대인 기업주의 입장에서는 임금이 유대인의 4분의 1밖에 안 되는 팔레스타인 노동자를 마다할 이유가 없었다. 절대 빈곤의 벼랑 끝에 내몰린 팔레스타인 사람들로서는 그런 인종차별적 저임금이라도 받아들일 수밖에 없는 처지였다. 하지만 이스라엘-팔레스타인 사이의 유혈 충돌이 되풀이되면서 그런 돈벌이마저도 하기가 어렵게 됐다.

이스라엘군은 팔레스타인 빈민들에게 나눠줄 식량과 의약품 등 구호 물품을 실은 차량들의 통행마저도 걸핏하면 '보안'을 구실로 막기 일쑤다. 임신부가 출산을 위해 시내의 큰 병원으로 가려 해도 이스라엘군은 보안을 내세워 막는다. 이 때문에 길에서 아이를 사산^{死産}하는 경우도 있다. 서안지구에만 약 450개의 이스라엘군 검문소가 설치되어 있는데, 일자리를 찾는 일부 팔레스타인 사람들이 몰래 이스라엘로 넘어가려다가 이스라엘군에게 '테러분자'로 오인받아 사살되는 일이 자주 벌어진다.

봉쇄정책은 곧 경제 전쟁　서안지구의 정치 중심지 라말라에서 예루살렘으로 이어지는 도로를 막고 있는 칼란디야 검문소는 오늘의 팔레스타인 사람들이 겪는 고통의 실상을 있는 그대로 드러낸다. 그곳에는 굶주린 가족의 어려운 형편을 호소하며 예루살렘으로 들어가려는 절망적인 팔레스타인 사람들이 긴 행렬을 이룬다. 그렇지만 동예루살렘 거주자임을 나타내는 신분증이나 노동허가증이 없으면 다시 되돌아가야만 한다. 동예루살렘뿐만이 아니다. 내가 둘러본 서안지구 나블러스, 라말라, 헤브론, 제닌 그리고 가자지구 곳곳에는 거대한 바윗덩어리들이 도로를 막은 채 팔레스타인 사람들의 통행을 막고 있었다.

베들레헴에서 예루살렘으로 이어지는 검문소를 통해 예루살렘으로 들어가려다 이스라엘 병사들에게 제지당한 한 무리의 팔레스타인 노동자들을 만났다. 그들이 멀리 한국에서 온 나에게 털어놓은 비탄 어린 탄식이 지금도 귓가에 맴돈다. "우리는 감옥 아닌 감옥에서 죄수 아닌 죄수 생활을 하고 있습니다. 언제나 이런 감옥에서 풀려날지……."

가족 가운데 누군가가 유럽이나 미국에서 노동을 하면서 돈을 보내주는 이들은 그나마 나은 편이다. 많은 팔레스타인 사람들이 절대 빈곤의 벼랑에 내몰린 상황이다. 팔레스타인의 저항 조직 하마스가 펼쳐온 빈민 구호 사업도 미국과 이스라엘의 자금줄 차단 노력으로 어려움에 부딪혔다.

서안지구 라말라 비르제이트 대학의 아델 자그하 교수(경제학)는 "팔레스타인 사람들의 인티파다로 이스라엘 경제도 타격을 입었지만, 팔레스타인 경제는 말 그대로 고사 상태에 이르렀다"고 말한다. 이집트나 요르단에서 넘어오던 물자들이 끊겨 팔레스타인 사람들은 지금 심각한 생필품 부족을 겪고 있다는 것이다. 경제학자의 시각에서 보면, 이스라엘군의 봉쇄정책은 팔레스타인 경제를 마비시켜 항

동예루살렘에서 라말라로 가는 길목에 자리 잡은 칼란디야 검문소. 이스라엘은 곳곳에 검문소를
차려놓고 '보안'을 이유로 팔레스타인 사람들의 통행 자유를 제한하고 있다.

복을 받아내려는 '경제 전쟁'이다. "군사적으로 팔레스타인을 파괴하
지 못하더라도 경제적으로 말려죽이는 것은 가능하다"는 게 자그하
교수의 우울한 진단이다. "이스라엘 쪽에서 말하는 '보안상 필요한
조치'는 우리 팔레스타인 사람들이 듣기엔 그저 허울 좋은 구실에 불
과합니다. 이스라엘의 봉쇄정책은 팔레스타인에게 집단적으로 고통
을 주려는 징벌이자 학대의 성격이 강합니다."

팔레스타인 농부들은 힘들여 농사를 지어도 판매길이 막혀 울상이
다. 인티파다가 일어나기 전에는 이스라엘 쪽으로 팔려나가던 토마
토를 비롯한 농산물이 판로를 잃었다. 게다가 팔레스타인 사람들도
소득이 줄어 과일 사먹을 돈을 아끼니 과일이 밭에서 썩어나가는 상

이스라엘의 가자지구 봉쇄는 그곳 사람들의 삶을 벼랑 끝으로 내몰고 있다. 밥을 해먹을 가스를 구하려고 몇 시간째 줄을 서서 기다리다 지친 팔레스타인 여인.

황이었다. 가자지구에 머물 때 한 농부에게 토마토를 사려고 5세켈(약 1,500원)을 건네자, 그는 큼지막한 토마토를 무려 15개나 종이 봉지에 담아주었다.

팔레스타인 자치정부 각료 중에는 '물자부 장관'이란 직함을 지닌 이가 있다. 팔레스타인 지역의 생존에 필요한 필수품들에 대한 정책을 가다듬고 시행하는 것이 그의 임무다. 설탕, 쌀, 식용유, 밀가루, 고기 등의 품목을 다루는 샤힌 장관을 만났더니, "이스라엘이 엄청난 세금을 매기고 있다"며 불만을 털어놓는다. "보안을 이유로 우리는 보안검역세를 포함해 모두 7가지 세금을 무는 반면에, 이스라엘 수입업자는 단 한 종류의 세금만을 문다"는 얘기다.

샤힌 장관에 따르면 이스라엘은 물자 공급도 방해하고 있다. 지난 가을에 입하된 물통이 해를 넘긴 봄에야 팔레스타인으로 넘어오는 일도 있다고 한다. 사람들은 "이스라엘은 팔레스타인의 정치적 목줄을 죄고 있을 뿐 아니라, 경제적 목줄마저 죄고 있다"고 한탄한다. 이 때문에 팔레스타인의 물가가 많이 올랐다. 구매력은 전에 비해 줄어들었는데 물가는 올랐으니, 서민들은 이중고에 시달린다. 높은 실업률과 불경기로 팔레스타인 사람들의 좌절감은 갈수록 깊어만 간다.

거대한 회색 지대

예루살렘에서 자동차로 한 시간 반쯤 달리면 가자의 관문인 에레즈 검문소가 나온다. 유럽 지역 국경선에서 흔히 볼 수 있는 그런 검문소다. 2000년 9월 이스라엘-팔레스타인 사이에 유혈 충돌이 일어나기 전만 해도 이곳은 예루살렘, 텔아비브, 하이파 등 이스라엘 쪽으로 일하러 가는 팔레스타인 노동자들의 발길이 끊이지 않았다. 그러나 지금은 오로지 유엔을 비롯한 국제기구에서 일하는 외국인들이나 출입이 가능하다. 검문소에서 일하는 이스라엘 병사들 말고는 오가는 사람이 드물어 썰렁하기 그지없다.

지중해를 바라보는 가자지구에 들어설 때마다 '회색 지대'란 말이 떠오른다. 집들이 대체로 낡고, 여린 회색을 띠고 있다. 거기에다 이스라엘군의 경제봉쇄로 사람들은 가난에 찌든 모습들이다. 나를 태우고 가자지구 이곳저곳을 다닌 40대 초반의 팔레스타인 운전기사 아흐히야는 가자 시내의 이슬람 대학에서 영문학을 공부한 학사 출신이다. 1차 인티파다 기간 중에 이스라엘군에 붙잡혀 2년 동안 감옥에 갇혀 지냈다. 그는 "풀려난 뒤 이렇다 할 직업을 구하지 못해 한때는 날품까지 팔았다"고 털어놓는다. 가자지구의 많은 이들이 "알라께 기도하는 것 말고는 달리 할 일이 없다"는 게 아흐히야의 우울한 독백이다. 그런 절망이 오늘의 가자지구를 언제라도 폭발할 가능성이 있는 뇌관으로 키우는 모습이다.

이집트와 국경을 맞댄 라파 난민촌을 비롯해 가자지구 곳곳에 난민촌들이 들어서 있다. 그곳 주민들도 대부분 이스라엘의 '독립 전쟁' 과정에서 대대로 살던 집과 농토를 떠나온 난민들이다. 이들이 정치적으로 지지하는 팔레스타인 정파는 반이스라엘-반미 강경 노선을 걸어온 하마스다. 마흐무드 압바스 팔레스타인 자치정부 수반을 지도자로 하는 파타는 미국과 이스라엘에 타협적인 온건 노선을 걷는 까닭에 가자지구에선 인기가 없다. 이스라엘이 같은 팔레스타인이라도 서안지구보다 가자지구를 더 압박하는 이유도 바로 그 때문이다.

"콜라는 없어요. 다른 걸로 주문해주세요. 세븐업 같은 걸로." 가자지구의 식당에 들어서서 마른 목을 축일 겸 콜라를 주문하자 팔레스타인 식당 종업원은 이렇게 대답했다. 걸핏하면 옥죄는 이스라엘군의 봉쇄정책으로 가자지구에는 생필품이 부족하다. 때로는 담배도 품귀 현상을 보여, 담배 한 개비를 낱개로 사려고 해도 비싼 값을 치러야 한다.

가자지구에서 만난 한 약사는 이렇게 말했다. "담배는 몸에도 좋지 않으니 '이스라엘의 봉쇄정책이 팔레스타인 사람들의 건강을 높이는 데 이바지한다'고 치면 그만이고, 콜라도 마시지 않으면 그만이지만, 다른 생필품들은 얘기가 다릅니다." 이를테면 집에 배탈 환자가 생겨 약국으로 달려가도 설사약 구하기조차 쉽지 않다. 그는 "우리 가자지역 사람들은 이스라엘군의 집단적 징벌에 고통을 겪고 있습니다"라며 분노를 감추지 않았다.

가자지구 사람들은 이스라엘의 봉쇄정책으로 가자를 벗어날 수가 없다. 가자지구에 대한 이스라엘의 더욱 악랄해진 봉쇄정책으로 그곳 사람들은 커다란 고통을 겪어왔다. 이스라엘군은 가자로 통하는 길목마다 검문소를 세워놓고 의약품이나 연료 등 팔레스타인 사람들이 일상적으로 필요한 물품들을 실은 트럭들의 통행을 이런저런 구실로 막고 있다. 그런 봉쇄정책으로 말미암아 가자지구에 단 하나 있는 발전소에 연료 공급이 제대로 안 돼 발전 기계의 작동이 걸핏하면 멈춘다. 전기가 끊어지면, 가자지구는 암흑천지로 바뀌고, 그곳 주민 180만 명은 추위와 어둠에 떨어야 한다.

거듭된 유혈 충돌로 인해 가자지구의 경제는 말할 수 없이 나빠졌다. 팔레스타인 의회 건물 앞에서 동쪽으로 이어지는 오마르 목타르가街는 가자 시내의 중심지다. 그러나 상당수의 가게들이 휴업이나 폐업 상태다. 이스라엘의 경제봉쇄로 직장을 잃거나 돈을 벌지 못하니 옷이며 구두를 살 엄두들을 못 내기 때문이다. 1993년 오슬로 평화협정 이후 한때 가자 시티는 '중동의 싱가포르'가 될 수 있다는 꿈에 부풀기도 했다. 부동산 가격도 올라 시내 중심가는 1도놈(1,000평방미터)에 40~60만 달러까지 치솟았다고 한 부동산업자는 전한다.

지금은 모두가 신기루처럼 사라졌다. 가자 시내에는 짓다 만 건물들이 곳곳에서 눈에 띄었다. 지어봐야 분양이 어려울뿐더러 이스라엘군의 봉쇄로 시멘트 등 원자재를 제대로 댈 수 없기 때문이다. 가자 시내 해변가에는 지중해를 바라보는 전망 좋은 고급 호텔들이 늘어서 있지만, 투숙객이 거의 없다. 관광객은 더구나 찾아보기 어렵다. 가자 시내에서 내가 묵었던 팔레스타인 인터내셔널 호텔은 객실이 100개쯤 되는데, 손님은 오로지 나와 일본인 사진작가 둘뿐이었다.

2,000개에 이르는 비밀 터널

이스라엘의 봉쇄정책으로 겪는 어려움을 극복하려는 처절한 노력 가운데 하나가 가자지구 남쪽 라파의 비밀 터널을 통한 물자 밀수입이다. 이집트로 통하는 문제의 터널은 무려 2,000개로 추산된다. 이집트 국경과 맞닿은 라파는 걸핏하면 이스라엘군의 공습을 받아 희생자를 냈다. 이스라엘은 그럴 때마다 "팔레스타인 무장 세력 하마스가 라파-이집트 사이에 파놓은 터널을 통해 무기를 밀수하기에, 터널을 파괴할 목적으로 공습을 한다"고 주장했다.

문제는 그런 공습으로 터널과는 아무런 관련이 없는 민간인 주거지역까지 폭탄을 뒤집어쓰고 어린이를 포함한 민간인들이 죽고 다친다는 점이다. 이스라엘과 팔레스타인 사이의 유혈 충돌로 긴장이 높아질 때마다 라파는 이스라엘군의 주요 공습 목표였다. 라파 시내를 돌아보니, 한눈에도 엄청난 공습들이 거듭 저질러졌음을 짐작할 수 있었다. 무너진 집 앞에서 한숨과 눈물을 흘리는 팔레스타인 여인에게 카메라를 들이대는 게 미안했다. 이스라엘은 라파의 비밀 터널이 가정집 안에도 있다는 주장을 펴며 민간인 주택 공습을 합리화했다. 그렇다면 이들은 미군이 아프가니스탄이나 이라크에서 민간인들을 죽이고 흔히 쓰는 말처럼 '군사작전의 부수적 피해collateral damage'란 말인가?

가자지구를 취재하는 동안 나의 통역으로 애써준 칼리드는 출산을 앞둔 아내와 6명의 자녀를 둔 40대 중반의 사내다. 그 역시 라파 출신으로 비밀 터널에 대해 잘 알고 있었다. 칼리드는 이스라엘이 문제삼아온 비밀 터널 지역으로 가기에 앞서 한 시장으로 나를 데려갔다. 그곳에는 온갖 종류의 물품들이 판매되고 있었지만, 특히 가정용 에

이스라엘군의 포격으로 집을 잃고 절망에 빠진 팔레스타인 여인.

너지와 관련된 것들이 눈에 많이 띄었다. 전기를 일으키는 커다란 발동기(제너레이터)에서부터 가스버너(팔레스타인에서는 가정용 취사도구로 쓰인다), 석유 등잔, 그리고 현지 사람들이 '카이로신'이라고 일컫는 유사 석유 등 걸핏하면 전기가 나가고 암흑 세상이 되는 팔레스타인의 어려운 상황을 말해주는 물품들이었다. 우리로 치면 6·25 전쟁 뒤 피란민으로 넘치던 1950년대 부산 국제시장이나 서울 청계천시장의 모습이 이러했을까 싶었다.

비밀 터널은 생존을 위한 것

시장에서 만난 한 상인은 "일반적으로 시장 하면 주로 그 지역에서 만든 크고 작은 생필품들을 사고파는 곳을 떠올리지만, 여기 시장은 100% 이집트에서 몰래 들여온 물품들로 채워져 있다"고 말했다. 시장을 돌아보면서 통역자 칼리드가 나를 이곳으로 데려온 이유를 깨달았다. 이집트로 통하는 비밀 터널들은 이스라엘이 주장하듯 무기 밀수 터널이 아니라, 이스라엘의 봉쇄정책으로 말미암아 숨이 거의 넘어가는 상태에 놓인 팔레스타인 사람들에게 그나마 작은 숨통 같은 것이라는 사실을 알려주고 싶었던 것이다.

커다란 발동기 하나의 무게는 200킬로그램이 넘었다. 이렇게 무거운 발동기를 어떻게 그 좁은 터널로 가져왔을까 생각하며 칼리드가 이끄는 대로 한 비밀 터널 쪽으로 걸음을 옮겼다. 이집트 국경선과 거의 맞닿는 곳에 이르자, 천막으로 엉성하게 둘러 공사장인 양 위장한 가건물이 나타났다. 그 안으로 불쑥 들어섰다. 안에는 5명의 남자가 있었지만 별로 놀라는 기색은 아니었다. 칼리드를 알아본 때문이었다.

터널 입구는 한국의 시골에서 흔히 볼 수 있는 우물처럼 동그란 모양이었다. 20미터쯤 수직으로 내려가면, 그 밑에 가로세로 1~2미터 크기의 방이 나온다. 일종의 물품 중간 저장소다. 그곳에서부터 이집트 국경 쪽으로 길게는 500미터, 짧게는 200~300미터의 터널이 이어진다. 그 끝에도 가로세로 1~2미터 크기의 물품 저장소가 있다. 거기서 45도 각도로 파인 터널을 따라 올라가면 바로 이집트 땅이다. 이집트 쪽의 비밀 터널 입구는 위장막으로 둘러져 있지만 맘먹고 찾으면 너무나 쉽게 찾아낼 수 있는 정도라고 한다. 그곳에서 만난 30

팔레스타인 가자 남쪽 라파에서 이집트로 이어지는 비밀 터널의 입구. 한국의 우물처럼 생긴 이런 터널이 2,000개에 이르는 것으로 알려져 있다.

대 초반의 한 사내는 "이런 터널을 통해 이루어지는 밀수는 이집트 경제에도 도움이 되기 때문에 이집트 경찰의 단속은 눈 가리고 아웅 하는 식"이라고 덧붙인다.

이야기를 들어보니, 비밀 터널에서 일한다는 것 자체가 목숨을 내놓고 하는 위험한 작업이었다. 터널이 무너져내리는 바람에 그곳에 갇혀 죽기도 하고, 예고 없이 이루어지는 이스라엘의 공습에 죽기도 한다. 그러나 이들은 그 일을 할 수밖에 없다고 말했다. 라파 취재를 마치고 가자 시티 숙소로 돌아가는 길, 가자지구 서쪽 지중해 변을 따라 난 도로를 달렸다. 파도와 바람 소리가 제법 세찼다. 눈을 감으니 비밀 터널에서 만났던 20대 후반의 팔레스타인 청년이 들려준 애기가 귓가를 맴돌았다.

"나와 내 가족이 살아가려면 터널에 의지할 수밖에 없습니다. 내가 하는 행위는 이스라엘에서 말하듯 범죄가 아닙니다. 그들의 경제봉쇄에 맞서 나와 가자 사람들이 생존을 위해 어쩔 수 없이 선택한 일입니다."

사이버 공간마저 점령한 이스라엘

팔레스타인에서 인터넷을 쓴다는 것은 시간을 버리는 것과 같다는 말들을 한다. 그렇다. 호텔에서 한국으로 취재 기사와 사진을 이메일 첨부 파일로 보내는 작업은 엄청난 인내심이 요구된다. 팔레스타인에서 찍은 사진을 100킬로바이트 크기로 작게 만들어 한국으로 보내려 해도 1장 보내는 데 10분 이상 참을성 있게 기다려야 한다. 그마저도 중간에 접속 불량으로 끊기기 일쑤다. 호텔에서 꼬박 밤을 샌 적도 있는데, 끝내 꼭 보내야 할 사진들마저 보내지 못하고 말았다. 그 이유를 나중에 알아챈 순간 허탈감이 밀려왔다. 범인은 이스라엘이었다.

이스라엘은 걸핏하면 팔레스타인의 인프라를 파괴해왔고, 그래서 가뜩이나 취약한 인터넷 시스템을 더욱 느리게 만들고 있다. 지난 2008~2009년 가자 침공 때 이스라엘군은 가자지구의 팔텔Paltel 통신 라인을 파괴했다. 그 피해액만 무려 1,000만 달러에 이르렀다. 현재 팔레스타인에는 팔텔의 전화 부문 자회사인 자왈Jawwal, 인터넷 부문 회사인 하다라Hadara, 그리고 팔텔과는 경쟁 관계인 또 다른 전화 회사 와타니야Wataniya가 있다. 이들 모두 이스라엘 통신부 장관의 허가를 받기 전까지는 통신 라인의 추가 매설이나 보수 공사를 할 수 없다. 그동안 이스라엘 본토의 통신 서비스는 날로 좋아졌지만, 팔레스타인 점령지의 서비스는 크게 뒤떨어진 수준으로 방치된 상태다. 이스라엘-팔레스타인 취재를 오는 외신 기자들이 라말라 같은 팔레스타인 지역의 호텔을 마다하고 서예루살렘의 호텔에서 머무르려는 것도 다름 아닌 인터넷과 전화를 비롯한 통신 서비스의 속도 차이 때문이다.

이스라엘은 1967년 서안지구를 점령한 뒤 이스라엘 국영 통신 회사인 베제크Bezeq를 통해 팔레스타인 전역의 통신망을 장악해왔다. 점령 지역에서 사용되는 모든 전화, 휴대전화, 인터넷 메일을 마음만 먹으면 유리 지갑처럼 들여다본다. 팔레스타인 사람들끼리 나누는 전화나 인터넷은 그 연결선이 이스라엘을 거쳐야 한다. 서안지구 남부의 헤브론에서 동예루살렘으로 전화를 걸더라도, 이스라엘 영토를 거치는 식이다. 언제라도 불편을 줄 수 있도록 통제와 장악 시스템이 짜여져 있는 셈이다. 이스라엘군이 가자-이스라엘 접경 검문소 근처의 땅을 불도저로 파헤쳐 가자지구로 통하는 광섬유 전선을 끊는 바람에 가자지구 사람들의 통신이 먹통이 된 적도 있다.

해킹도 큰 문제다. 유대인 해커들 때문에 팔레스타인 자치정부나 여러 기관의 인터넷 사용은 방해를 받기 일쑤다. 이스라엘 해커들은 팔레스타인 자치정부의 공식 언론 매체인 와파Wafa와 마안Ma'an을 비롯한 몇몇 미디어들의 웹사이트를 공격해 한동안 운용을 못하도록 만들기도 했다. 팔레스타인 통신 회사 팔텔은 사과문을 내면서도 "외부의 방해를 받아 인터넷 연결이 매우 느려졌다"며 화살을 이스라엘에 돌렸다.

웹 전쟁 가자지구 라말라에서 마흐무드 압바스 팔레스타인 자치정부 대통령의 통신 기술 부문 보좌역인 사브리 사이담을 만났다. 그는 영국 킹스 칼리지에서 전기 기술 박사 학위를 받은 신세대 테크노크라트로 2005~2006년 팔레스타인 자치정부에서 통신부 장관을 지냈다. 그에게 해킹 얘기를 꺼냈더니 "2012년 이후 유대인 해커들이 팔레스타인 웹사이트들을 전보다 더 극성스럽게 공격하고 있다"며 얼굴을 찌푸렸다. "지금 팔레스타인은 전례가 없는 인터넷 공격에 시달리고 있습니다. 이스라엘의 해커들 때문에 업무를 제대로 보지 못한 적이 한두 번이 아니에요. 엄청난 양의 메일 폭탄을 나와 동료들에게 보내서 서버를 다운시킨 적도 있습니다. 특히 이즈음 들어와 상황이 매우 심각해졌습니다. 이스라엘은 팔레스타인에 웹 전쟁web war을 선포한 것이나 다름없습니다."

이스라엘은 팔레스타인의 디지털 분야도 점령하고 있다. 팔레스타인 주요 인사들은 그들이 주고받은 메일을 이스라엘이 손바닥 들여다보듯 본다고 여긴다. 그래서 자치정부 관계자들은 중요한 안건을 논의할 경우 전화나 이메일보다는 직접 얼굴을 맞대고 한다. 물론 그들의 대화가 도청당할 수도 있다.

팔레스타인 쪽도 해킹을 하지 않는 것은 아니다. 친팔레스타인 해커들은 이스라엘 웹사이트들을 공격하면서 그곳에다 팔레스타인 국기를 휘날렸다. '이스라엘과 미국에 죽음을!'이란 문구도 남겨놓았다. 한 친팔레스타인 해커는 이스라엘의 유력 일간지 『하욤』을 공격하면서, "앞으로 이스라엘 정부 사이트는 물론이고 이스라엘 검색엔진인 구글(google.co.il)도 공격하겠다"고 경고했다. 일부 친팔레스타인 해커들은 이스라엘의 엘알 항공사와 텔아비브 증권거래소를 공격 목표로 삼으려고 했다.

이스라엘의 유력 일간지 『하레츠』 인터넷판이 해킹을 당해 몇 시간 동안 다운되어 문제가 된 적도 있다. 『하레츠』는 이스라엘의 정치 지형에서 전통적으로 좌파 노동당 색깔을 지녔고, 이스라엘의 팔레스타인 점령에 비판적인 논조를 지녀왔다. 그런 이유로 이스라엘 우파들은 『예루살렘 포스트』를 더 좋아한다. 그러니 친팔레스타인 해커가 『하레츠』를 공격한 것은 뜻밖의 일로 화제를 모았다. 『하레츠』를 해킹했던 익명의 친팔레스타인 해커도 트위터를 통해 "죄송하게 됐다. 하레츠가 좋은 신문인지 잘 모르고 그렇게 했다. 앞으로 다시는 『하레츠』를 공격하지 않을 것이다"라는 사과의 메시지를 전했고, 그것으로 상황은 마무리됐다.

이스라엘 정부는 때때로 팔레스타인 가입자들에게 텍스트 메시지나 보이스 메일을 대량으로 마구 보낸다. 이를테면 지난 2008~2009년 이스라엘군이 가자지구를 침공했을 때, "곧 이스라엘의 공습이 있을 것"이라는 내용을 담은 텍스트 메시지나 보이스 메일을 수시로 보냈다. 이는 팔레스타인 사람들에게 조심하라는 의미의 친절한 안내라기보다는 불안 심리를 자극하는 것이다.

이스라엘 총리 베냐민 네타냐후를 비롯한 이스라엘 강경파들은 기회 있을 때마다 사이버 공간에서의 지배 체계 유지를 강조해왔다. 언젠가 팔레스타인에 독립국가가 들어서더라도 전기-디지털 분야에서 팔레스타인이 독립적인 영역을 확보하지 못하도록 해야 한다는 얘기다. 문제는 지금 팔레스타인이 일상적으로 겪는 불편한 상황이다. 이와 관련, 사이담 보좌역은 "팔레스타인의 통신 주권만큼은 반드시 되찾겠다"고 힘주어 말했다.

5장

팔레스타인
어린이와 여성들

전쟁은 누구에게나 고통을 준다. 그렇지만 전쟁이란 폭력적 현상은 남성에 비해 신체적으로 약한 여성과 어린이에게 더 큰 고통을 준다. 팔레스타인-이스라엘 분쟁의 비극적 현상 가운데 하나는 어린이와 여성 희생자들이 많다는 사실이다. 중동 땅에서의 해묵은 갈등은 어린이와 여성들을 날마다 죽음으로 몰아가는 중이다.

이스라엘 쪽에서도 그 수는 적지만 어린이 희생자들이 나왔다. 유대인 정착촌의 10개월 된 아기가 팔레스타인 무장 대원이 쏜 총탄에 맞아 죽은 사건도 있었다. 그렇지만 어린이 희생자의 절대다수는 팔레스타인 쪽에서 나온다. 2000년 9월 팔레스타인 사람들의 인티파다가 있은 뒤 지금까지 생겨난 1만 명가량의 희생자 가운데 3분의 1 정도가 어린이와 여성이다.

눈물도 말라버린 장례식　　군이 1949년 제네바협약을 비롯한 국제법을 말하지 않더라도 전쟁에서 민간인들을 죽고 다치도록 만드는 것은 전쟁범죄다. 이스라엘군은 특히 야간 총격전에서 집 안에 있던 어린이들이 많이 죽고 다치는 데는 팔레스타인 저항 세력에게 그 책임이 있다고 주장한다. 이스라엘군이 되풀이하는 얘기 가운데 하나가 "우리는 총알이 날아오는 쪽으로 맞서 쏠 뿐"이라는 것이다. 이스라엘 측은 아울러 "그들(팔레스타인 어른들)이 충돌 현장의 맨 앞으로 아이들을 내몰고 있다"고 주장한다. 이는 이스라엘 사람들이 한결같이 주장하는 얘기다. 전 이스라엘 수상 아리엘 샤론의 고위 보좌관 출신으로 유엔 주재 이스라엘 대사를 지낸 도어 골드는 서예루살렘의 사무실에서 만나자마자 "어린이를 전면에 내세우는 것은 팔레스타인의 전술"이라고 주장했다.

　하지만 사실은 전혀 다르다. 2009년 3월 이스라엘의 가자 철수 두 달 뒤 반기문 유엔 사무총장의 특사 라디카 쿠마라와미는 스위스 제네바에서 열린 제10차 유엔 인권이사회에서 "이스라엘군이 가자지구 침공 당시 11세의 팔레스타인 소년을 '인간 방패'로 활용하는 등 수많은 인권 유린을 저질렀다"는 내용을 담은 43쪽 분량의 보고서를 제출했다. 이 보고서에는 이스라엘군과 하마스 대원의 교전이 한창 벌어지던 2009년 1월 15일, 이스라엘 병사들이 11세 소년을 '인간 방패'로 삼기 위해 자신들 앞에서 걸어다니도록 했다거나, 여성과 어린이가 있는 집을 불도저로 밀어버렸다거나, 민간인을 몰아넣은 주택에 포격을 가했다는 등의 내용이 담겨 있다. 보고서는 "이런 행위들은 국제법은 물론 이스라엘 법에도 위반된다"고 비판하면서, 민간인을 무차별 살상하고 인권을 유린한 이스라엘군의 전쟁범죄에 대해 폭넓

이스라엘군이 쏜 총탄에 부상당한
어린 소녀(서안지구 헤브론).

은 조사가 이뤄져야 한다"고 매듭지었다.

돌이켜보면 지금껏 많은 팔레스타인 어린이와 여성들이 이스라엘
군의 마구잡이 사격으로 목숨을 잃었다. 가자 중부 지역에 자리한 엘
부레이 난민촌 부근에서 길을 걷던 두 모녀(40대 초반의 엄마와 12세
소녀)가 총에 맞아 죽었다는 소식을 듣고 그곳으로 달려갔다. 가난한
동네여서인지 장례식은 너무도 조촐했다. 유족들은 상복을 입지도
않았고, 조화弔花도 없었다. 유족들이 눈물을 보이지 않는 것도 인상
적이었다. 거듭된 죽음이 그들에겐 일상적인 삶의 일부로 받아들여
지는 모습이었다. 난민촌에서 3킬로미터쯤 떨어진 묘지까지 가는 길
에 팔레스타인 소년 무함마드(15세)를 태우고 갔다. 소년은 초등학교

를 중퇴하고 길에서 토마토 등의 과일을 파는 노점상 아버지를 돕고 있다고 했다. 그는 나의 통역에게 "이슬람 전사가 되어 이스라엘군을 죽이는 게 나의 꿈"이라며 작은 주먹을 불끈 쥐어 보였다.

"알라우 아크바르(알라는 위대하다)!" 팔레스타인 소년들은 이런 구호를 외치며 이스라엘 병사들을 향해 돌팔매질을 한다. 이 소년들이 지닌 무기래야 작은 돌을 끼워넣어 쏘아대는 V자형 나뭇가지 새총이 전부다. 그러다 어느 날 이스라엘군이 쏘아댄 고무 총탄에 다쳐 응급차로 병원에 실려간다. 부상을 입으면 그나마 다행이다. 고무 총탄을 가슴에 바로 맞으면 심장마비로 죽기 십상이다. 서안지구 라말라, 나블리스 두 곳에서 치러진 장례식에 참석했을 때 들은 얘기에 따르면, 두 사람의 사망 원인은 모두 고무 총탄이 심장을 때렸기 때문이었다.

그런 위험을 잘 알면서도 팔레스타인 소년들이 이스라엘군에 맞서는 까닭은 무엇일까. 그것은 한마디로 태생적으로 응어리진 적개심 때문이다. 1948년의 이스라엘 독립 전쟁과 1967년의 6일전쟁은 수많은 팔레스타인 난민을 낳았다. 그 때문에 지금 팔레스타인 청소년들의 상당수는 난민촌에서 태어나, 그곳에서 유년기와 청소년기를 보냈다. 당연히 이스라엘에 대한 적개심을 지닐 수밖에 없는 상태다.

서안지구와 가자지구는 걸핏하면 미국산 F-15, F-16 이스라엘 전폭기와 코브라(헬기) 조종사들의 스트레스를 푸는 사격 연습장이 된다. 중동 어린이들은 주택가를 낮게 날아다니는 이스라엘 전폭기들의 굉음에 커다란 정신적 상처를 입기 마련이다. 팔레스타인 어린이들은 어릴 때부터 총성과 죽음을 지켜보면서 자란다. 장례식의 절규, 응급차의 사이렌 소리, 병사들의 총소리가 낯설지 않다.

수업 시간에도 창 너머로 들려오는 총소리를 들으며 공부를 하는 형편이니, 학업이 제대로 이루어질 리 없다. 학교 선생님들도 아이들에게 공부를 열심히 하라는 얘기보다는 학교와 집을 오가는 동안에 이스라엘군 총격을 잘 피하고 몸을 다치지 말라는 얘기를 더 많이 한다. 베들레헴의 난민촌에서 만난 한 팔레스타인 가장은 이렇게 탄식했다. "밤마다 들려오는 총소리에 놀라 잠이 깨 울부짖는 아이들에게 모든 걸 잊고 공부만 하라고 말할 수 있겠습니까?"

팔레스타인에는 모두 12개의 대학이 있다(서안지구 8개, 가자지구 4개). 다행히 공부를 잘해 대학을 어렵사리 마친다 해도 취직하기가 쉽지 않다. 그들을 받아들일 일자리가 마땅치 않기 때문이다. 미 중앙정보부가 제공하는 월드 팩트World Fact 웹사이트 자료에 따르면, 팔레스타인의 실업률은 28%(2018년). 하지만 청년 실업률은 50%가 넘는 형편이다. 따라서 '공부해봐야 소용없다'는 생각이 널리 퍼져 있다. 고등학교 졸업을 앞둔 아니에스 몬수리(18세)는 "거의 날마다 들리는 총소리가 마치 음악 소리처럼 느껴진다"고 말했다. 그에게 앞으로 어떤 일을 하고 싶냐고 묻자, "이런 상황에서 무슨 희망을 가질 수 있겠이요"라며 쓴웃음을 지었다.

3명 가운데 1명, "커서 순교자 되겠다"

이스라엘군은 심리전으로 어린이들에게 상처를 입히기도 한다. 가자 남쪽 라파 난민촌 가까이에 자리한 작은 동물원을 파괴한 것도 그러한 사례 중 하나다. 그곳은 코끼리나 호랑이가 있는 본격적인 규모에는 훨씬 못 미치는, 그야말로 팔레스타인 실정에 맞는 작은 규모의 동물원이다. 그렇지만 이 지역 어린이들에게는 큰 즐거움을 주던 곳이다. 그런 동물원을 이스라엘군은 폭탄을 던지고 마구잡이 사격을 한 뒤 불도저로 밀어붙여 1,000마리가량의 동물을 죽였다. 무너진 담벼락 벽돌들을 딛고 마당에 들어서기도 전에 사체 썩는 냄새가 코를 자극했다. 워낙 많은 동물들이 죽은 탓에 미처 땅에 묻지 못한 동물들이 이곳저곳에 버려져 있었다.

그곳 관리인 파트히 줌마(41세)의 말을 들어보자. "그자들(이스라엘군)이 나를 둘러싸고 꼼짝 못하게 하더니 불도저로 담장을 무너뜨리고 동물들을 깔아뭉개 죽였어요. 동물들이 지르는 비명 소리가 지금도 귀에 생생합니다. 왜 그랬을까요? 지금도 나는 이해가 가지 않습니다. 어린이 동물원이 팔레스타인 군부대도 아닌데……. 6억 원을 들여 지은 동물원이 그렇게 하루아침에 엉망이 됐습니다." 관리인의 의문대로 왜 이스라엘 병사들은 동물원을 파괴해 그곳 어린이들의 놀이터를 앗아갔을까. 유대인들이 동물원에 가면 알레르기라도 생기는 특이체질은 아닐 텐데…… 점령군의 가학적인 행위일 뿐만 아니라, 팔레스타인 어린이들에게 좌절감을 더해주려는 심리전이라고밖에 달리 판단할 수 없다.

"더 이상 잃을 게 없다"는 막연한 형태의 좌절감이 어린 소년들을 거리의 투쟁으로 내몰고 있다. 이스라엘군에게 돌멩이를 던짐으로써 대물림된 분노를 뱉어내는 상황이다. 시위 현장에서 돌멩이를 던지는 것은 그들의 자연스런 생활이 돼버렸다. 망설임은 찾아볼 수 없다. 부모들도 그들을 말리지 못한다. 반항 심리 속에 어린 시절을 보낸 이들이 하마스 같은 저항 단체에 가입하는 것은 자연스런 일이다.

가자지구 남쪽 라파에 갔을 때다. 몇 대의 이스라엘 탱크가 달리는지, 저 멀리 굉음과 함께 먼지가 휘날렸다. 그런 탱크들을 향해 팔

파괴된 건물 주변에서 모조 총으로 이스라엘군 초소를 겨누는 팔레스타인 소년. "18세가 되면 이슬람 전사가 돼 이스라엘군과 싸우다 순교자가 되겠다"고 말했다.

레스타인 소년 하나가 망원경이 달린 모조 총을 겨눈다. 마치 실전을 치르는 듯 무너진 벽돌 더미에 몸을 숨긴 채 '엎드려쏴' 자세다. 미래의 팔레스타인 전사를 보는 듯했다. 그런 어린이들은 이미 마음속 깊이 큰 상처를 입었을 것이다. "무장 대원이 나를 공격하려는 줄 알았다"며 그런 어린이들을 향해 총을 쏴 사상자를 내는 이스라엘 병사도 드물지 않다.

가자 시내에서 정신 건강 프로그램을 꾸려가고 있는 정신과 전문의 에야드 엘 사라이 박사(가자공동체 정신건강 프로그램 대표)는 "12세의 팔레스타인 어린이들에게 6년 뒤 18세가 되면 무엇이 되고 싶냐고 물었더니, 3명 가운데 1명(34%)이 '이스라엘과 싸우다 죽는 순교자가 되겠다'고 답변했다"면서 "가자지구 사람들의 97%가 이른바 '외상 후 스트레스 장애(PTSD)' 증상을 보이고 있습니다"라고 덧붙였다. "걸핏하면 이스라엘군이 총을 쏴대고 아파치 헬기에서 미사일이 날아드는 상황에서, 가자라는 외부와 철저히 차단된 공간에서 지내다 보면 정신적으로 심각한 장애를 일으키기 마련"이라는 분석이다. 사라이 박사는 "유엔 등 국제기구나 비정부기구(NGO) 소속으로 가자지구에 들어와 일하는 외국인들조차 한 달쯤 지나면 정신적 고통을 호소할 정도입니다. 상황이 그러하니 특히 팔레스타인 어린이와 여성들의 경우 그 심리적 고통의 정도는 말로 하기 어려운 형편"이라면서 얼굴을 흐렸다.

팔레스타인 여성의 삼중고

팔레스타인 사회가 정치경제적 위기에 빠져들면서 그곳 여성들의 고통은 더욱 커지고 있다. 일자리를 잃은 남편은 아무것도 아닌 일에 화를 내며 아내에게 폭력을 휘두른다. 여러 조사 결과는 인티파다가 터진 뒤부터 가정 폭력이 전보다 훨씬 늘어났음을 보여준다. 팔레스타인 여론조사 기관인 PCPO에 따르면, 응답자의 86%가 여성에 대한 가정 폭력이 늘어났다고 답변했다.

이슬람 사회는 가부장적인 사회다. 여성의 권리란 개념이 제대로 뿌리내리지 못한 실정이다. 팔레스타인 현지 취재 과정에서 만났던 여권신장운동가 누하 사바(팔레스타인 여성 단체 WEP의 총무)는 "팔레스타인 여성은 이스라엘의 정치적 억압, 경제봉쇄에 따른 경제적 어

이스라엘군의 불도저에 집을 잃고 슬퍼하는 여인과 두 아들(가자지구 칸 유니스 난민촌).

려움, 이에 덧붙여 가정 폭력이란 3중고에 시달리는 가련한 존재"라고 한탄했다. 유혈 충돌로 남편을 잃은 팔레스타인 여성들은 주렁주렁 딸린 자식들의 생계를 걱정해야 한다. 그곳 가정들은 적어도 4명, 많게는 10명쯤의 아이를 낳는다. 산아제한이나 가족계획이란 개념이 없다. 따라서 한 집안의 가장이 죽을 경우, 아내는 곧바로 생계를 책임져야 하는 절박한 상황에 직면한다. 사실 팔레스타인뿐만이 아니다. 전쟁(또는 분쟁)은 지구촌 여성들에게 깊은 고통을 안겨준다.

6·25 전쟁 때 특파원으로 활동했던 사진가 칼 마이던스가 펴낸『폭력적인 평화The Violent Peace』(1968년)에는 지구촌 곳곳에서 찍은 여러 전쟁 사진들이 담겨 있다. 그 가운데 한국에서 찍은 사진 하나가 눈길을 끌었다. 6·25 전쟁 때 한 남자의 관 앞에서 3명의 여성이 서럽게 우는 모습이었다. 고인의 아내, 어머니 그리고 할머니였다. 비단 끈이 아니라 새끼 끈으로 대충 묶은 관 앞에 여성들이 나란히 앉아 눈물 흘리는 사진을 보노라니 곡소리가 들려오는 듯했다. 죽은 이는 짧은 고통 속에 눈을 감았지만, 살아남아 그를 기억하는 이의 슬픔과 시련은 훨씬 오래갈 수밖에 없다. 전쟁의 더 큰 희생자는 죽은 자보다 살아남은 자들이라는 얘기가 그래서 나온다. 3중고에 시달리는 팔레스타인 여성들의 슬픔과 고난은 여전히 현재진행형이다.

6장

중동의 우울한 초상
팔레스타인 난민

난민촌은 현대 전쟁이 그려내는 우울한 초상 가운데 하나다. 내전이 든 국제전이든 전쟁은 대량 난민 사태를 불러온다. 1951년 '난민의 지위에 관한 협약The Refugee Convention'에 규정된 '난민'이란 전쟁 중에 국적, 종교, 종족 등이 다르다는 이유로 생명의 위협을 느껴 주거지를 떠나 국경을 넘은 사람들을 가리킨다. 지구촌 난민들을 돕는 국제기구인 유엔난민기구(UNHCR)가 해마다 세계 난민 상황을 집계해 발표하는 『글로벌 동향 보고서Global Trends』(2018년 6월)에 따르면, 2017년 말 현재 모두 2,540만 명이 전란을 피해 고향을 떠나 고달픈 삶을 살아가고 있다.

지금 지구에서 가장 많은 난민을 낸 국가는 중동의 시리아로 국경을 넘은 난민이 630만 명에 이른다. 전 세계 난민 4명 가운데 1명이 시리아 난민이다. 2011년 중동의 민주화를 요구하는 '아랍의 봄'

과 함께 독재자 바샤르 알 아사드를 몰아내려는 싸움에서 무려 50만 명이 죽는 혹독한 진통을 치르는 중이다. 시리아를 떠난 난민들이 안전한 정착지를 찾아 헤매며 겪는 고난은 말로 다하기 힘들다. 지난 2015년 터키 해변에서 발견된 3살배기 아일란 쿠르디의 시신은 시리아 전쟁의 비극성을 새삼 일깨운 바 있다. 낡은 고무보트를 타고 터키, 그리스, 이탈리아로 향하는 시리아 난민들이 지중해에서 빠져 죽었다는 소식은 너무나 자주 우리 귀에 들려온다.

시리아에서 대량 난민이 생겨나기 전까지만 해도 세계 최대의 난민은 팔레스타인 난민이었다. 유엔난민기구의 『글로벌 동향 보고서』에서 시리아 난민이 팔레스타인 난민의 수를 넘어선 것은 2015년부터였다. 이 보고서는 2017년 말 기준으로 팔레스타인 난민이 540만 명이라고 밝힌다.

대부분의 지구촌 난민들은 언젠가 포성이 멈추고 평화가 찾아오면 고향으로 돌아가겠다는 꿈을 지녔다. 하지만 팔레스타인 난민들은 지난 수십 년 동안 그런 소박한 꿈조차 이루지 못하고 난민촌을 떠돌고 있다. 이들은 서안지구와 가자지구는 물론 이스라엘과 국경을 맞댄 접경 지역(요르단, 레바논, 이집트), 시리아, 사우디아라비아, 리비아, 알제리, 이라크 등 중동 지역 곳곳에 널리 퍼져 있다.

팔레스타인 난민의 수는 그 잣대에 따라 다르다. UNHCR에 공식 등록된 팔레스타인 난민의 수는 35만 명이다. 그러나 유엔 팔레스타인 난민구호기구에 등록된 난민의 수는 이보다 훨씬 많다. 그에 따르면, 가자지구에 120만 명, 서안지구에 90만 명 해서 총 210만 명의 난민이 팔레스타인 지역에 살고 있다. 대대로 살던 땅을 이스라엘에 빼앗기고 가자지구와 서안지구로 밀려난 사람들이다. 여기에 이웃 국

난민촌 입구에 내걸린 대형 열쇠는 두고 온 집으로 돌아가고 싶은 난민들의 열망을 담고 있다(베들레헴 아이다 난민촌).

가들로 피신한 난민을 합하면 그 수는 더욱 크게 불어난다. 요르단 200만 명, 시리아 50만 명, 레바논 50만 명…… 그 수를 모두 합하면 팔레스타인 난민의 수는 540만 명에 이른다. 1950년 당시 유엔은 팔레스타인 난민의 수를 87만 명으로 발표했다. 70년의 세월이 흐르는 동안 자연 증가도 한몫하며 난민 인구는 이제 6배 넘게 불어났다.

하마스의 지지 기반   가자 시내 바닷가에 자리 잡은 팔레스타인 난민촌의 이름은 알 샤티(해변)이다. 달동네처럼 보이는 이 난민촌은 1948년 팔레스타인 땅에 이스라엘이란 독립국가가 만들어진 직후인 1950년에 만들어졌다. 8만 7,000명을 수용하기에는 턱없이 비좁은 주거 공간, 위생 시설과는 거리가 먼 화장실 등의 고민을 안고 있지만, 골목길에서 뛰노는 어린이들의 표정은 세상 형편 모르는 그 나이에 걸맞게 해맑기만 하다. 난민촌 골목 한쪽에는 2000년부터 이스라엘-팔레스타인 유혈 충돌 과정에서 생겨난 희생자들의 사진을 모신 빈소가 있다.

가자 시티 동북쪽에 자리한 자발리야 난민촌은 하마스의 지지 기반을 이루는 곳이다. 상주인구 11만 명의 이 난민촌 주민들은 대부분 1948년 전쟁 때 대대로 살던 옛 땅에서 피난을 온 사람들과 그 후손들이다. 일부는 1967년 6일전쟁 과정에서 이곳으로 떠밀려왔다. 그러니 그들이 가진 이스라엘에 대한 감정은 증오에 가깝다. 그런 점에서 1987년에 시작해 6년을 끌었던 1차 인티파다가 바로 이곳에서 처음 터져 팔레스타인 전역으로 번진 것도 우연이 아니다. 1987년 말에 하마스가 창립되자, 이 난민촌 주민들 가운데 상당수가 하마스 요원으로 들어갔다.

자발리야 난민촌의 중심지는 알 콜라파 이슬람 사원과 그 앞의 널찍한 광장이다. 광장 주변 담벼락에는 이스라엘군과의 투쟁 의지를 드높이는 각종 전투 그림들이 페인트로 그려져 있다. 그러나 일부는 검은색 페인트로 지워졌다. 그곳 주민에게 까닭을 묻자, "이스라엘군에게 침공 구실을 주지 않으려는 난민촌 장로들의 배려로 얼마 전에 지웠다"고 설명했다. 그래도 난민촌 구석구석의 이스라엘 탱크와 맞서 싸우는 벽화와 아랍어로 쓰인 투쟁 구호들이 눈길을 끈다.

그런 점에서 가자 시티 북쪽의 에레즈 검문소에서 3킬로미터쯤 떨어진 곳에 자리하고 있는 자발리야 난민촌은 이스라엘군이 진입을 시도할 경우 강력한 저항을 받을 것으로 예상되었던 곳이다. 실제로 2009년과 2014년 이스라엘의 침공 때 그러한 점이 사실로 드러났다. 한 하마스 간부에 따르면, 이스라엘군 탱크의 진입 속도를 늦추기 위해 예상 진입로 곳곳에 거대한 흙더미들을 쌓아놓고, "흙더미 속에 대전차 지뢰를 묻어 탱크 몇 대를 파괴하기도 했다". 하지만 결국 이스라엘군의 무차별 공습으로 이곳에서만 수백 명의 주민들이 죽고 다쳤다. 알 콜라파 이슬람 사원도 이스라엘군의 포격에 크게 부서졌다. 1층이 무너져 지하실로 통하는 콘크리트 철근 바닥이 뻥 뚫렸다. 난민촌 주민들은 대부분 만성적인 가난에 시달려왔다. 2000년 유혈 충돌이 본격화된 뒤 실업률은 한때 70%를 넘어서기도 했다. "우리는 이제 더 이상 잃을 것이 없다"는 주민들의 말에서 결사 항전의 의지가 배어나왔다.

이라크 팔레스타인 난민들의 고난

중동 지역 곳곳에도 팔레스타인 난민촌들이 퍼져 있다. 팔레스타인 서남쪽 이집트, 북쪽 레바논, 서북쪽 시리아, 동쪽 요르단, 그리고 요르단 동쪽 이라크에서도 팔레스타인 난민들을 만날 수 있다. 2003년 미국의 이라크 침공 뒤 현지 취재를 가보니, 그곳에 3만 4,000명쯤 되는 팔레스타인 난민들이 살고 있었다. 안타깝게도, 미국의 이라크 침공으로 그들의 삶은 뿌리째 흔들리고 있었다. 사담 후세인 정권이 무너진 2003년 4월부터는 또다시 피난 보따리를 꾸려야 하는 상황으로 내몰렸다.

후세인은 비록 독재자라는 비판을 받긴 했어도, 이라크로 떠밀려온 팔레스타인 난민들에게는 관대했다. 아이들의 학교 교육은 물론이고 병원 치료도 거의 무료로 제공했다. 그리고 많은 팔레스타인 난민들이 공공 기관에서 일할 수 있게 해주었다. 무엇보다 후세인은 팔레스타인 난민들의 주거 문제를 해결해주었다. 그들이 이라크 사람 건물에 세를 들면, 집주인이 함부로 집세를 올리거나 쫓아내지 못하도록 했다. 그리고 매달 꼬박꼬박 생활 보조금을 보태주었다.

　이슬람 종파로 보면, 팔레스타인 사람들은 사담 후세인과 같은 수니파다. 그러니 인구로는 이라크에서 다수파였음에도 후세인으로부터 정치적 찬밥 신세였던 시아파가 팔레스타인 난민들을 보는 눈길은 곱지 않았다. 2003년 4월, 미군의 침공으로 후세인 정권이 무너지자, 든든한 후원자를 잃은 팔레스타인 난민들은 다시 고단한 처지로 내몰렸다. 정부의 생활 보조금도 끊겼고, 세 들어 살던 집에서도 쫓겨났다. 고달픈 난민 생활에서 제2의 위기를 맞이한 셈이었다.

　시간이 흐를수록 상황은 더 나빠져, 이라크의 팔레스타인 난민들은 시아파 무장 세력으로부터 생명의 위협을 받기에 이르렀다. 이를테면, 바그다드 서부 알 후리야 지역에 모여 사는 팔레스타인 난민들의 집에는 협박장이 날아들었다. '심판의 날 여단'이라는 괴단체가 보낸 편지에는 "이라크를 떠나라. 그러지 않으면 죽이겠다"는 문구가 적혀 있었다. 유엔 난민고등판무관실 대변인에 따르면, 100여 가구의 팔레스타인 난민들이 그러한 협박장을 받았으며, 실제로 일부 팔레스타인 난민들이 무장 괴한에게 끌려가 죽음을 당하기도 했다. 바그다드의 팔레스타인 대표부는 2003년 4월 후세인 정권이 몰락한 뒤 3년 동안 55명의 팔레스타인 난민이 무장 괴한들에게 '표적 살해'되었다고 밝혔다.

2003년 이라크 후세인 정권의 몰락은 팔레스타인 난민들에게 또 다른 고통을 안겨주었다. 바그다드 팔레스타인 난민촌 소녀의 어두운 얼굴.

상주인구가 거의 600만 명에 이르는 바그다드 동쪽에는 인구 250만 명이 몰려 사는 거대한 빈민 지역이 있다. 이 지역은 후세인 정권 시절엔 그의 이름을 따 '사담 시티'라고 일컬어졌지만, 정권이 붕괴된 뒤 미국 점령 당국은 이름을 '사드르 시티'로 바꾸었다. 1999년 사담 후세인에게 암살당한 것으로 알려진 이슬람교 지도자 이맘 무함마드 사드르(현재 이 지역에서 큰 영향력을 행사하는 이슬람교 성직자 무크타다 알 사드르의 아버지)를 기리는 이름이다. 현지 주민들은 이 지역을 '알 타우라'라고 부르기도 한다. 우리말로는 '혁명의 도시'란 뜻이다.

후세인 정권이 무너진 바로 뒤인 2003년 4월 말, 사드르 시티와 가까운 한 공터에 전에 없던 천막들이 하나둘씩 들어섰다. 축구와 럭비

시합을 벌이던 하이파 스포츠 클럽의 운동장은 바그다드에 살던 2만 3,000명의 팔레스타인 사람들이 모여들자 이내 커다란 천막촌으로 바뀌었다. 2004년 6월 현지에 가보니 800명쯤 되는 난민들이 불안 속에 하루하루를 보내고 있었다. 그곳에서 만난 73세 노인 가산 무함마드는 어두운 얼굴로 "인생 말년에 이런 고단한 처지로 내몰렸다는 사실보다는 세상이 얼마나 험한지 모르는 손자손녀들의 앞날이 더 걱정스럽습니다"라고 말했다. 평생을 난민 신분으로 살아왔지만, 이렇게 천막에서 살아보기는 참 오랜만이란 말도 덧붙였다.

어떤 이들은 "며칠 안으로 집을 비워라"라는 통지라도 받고 그곳 난민촌으로 왔지만, 몇몇 이들은 집주인이 총을 들이대며 "당장 나가라"고 윽박지르는 살벌한 순간을 겪기도 했다. 이들은 길게는 50년 넘게 이라크에서 난민으로 살아왔다. 따라서 대부분의 팔레스타인 난민들은 이라크에서 태어나 학교를 다녔기에, 이라크는 말 그대로 고향이나 다름없었다. 팔레스타인 고향 집의 이미지를 아련하게나마 기억하는 노년층은 소수에 지나지 않는다. 많은 팔레스타인 난민들에게 이라크는 출생지이자 모국이나 다름없었다. 그래서 사담 후세인의 몰락 뒤 불어닥친 시련에서 비롯된 정신적 충격은 더욱 커 보였다.

이라크의 여름은 덥다 못해 찐다. 운동장에서 올라오는 지열은 텐트를 한증막으로 만든다. 그래도 그늘에 앉아 있는 게 땡볕을 쬐는 것보다는 낫다. 팔레스타인 난민들에게 도움의 손길을 내민 곳은 유엔난민기구이다. 난민들에게 천막과 함께 식량도 나눠주었다. 하지만 이는 어디까지나 일시적인 조치일 뿐이었다. 이라크에서의 삶이 팍팍해지고 죽음에 대한 공포 심리가 팔레스타인 난민들 사이에 퍼지면서, 많은 이들이 이라크를 떠났다.

이라크의 팔레스타인 난민들이 목표로 삼은 곳은 시리아였다. 많은 사람들이 이라크 국경에서 시리아에 망명을 신청했고, 다행히도 받아들여졌다. 이들의 망명 신청이 받아들여지기까지는 시리아의 수도 다마스쿠스의 팔레스타인 대표부, 특히 그곳에 근거지를 두고 있는 하마스의 로비가 큰 힘이 됐다. 2007년 1월 시리아에 취재를 갔더니, 그곳에는 이미 많은 팔레스타인 난민들이 들어와 있었다. 시리아에 머무는 동안 통역을 해준 오마르 압둘라(21세, 전 바그다드 국제대학생)도 팔레스타인 난민으로 막 이라크에서 넘어온 젊은이였다. 그는 다음과 같은 우울한 이야기를 들려주었다.

"아버지는 팔레스타인인이지만 어머니가 시리아인이기에, 내가 어머니를 따라 시리아로 들어오는 데는 아무런 문제가 없었습니다. 그러나 많은 팔레스타인 사람들이 시리아로 오는 데 필요한 비자를 얻지 못해 어려움을 겪고 있습니다. 아버지가 지금 바그다드에 그냥 남아 계신 것도 비자를 얻지 못해서입니다. 어제 아버지와 전화 통화를 했는데, 이라크를 떠나지 않으면 죽이겠다는 협박장과 전화 위협을 여러 차례 받았다고 합니다. 지금 이라크에 남아 있는 팔레스타인 사람들은 그렇게 하나둘씩 죽어가고 있습니다."

오마르는 물론이고 시리아에서 만났던 팔레스타인 난민들은 그들의 정신적 고향인 팔레스타인으로 돌아가고 싶어하지만, 그런 소망은 현실에서 이루어지기 어려운, 말 그대로 꿈같은 얘기일 뿐이다. 이라크와 팔레스타인 사이에 자리한 요르단은 지난날 팔레스타인 난민문제로 골치를 앓아왔다. 그렇기에 이라크의 난민들을 새로 받아들이려고 하지 않는다. 아주 소수의 사람들이 유엔 난민고등판무관실과 비정부기구들의 도움으로 요르단 국경을 넘어 사람이 살지 않는 이른바 '무인 지대'에 임시 천막촌을 이루고 살고 있지만, 그 역시 한시적인 터전일 뿐이다.

2011년 '아랍의 봄'의 영향으로 시리아에서 내전이 터진 뒤, 시리아의 팔레스타인 난민들은 또다시 보따리를 싸야 했다. 일부는 레바논으로 갔고, 또 다른 일부는 터키로 가거나 그곳을 거쳐 유럽으로 갔다. 그 과정이 쉬운 길이 아님은 물론이다. 말 그대로 편히 누울 곳 없는 고달픈 삶을 이어가는 중이다.

베이루트 학살의 현장, 그 지우고 싶은 악몽

레바논 베이루트 서남부 빈민 지역에도 팔레스타인 난민들이 모여 산다. 사브라 난민촌과 샤틸라 난민촌이 바로 그곳에 자리 잡고 있다. 오랜 세월이 흐르는 동안 난민촌이 커져 서로 맞붙어버린 이 두 난민촌의 1세대 역시 1948년 이스라엘이 독립국가를 세우면서 폭력적으로 밀어낸 팔레스타인 토착민들이다. 따라서 사브라와 샤틸라에는 눈물과 한숨 어린 이야기들이 겹겹이 쌓여 있다. 집집마다 한 권의 책이 되기에 충분한 눈물겨운 사연들이 있다.

사브라와 샤틸라를 세계적인 분쟁 현장으로 만든 것은 1982년 그곳에서 벌어진 끔찍한 학살 사건 때문이다. 이 두 난민촌에서 벌어졌던 사건은 팔레스타인 사람들에게 잊을 수 없는 참극이다. 아울러 20세기 전쟁범죄사에서 빼놓을 수 없는 잔혹한 기록으로 꼽힌다. 사건은 1982년 9월 16일부터 사흘 동안 일어났다. 이스라엘군 탱크들이 난민촌 외곽을 둘러싼 가운데 친이스라엘 무장 세력인 레바논 기독교 민병대원(팔랑헤당 무장 대원)들이 들이닥쳤다. 그들은 어른, 아이, 남녀를 가리지 않고 비무장 난민들을 마구잡이로 죽였다. 희생자 규모는 아직도 논란이 되고 있는데, 줄여 잡아도 800명, 많게는 3,000명에 이른다. 희생자 가운데 어린이와 부녀자들의 수가 절반을 훨씬 넘겼다. 그런 학살의 와중에서 총상을 입고도 용케 살아남은 이들은 난민촌을 찾아온 나에게 그날의 상처를 보여주며 눈물을 글썽였다.

인류사의 부끄러운 기록 가운데 하나인 사브라-샤틸라 학살 사건은 이스라엘군의 레바논 침공과 관련이 깊다. 당시 이스라엘의 국방부 장관이었던 아리엘 샤론(1928~2014년)은 야세르 아라파트를 지도자로 한 팔레스타인해방기구(PLO) 무장 게릴라 세력을 없애겠다고 베이루트를 점령했다. 당시 레바논은 이슬람 세력과 기독교 세력이 내전을 벌이고 있었다. 이스라엘은 기독교 민병대 지도자 바시르 제마엘을 친이스라엘 꼭두각시 정권의 대통령으로 내세우려 했다. 그런데 문제가 생겼다. 제마엘이 대통령 취임을 바로 앞두고 폭탄 테러로 암살된 것이다. 기독교 민병대원들은 피의 복수를 다짐했다.

저녁 무렵 150~200명의 레바논 기독교 민병대원들이 "팔레스타인 테러분자들을 잡겠다"는 구실을 내세워 난민촌에 들이닥쳤다. 이스라엘 국방부 장관 아리엘 샤론이 여기에 '푸른 신호등'을 켜주었다. 레바논 기독교 민병대원들이 팔레스타인 난민촌으로 들어가 학살극을 벌이는 동안, 이스라엘 군대는 아리엘 샤론의 명령에 따라 난민촌 외곽을 탱크로 둘러싸고는 밤새도록 조명탄을 쏘아올려 기독교 민병대로 하여금 마음껏 학살을 저지르도록 도왔다.

학살 사건이 『뉴욕 타임스』를 비롯한 언론 매체를 타고 국제적으로 문제가 되자 이스라엘 정부는 조사위원회를 구성했고, 학살 사건에 '간접적인' 책임이 있다며 샤론을 장관직에서 몰아냈다. 조사단은 "샤론이 앞으로 공직을 맡아선 안 된다"고 못 박았다. 그 무렵 샤론이 이스라엘 언론과의 인터뷰에서 했던 발언은 그의 전투적 세계관을 숨김없이 보여준다. "나를 괴물이나 학살자로 불러도 좋습니다. 이스라엘을 유대인 나치 국가라고 불러도 좋습니다. 죽은 성자보다는 그게 낫습니다." 결국 샤론은 장관직에서 물러났다. 그렇지만 그뿐이었다. 전쟁범죄자로 처벌받기는커녕 샤론의 정치생명은 끈질기게 이어져 레바논 학살이 있은 지 20년 뒤인 2002년 이스라엘 총리가 됐고, 팔레스타인 목조르기에 앞장섰다. 하지만 2006년 뇌졸중으로 쓰러져 오랫동안 식물인간 상태로 병원에 누워 있다가 2014년 사망 판정을 받았다.

샤론에겐 '전쟁범죄자'라는 꼬리표가 따라다닌다. 팔레스타인 사람들은 당연히 그를 학살을 부추기고 도운 공범이라고 여긴다. 희생자의 유가족들은 "당시 이스라엘의 국방부 장관 샤론이 손에 피를 묻히지 않았다고 해서 살인 교사라는 범죄를 저지르지 않았다고 우길 수 없다"고 주장했다.

2001년 희생자 유가족들의 변호인단은 샤론을 벨기에 법정에 고소했다. 벨기에 국내법이 전 세계에서 저질러지는 전쟁범죄에 대한 재판권을 인정하기 때문이다. 그러나 "벨기에는 샤론에 대해 사법권을 행사할 수 없다"는 싱거운 판결이 내려졌다. 지금껏 그날의 학살 가해자들은 아무도 처벌받지 않았다.

2006년 이스라엘과 레바논 헤즈볼라 사이의 전쟁 회오리가 불고 난 뒤 레바논을 현지에서 취재하던 중에 사브라-샤틸라 난민촌에 가보았다. 그곳에서 만난 한 팔레스타인 난민은 1982년 학살 사건으로

1982년 이스라엘군의 레바논 침공 때 일어난 학살 사건을 고발하는 벽화(샤브라-샤틸라 난민촌).

자신의 배와 다리에 뚜렷이 남은 총탄 제거 수술 자국을 보여주면서 "지금 아리엘 샤론이 식물인간으로 병석에 누워 있는 것은 지난날 그가 우리 팔레스타인 사람들에게 저질렀던 죗값을 이제야 치르는 것일 뿐"이라며 목청을 높였다.

고향으로 돌아가고 싶다　　샤브라-샤틸라 난민촌은 말이 난민촌이지 하도 오래되어 천막은 없고, 벽돌이나 콘크리트로 지어진 허름한 건물들이 대부분이다. 도시 빈민촌의 전형적인 모습이다. 쓰레기 더미가 곳곳에 쌓여 악취를 뿜어낸다. 바로 그곳에서 난민 3세대 아이들이 공차기를 하고 논다.

여느 도시 빈민촌과 다른 것은, 골목길 담벼락에 야세르 아라파트의 대형 초상화, 하마스 지도자들의 사진, 이스라엘군에 맞서 싸우다 죽은 '순교자'들의 포스터, "팔레스타인으로 돌아가고 싶다"는 염원이 담긴 벽화, 팔레스타인 사람들의 투쟁에 지원을 보냈던 사담 후세인의 포스터 등이 붙어 있다는 점이다. 이 지역의 강한 반이스라엘, 반미 정서를 보여준다. 일부 건물들 벽에 나 있는 박혔거나 튕겨나간 총알 자국들이 눈길을 끈다. 그 자국들은 1982년에 이곳 난민촌을 휘감았던 아우성과 비명을 말없이 증언한다.

사브라-샤틸라 학살의 희생자들은 난민촌 한가운데를 따라 길게 뻗은 시장통 길가에 집단 매장되었다. 자그마한 추모 공원이라고 할 수 있는 그곳은 묘지라기보다는 공사장에서 흔히 보는 콘크리트 벽돌들을 30센티미터쯤 높이로 쌓아놓은, 매우 소박한 모습이다. 희생자들의 사진을 담은 대형 입간판과 1982년 학살을 고발하는 걸개그림마저 없다면, 학살 희생자들을 기리는 장소라고 보기 어려울 정도다. 그곳에서 만난 70대 초반의 한 팔레스타인 여인은 "죽은 남편과 세 아들의 얼굴이 꿈에 나타날 때마다 이곳에 오곤 합니다"라며 눈시울을 적셨다.

1982년 팔레스타인 난민촌에서 일어났던 학살은 중동의 정치 지형에 큰 변화를 가져왔다. 레바논에서는 반이스라엘 투쟁의 중심 세력으로 헤즈볼라Hezbollah*가 바로 그 무렵에 결성됐다. 레바논 시아

---

* '신의 당'이란 뜻으로, 현 지도자는 하산 나스랄라 사무총장이다.

한 팔레스타인 여인이 사브라-샤틸라 난민촌의 학살 희생자들이 묻힌 곳을 가리키고 있다.

파 중심의 정치 무장 세력인 헤즈볼라는 이른바 자살 폭탄 테러의 원
조다. 1983년 베이루트에 주둔 중이던 미 해병대 막사를 폭탄 트럭
으로 들이받아 해병대원 241명이 한꺼번에 죽었다. 헤즈볼라는 하마
스에 '순교 작전'의 폭파 기술을 전해주었다. 이렇듯 2000년 이래 하
마스가 벌인 잇단 '순교 작전'의 뿌리는 1982년의 난민촌 학살로까지
거슬러 올라간다.

난민촌에서 만난 사람들은 하나같이 "팔레스타인으로 돌아가고 싶
다"는 말을 했다. 그들의 귀환 소망을 되비추듯, 난민촌 곳곳에서는
"팔레스타인으로 돌아갈 권리를 보장하라"는 주장을 담은 벽화들을
볼 수 있다. 그러나 안타깝게도 현실적으로 팔레스타인 귀환은 주요
의제가 아니다. 1993년 오슬로 평화협정에서도 귀환 문제는 훗날 협
의할 사항으로 미뤄졌다. 게다가 2000년 2차 인티파다가 일어난 뒤

로 지금껏 중동 평화 협상은 지지부진한 상태이다. 따라서 난민 귀환의 '귀' 자는 어디서도 들리지 않는다.

고향 땅을 밟고 싶은 사브라-샤틸라 난민촌 사람들의 염원이 이뤄지려면, 그들이 베이루트로 쫓겨온 70년만큼의 긴 시간을 더 기다려야 하는 것일까.

7장

유대인 게토가 떠오르는
분리 장벽

동예루살렘 구시가지를 굽어보는 언덕에 서면, 팔레스타인 주민들의 생존을 위협하는 거대한 건축물이 눈에 들어온다. 중국의 만리장성 보다는 규모가 작지만 엄청난 파괴력을 지닌 건축물이기에 팔레스타인 사람들은 그것을 악마와 같은 존재로 여긴다. 어른 키 4배가 넘는 8미터 높이로 동예루살렘 일대에 세워진 분리 장벽이다. 이스라엘 쪽에서는 '보안 장벽'이라고 부른다. 이스라엘은 "팔레스타인 테러리스트들이 이스라엘 쪽으로 넘어오는 것을 막겠다"며 지난 2002년 6월부터 총 710킬로미터 길이의 분리 장벽 건설을 밀어붙였다. 처음 공사를 시작할 때만 해도 2010년까지 완공한다는 목표를 세웠다. 하지만 팔레스타인 원주민들의 저항에 부딪혀 속도가 더뎌지는 바람에 2014년 말까지 500킬로미터쯤 완성된 상태에서 나머지 210킬로미터는 지금껏 미완성 상태이다.

동예루살렘을 가로질러 세워진 분리 장벽. 미래의 독립국가 팔레스타인의 수도는 동예루살렘이 돼야 한다고 여기는 사람들에게 분리 장벽은 골칫거리다.

　이스라엘이 세우는 분리 장벽은 두 종류로 나뉜다. 10%쯤의 구간은 8미터 높이의 콘크리트 벽이 조립식으로 연결된다. 중간중간에 마치 요새처럼 탄탄히 지은 감시탑이 있다. 나머지 90%쯤에 이르는 대부분의 구간은 감시 카메라와 전자 감응기가 설치된 3미터 높이의 철조망 울타리가 이중 삼중으로 쳐져 있다. 양쪽 철조망 사이의 폭은 60미터로, 이스라엘군 순찰차들이 다니는 도로와 도랑, 침입자가 있을 경우 발자국을 확인하기 위한 모래판 등이 설치돼 있다. 아무리 빼어난 수를 지닌 사람이라도 높이 8미터 또는 폭 60미터의 분리 장벽을 이스라엘 감시병에게 들키지 않고 넘어가기란 불가능에 가깝다. 동예루살렘과 칼킬리야 지역에선 장벽을 넘다가 이스라엘 저격병의 총에 맞아 죽은 일들이 잊을 만하면 벌어진다.

장벽 안에 갇힌 40만 주민

국제사회의 들끓는 비난을 무릅쓰고 이스라엘이 장벽 건설을 밀어붙였던 이유는 무엇일까. 겉으로 내세우는 이유는 '보안'이다. 이른바 테러리스트의 공격으로부터 '완충지대'를 만들겠다는 것이다. 하지만 팔레스타인 사람들의 생각은 전혀 다르다. 1967년 6일전쟁 뒤부터 불법 점령해온 서안지구의 유대인 정착촌을 이스라엘 영토에 합치고, 언젠가 세워질 팔레스타인 독립국가의 영토를 더욱 비좁게 만들겠다는 노림수가 깔려 있다고 여긴다.

분리 장벽 건설은 팔레스타인 전체의 문제다. 이스라엘이 1948년 제1차 중동전쟁을 거치며 독립한 뒤 1967년 제3차 중동전쟁(6일전쟁)까지 19년 동안 국경선으로 삼았던 라인을 흔히 '그린 라인Green Line'이라고 한다. 유엔이 작성한 한 보고서에 따르면, 이스라엘의 계획대로 장벽 건설이 마무리될 경우 서안지구 전체 면적의 16.6%(약 975평방킬로미터)가 그린 라인과 장벽 사이에 갇힌다. 팔레스타인 주민 약 23만 7,000명이 이 안에 갇히게 되고, 여기에 팔레스타인과 요르단 접경 지역인 예리코처럼 장벽 안의 '고립된 섬'에 갇히는 주민들도 16만 명에 이르게 된다. 그곳 주민들은 감옥에 갇힌 죄수나 다름없는 처지가 된다.

특히 심각한 피해를 입는 곳 가운데 하나가 서안지구 북부 칼킬리아 지역이다. 이스라엘 평화운동 인권 단체인 구쉬 샬롬Gush Shalom이 내놓은 자료에 따르면, 칼킬리아 장벽 건설로 그 지역 일대 67개 마을 주민들이 심각한 영향을 입었고, 특히 13개 마을 1만 1,700명은 6일전쟁 당시의 경계선과 장벽 사이에 갇혀 농사를 짓기도, 다른 지역으로 움직이기도 어렵게 됐다. 칼킬리아 지역의 팔레스타인 농부들은 오렌지 농사로 근근이 삶을 이어왔지만, 장벽 건설로 오렌지 밭이 황폐해져 그야말로 생존의 벼랑 끝으로 내몰리고 말았다.

예루살렘에서 라말라를 거쳐 2시간쯤 걸려 현지에 가보니 상황은 들은 대로였다. 장벽이 세워지면서 그 너머에 있는 올리브 밭을 잃은 팔레스타인 농부 무카바(41세)는 지금 저임금 일용직 노동자로 하루하루 힘든 삶을 이어간다며 얼굴을 흐렸다. 선대로부터 대를 이어 가꿔오던 올리브 밭을 유대인 정착민들이 차지할 것이란 소식을 들은 날 그는 끊었던 담배를 다시 입에 물었다.

이스라엘 하이파 대학의 라셈 카마이시 교수(도시계획 전공)는 이스라엘 정부와 손잡고 장벽 건설안을 기획해온 인물로 알려져 있다. 그는 한 이스라엘 매체와의 인터뷰에서 장벽 건설이 공공의 이익을 위한 것이라고 주장하면서 "팔레스타인 농부들은 이참에 직업을 상업이나 제조업 쪽으로 바꾸는 게 좋겠다"는 투로 말했다. 그렇다면 팔레스타인 농부 무카바가 저임금 일용직 노동자가 된 것은 상업이나 제조업을 할 능력이 모자라서였을까.

이스라엘 정부는 장벽을 세우기 위해 몰수된 토지의 소유자들은 보상을 요구할 수 있다고 발표했지만, 그에 따른 법적인 절차를 구체적으로 내놓지 않고 미적거려왔다. 대부분의 팔레스타인 사람들은 법적 절차에 따라 보상금을 요구한다면, 이스라엘이 바라는 대로 토지 몰수를 정당화해줄 뿐이라고 여긴다. 답답한 마음으로 장벽을 바

칼킬리야 장벽으로 올리브 밭을 잃은 팔레스타인 농부 무카바. 그는 저임금 일용직 노동자로 하루하루 힘든 삶을 이어가고 있다.

라보며 원망하지만 마땅한 해법이 보이질 않기에 하루하루를 눈물과 한숨 속에 보내는 상황이다.

동예루살렘 장벽이 지닌 의미

동예루살렘도 분리 장벽 건설로 심각한 문제에 부딪혀 있다. 언젠가 들어설 팔레스타인 독립국가의 수도로 꼽히는 동예루살렘 바깥을 분리 장벽으로 둘러싼다는 것이 무엇을 뜻하겠는가. 예루살렘 전체를 유대인 도시로 만들겠다는 욕심이라고밖에는 달리 해석할 길이 없다. 2000년 가을 미국 클린턴 행정부 막바지에 클린턴의 중재 아래 이루어졌던 중동 평화 협상에서도 예루살렘 경계선 설정 문제는 회담의 큰 걸림돌이었다. 2000년 9월 인티파다가 일어난 것도 동예루살렘과 서예루살렘 경계선에 자리 잡은 알 아크사 이슬람 사원에 아리엘 샤론이 발을 들여놓았기 때문이다.

동예루살렘 분리 장벽 안에서는 팔레스타인 주민들의 건물 신축 또는 재건축이 금지되어 있다. 예루살렘 전체를 유대인 도시로 만들겠다는 이스라엘의 계산이 현실이 되는 것은 시간문제다. 이미 동예루살렘 주변은 유대인 정착촌으로 포위된 상태다. 북쪽은 기브앗 지브 정착촌, 동쪽은 마알레 아두민 정착촌, 남쪽은 베타르 정착촌과 구쉬 에치온 정착촌이 자리 잡고 있다. 이 대규모 정착촌들은 이미 동예루살렘 안에 들어선 크고 작은 정착촌과 함께 동예루살렘을 둘러싼 상태다.

동예루살렘 분리 장벽으로 동예루살렘 구시가지 가까이에 사는 주민들이 장벽 바깥과 고립됐다. 그들은 나치 히틀러 시절의 유대인들처럼 주거지역의 제한을 받는 '21세기 중동판 게토ghetto'에서 지내야 한다. 아울러 장벽 바깥의 팔레스타인 사람들은 동예루살렘에 있는 직장, 학교를 다니는 데 큰 불편을 겪고 있다. 이스라엘 검문소를 통해 예루살렘으로 드나들어야 하기 때문이다. 라말라나 베들레헴을 비롯해 다른 지역들에 설치된 이스라엘 검문소의 경우에서 보듯, 주민들의 통행 불편은 이만저만 큰 게 아니다. 이스라엘군은 '보안 검색'을 내세워 몇 시간씩 줄을 서서 기다리게 하기 일쑤고, 걸핏하면 검문소를 닫아 오가는 길을 막는다. 동예루살렘에 장벽이 건설됨으로써 직접적인 피해를 입는 팔레스타인 주민은 12만 명쯤에 이른다.

동예루살렘 외곽 아부디스 지역에서는 분리 장벽 건설을 반대하는

8미터 높이로 세워지는 분리 장벽이
자신들의 삶을 파괴할 것이라는 사
실을 팔레스타인 아이들도 잘 알고
있다.

데모가 벌어지곤 했다. 그곳에서 팔레스타인 알 쿠즈 대학에서 역사
를 공부하는 하산을 만났다. 그는 걱정이 이만저만이 아니었다. 비타
니 마을에 사는 하산은 장벽이 다 지어질 경우, 장벽 안쪽에 있는 알
쿠즈 대학에서 공부하기가 어려워진다. 초등학교에 다니는 그의 남
동생도 마찬가지. 하산은 "유대인들은 그들의 점령 정책에 고분고분
하지 않은 우리 팔레스타인 사람들에게 집단적 징벌을 가해왔습니
다. 분리 장벽은 우리 팔레스타인 사람들을 거대한 감옥에 가두려는
음모입니다"라고 주장했다. 나와 말을 나누던 하산은 서예루살렘(이

스라엘) 쪽을 노려보며 끝내 누르고 있던 울분을 토해냈다. "야, 이놈들아! 우린 감옥에서 살고 싶지 않아!"

자동차를 타고 장벽 바로 옆길을 따라 동예루살렘 외곽으로 나가니, 팔레스타인 아이들이 장벽을 향해 돌을 던지고 있었다. 돌은 8미터 높이의 장벽을 넘지 못하고 벽에 부딪혔다 떨어졌지만, 아이들은 그렇게 해서라도 마음속 분노를 표현하고 싶었을 것이다. 아이들은 장벽 가까이에서 집단 시위를 벌이며 장벽을 향해 돌을 던지기도 했다. 그리고 이를 제지하려는 이스라엘 군인들에게도 돌을 던진다. 유엔 인권이사회가 내놓은 보고서에 따르면, 팔레스타인의 12, 13세 청소년들이 이스라엘군의 가자지구 침공을 비난하며 분리 장벽 건너편의 이스라엘 군인들에게 돌을 던져 이스라엘 군법정에 서는 일이 잦다.

힐러리, "장벽 건설은 테러를 막기 위한 것"

장벽 건설로 심각한 생존 위협에 놓인 예루살렘 동북부 아-람 마을을 비롯해 일부 주민들은 단식투쟁까지 벌였으나, 이스라엘 정부는 이렇다 할 반응을 보이지 않고 있다. 그들이 실낱같이 기대를 걸고 있는 것은 "장벽 건설이 국제법상 불법"이라는 헤이그 국제사법재판소(ICJ)의 판결을 비롯해 국제사회의 비난 여론과 이스라엘 법원이 내놓은 판결이다. 국제사법재판소는 지난 2004년 "이스라엘의 일방적인 분리 장벽 건설은 팔레스타인 주민의 이동권과 직업 선택권, 교육 및 의료권을 심각하게 침해한다"고 지적하면서, 이는 명백한 국제 인권법 위반이라고 비판했다.

ICJ는 59쪽 분량의 결정문을 통해, "이스라엘 정부는 장벽 건설을 즉각 중단하고 철거에 나서라. 아울러 장벽 건설로 말미암아 땅을 빼앗긴 팔레스타인 주민들에게는 그에 따른 보상을 해야 한다"고 못박았다. 문제는 이런 판결이 어디까지나 '권고 결의'이며, 따라서 법적 구속력이 없다는 점이다. 그렇지만 국제사회에서 '깡패 국가'로 비난받아온 이스라엘의 얼굴에 다시 한 번 먹칠을 한 판결임에는 틀림없다.

당시 이스라엘 총리였던 아리엘 샤론은 ICJ의 판결 소식을 듣고 "장벽 건설은 테러를 막기 위한 것이니만큼 ICJ의 판결을 따를 이유가 전혀 없다"며 태연한 표정을 지었다. 문제는 중동 평화 협상에서 현실적인 힘을 지닌 미국이다. 미국의 부시 행정부는 "장벽 건설은 테러리스트들을 막기 위한 조치다. 그것은 정치 문제다. ICJ가 안보나 정치 문제에 관여해선 안 된다"고 주장했다. 그리고 판결이 내려지자, 부시 대통령은 "이스라엘은 생존을 추구할 권리가 있다"며 이스라엘 편을 들었다.

ICJ 재판관 15명 가운데 홀로 반대표를 던진 판사가 미국인이라는 점도 흥미롭다. 미국 사회의 한 축을 형성하는 700만 유대인들은 태생적 모국을 위해 워싱턴 정치권에 막강한 로비 군단을 형성, '이스라엘 감싸안기' 분위기를 이끌어왔다. 미국의 친이스라엘 편향은 장벽 건설을 둘러싼 국제사회의 싸늘한 분위기와는 사뭇 다르다. 공화당이나 민주당이나 친이스라엘 일방주의에서는 이렇다 할 차이가 없다. 도널드 트럼프 공화당 대통령 후보에 맞서 민주당의 대선 후보였던 힐러리 클린턴은 뉴욕주 상원의원 시절이던 2005년 예루살렘을 방문했을 때 이렇게 말했다. "이 장벽은 테러리스트들을 막기 위한

장벽에 갇혀 사는 팔레스타인 사람들의 마음은 감옥에 갇힌 수인의 그것처럼 답답하기만 하다.

것입니다. (장벽 건설을 반대하는) 팔레스타인 사람들은 테러를 막기 위해 협력해야 합니다."

그런가 하면 분리 장벽 건설에 항의하는 팔레스타인 사람들의 시위에 동참했다가 중태에 빠진 미국인도 있다. 2009년 3월 이스라엘군은 서안지구 나린 마을에서 장벽 건설 반대 시위대를 향해 최루탄을 쏘아 미국인 마이크 트리스턴(사망 당시 38세)을 혼수상태에 빠뜨렸다. 인권 단체들은 이스라엘군이 팔레스타인 시위대를 해산시키는 과정에서 시위 군중의 얼굴을 겨냥해 최루탄을 발사하는 등 공권력을 지나치게 휘두른다고 비판해왔다. 미국 캘리포니아 출신의 평화운동가 트리스턴이 변을 당한 나린 마을에서는 분리 장벽이 세워지면서 300에이커에 이르는 올리브 과수원을 잃자, 주민들이 '우리의 생존권을 위협하지 말라'며 시위를 벌였다. 문제는 분리 장벽이 일상

생활의 불편을 넘어 생존의 문제라고 여기게 된 팔레스타인 마을들이 한둘이 아니라는 점이다.

이스라엘 내부의 양심들

한편 눈길을 끄는 것이 이스라엘 사법부의 판단이다. 지난 2007년 여름 이스라엘 고등법원은 "장벽 건설은 보안과 인권적인 고려 사이의 적절한 균형에 바탕해야 한다. 보안을 내세워 마을 주민들의 희생을 강요해서는 안 된다"면서, 새로운 장벽을 다른 곳에 세워야 한다며 이스라엘 정부의 밀어붙이기식 장벽 건설을 비판했다. "예루살렘 북쪽 7개 마을을 지나는 30킬로미터 장벽 건설이 마을 주민들의 삶을 심각하게 위협하므로 건설 계획을 취소하라"는 것이 판결의 요지였다. 유대인과 아랍인 사이의 소송에서 대부분 유대인의 손을 들어주던 이스라엘 법원으로선 매우 이례적인 판결이었다. 현재 이스라엘 법원에는 20건의 이와 비슷한 소송이 기다리는 중이다.

분리 장벽 건설은 이스라엘 내부에서도 비판 여론이 높다. 2007년 봄 예비역 장성을 포함해 이스라엘 예비군 소속 장교 101명은 "분리 장벽 건설을 중단하라"는 내용을 담은 공개서한을 이스라엘 각료들에게 보내 화제를 모았다. 그들은 "분리 장벽 건설을 강행함으로써 이스라엘은 더욱 위험에 빠지게 됐다. 장벽 건설을 막지 않는다면, 그에 따라 늘어날 유혈 사태에 대한 책임을 면치 못할 것이다. 우리 모두 피로써 대가를 치르게 될 것이다"라고 주장했다.

베첼렘, 구쉬 샬롬, 지금 평화Peace Now 같은 이스라엘 평화운동 인권 단체들도 줄기차게 비판의 목소리를 높여왔다. 이 인권 단체들은 가두시위, 기자회견 등을 통해 이스라엘 내부의 반대 여론을 형성하기 위해 노력하고 있다. 아-람 마을의 주민들이 장벽 건설에 반대하는 단식투쟁을 벌일 때에도 이스라엘 평화운동 인권 단체들이 적극 도왔다. "아랍인과 유대인은 중동 땅에서 함께 살아야 한다. 그러려면 팔레스타인 사람들의 생존을 인정해야 한다"는 신념을 지닌 이 평화운동가들은, 아-람 마을 주민들과 함께 항의 시위를 벌이다 이스라엘군에게 최루탄과 곤봉 세례를 당하기도 했다. 이스라엘의 우파 정당이나 언론들은 이들을 '배신자', '반역자'라고 손가락질한다. 안타깝게도 이들의 목소리는 극우 강경파 정치인들이 판치는 이스라엘 사회에서 아직은 소수파의 목소리일 뿐이다.

분리 장벽을 예술로 비판하다　동예루살렘 아부디스 마을을 가로지르는 분리 장벽에 가까이 가보면 이를 비난하는 그림과 글들이 가득하다. 스프레이로 그린 일부 그림은 예술성마저 띠고 있다. 그 가운데서도 "바르샤바 게토*에서 아부디스 게토까지"라는 문장이 눈길을 끈다. "Paid by USA"(미국이 돈을 댔다)라는 문구도 보인다. 이스라엘을 두둔하는 미국의 친이스라엘 일방주의를 비난하는 글이다. 예루살렘 남쪽, 예수가 태어난 베들레헴에 가보면 분리 장벽을 삥 둘러가며 벽면을 메운 메시지와 그림들을 볼 수 있다. 대부분이 이스라

---

*중세 이후 유럽 각 지역에서 유대인을 강제 격리하기 위해 설정한 유대인 거주지역을 게토라고 불렀다. 제2차 세계대전 당시 폴란드 바르샤바를 점령한 나치도 그곳 유대인들을 일반 주민들로부터 떼어내 강제 격리했는데, 이를 바르샤바 게토라고 한다.

엘의 팔레스타인 점령 정책과 전쟁범죄, 인권침해를 비판하고, 팔레스타인 사람들을 응원하거나 평화를 기원하는 내용이다.

한 무리의 유럽 인권운동 예술가들은 분리 장벽에 쓰이는 낙서들을 대신해주기도 했다. 웹 사이트(www.sendamessage.nl)를 통해 평화를 사랑하는 지구촌 누리꾼들로부터 30유로씩을 받고 분리 장벽에 남기고 싶은 항의 메시지를 주문받아 스프레이로 그려주는 일을 했던 것이다. 2009년 봄 이 예술가들에게 좋은 소식이 날아들었다. 남아프리카공화국의 작가 파리드 에사크가 "1만 2,500유로를 낼 테니 2,000단어로 된 긴 글을 분리 장벽에 써달라"고 주문한 것이다.

에사크가 그런 주문을 한 것은 이스라엘이 팔레스타인인들에게 펼치는 정책이 남아프리카공화국이 지난날 백인 정권 아래서 펼쳤던 악명 높은 인종차별 정책보다 더 잔혹하다는 사실을 국제사회에 다시 한 번 알리고 싶었기 때문이다. 그는 낙서 주문서에서 "지난날 남아프리카공화국의 백인 경찰도 (이스라엘 군인들처럼) 민간인들을 겨냥해 포탄을 쏘지는 않았다"며 이스라엘을 비난했다.

에사크와 인연을 맺었던 유럽 예술가들은 자금난 탓에 지금은 이 작업을 그만두었지만, 분리 장벽에다 모두 1,498개의 메시지를 남겼다. 이들은 자신들이 맡았던 작업의 의미를 이렇게 평한다. "낙서로 분리 장벽을 허물어뜨릴 수는 없겠지만, 여러분이 남긴 메시지는 분리 장벽에 갇힌 팔레스타인인들에게 희망을 줄 것입니다." 이들 유럽 예술가 말고도 지금껏 여러 사람들이 평화의 메시지와 그림들로 콘크리트 장벽을 채우고 있다. 그 가운데 뱅크시를 빼놓을 수 없다.

뱅크시 벽화가 주는 메시지

뱅크시는 사람들이 오가지 않는 시간대에 몰래 정치적 메시지를 담은 벽화를 그리고 사라지는 것으로 이름이 알려진 예술가이다. 영국 브리스톨 출신의 40세 안팎으로 짐작될 뿐, 이름이나 나이가 정확히 알려지지는 않았다. 얼굴을 드러낸 적도 없고, 일반 대중에겐 그저 '뱅크시'로 통할 뿐이다. 뉴욕이나 런던, 파리 등 대도시 건물에 그려놓은 벽화로 유명세를 탔지만 뱅크시의 벽화는 이른바 '거리 예술'이다보니 미술관으로는 가져갈 수 없다. 현장에 가야 볼 수 있다. 이스라엘 분리 장벽에 그려놓은 그림도 마찬가지다.

예루살렘 남쪽 베들레헴에 가면 곳곳에 뱅크시가 그려놓은 벽화들이 눈길을 끈다. 팔레스타인 소녀가 이스라엘 병사를 몸수색하는 그림, 팔레스타인 청년이 화염병 대신 꽃다발을 던지는 그림, 분리 장벽 구조물 가운데 틈새가 살짝 벌어진 곳을 두 명의 아기 천사가 손으로 당겨 그 틈새를 더 크게 하려는 그림 등은 보는 이의 마음을 시원하게 만든다. 뱅크시를 비롯한 예술가들이 분리 장벽에 그들 나름으로 전하려는 메시지는 분명히 이스라엘의 팔레스타인 점령 정책에 대한 비판이다. 그리고 인권과 평화의 메시지다.

하지만 현지 팔레스타인 사람들 가운데 일부는 걱정을 한다. 그들의 작품이 보기엔 좋지만, 그러다보면 팔레스타인 청소년들에게 '장벽이 꼭 나쁜 건 아니네' 같은 잘못된 생각을 품게 만들지나 않을까 하는 걱정이다. 뱅크시가 분리 장벽에 벽화를 그리고 있을 때, 한 현지 노인이 다가와 이렇게 말했다고 전해진다. "당신의 벽화 덕분에 이 장벽이 더욱 아름답게 보이지만 우린 이 장벽을 증오해요. 이 벽이 아름다워지길 바라지 않고 이 벽이 없어지길 바랍니다. 그냥 집에

영국의 그래피티 아티스트 뱅크시는 이스라엘의 분리 장벽을 열어젖히는 두 아기 천사 벽화를 통해 이스라엘의 점령 정책을 비판하는 국제사회의 움직임에 함께했다(서안지구 베들레헴).

가세요."

베들레헴 장벽 바로 가까이에 있는 월드 오프 호텔Walled Off Hotel은 뱅크시와 그의 후원자들이 힘을 합쳐 연 호텔이다. 나는 2019년 2월 이 호텔에서 하룻밤을 묵었다. 호텔 방 창문으로 콘크리트 장벽을 바라보는 것은 특이한 체험이었다. 이 호텔의 팔레스타인 지배인이 전하는 바에 따르면, 뱅크시는 "외국인 여행자들이 이 호텔에 묵으면서 팔레스타인의 어려운 상황을 직접 눈으로 보고, 더 많이 외부에 알림으로써 중동 평화가 앞당겨지길 바란다"는 말을 했다고 한다. 지배인은 "이 호텔에서 나오는 수익금은 모두 베들레헴 지역 주민들의 복지를 돕는 데 쓰입니다"라고 귀띔하며 엄지손가락을 동네 쪽으로 쭉 뻗었다.

베를린장벽이 무너졌듯이

1989년 11월 8일은 동서 냉전의 상징물이었던 독일 베를린장벽이 무너진 날이다. 이스라엘의 분리 장벽은 2002년부터 세워졌으니, 베를린장벽이 무너지고 13년 뒤의 일이다. 팔레스타인 사람들은 장벽을 무너뜨리는 꿈을 꾼다. "영원할 것 같던 베를린장벽이 무너졌듯이 저 분리 장벽도 언젠가는 무너질 겁니다." 2014년 11월 8일은 베를린장벽이 무너진 지 25주년이 되는 날이었다. 그 25주년을 하루 앞두고 분리 장벽에 구멍이 뚫렸다. 팔레스타인 사람들의 꿈에서가 아니라 현실에서다. 얼굴을 가린 채 망치를 든 팔레스타인 청년 활동가들이 예루살렘과 라말라의 경계인 서안지구 비르나발라 마을을 가로지르는 장벽에 어른 서너 명이 드나들 정도의 큰 구멍을 뚫었다. 그들은 그 구멍에 팔레스타인 국기를

분리 장벽을 향해 돌을 던지며 분노를 나타내는 팔레스타인 아이들.

꽂으면서 외쳤다. "베를린장벽이 무너졌듯 팔레스타인 장벽도 무너
질 것이다."

팔레스타인 자치정부의 대변인 가산 카티브(비르제이트 대학 교수)
를 동예루살렘에서 만났다. 그는 이스라엘이 추진하고 있는 대규모
장벽 건설이 나치의 게토와 다르지 않다고 말했다. "히틀러가 유대인
들에게 가했던 수법을 그대로 옮겨온 분리 장벽은 우리 팔레스타인
사람들을 게토에 가두어두고 이동의 자유를 막으려는 물리적 장치
입니다." 그는 장벽 건설과 유대인 정착촌 건설은 6일전쟁 뒤 유엔이
이스라엘군의 철수를 요구하며 채택했던 '유엔 안보리 결의안 242호'
와 어긋나는 것이며, 중동 평화를 이루려는 노력을 근본적으로 어렵

게 만든다고 한탄했다.

카티브는 "이스라엘 정부는 팔레스타인을 서안지구와 가자지구로 분리하고, 다시 장벽 건설로 도시와 마을들을 고립시킴으로써 팔레스타인 노동자들의 이스라엘 취업을 어렵게 만들어 팔레스타인 경제를 마비시키려고 하는데, 이는 매우 위험한 발상"이라고 목청을 높였다. 나아가 "지난날 소련이 막강했을 때 세운 동베를린장벽도 그것을 뛰어넘으려는 인간의 의지를 막을 수 없었고, 시간이 흐르면서 끝내 무너졌습니다. 이런 역사적 실패 사례를 샤론은 잊고 있습니다"라고 비판했다.

카티브는 이스라엘이 세우는 거대한 장벽이 팔레스타인 노동자들의 생존권을 위협한다고 지적했다. 하지만 장벽 건설 현장에 가보면 또 다른 모습을 볼 수 있다. 하루하루 생존에 허덕이는 팔레스타인 사람들이 이스라엘 건설사의 저임금 노동자로 일하는 모습이다. 오늘의 팔레스타인이 그려내는 또 하나의 서글픈 초상이다. 문득 일제 강점기 시절 조선총독부 건물을 지을 때 모습이 어땠을까 하는 생각이 떠올랐다. 그 무거운 대리석을 땀 흘리며 날랐던 인부들도 하루 일당을 챙겨야 내 가족이 굶지 않는다는 생각을 했던 우리의 아버지들이었다.

8장

유대인 정착민
"이곳은 신이 주신 약속의 땅"

중동 유혈 사태의 한 변수는 유대인 정착민이다. 1948년 독립을 선포하고 이 지역 원주민들인 아랍 사람들과 힘겨운 싸움을 벌이면서 이스라엘은 전 세계 유대인들의 이민을 적극 받아들였다. 특히 1967년 제3차 중동전쟁으로 훨씬 넓어진 점령지들을 이스라엘화하기 위해 해외 유대인들의 영구 입국을 두 손 들어 환영했다. 이 가운데 많은 이들이 가난한 동유럽 공산권과 러시아에서 온 이민자들이었다. 이스라엘 정부로부터 정착금을 받아든 이들은 팔레스타인 전역으로 퍼져나갔고, 정착촌 주변 원주민들인 팔레스타인 사람들과 사사건건 마찰을 빚으면서 경작지를 넓혀나갔다. '하느님이 유대인에게 약속한 땅'을 되찾는다는 구실 아래서였다.

정착민들은 이스라엘 강경파 정치인들의 지지 기반이다. 예전에 비해 오늘의 유대인 정착민 인구가 엄청나게 늘어난 것은 이스라엘

예루살렘에서 헤브론으로 이어지는 길목 고지대에 자리 잡은 유대인 정착촌. 주변의 허름한 팔레스타인 주거지와는 너무나 다른 모습이다.

강경 우파들이 앞장선 결과로 분석된다. 중동 평화의 큰 분수령이었던 1993년 오슬로 평화협정 당시에는 11만 명이었으나, 그 뒤 정착민의 수는 6배 가까이 늘어났다. 미국 CIA 『월드 팩트북』의 최근 자료에 따르면, 서안지구 정착촌에 39만 명, 원래 시리아 영토였으나 이스라엘군이 1967년 이래 점령 중인 골란 고원에 2만 명, 동예루살렘에 20만 명 해서, 이를 모두 합하면 60만 명이 넘는다.

서안지구를 여행하다보면 곳곳에 현대식으로 반듯하게 지은 집들이 촘촘히 모여 있는 것을 볼 수 있다. 이는 어김없이 유대인 정착촌이다. 주변의 먼지를 뒤집어쓴 초라한 마을들과는 한눈에도 차이가 난다. 유태인 정착촌 마을의 잔디밭은 스프링클러가 돌아가면서 물을 뿌려댄다. 이와는 대조적으로 정착촌 주변에 사는 팔레스타인 원주민들은 타는 목마름을 견디며 지낸다. 이스라엘이 요르단강에서 비롯되는 수자원을 독점 관리하고 있는 탓이다. 팔레스타인 농부들은 그저 비를 안 뿌리는 하늘을 바라보며 한숨을 내쉴 뿐이다.

정착촌들은 대체로 외부의 공격에 맞서 지키기 쉽게 언덕 위에 자리를 잡고, 주변의 팔레스타인 원주민 마을들을 내려다본다. 팔레스타인 곳곳에 자리 잡은 유대인 정착촌과 현지 원주민인 팔레스타인 사람들 사이에는 잦은 충돌이 벌어진다. 유대인 정착촌 근처를 지나던 팔레스타인 원주민들이 정착민의 총격으로 죽었다거나, 정착촌을 공격하려던 팔레스타인 젊은이들이 이스라엘 군인의 총격을 받고 죽는 일들이 잊을 만하면 벌어진다.

14세 팔레스타인 소년의 분노　　이스라엘 일간지인 『예루살렘 포스트』에 실린 사건 기사 하나. 화염병을 들고 유대인 정착촌에 침입하려던 14세의 팔레스타인 소년이 이스라엘군 경비병의 총에 맞아 사망했다는 내용이다. 중동 땅에서는 걸핏하면 일어나는 유혈 충돌 사건 가운데 하나여서일까, 기사의 길이도 짧았다. 이 기사에 따르면, 죽은 소년의 이름은 '수하예브 살레'로 유대인 정착촌 이츠하르에 몰래 다가가 화염병에 불을 붙이려다 발각되어 현장에서 사살됐다. 14세라면 중학생 또래의 미성년자다. 그 어린 소년이 왜 화염병을 들고 유대인 정착촌을 공격하려 했을까. 소년을 그처럼 위험스런 행동에 나서게 만든 동기는 무엇이었을까.

소년의 마음속에 크나큰 좌절감과 분노를 자아낸 속사정이 있었다. 소년이 살던 마을 가까운 곳에 자리한 유대인 정착촌 이츠하르의 주민들은 팔레스타인 원주민들과 그동안 크고 작은 유혈 충돌을 벌여왔다. 살레의 형도 정착촌 근처에서 이스라엘 순찰대가 쏜 총에 맞아 죽었다. 살레가 사살되기 얼마 전에는 유대인 정착민들이 팔레스타인 마을을 습격하여 총기를 마구 쏘아대 원주민 8명을 다치게 했다. 그 며칠 뒤에는 정착민들이 팔레스타인 농민들이 애써 가꾼 올리브나무 200그루에 불을 질렀다. 사정을 알고 나니 살레의 행동이 전혀 엉뚱한 것은 아니었다는 생각이 들었다.

팔레스타인 사람들의 정치의식을 설명할 때 '분노와 좌절'을 빼놓을 수 없다. 이스라엘이 중동 땅에 들어선 이래 70년 넘게 수많은 팔레스타인 사람들이 대대로 살던 집과 땅을 빼앗겼고, 박해를 받아왔다. 수십 년 동안 2세대, 3세대를 넘기며 쌓이고 쌓인 그들의 분노와 좌절은 소년 살레의 어린 마음에도 예외가 아니었던 듯하다.

종교적 신념과 폭력적 성향

일반적으로 유대인 정착민은 두 부류로 나뉜다. 한 부류는 종교적 신념으로 무장한 이들이다. 그들은 스스로를 구약성서에 나오는 유대와 사마리아의 옛 땅을 되찾는 개척자들로 여긴다. 두 번째 부류는 훨씬 많은 비중을 차지하는데, 오로지 이스라엘 정부가 대주는 보조금을 바라고 정착촌으로 옮겨온 사람들이다. 유대인 정착민들은 대부분 종교적으로 극단적인 성향을 지녔고, 그들 가운데 일부는 매우 폭력적이다.

2005년 가자지구에서 벌어진 사건이 한 보기다. 칸 유니스 난민촌과 가까운 공동묘지에서 이스라엘의 로켓탄 발포로 부상을 입고 병원에 입원해 있다가 죽은 한 팔레스타인 경찰의 장례식이 치러졌다. 11세의 무하나드 므하레브는 그 장례식을 구경하러 나왔다가, 이스라엘 정착촌 쪽에서 조객들을 향해 마구 쏴낸 총알에 머리를 맞고, 다음 날 그 자신이 공동묘지에 묻히는 운명이 됐다. 그날 장례식에 참석했던 조객 가운데 11명이 총상을 입었다. 무하나드의 어머니 알람은 "무하나드는 학교에서 공부도 잘했어요. 자전거를 사달라고 졸라왔는데, 이젠 영영 가고 말았네요" 하며 흐느꼈다.

서안지구의 정치 중심지 라말라와 남부 도시 헤브론, 두 곳의 병원에 가보았다. 그곳에는 시위 과정에서 이스라엘군이 쏜 총에 다친 젊은이들도 많았지만, 유대인 정착민들의 테러 행위로 다쳐 입원한 환자들도 많았다. 그 가운데는 이제 겨우 10세, 12세 된 어린이들도 있었다. 라말라 병원에서 만난 알리 아말라는 12세의 나이로 팔에 심한 상처를 입고 붕대를 두르고 있었다. 라말라 외곽 마을에 사는 이 소년은 할아버지 집에 놀러갔다가 돌아오는 길에 변을 당했다. 갑자기 4륜구동 승용차가 나타나더니, 유대인 특유의 둥근 모자를 쓴 젊은이 두세 명이 아말라에게 돌을 던졌다. 근처 유대인 정착촌 주민이 틀림없었다. 아무런 무장도 하지 않은 소년에게 왜 그런 짓을 했을까. 병원에서 나를 안내했던 한 의사는 "그 이유는 바로 테러이고 협박입니다. 이런 꼴 당하고 싶지 않으면 정착촌 주변에서 떠나라는 메시지이지요"라며 얼굴을 흐렸다.

서안지구 도로에서 차를 모는 팔레스타인 운전자들은 느닷없이 날아드는 돌멩이와 총알에 목숨을 내놓을 각오를 해야 한다. 도로 곳곳에서 일부 과격한 유대인 정착민들이 길 가는 차량을 향해 돌을 던지거나 총을 쏘기 때문이다. 나도 비슷한 체험을 했다. 라말라에서 북쪽으로 30킬로미터 떨어진 서안지구 중부 도시 나블러스에서 벌어지는 장례식 취재를 위해 택시를 전세 내려고 했다. 그러나 팔레스타인 운전기사는 "돈도 좋지만……" 하며 긴장하는 모습을 보였다. 운전기사의 걱정은 터무니없는 것이 아니었다. 가는 길 곳곳에 돌멩이들이 나뒹굴고 있었다. 라말라와 나블러스를 잇는 간선도로 주변의 정착촌 주민들이 던진 것들이었다.

60만 정착민, 중동 평화의 암초

유대인 정착촌은 사실상 팔레스타인 영토 안에 파고든 이스라엘의 식민지다. 이스라엘이 제3차 중동전쟁에서 이긴 뒤 팔레스타인 땅에 자국민을 이주시켜 만든 일종의 식민 마을인 것이다. 지도를 펴보면, 유대인 정착촌이 무수한 점처럼 팔레스타인 곳곳에 터를 잡은 모습을 확인할 수 있다. 이 때문에 60만 명이 넘는 유대인 정착민들은 이스라엘과 팔레스타인 사이의 갈등 요인 가운데 하나이며, 중동 평화를 가로막는 암초와 같은 존재로 꼽힌다.

미국 뉴욕에 본부를 둔 국제 인권 단체 휴먼라이츠워치(HRW)의 자료에 따르면, 요르단강 서안지구에만 237개의 이스라엘 정착촌이 자리 잡고 있다. 문제는 정착민 인구가 점점 늘어나고 있다는 것이다. 휴먼라이츠워치는 서안지구의 정착민 인구가 6년 사이에 23%p 늘어났다고 지적하면서 "이스라엘 정부가 정착촌 건설을 무리하게 추진하면서 팔레스타인 원주민들이 오랫동안 살아왔던 집을 마구 허물고, 토지를 몰수하는 등 점령지에서의 사유재산과 인권을 광범위하게 침해하고 있다"고 비판했다. 이런 행위는 점령지에서 사유재산과 인권을 침해해선 안 된다고 규정한 1949년의 제네바 제4협약을 위반하는 것으로, 이스라엘이 전쟁범죄를 저질렀다는 것을 뜻한다.

특히 문제가 되고 있는 곳이 팔레스타인 사람들이 언젠가 들어설 독립국가의 수도로 꼽아온 동예루살렘 일대다. 이미 동예루살렘 주변은 유대인 정착촌으로 포위된 상태다. 북쪽은 기브앗 지브 정착촌과 네베 야아콘 정착촌, 동쪽은 마알레 아두민 정착촌과 미쇼르 아두민 정착촌, 남쪽은 베타르 정착촌과 구쉬 에치온 정착촌이 자리 잡고 있다. 이들 대규모 정착촌들은 이미 들어선 크고 작은 정착촌과 함께 동예루살렘을 둘러싸고 있다. 이스라엘 정부가 금융 지원(건설사에겐 건설비 융자, 입주자에겐 낮은 이자율의 주택자금 대출)으로 밀어붙인 결과다. 이 정착촌들은 "언젠가 들어설 팔레스타인 독립국가의 수도로는 동예루살렘 말고 대안이 없다"고 여겨온 팔레스타인 사람들을 곤혹스럽게 만드는 현실적인 암초들이다.

일부 유대인 정착민들은 팔레스타인 주거 밀집 지역에까지 파고들어 걸핏하면 피 흘리는 싸움을 벌인다. 예루살렘에서 남쪽으로 30킬로미터쯤 떨어진 인구 20만 명의 도시 헤브론도 그 가운데 하나다. 헤브론 시내 중심 지역에 사는 400명가량의 유대인들은 머릿수에서 훨씬 숫자가 많은 팔레스타인 원주민들과 갈등을 빚어왔다. 질서를 지킨다는 명분으로 주둔하는 이스라엘 군인들은 작은 시비에도 총격을 서슴지 않는다. 아브라함과 이삭, 야고보의 무덤이 있던 곳으로 추정되는 막벨라 동굴이 있기에 유대인들은 헤브론을 성지로 여긴다. 팔레스타인 사람들도 그곳에 이브라힘 모스크가 있기에 마찬가지로 이슬람의 성지로 여긴다. 헤브론시의 행정을 책임진 무스타파 나체 시장을 만났더니 그는 "불과 400명의 유대인 정착민 때문에 17만 명의 우리 시민들이 정상적인 생업 활동도 못한 채 고통을 당하고 있다"면서 한숨을 지었다.

국가로부터 받은 폭력 허가증

이스라엘 거리에서는 총을 메고 다니는 유대인 정착민들을 쉽게 볼 수 있다. 정착민들은 저마다 합법적으로 총을 지니고 있다. "팔레스타인 테러분자들로부터 스스로를 지킨다"는 명분에서다. 1967년 6일전쟁 뒤 늘어난 이스라엘 점령지 곳곳에 유대인 정착촌들이 들어서면서 현지 팔레스타인 주민들과 마찰이 잦아지자, 1973년 이스라엘 국방부는 정착민들의 무장을 허용했다.

현재 이들은 이스라엘 군제軍制에 사실상 편입돼 있다. 전부터 해왔던 유대인 정착민들의 무장을 합법화한 것이다. 이스라엘 지역방위법에 따라 유대인 정착민들은 한국으로 치면 '향토예비군'으로 편입돼 지역 방위를 맡아왔다. 1981년에는 '이스라엘 군사명령 898호'에 따라 팔레스타인 사람들에게 신분증 제시를 요구할 수 있게 했고, 영장 없이 팔레스타인 사람들을 체포할 수 있는 권한도 주었다.

1992년 당시 내무부 장관 로니 밀로는 유대인 정착민들이 정착촌 외곽을 순찰할 수 있도록 규정을 새로 만들었다. 총으로 무장한 정착민들은 주변 팔레스타인 마을 중심지를 순찰하면서, 지나가는 행인들을 불러 세워 몸을 뒤지거나 구타를 일삼았다.

2000년 9월 말 인티파다가 일어나자 유대인 정착민들의 권한은 더욱 커져, 팔레스타인 사람들을 향해 총을 쏠 수 있게 했다. '급박한 위험에 처했을 경우'라는 단서가 붙긴 했지만, 팔이 안으로 굽을 수밖

바깥나들이에 나선 한 유대인 정착민 가족. 이들은 합법적으로 총을 들고 다닌다.

에 없는 규정이다. 정착민 A가 평소 미워하던 팔레스타인 청년 B와
길에서 마주쳤을 때 트집을 잡아 총을 쏘아 죽여도 처벌받을 확률은
아주 낮다.

　2004년 사망한 야세르 아라파트의 정치조직인 파타의 서안지구 사
무총장이자 아라파트의 후계자로 꼽혀온 마르완 바르구티도 유대인
정착촌 문제가 팔레스타인 평화에 심각한 걸림돌임을 지적한 바 있
다. 현재 이스라엘 감옥에서 무기수로 복역 중인 바르구티를 2002년
이스라엘군에 체포되기 10개월 전에 라말라에서 만났다. 그는 "1993
년 오슬로 평화협정이 성사된 뒤로도 줄곧 이스라엘 정부는 팔레스
타인 사람들의 거주지인 서안지구와 가자지구에서 유대인 정착촌을

이스라엘 법정에서 무기징역 5회를 선고받고
복역 중인 마르완 바르구티.

넓혀왔다"고 이스라엘 정부를 비판했다. 정착민들은 주변 팔레스타
인 농민들의 농작물들을 불태우거나 올리브나무의 뿌리를 뽑는 등
농사를 망가뜨리기 일쑤다. 부상당했거나 위급한 팔레스타인 환자를
실어 나르는 앰뷸런스의 통행을 방해하기도 한다. 이렇듯 살벌한 상
황을 오랫동안 일상적으로 겪어온 팔레스타인 사람들의 분노와 좌절
감은 상상하기 어려울 정도다.

유대인 정착민의 가자지구 철수　2005년 이스라엘 정부는
가자지구에 머물던 8,500명의 유대인 정착민을 모두 철수시킨 바 있

다. 나는 유대인 정착민들이 모두 떠난 뒤인 2009년 그들이 살던 정착촌을 방문했다. 마을은 성한 건물이 하나 없이 철저히 파괴된 채 버려져 있었다. 중장비를 동원해 커다란 구멍이 나도록 뚫어놓은 건물의 천장, 무너져내린 벽, 깨진 유리창, 비틀리고 망가진 상하수도 파이프들…… 거대한 콘크리트 쓰레기장이라는 표현이 딱 맞을 것이다. 정착민들이 떠나기 전에 그렇게 망가뜨려놓았기에, 이제는 잡풀만 무성히 자란 유령 마을이 됐다.

그렇다면 이스라엘 정부의 가자지구 정착민 철수 결정을 어떻게 풀이할 수 있을까. 미국과 이스라엘은 중동 평화라는 같은 목표를 지녔으면서도, 이해관계가 반드시 일치하는 것은 아니다. 가자지구 철수가 대표적인 보기다. 이라크 문제와 이슬람권의 반미 감정으로 고전하던 미국은 뼛속까지 강경파로 알려진 아리엘 샤론 이스라엘 총리의 가자 철수 결정을 "중동 평화를 여는 신호탄"이라며 반겼다. 그러나 샤론의 계산은 달랐다.

8,500명의 유대인 정착민을 지키느라 이스라엘 군부대가 주둔하는 등 가자지구에 드는 비용은 이스라엘 정부로서도 큰 부담이었다. 냉정한 시각에서 보자면 가자지구 유대인 정착촌은 투입–산출 면에서 적자였다. 유지 비용이 많이 들어 부담스럽기만 한 가자지구에서 유대인 정착민을 내보내 예산 부담을 줄이고, 아울러 대외적으로는 이스라엘이 중동 평화를 위해 노력한다고 선전할 수 있다. 그러면서도 샤론 총리는 이스라엘 정치권에 대고는 중동 평화 협상에서 더 이상 양보는 없다고 밝혔다. 샤론을 비롯한 이스라엘 강경파들에게 사실상 팔레스타인 독립국가란 없다. 이스라엘에 끌려다니는 피점령지로서의 팔레스타인만이 있을 뿐이다.

미국 안에서도 이스라엘 강경파들의 속내를 꿰뚫어보는 전문가들이 적지 않았다. 1980년대 말 공화당 정권에서 백악관 안보보좌관을 지낸 브렌트 스코크로프트도 그 가운데 한 사람이다. 그는 2005년 여름 콘돌리자 라이스 국무부 장관과 저녁을 함께했다. 그 자리에서 라이스가 "좋은 소식"이라며 "샤론 총리의 가자지구 철수가 곧 시작됩니다"라고 귀띔하면서, 샤론 총리의 그런 결단이 팔레스타인 독립국가 출현을 향한 첫걸음이 될 것이라고 말하자 스코크로프트는 고개를 가로저었다. "그것은 (팔레스타인 사람들에게) 좋지 못한 소식입니다. 샤론 총리에게는 가자지구 철수가 첫걸음이 아니라 마지막 걸음이 될 겁니다. 샤론이 가자지구에서 철수하는 의도는 분자처럼 작은 덩어리로 쪼개져 전혀 위협이 안 되는 팔레스타인 독립국가를 만들려는 것입니다." 스코크로프트가 말한 '분자처럼 쪼개진 팔레스타인'이란 분리 장벽을 방패 삼아 서안지구 곳곳에 들어선 유대인 정착촌의 상당 부분을 이스라엘 영토로 빼앗긴 팔레스타인을 가리킨다. 분리 장벽은 언젠가 들어설 팔레스타인의 국경선이 될 것이 뻔하다. 장벽 바로 안쪽에 세워질 도로와 터널 등은 서안지구 60만 유대인들이 오가는 안전한 통로로 쓰일 것이다.

스코크로프트 전 백악관 안보보좌관은 헨리 키신저의 측근으로, 키신저와 마찬가지로 매우 현실적인 통찰력을 지닌 인물로 정평이 나 있다. 가자지구 철수를 팔레스타인 자치정부와는 아무런 상의도 없이 일방적으로 밀어붙였듯이, 서안지구에서 유대인 정착촌 확대와 분리 장벽 건설을 일방적으로 밀어붙여, 사실상 서안지구의 상당 지역을 유대인 땅으로 만들겠다는 것이 이스라엘 강경파들의 장기 전략으로 분석된다.

팔레스타인 지식인들도 이스라엘의 가자지구 철수를 기만적인 행위라고 낙인찍었다. 팔레스타인 자치정부의 대변인 가산 카티브는 나와의 인터뷰에서 "서안지구 곳곳에 마구 들어선 유대인 정착촌들을 이스라엘 영토로 편입시키겠다는 장기적 전략에 비춰보면 가자지구 철수는 아주 작은 양보에 지나지 않습니다"라고 지적했다. 카티브는 유대인 정착촌과 대규모 장벽 건설이야말로 팔레스타인 영토를 산산조각 내려는 이스라엘의 전략에서 비롯된 음모라고 여긴다. 그는 "이런 음모는 1967년 6일전쟁 바로 뒤에 점령지로부터 이스라엘군의 철수를 요구한 '유엔 안보리 결의안 242호'와 어긋나는 것은 물론이며, 중동 평화를 이루려는 노력을 근본적으로 어렵게 만듭니다"라고 지적했다.

정착촌 건설을 밀어붙인 이스라엘 총리

이스라엘 정부는 한편으로는 "가자지구에서 정착촌을 철수했다"고 요란스럽게 선전을 해대면서도 다른 한편으로는 요르단강 서안 지역 점령지 곳곳에 대규모 유대인 정착촌 건설을 추진했다는 비판을 받는다. 실제로 가자지구에서 떠난 유대인 정착민 가운데 상당수가 25~35만 달러의 이주 보상금을 챙겨 서안지구의 유대인 정착촌으로 옮겨갔다고 알려진다. 그들은 한 푼이라도 더 보상금을 타낼 요량으로 집단적으로 변호사들을 고용했다. 일부 가자지구 정착민들이 다른 곳으로 옮겨가지 않겠다고 버텨온 것은 명분이야 어떠하든 더 많은 이주 보상금을 타내려는 속셈이었다.

1990년대 초 유대인 정착민의 수는 11만 명이었으나, 그 뒤 크게

유대교 경전을 읽고 있는 유대인 정착민 소년. 유대인 정착민들은 팔레스타인 땅을 그들의 신인 야훼로부터 약속받은 땅이라고 주장한다.

늘어났다. 아리엘 샤론은 유대인 정착촌 건설에 남다른 노력을 기울인 인물이다. 1990년대에 유대인 정착촌이 폭발적으로 늘어난 데는 샤론의 역할이 컸다. 그는 1990년에서 1992년 사이에 건설주택부 장관을 지내면서 러시아로부터 많은 유대인 이민자들이 밀려들어오자 14만 4,000채의 아파트를 새로 지었다. 이 가운데 상당수는 팔레스타인 땅을 징발해 정착민들을 위해 지은 정착촌이었다. 1996년 리쿠드당이 다시 집권하면서 샤론은 국가 기반 시설부 장관으로서 다시금 이스라엘 정부의 유대인 정착촌 확대에 앞장섰다(1996~1998년). 그리고 2001년 총리에 취임하고 첫 18개월 동안 유엔 인권위원회로부터 "선동적이고 자극적"이라는 지적을 받았던 44곳의 새로운 정착촌을 서안지구에 세웠다.

오바마와 네타냐후, 트럼프와 네타냐후

팔레스타인 사람들의 눈에 이스라엘 강경파들은 입으로는 '이스라엘의 평화'를 말하지만 실제로는 팔레스타인의 평화를 깨뜨리는 존재로 비쳐진다. 샤론의 뒤를 이어 장기 집권 중인 베냐민 네타냐후 이스라엘 총리도 정착촌 문제에 관한 한 물러설 뜻이 없다. 그는 공식 석상에서도 기회 있을 때마다 "요르단강 서안 지역에 세워진 유대인 정착촌을 철거하지 않고 더욱 넓혀나가겠다"는 강경 발언을 쏟아냈다.

미국 민주당 출신의 버락 오바마 대통령은 이스라엘의 유대인 정착촌 확대 정책에 거듭 견제구를 날렸었다. "60만 명이 넘는 정착민들(서안지구 39만 명, 예루살렘 주변 20만 명, 골란 고원 2만 명)이 팔레스타인 사람들의 생존을 위협하고, 나아가 중동 평화를 가로막은 걸림돌 가운데 하나"라는 이유에서였다. 이스라엘 강경파를 이끌면서 정착촌 확대 건설을 밀어붙여온 베냐민 네타냐후 이스라엘 총리와는 서로 얼굴을 붉히기까지 했다.

오바마 대통령의 퇴임이 바로 코앞으로 다가온 2016년 12월 23일 유엔 안보리 테이블 위에 중요한 안건 하나가 놓여 있었다. 다름 아닌 "이스라엘이 점령 중인 팔레스타인 서안지구에 유대인 정착촌을 더 이상 세워서는 안 된다"는 내용을 담은 유엔 안보리 결의안을 둘러싼 표결(2016년 12월 23일)이었다.

대통령 취임을 코앞에 둔 트럼프 당선자는 안보리 표결을 앞두고 "미국은 당연히 거부권을 행사해야 한다"는 뜻을 밝혔다. 이에 힘을 얻은 네타냐후 이스라엘 총리도 "정착촌 건설은 유대인의 생존을 위한 권리"라며 목청을 높였다. 하지만 오바마 대통령은 미 국무부와 유엔 주재 미 대사에게 거부권 대신 기권하도록 지침을 내렸고, 결의안이 통과됐다. 이스라엘이 팔레스타인 지역에서 벌이는 인권침해와 전쟁범죄 행위를 비난하는 결의안이 제출될 때마다 거부권을 행사해오던 미국으로서는 매우 이례적인 모습이었다.

결의안이 통과되자 네타냐후는 오바마를 겨냥해 "이스라엘을 향해 수치스러운 타격을 했다"며 강한 어조로 비난하고 나섰다. 곧바로 트럼프 당선자가 네타냐후 편을 들었다. 그는 오바마의 결정이 잘못됐다고 비판하면서, 네타냐후를 향해선 "미국의 중동 정책이 (새 대통령 취임일인) 2017년 1월 20일부터 달라질 것이다. 이스라엘이여, 굳세게 버텨라" 하며 격려했다고 한다.

트럼프가 대통령에 취임하자 유대인들의 표정이 다시 밝아졌다. 트럼프 취임식 며칠 뒤인 1월 24일 이스라엘 정부는 서안지구에 새로운 정착촌 건물 2,500채를 새로 짓겠다고 발표했다. 뒤이어 2월 8일 이스라엘 의회는 서안지구의 유대인 정착촌이 더 이상 불법 건축물이 아니고 이스라엘 법의 보호를 받는 합법적인 것이라는 내용을 담은 법안을 통과시켰다. 많은 팔레스타인 사람들 눈에는 그런 조치들이 친이스라엘 입장의 트럼프라는 든든한 뒷배를 믿고 유엔 안보리 결의안을 비웃는 것으로 비쳐졌다. 이스라엘은 제3차 중동전쟁(1967년)으로 서안지구를 차지하자마자 곳곳에 정착촌을 세웠다. 전쟁 승리 50주년을 맞아 서안지구 바르칸 정착촌에서 열린 기념식에서 네타냐후는 이렇게 말했다. "서안지구 정착촌의 이스라엘 주민들이 철수하는 일은 결코 없을 것입니다. 우리는 여기서 영원히 머물 것입니다. 이곳에 우리의 뿌리를 더 깊게 심고 더 키우겠습니다. 거듭 말하지만, 정착촌을 철거하는 일은 일어나지 않을 것입니다. 정착촌 철거는 중동 평화에도 도움이 되지 않습니다." 그는 유대인 정착민들의 뜨거운 박수를 받았다.

정착촌을 넓히려는 시간 벌기 전략

이스라엘 쪽도 논란이 있기는 마찬가지다. 여러 여론조사에 따르면, 유권자들의 절반 이상은 정착촌이 늘어나는 것에 반대한다. 팔레스타인 민심을 자극하고 유혈 사태를 일으키는 요인으로 여기기 때문이다. 그럼에도 네타냐후 총리가 정착촌 확대를 말했던 것은 그 자신의 정치 체질이 강성인데다, 내각제인 이스라엘 정치권에서 살아남으려면 그럴 수밖에 없기 때문이다. 다시 말해 의회(크네세트) 안에서 그가 이끄는 리쿠드당과 함께 연립정부를 구성해온 하바이트 하예후디(유대인의 집)를 비롯한 극우 종교 정당들의 목소리를 들어줘야 했다. 알자지라 보도에 따르면, 크네세트 의원 120명 가운데 10%가 정착촌에 살고 있고, 크네세트 의장도 정착민 출신이다.

팔레스타인 자치정부는 이스라엘-팔레스타인 평화 협상이 오랫동안 교착상태에 빠져 실종됐다는 소리마저 듣는 이유 가운데 하나로 정착촌 문제를 꼽아왔다. 그러면서 평화 협상을 다시 여는 조건으로 정착촌 건설 중단을 내놓고 있다. 하지만 이스라엘 정치권은 귀를 막고 있는 모습이다. 안토니우 구테흐스 유엔 사무총장은 "(전쟁으로 점령한 땅에 세운) 이스라엘 정착촌을 합법화하는 것은 국제법을 위반하는 것"이라고 여러 번 말해왔다. 그러나 보수 강경파들이 득실대는 이스라엘 정치권은 국제사회의 걱정과 비판에 대해서도 귀를 막기는 마찬가지다. 생각이 깊은 이스라엘 유권자들은 정착촌에 이해관계가 있는 정치인들의 목소리가 지나치게 커져 중동 정세를 극단적으로 몰아가는 점을 걱정한다. 『워싱턴 포스트』를 비롯한 미국의 주요 언론들조차 "트럼프 대통령 취임 뒤 유대인 정착촌 확대 움직임으로 중동 평화가 무너지기 시작하는가" 같은 우려를 나타낸다. 그리고 그런 우려는 현실화되고 있다.

이스라엘 강경파 정치인들의 중동 지배 전략은 '군사적 우위를 바탕으로 하는 현상 유지'로 요약된다. 팔레스타인을 군사적으로 강제 점령한 기존 상황을 그대로 유지하면서, 가능한 한 시일을 끌며 팔레스타인 지역에 더 많은 유대인 정착촌을 세워 이스라엘 영토를 넓혀간다는 것이다. 샌프란시스코 대학의 중동 전문가 스티븐 주니스 교수는 미국의 격월간 외교 전문지 『포린 폴리시』에 실은 글에서 "이스라엘이 평화 협상에서 팔레스타인이 시행하기 어려운 조건들을 제시해온 것은 정착촌 건설을 넓혀가기 위한 시간 벌기였다"고 비판했다. 팔레스타인의 현실을 들여다보면 당연한 비판으로 느껴진다. 지금껏 중동 평화 협상이 제대로 진행되지 못한 데에는 유대인 정착촌과 관련한 이스라엘 우파들의 계산이 깔려 있다. 어떻게든 구실을 만들어 중동 평화 협상을 좌초시키고, 그동안 정착촌을 늘려가겠다는 계산이다. 언론 보도를 통해 정착촌이 늘어난다는 소식을 들을 때마다 팔레스타인 사람들의 고통은 더해간다.

9장

팔레스타인의
장기수들

팔레스타인 자치정부가 자리 잡은 서안지구의 정치 중심 도시 라말라는 예루살렘에서 북쪽으로 차로 30분이면 닿을 만큼 가까운 거리다. 시내 한가운데에는 사자 조각을 한 장식물을 중심으로 원형 로터리가 있다. 그곳에 가면, 건물 벽이나 전봇대에 인티파다 과정에서 이스라엘군의 총격으로 죽거나 이른바 '순교 작전'으로 자신의 몸을 불사른 인물들의 포스터가 붙어 있다. 2004년 3월과 4월 한 달 사이에 이스라엘군 헬기가 쏜 미사일 공격으로 잇달아 사망한 하마스 지도자 셰이크 아흐메드 야신과 아지즈 란티시를 기리는 포스터들도 눈길을 끈다.

또 있다. 팔레스타인 자치정부 수반이었던 야세르 아라파트의 직할 정치조직인 파타의 서안지구 사무총장이자, 친아라파트 계열의 비정규 무장 조직인 알 아크사 순교여단의 지도자였던 마르완 바르구티의 포스터도 곳곳에 보인다. 2002년 4월 이스라엘군에 붙잡힌 뒤, 무기수로 복역할 처지에 놓인 재판정에서 수갑을 찬 채 두 손을 높이 든 모습이다.

'무기징역 5회'를 선고받은 아라파트의 후계자

아라파트를 이을 차세대 지도자로 꼽혔던 바르구티는 2000년 2차 인티파다가 일어난 이래 이스라엘에 붙잡혀 수감 중인 팔레스타인 지도자 가운데 최고위급 인물이다. 그는 여러 차례 자살 폭탄 공격을 벌여 이스라엘이 '테러 단체'로 꼽은 알 아크사 순교여단을 실질적으로 지휘했던 인물이다. 나는 그가 이스라엘군에 붙잡히기 전인 2000년과 2001년 두 번 그를 만난 적이 있다. 당시 그는 "우리는 지금 하마스, 이슬람 지하드 등과 거의 날마다 만나 투쟁을 조율하고 있습니다"라고 밝혔다. "지난 2000년 10월에 만났을 때 '(이스라엘군의 무차별 공격으로 많은 팔레스타인 사람들이 죽고 다치는 상황에) 화가 나 있다'고 하셨는데, 지금도 화가 나 있습니까" 하고 묻자 그는 단호한 목소리로 "그렇습니다. 상황은 오히려 더 나빠졌습니다. 이스라엘이 우리 팔레스타인 민족의 목을 조여 죽이려 드는 상황입니다"라고 답했다.

하지만 그는 매우 낙관적인 논리를 폈다. 이스라엘과 무력으로 맞서서는 이길 수 없다고 생각하지 않느냐고 묻자, 그는 손을 내저으며 이렇게 말했다. "전혀 그렇지 않습니다. 역사적인 경험을 보세요. 베트남전에서 미국이 약해서 물러났습니까? 알제리 독립 전쟁에서 프랑스가 약해서 물러났습니까? 어떤 민족이든 독립의 의지가 확고하다면, 아무리 힘으로 눌러도 꺾을 수 없습니다. 우리는 반드시 이깁니다."

마르완 바르구티의 석방을 촉구하는
플래카드(서안지구 라말라).

　'테러 교사' 혐의로 이스라엘 법정에서 5회 무기징역, 다시 말해 무
기징역을 다섯 번 되풀이해 복역하라고 선고받은 그는 정치적 큰 변
화의 물결이 일어나지 않는 한 죽어서야 감옥을 나올 처지다. 민족의
운세運勢란 게 있다면, 지금 시기는 바르구티 개인에게나 팔레스타인
민족에게 고난과 좌절의 시기인 듯하다. 바르구티를 체포한 것은 이
스라엘의 실수라는 지적도 있다. 하마스에 비해 상대적으로 온건파
였던 야세르 아라파트의 측근을 체포함으로써, 부담을 떠안게 됐다
는 분석이다. 이스라엘은 그를 함부로 다룰 수 없다. 팔레스타인의 거
센 저항과 국제사회의 비난을 불러올 게 뻔하기 때문이다. 언젠가 풀
려난다면, 그는 아라파트의 계보를 잇는 팔레스타인 지도자로 자리

매김할 가능성이 크다.

바르구티가 이스라엘 법정에서 '무기징역 5회'를 선고받을 무렵, 이스라엘의 외무부 장관 실반 샬롬은 그의 사면 가능성을 부인했다. "바르구티는 그동안 많은 이스라엘 사람들을 죽인 테러 공격에 연루돼 있기 때문에 죽는 날까지 감옥에 있게 될 것입니다."

형량대로라면 살아서 바깥세상의 자유를 누리기 어려운 처지인 바르구티는 풀려날 수 있을까. 그의 석방은 다음과 같은 조건이 동시에 맞아떨어져야 가능할 것이다. 첫째 중동의 유혈 사태에 이스라엘-팔레스타인 양쪽이 '피로 현상'을 보여 평화 무드로 바뀌고, 둘째 미국과 이스라엘, 팔레스타인에 모두 온건한 성향의 정부가 들어서고, 셋째 이스라엘-팔레스타인 사이의 극적인 정치적 협상이 타결되어 새로운 평화 이정표가 마련되어야 한다. 이스라엘이 대타협의 길로 접어들면서 바르구티를 비롯한 팔레스타인 죄수들에 대한 형 집행정지와 대사면을 하나의 카드로 내밀 수도 있다. 하지만 지금의 중동 상황으로 보면 실낱같은 희망일 뿐이다.

'땅 위의 지옥' 이스라엘 감옥　　이스라엘은 17개의 교도소, 4개의 구치소, 4개의 심문소를 운영 중이다. 심문소 4개와 구치소 2개는 서안지구에 있고, 17개의 교도소 가운데 오페르 교도소를 뺀 나머지는 모두 이스라엘 영토, 다시 말해 1967년 제3차 중동전쟁 이전의 국경선인 그린 라인 안쪽에 자리 잡고 있다.

팔레스타인 죄수를 이스라엘 영토로 옮겨 가둬두는 것은 국제법 위반이다. 제네바 제4협약(1949년)에 따르면, "범죄를 저지른 피고인들은 점령지 안에서 재판을 받아야 하고, 유죄가 확정되면 점령지 안에서 복역해야 한다"고 규정돼 있다. 하지만 이스라엘은 이를 무시해왔다.

팔레스타인 인권센터(PCHR)의 자료에 따르면, 2차 인티파다가 한창이던 2000년대엔 1만 명 넘는 팔레스타인 죄수들이 수감돼 있었다. 지금은 절반 정도로 줄었다. 물론 잡범들도 섞여 있지만, 이스라엘-팔레스타인 유혈 투쟁 과정에서 붙잡혀 들어온 정치범들이 대부분이다. 이스라엘 감옥에는 15년 또는 20년 이상의 징역형을 선고받고 언젠가는 풀려나리라는 희망도 접은 채 지내는 장기수들도 많다. 1993년 오슬로 평화협정 이전부터 지금까지 이스라엘 감옥에 갇혀 지내온 사람도 337명에 이른다. 그러나 대부분은 2000년 9월 2차 인티파다 이후 이스라엘 경찰과 군인에게 붙잡혀온 사람들이다.

이스라엘 평화 인권 단체인 베첼렘에 따르면, 이스라엘군에 붙잡혀 결국 감옥으로 가는 사람 가운데 85%가 심문 과정에서 고문을 받는다. 이스라엘 심문관에게 팔레스타인 죄수는 모두 '테러리스트'일 뿐이다. 이들은 조사 과정에서 대부분 유죄를 부인하지만, 조사관이 히브리어로 작성한 조서에 강제로 서명한 뒤 재판을 받는다. 히브리어를 읽을 줄 모른다면서 서명을 거부하면 고문과 구타가 뒤따른다. 히브리어 조서는 흔히 "나는 테러 조직의 일원이었다"로 시작한다. "나는 테러리스트가 아니라 자유를 위해 투쟁하는 전사다"라고 여기는 팔레스타인 피의자라면, 자발적으로 그런 식의 조서에 서명하지는 않을 것이다.

이스라엘 당국은 일반 범죄자와 공안 사범(정치범)을 엄격하게 나눠 수용한다. 유대인 죄수 가운데는 정치범이 별로 없고, 팔레스타인 죄수 가운데는 일반 범죄자가 그다지 많지 않다. 그렇기 때문에 일반 범죄자와 공안 사범을 나눠 수용하면 이스라엘 죄수와 팔레스타인 죄수가 서로 섞이지 않는다.

팔레스타인 사람들의 입장에서는 기본적으로 이스라엘 감옥이 '정치 감옥'이다. 절도범이나 강도범 등을 뺀 대부분의 팔레스타인 죄수들은 스스로를 전쟁포로이자 정치범으로 여긴다. 그래서 때때로 제네바협약에 준하는 포로 대우에 맞춰 감옥의 열악한 환경을 개선하라고 단식투쟁을 벌이기도 한다.

정치범들 가운데 일부는 이스라엘 남부 네게브 사막지대에 자리한 악명 높은 나파 감옥에 갇혀 있다. 1987년에 시작돼 6년이나 이어졌던 1차 인티파다 때도 수천 명의 팔레스타인 정치범들이 그곳에서 고통을 받았다. 사막 한가운데 있는 탓에 나파 감옥엔 늘 모래폭풍이 몰아치고, 뱀이나 전갈이 감방을 돌아다닌다. 밤낮의 기온 차이가 너무 커서 낮에는 찜통더위가, 밤에는 맹추위가 습격한다. 동상에 걸려 고생하지만, 치료약도 제대로 제공되지 않는다. 바셀린이 고작이다. 가족 면회조차 어렵다.

여기에 정치범들을 육체적·정신적으로 괴롭히는 것 가운데 하나가 이스라엘 병사들이 신을 군화나 위장용 그물을 만들게 하는 강제노동이다. "침략군이 신을 군화를 내가 왜 만들어? 그런 일은 못해!" 하며 작업을 거부하는 죄수에겐 손발이 묶인 채 징벌방에 갇혀 지내야 하는 가혹한 상황이 기다린다.

감방도 매우 비좁다. 미국이나 유럽의 1인당 감방 넓이가 평균 10.5평방미터인 데 비해 이스라엘은 1.5평방미터다. 정확히 10분의 1 넓이다. 그래서 많은 죄수들이 서로 포개 자거나 아예 교대로 잠을 청한다. 이스라엘-팔레스타인 유혈 분쟁의 강도가 높을 때는 넘쳐나는 재소자들로 인해 사정은 더욱 열악해진다. 이스라엘 감방에 1년쯤 갇혀 지내다보면 시력도, 위장도 나빠져 건강했던 사람조차 폐인이 되어 나가기 일쑤다. 가자지구 취재 때 함께 다녔던 한 팔레스타인 운전기사는 "1차 인티파다 때 2년 동안 갇혀 지냈는데, 생각만 해도 끔찍했다"면서, 이스라엘 감옥을 "땅 위의 지옥"이자 "신이 버린 땅"이라고 표현했다. 이스라엘 점령자들에게 팔레스타인 죄수는 그저 '두 발 달린 짐승'일 뿐이다.

이스라엘 감옥은 여러 형태의 고문과 학대가 밥 먹듯이 행해지는 인권의 사각지대다. 영국 철학자 버트런드 러셀의 개인 비서였던 랄프 쉰만이 1989년에 펴낸 『시오니즘의 숨은 역사The Hidden History of Zionism』(한국에서는 '잔인한 이스라엘'이란 제목으로 출간)를 보면 이스라엘 감옥 안의 사정이 어느 정도 열악한지 짐작할 수 있다. 이 책에서 인용한 1977년 『선데이 타임스』의 특집 기사는 44명의 팔레스타인 사람들이 겪었던 다양한 고문 사례를 소개한다.

……이 조사는 이스라엘 수사관들이 아랍 죄수들을 일상적으로 학대하고 고문하고 있다는 결론에 도달했다. 죄수들은 얼굴이나 눈이 가려진 채 손목이 위로 묶여 매달려 있어야 했다. 죄수들 대부분은 성기를 얻어맞거나 성적인 학대를 당했다. 많은 죄수들이 성폭행과 전기 고문을 당했다. 죄수들은 특별하게 고안된 찬장 같은 칸막이 속에 갇혔다. 칸막이는 가로 세로가 각각 60센티미터, 높이가 150센티미터였으며 바닥은 뾰족한 돌이 박힌 콘크리트로 되어 있었다. 죄수들에게는 지속적인 구타를 포함한 가혹 행위가 가해졌다.

이 특집 기사는 고문이 워낙 광범위하고 체계적으로 자행되었기 때문에 명령을 어긴 일부 '못된 교도관'의 짓이라고 볼 수 없다고 결론지었다. 죄수들의 저항 의지를 꺾고 정보를 끄집어내기 위한 계획적인 정책 결정 아래 고문이 행해졌고, 여기에는 모든 이스라엘 보안기관과 정보기관이 연관되어 있다는 것이었다. 드러난 고문의 종류도 다양했다. 전기 고문은 기본이고, 성기를 쥐어짜는 고문, 항문 성폭행 고문, 개를 동원한 고문…….

이는 마치 2004년 초에 세계를 놀라게 한 이라크 아부그라이브 감옥에서의 포로 학대 사건과 판에 박은 듯이 똑같다. 당시 미군 지휘부는 국제법으로 금지된 고문 기법을 써서라도 이라크 포로들의 저항 의지를 꺾고 심리적 항복을 받아냄으로써 저항 세력에 관한 정보를 캐내려고 했다. 그래서 '일부 못된 미군 병사'들이 포로들을 괴롭히고 성적 학대를 즐기는 상황을 내버려두고 부추기기까지 했다.

숨겨진 인권침해, 행정 구금

이스라엘 감옥에는 외부에 잘 드러나지 않는 희생자들이 또 있다. 1967년 서안지구와 가자지구를 점령한 뒤부터 지금까지 이스라엘은 정식 재판 절차를 밟지 않고 아무 증거 없이도 '테러 용의자'로 의심되면 사람들을 가둬두는 인권침해를 저질러왔다. 이른바 '행정 구금administrative detention'이라는 도깨비방망이 같은 방식으로였다. 용의자를 가두고는 6개월 단위로 수감 기간을 연장하는 수법으로 장기간 옥살이를 시켜온 것이다. 기소조차 하지 않아, 용의자 입장에선 법정에서 피고가 되어 자신을 변론함으로써 유무죄를 다툴 기회조차 갖지 못한다. 분명한 인권침해였지만, 관행처럼 그런 어처구니없는 일들이 벌어져왔다.

팔레스타인 정치범들을 돕는 인권 단체인 '아다메르Addameer'*가 밝힌 바에 따르면, 2000년 인티파다가 일어나기 직전엔 행정 구금 수감자가 12명이었다. 하지만 그 뒤로 엄청나게 늘어나 2005년부터 2007년까지 행정 구금으로 수감된 팔레스타인 사람들의 수는 평균 765명에 이르렀고, 그 뒤로 지금까지 300~500명 수준이다.

이스라엘의 불법 구금 방식인 '행정 구금'이 국제사회에 크게 알려진 것은 지난 2012년 무려 66일 동안 이어졌던 카데르 아드난(당시 33세)의 단식투쟁이 계기가 됐다. 한국 언론에서는 이상하리만큼 아예 보도를 하지 않거나 단신으로 보도를 했지만, 중동 현지 사람들은 아드난의 단식투쟁에 엄청난 관심을 쏟아냈다.

2011년 12월 17일 팔레스타인 북부 도시 제닌에서 복면으로 얼굴을 가린 이스라엘 병사들이 아드난의 집에 들이닥쳤다. 그들은 아내와 아이들이 보는 앞에서 아드난에게 수갑을 채워 잡아갔다. 생업으로 빵을 구워 파는 제빵사인 아드난은 팔레스타인 저항 세력인 이슬람 지하드의 대변인 활동을 해온 것으로 알려졌다. 그러나 왜 체포됐는지 구체적인 혐의 사실을 알려주지 않은 채 '행정 구금' 방식으로 그를 무작정 가두어놓으려고 했다.

아드난은 "이런 법이 세상에 어디 있느냐"며 이스라엘의 못된 관행에 정면 도전하고 나섰다. 그는 체포된 다음 날부터 즉각 석방과 수감자 처우 개선을 요구하며 단식투쟁에 들어갔다. 단식이 길어질수록 아드난의 건강은 나빠졌다. 병원으로 옮겨진 아드난의 체중은 막

---

* 우리말로 '양심'을 뜻하는 아랍어이다. www.addameer.org.

피의자를 재판도 없이 장기간 옥살이시키는 '행정 구금'에 항의해 66일 동안 단식투쟁을 벌인 카데르 아드난의 석방을 촉구하는 파레스타인 인권 활동가들(서안지구 라말라).

판에 30킬로그램 가까이 줄었고, 서 있는 것조차 힘들어 침대에 누워 있어야 했다.

　아드난의 단식이 장기화되면서 이스라엘에 국제사회의 비난이 쏟아졌다. 단식 61일째 되던 날, 유엔 인권위원회의 팔레스타인 인권 특사 리처드 포크(프린스턴 대학 명예교수, 변호사)는 '카데르 아드난을 살리는 것은 우리 자신의 영혼을 살리는 것'이라는 제목의 글을 알자지라 온라인에 실었다. 포크는 이 글에서 다음과 같이 이스라엘을 비판했다.

　"팔레스타인 죄수 아드난의 단식은 오랫동안 이어진 점령 상태 아래서 견디기 어려운 이스라엘의 잔혹성을 드러내주는 하나의 축소판이다. 이스라엘의 행정 유치는 사법제도의 테두리를 벗어난 구금extra-legal form of imprisonment이며, 전시하에서 민간인 보호를 규정한 1949년 제네바협약을 위반하는 것이다."

한편 아드난의 단식 소식이 알려지면서 1,000명 넘는 팔레스타인 재소자들이 동조 단식을 벌였다. 감옥 밖에서도 인권 활동가들이 동조 단식에 들어가고, 대규모 시위가 벌어졌다. 라말라 시내에 자리한 적십자사 건물에 가봤더니 10명 남짓한 사람들이 천막 아래서 6일째 단식투쟁을 벌이고 있었다. 그들 가운데 60대 초반의 한 여인이 눈길을 끌었다. 이타프 엘레얀. 1987년 1차 인티파다가 터질 무렵, 당시 이스라엘 총리 이츠하크 샤미르를 죽이려다 실패해 6년 동안 옥고를 치른 인물이다. 그녀는 이스라엘 감옥을 떠올리며 "땅 위의 지옥이 따로 없습니다"라고 했다. "그들(이스라엘)은 팔레스타인 정치범들을 살아 숨 쉬고, 생각을 하는 인간으로 보질 않습니다. 마치 동물을 다루듯 합니다"라며 치를 떨었다.

그녀 말고도 텐트 안에서 함께 단식을 하는 사람들 거의 모두가 이스라엘 감옥의 악몽을 기억하는 이들이었다. 진보 정당인 팔레스타인 인민당(PPP) 간부 이삼 바케르도 그랬다. 40대 중반의 그는 "20대부터 이스라엘 감옥을 여러 차례 드나들었기에 이젠 이력이 났습니다" 하며 씁쓸한 미소를 지었다.

거듭된 단식투쟁

아드난의 목숨이 위태롭다는 소식이 전해지면서 팔레스타인 민심은 흉흉해져만 갔다. 아드난이 소속된 이슬람 지하드는 "그가 죽을 경우 이스라엘에 대한 엄청난 보복을 하겠다"고 으름장을 놓았다. 같은 정치색을 지닌 하마스도 투쟁을 예고하기는 마찬가지였다. 처음엔 "테러분자와 타협은 없다"고 큰소리치며 국제사회의 비난도 못 들은 체하던 이스라엘 정부도 당황할 수밖에 없었다. 만약 그가 단식투쟁 끝에 죽는다면, 팔레스타인의 저항은 불을 보듯 뻔했다.

이스라엘 강경파 언론의 칼럼들은 아드난을 '위험한 테러분자'라고 주장했다. 그러나 그에게 행정 구금 명령을 내린 이스라엘 군사 법정은 구체적 혐의를 제시하지 못했다. 순교하기로 마음먹은 아드난이 단식 66일째에 접어들던 2월 21일, 결국 이스라엘이 손을 들었다. 이스라엘 총리 베냐민 네타냐후의 대변인은 "넉 달 동안의 유치 명령이 만료되는 4월 17일 그를 석방할 것"이라고 밝혔다. 이로써 아드난은 단식을 멈췄다. 그야말로 목숨을 건 투쟁이었고, 값진 승리였다. 지금껏 팔레스타인 죄수들의 정치투쟁과 단식투쟁은 자주 있었지만, 아드난처럼 66일에 이르는 단식투쟁을 벌인 사람은 없었다.

아드난의 투쟁은 1980년 영국 북아일랜드 감옥에서 아일랜드공화국군(IRA) 출신 죄수들이 단식투쟁을 벌이다 10명이 죽은 비극을 떠오르게 한다. 보비 샌드(당시 27세)가 66일 동안 이어졌던 단식 끝에 숨을 거두었고, 그를 포함해 모두 10명이 감옥 안에서 단식투쟁 끝에 죽었다. 당시 영국의 철혈 총리 마거릿 대처는 "옹고집과 비타협으로 10명의 젊은이들을 끝내 죽음으로 몰아넣었다"는 엄청난 비난을 받아야 했다. 그리고 같은 66일의 단식 끝에 아드난은 살아남았고, 이스라엘은 무릎을 꿇었다. 한마디로 아드난의 인간 승리이자 팔레스타인의 승리였다.

하지만 그게 끝이 아니었다. 이스라엘은 3년 뒤인 2015년 또다시

아드난을 '행정 구금' 명목으로 잡아들여 감옥에 가두었다. 아드난은 2차 단식투쟁에 들어갔다. 55일 동안의 단식이 이어진 뒤 아드난은 풀려날 수 있었다. 지난번과 마찬가지로 악화된 전 세계 여론과 팔레스타인의 흉흉한 분위기에 이스라엘이 부담을 느꼈기 때문이다. 아드난이 단식을 한다는 소식이 전해질 때마다 이스라엘 감옥에 갇힌 팔레스타인 장기수들도 단식투쟁에 나서서 이스라엘을 압박했음은 물론이다.

아드난의 고난은 거기서 그치지 않았다. 2018년 다시 감옥에 갇혔고, 이번에는 58일의 단식투쟁 끝에 풀려날 수 있었다. 팔레스타인 미디어에 따르면, 아드난은 본래 건강 체질이었으나 거듭된 오랜 단식으로 몸 상태가 매우 나빠졌다고 한다.

팔레스타인 자치정부 각료 가운데 '구금자 업무부 장관'이란 직함이 있다. 죄수 문제가 그만큼 중요한 이슈임을 짐작하게 한다. 흔히 '죄수부 장관'이라고 부르지만 팔레스타인 사람들은 '죄수prisoner'라는 표현보다는 '구금자detainee'라는 용어를 쓴다. 이스라엘 감옥에 갇힌 사람들과 그 가족들을 돕는 부서이다. 100명을 약간 웃도는 이 부서의 공무원들은 대부분 지난날 이스라엘 감옥에서 옥고를 치렀던 경력을 지녔다. 장관인 이사 카라카도 10년 징역을 살았다.

라말라 팔레스타인 자치정부 청사에서 카라카 장관을 만났다. 그는 "이스라엘이 아드난을 죽이려 한다"고 분개했다. 그의 말을 요약하면 이렇다. '이스라엘 강경파 총리인 베냐민 네타냐후는 이스라엘에 대한 우리 팔레스타인의 어떤 저항도 용납하지 않을 것이며 어떤 양보나 타협도 없다는 것을 보여주고자 아드난의 생명을 위태롭게 만들고 있다.'

장기수 석방, 중동 평화의 지름길

이스라엘 감옥에 갇힌 팔레스타인 죄수는 때로 중동 전쟁이 터지는 요인의 하나로 작용했다. 사미르 알 쿤타르는 1979년 2명의 유대인 부녀를 죽인 혐의로 무기형을 선고받았다. 그에겐 가족 면회조차 허락되지 않았다. 2006년 봄 레바논 시아파 정치군사 조직인 헤즈볼라가 이스라엘 병사 2명을 납치해 이스라엘 감옥에 있는 죄수들과 맞바꾸자고 했다. 헤즈볼라가 이스라엘 병사를 납치한 것은 지도자 하산 나스랄라가 쿤타르의 가족들에게 했던 석방 약속을 지키기 위한 것이기도 했다. 쿤타르는 2004년 이스라엘과 헤즈볼라 사이의 죄수-포로 맞교환 때 이스라엘의 거부로 풀려나지 못했다.

이스라엘은 헤즈볼라의 제안을 거부한 데 그치지 않고, 2006년 레바논에 대한 대규모 공습을 벌여 급기야 1,100명가량의 사망자를 내는 큰 전쟁을 일으킨 바 있다. 2009년 가자 공습 때도 이스라엘군은 "2006년 팔레스타인 무장 대원에게 납치된 이스라엘 병사를 구해내야 한다"는 말을 덧붙였다.

인질과 죄수의 맞교환 전례가 없었던 것은 아니다. 2004년 1월 헤즈볼라에 4년 동안 인질로 잡혀 있던 이스라엘 기업인 1명, 이스라엘군 시신 3구와 맞바꾸는 조건으로 430명의 팔레스타인 죄수가 풀려났다. 1985년에도 레바논에 납치된 3명의 이스라엘 병사와 1,150명의 팔레스타인 죄수가 맞교환되었다. 그러나 이스라엘은 이제 더 이상 그런 맞교환에 관심이 없다는 듯, 군사적 강공책을 펴고 있다.

때때로 이스라엘 정부는 정치적 필요에 따라 사면 조치를 내린다. 2005년 이스라엘은 900명의 팔레스타인 죄수를 특사로 풀어주었다. 그러나 석방일이 얼마 남지 않은 사람들이나 잡범들이 대부분이어

마르완 바르구티의 석방을 촉구하는 벽화(서안지구 칼란디야).

서 혹시나 하고 애태우던 가족들을 다시 울렸다. 이스라엘의 온건파
와 평화주의자들은 이스라엘 정부의 행형 정책에 비판적이다. 그들
은 "팔레스타인 죄수를 한꺼번에 석방하는 것이 어렵다면, 우선적으
로 1993년 오슬로 평화협정 이전에 붙잡혀 이스라엘 법정에서 장기
형을 언도받았던 팔레스타인 죄수들을 풀어줘야 한다"고 주장한다.
장기수 석방이 중동 평화의 지름길이란 시각에서다.

　팔레스타인 자치정부나 하마스 지도부에 속한 사람들 상당수는 지
난날 이스라엘 감옥을 거친 경력을 지녔다. 따라서 아직까지 감옥에
서 장기수 생활을 하는 사람들에게 정신적 부채를 느끼고 있다. 장
기수 가족들은 "당신들은 옛 동료를 잊고 있느냐"며 죄수 석방 문제

에 힘써줄 것을 주문한다. 이들은 팔레스타인 포로가족협회 같은 모임을 이뤄, 서로를 위로하면서 항의 집회를 비롯해 석방 운동을 펴고 있다. 한편 '포로가족협회'라는 이름에는 중동의 유혈 분쟁을 바라보는 팔레스타인 사람들의 시각이 담겨 있다. 이스라엘에 대한 투쟁은 곧 '민족해방전쟁'이며, 그 투쟁 과정에서 붙잡힌 사람들은 죄수가 아닌 '포로'라는 것이다. 만주에서 일본 관동군에 맞서 싸우다 잡힌 한국 독립군은 분명 전쟁 포로였지만, 일본군이 '마적' 또는 '비적'으로 몰아세웠던 일들이 떠오른다.

10장

팔레스타인의 내부 갈등을 키우는
이스라엘 정보기관

이스라엘이 국제적으로 비난받는 또 하나의 이유는 팔레스타인의 저항 지도자들에 대한 이른바 표적 사살이다. 이들을 죽이기 위해 이스라엘 군부는 흔히 헬기를 이용한다. 2004년 봄, 새벽 기도를 마치고 이슬람 사원에서 나오는 하마스 지도자 셰이크 아흐메드 야신을 헬기 미사일로 살해한 것이 대표적인 예다. 일반적인 국제법의 개념으로는 전쟁 중인 국가는 비전투원(민간인)을 공격하지 못하게 되어 있다. 민간인을 향해 총을 쏘는 것은 전쟁범죄에 준한다. 하지만 이스라엘 당국은 '테러리스트'를 포함한 팔레스타인 행동 요원들을 붙잡아 사법 처리하는 것보다 표적 사살하는 쪽으로 가닥을 잡아왔다. 이른바 사법외적 처형extrajudicial execution을 하는 것이다. 얼마나 많은 사람들이 그렇게 죽었는지 정확한 통계를 내기는 어렵다. 팔레스타인 사람들은 지금껏 수백 명의 활동가들이 이스라엘의 표적 사살에 희생겼다고 여긴다. 표적 사살의 대상은 그동안 이스라엘에 맞서 싸워온 하마스, 이슬람 지하드의 간부들이 대부분이다.

세계적인 인권 단체인 국제사면위원회Amnesty International는 지난 2001년 표적 사살에 초점을 맞춘 조사위원회를 이스라엘 현지에 보내 광범위한 조사를 벌인 바 있다. 이스라엘군의 표적 사살에 대한 시각은 군을 대표해 국제사면위원회와 면담을 가졌던 다이엘 라이스너 대령(이스라엘 국방부 법무 담당)의 발언에서 잘 드러난다. 그는 팔레스타인 점령지에서의 상황이 "(정상적인) 법 집행과 무장투쟁의 중간 상황"이며 충돌이 격화됨에 따라 무장투쟁 쪽으로 상황이 옮겨가고 있다고 말했다. 이런 상황에서 팔레스타인 피살자들이 어떤 과정을 거쳐 죽었는지를 조사하는 것은 의미가 없다는 주장마저 폈다.

무장 충돌인가, 전쟁인가   이스라엘은 팔레스타인과의 유혈 충돌 상황을 '무장투쟁'이라고 규정할 뿐 '전쟁'이란 용어는 사용하지 않는다. 팔레스타인 자치정부와 하마스를 국가로 인정하지 않기 때문이다. 따라서 지금의 상황을 "한 국가(이스라엘)와 팔레스타인 세력과의 무장 충돌"이라고 표현한다. 이스라엘은 만일 어느 한 팔레스타인 집단이 이스라엘 국민을 공격해 피해를 입혔고, 또 다른 공격을 계획하고 있다는 '100% 확실한 정보'를 얻었을 경우, 그 집단을 공격할 수밖에 없다고 주장한다. 그리고 지금의 상황이 무장투쟁이기에, 표적 사살을 포함한 어떠한 사살도 문제되지 않을 것이며, 따라서 금전적 보상도 없을 것이라고 한다. 요원 암살이라는 불법행위에 대한 원천적 무죄를 뜻하는 이런 발언은 "이스라엘군은 살인 면허를 지녔느냐"는 비판을 받는다.

팔레스타인 저항 요원들에 대한 이스라엘 측의 표적 사살이 이어지자 국제적인 우려의 목소리들이 뒤따랐다. 국제 인권 단체들은 표적 사살을 '국가 암살' 행위로 규정하고, 그 행위를 멈출 것을 촉구했다. 1967년 6일전쟁으로 이스라엘군이 점령한 팔레스타인 지역은 전시 시민의 인명 보호를 분명히 한 제네바 제4협약에 준하는 지역으로 이해된다. 점령군의 피점령지 시민 보호 규정은 어떠한 경우에도 엄격하게 지켜져야 한다. 점령군에 의한 자의적인 살인은 명백한 제네바협약 위반이다. 일반적인 국제법 규정에 따르면, 시민은 공격 목표에서 제외되어야 한다. 이 규정은 전면적인 무장투쟁 상황에도 엄격히 적용되어야 한다는 것이 인권 단체들의 시각이다.

물론 이스라엘 측의 주장대로, 이스라엘군이나 유대인 정착민을 향해 총을 쏘는 무장 요원은 피점령지 시민으로서 보호받을 자격이 없다고 볼 수도 있다. 제네바협약에 관한 의정서 제51조는 "'적대 행위에 직접 참여하는 동안'에는 시민으로서 보호받을 수 없다"고 규정하고 있다. 하지만 이스라엘과 무장투쟁을 벌여온 팔레스타인 사람들 가운데 다수는 전투원이 아닌 시민들이다. 국제 인권 단체들은 따라서 "그들이 무장투쟁에 가담했을 경우 말고는 사살되어서는 안 되며 더구나 표적 사살은 국제법 위반"이라고 지적한다. 특정인이 무장투쟁에 가담했다는 이유만으로 그를 점찍어 저격 사살하는 행위는 정당화될 수 없다는 것이다. 국제사면위원회는 "모든 죽음이 조사되어야 마땅하다. 이 과정에서 불법적인 행위를 저지른 자들은 모두 국제법에 준하는 재판을 받아야 하며, 피해자들에 대한 보상도 이뤄져야 한다"고 주장한다. 아울러 이스라엘군이 사용하는 무기들이 미국에서 들어온다는 점을 상기시키면서, 미국 정부의 대이스라엘 무기 제공에 철저한 재검토가 이뤄져야 한다는 원론적인 제안을 내놓았다. 물론 미국과 이스라엘이 이 같은 제안을 받아들일 가능성은 0%다.

이스라엘에게 표적 사살은 보안 사항이다. 어느 선에서 누가 어떤 과정을 거쳐 누구를 겨냥할 것인가에 관한 결정과 지시 사항은 모두 베일에 싸여 있다. 표적 사살 목록이 있다는 얘기도 들리지만 확인하기는 어렵다. 모사드Mossad, 신베트Shin Bet 같은 이스라엘 정보기관들이 팔레스타인 협력자가 누구인지를 밝히지 않는 것과 마찬가지다. 주로 저격수를 동원한 이스라엘 측의 표적 암살은 예상되는 테러 공격에 대한 이른바 선제공격 개념도 포함한다. 이스라엘 측은 팔레스타인 정치인들은 '제거' 대상이 아니며, 이스라엘을 공격했거나 계획을 세우고 있는 활동 분자들을 제거할 뿐이라고 밝혀왔다. 문제는 팔레스타인의 경우 정치인과 활동가의 경계선이 명확하지 않다는 점이다.

120명이 부역자로 몰려 처형당해
팔레스타인 배신자의 정보를 바탕으로 한 이스라엘 측의 표적 사살 때문에 팔레스타인 사회 내부에서는 전에 없던 새로운 갈등 양상이 펼쳐지고 있다. 이스라엘-팔레스타인 갈등에 팔레스타인-팔레스타인 갈등이 덧붙은 것이다. 누가 배신자인가 하는 문제로 서로를 의심의 눈길로 바라보게 되었고, 밀고자에 대한 경계심이 높아지면서 팔레스타인 사회에는 불신감이 팽배해졌다. 이를테면 매카시즘적 편집증 같은 거북스런 공기가 퍼져 있다. 밀고자로 의심받은 몇몇 팔레스타인 사람들은 석연치 않은 죽음을 맞기도 한다.

이스라엘 평화운동 단체 베첼렘의 자료에 따르면, 2000년 9월부터 2008년 4월까지 7년 반 동안 120명이 이스라엘 정보기관을 위해 일한 부역 혐의자로 몰려 죽었다. 1987년에서 1993년까지의 1차 인티파다 당시에도 수십 명의 팔레스타인 사람들이 부역 혐의를 받고 죽음을 맞이한 것으로 알려졌다. 지금도 그 비슷한 양상이 나타나고 있다. 이 과정에서 개인적인 원한 관계가 공적인 응징의 형태로 위장되어 빗나간 살육극이 벌어진다는 소식도 전해진다.

팔레스타인 사회 내부의 불신과 반목을 키우는 것은 이스라엘이 오래전부터 꾀해오던 일이다. 표적 암살은 문제 인물을 제거하는 성과 말고도 또 다른 부수 효과들을 거둔다. 팔레스타인 사회 내부에 공포와 더불어 "우리 가운데 누가 이스라엘에 정보를 건네는 밀고자냐?" 하는 상호 불신을 키우는 것이다. 이스라엘 정보기관은 팔레스타인 협력자를 이용하여, 그들이 점찍은 대상의 일거수일투족을 살핀 다음 암살 작전을 펴는 것으로 알려져 있다. 첩보 영화에서처럼 자동차에 폭발물을 설치하여 팔레스타인 요원을 죽이기도 한다. 이에 대한 반작용으로 팔레스타인 쪽에서는 '이적 행위자'를 색출하여 총살형으로 다스린다.

이스라엘 정보기관의 끄나풀로 동족을 죽음으로 몰아넣는 팔레스타인 배신자들을 향한 분노는 깊다. 대표적인 보기가 알란 바니 오데(24세)의 공개 처형이다. 2001년 서안지구 북부 도시인 나블러스의 광장에서는 많은 사람들이 지켜보는 가운데 총살형이 집행됐다. 미장공인 알란은 모사드와 더불어 이스라엘 정보기관의 하나인 신베트의 지령을 받고, 하마스의 폭탄 전문가인 그의 사촌 이브라힘(35세)

을 죽게 한 혐의를 받았다. 처형되기 전 알란은 가족들에게 눈물을 흘리며 다음과 같이 고백한 것으로 전해진다.

"6개월 전 어느 날 이스라엘 검문소 앞을 지나다가 붙잡혀 신베트 장교들에게 끌려갔어요. 그들은 이브라힘의 조수로 일한 혐의를 뒤집어씌워 나를 잡아넣겠다고 협박했어요. 나에게 강제로 마약 주사를 놓고는 벌거벗은 여자와 함께 있는 사진을 찍었죠. 협조하지 않으면 그 사진을 아내와 가족들에게 보여주겠다는 협박과 함께……. 그 후로도 줄곧 협박을 가해왔어요. 그들은 마음만 먹으면 나를 테러리스트 용의자로 잡아넣고 파멸시킬 수 있다고 말했죠. 그들이 내 노동 허가증을 빼앗는 것은 일도 아니었어요. 이브라힘을 끝내 죽도록 만든 것은 이런 협박을 못 이겨서예요."

알란은 서안지구의 한 유대인 정착촌에 있는 신베트 사무실로 불려갔다. 몇 시간에 걸쳐 이스라엘 쪽에서 말하는 심리 테스트*를 받고 나오니, 그의 차가 이스라엘 병사들에 둘러싸여 있었다. 당시 그의 사촌 이브라힘은 이스라엘의 압력을 받은 팔레스타인 당국에 의해 체포됐으나 재판도 받지 않은 채 나블러스 가까운 네이드 감옥에 3년째 갇혀 있었다. 그러면서 이따금 바깥으로 며칠씩 특별 휴가를 나왔다. 그때마다 그는 사촌인 알란의 차를 빌려 몰고 다녔다. 이런 사실을 알고 있는 신베트가 알란을 협력자로 점찍은 것이다.

이브라힘은 감옥에서 단기 휴가를 나왔다가 하루 만에 죽었다. 알란한테 빌린 차를 몰고 나블러스 시내로 가다가, 운전석 머리 받침

---

*이런저런 질문을 던져 상대의 의중을 파악하는 과정으로 이스라엘 공항에서 여행객들이 흔히 받는 테스트다.

대에 장치된 폭탄이 터지는 바람에 즉사한 것이다. 알란이 신베트 요원에게 전화를 걸어 "이브라힘이 지금 차를 몰고 나갔다"고 알려주었고, 미리 장치한 폭탄을 원격조종장치로 터뜨렸기 때문이다. 이스라엘군 당국은 처음엔 "이브라힘이 폭발물을 만지다가 목숨을 잃었을 것"이라고 주장하다가, 알란의 고백이 있은 뒤 침묵을 지켰다. 사건 직후 충격과 양심의 가책으로 정신적 공황 상태에 빠진 알란은 처음엔 예루살렘으로 도망쳤다가 팔레스타인 자치정부 당국에 자수하여 모든 걸 털어놓았다. 두 시간에 걸친 법정 심리 끝에 사형을 언도받은 그는 또 다른 이적 행위자 한 사람과 함께 나블러스 광장에서 공개 처형됐다. 총살형이 집행된 뒤에도 알란의 집 담벼락에는 "이적 행위자에게 죽음을!"이란 구호가 어지럽게 적혀 있었다. 그러나 알란의 가족들은 주위의 따가운 눈길과 보복이 두려워 차마 그 구호를 지우지 못했다.

〈천국을 향하여〉가 지닌 메시지

자살 폭탄 테러를 주제로 한 영화 〈천국을 향하여Paradise Now〉(2005년)는 팔레스타인 배신자의 문제가 팔레스타인 사회에 함부로 드러내지 못하는 뼈아픈 상처로 깊숙이 자리하고 있음을 잘 보여준다. 팔레스타인 출신의 하니 아부 아사드 감독이 만든 이 영화는 베를린 영화제 최우수 유럽영화상과 골든글로브 최우수 외국어 영화상을 받았을 정도로 구성이 탄탄하고, 관객들에게 던지는 메시지도 강하다.

영화의 무대는 서안지구 북부에 있는 작은 도시 나블러스다. 영화는 나블러스로 통하는 길목을 지키는 이스라엘 검문소의 살벌하기 그지없는 모습을 보여주는 것으로 시작한다. 검문하는 이스라엘군과 검문을 받는 팔레스타인 여성, 그 두 사람이 서로를 바라보는 눈길은 싸늘하기만 하다. 팔레스타인을 취재하는 과정에서 영화의 주요 무대인 나블러스에 가본 적이 있는데, 나무도 없는 돌산으로 도시가 둘러싸인 탓에 마치 거대한 감옥에 온 듯한 답답한 느낌이었다.

그 도시의 변두리 중고 자동차 정비소에서 수리공으로 일하며 따분하고 희망 없는 삶을 살아가는 팔레스타인 청년 사이드와 할레드. 영화는 어릴 때부터 친구인 이 두 청년이 자살 폭탄 테러 요원으로 선발되어 이스라엘에 투입되기까지 48시간의 과정을 그리고 있다.

어느 날 밤 팔레스타인 저항 조직의 간부 자말이 사이드의 집으로 찾아온다. 자말은 "들어봐, 사이드. 우린 복수하기로 결정했네. 내일 텔아비브에서 결행될 건데 할레드와 자네가 선출되었다네" 하며 자폭 테러 애길 꺼낸다. 사이드는 놀라지 않고 그 제안을 담담하게 받아들인다. 사이드는 그의 아버지가 이스라엘에 부역한 배신자로 몰려 팔레스타인 사람들에게 처형당한 아픈 기억을 품고 있다. 가문의 명예를 회복하기 위해서라도 그는 기꺼이 자폭 테러에 뛰어들려고 한다. 그는 사랑하는 어머니에게조차 다음 날이면 자신이 죽게 될 운명이라는 사실을 숨긴다.

영화 속 팔레스타인 저항 조직의 우두머리는 출정을 앞둔 두 청년에게 이렇게 말한다. "어려운 과업을 맡은 걸 영광으로 생각하게나. 알라께서는 자진해서 천국에 오는 자들을 진정 반기신다네. 우리도 자네들의 영웅심을 높이 사네." 목숨 바쳐 투쟁하는 순교를 통해 내세에서 천국에 이를 것이란 얘기다. 그러나 두 청년은 '순교자'나 '영웅'이라는 호칭, 천국을 바라서라기보다는 이스라엘의 팔레스타인

영화 〈천국으로 가는 길〉의 무대인 나블러스에서 벌어진 한 장례식에서 참석자들이 "최후의 승리는 우리 것"이라고 외치고 있다.

불법 점령이라는 짓눌린 현실에서의 탈출을 꿈꾼다. 사이드의 친구 할레드는 내뱉듯이 말한다. "이런 지옥에서 사느니 상상 속의 천국을 믿는 쪽을 택하겠어!" 바로 이 말에서 영화를 보는 관객들은 이스라엘의 점령 아래 놓인 '21세기 식민지' 팔레스타인의 평범한 청년들이 느끼는 좌절과 분노의 두께를 짐작할 수 있다.

'내부 협력자'를 관리하는 정보기관들

팔레스타인 저항 조직 요원들에 대한 이스라엘의 표적 사살은 팔레스타인 내부 협력자들 없이는 성사되기 어렵다. 내부 협력자 문제는 어제오늘의 일이 아니다. 지난 50년 동안 이스라엘 정보기관 요원들은 협박과 회유 등 온갖 수단을 써서 협조자들을 길러왔다. 그 수법은 다양하다. 현금이나 취직 또는 노동허가증 따위가 대가로 주어진다. 때로는 섹스가 회유 수단으로 쓰였고, 말을 안 들으면 감옥에 보내겠다는 은근한 위협이 뒤따른 적도 있다고 알려져 있다.

팔레스타인 사람들에게 공포의 대상으로까지 여겨지는 이스라엘 정보기관의 2대 축은 모사드와 신베트다. 1951년에 출범한 모사드는 주로 해외 정보 수집, 비밀공작을 벌이면서 요인 암살 같은 미묘한 일에도 관계해왔다. 아랍계 무장 조직의 테러에 대한 정보를 수집하는 것도 모사드의 주요 업무다. 아랍계에 대한 정보 수집 능력은 미국 CIA를 앞지른다는 평판을 받아왔다. 텔아비브에 본부를 둔 모사드의 요원은 모두 1,200명으로 추산된다. 총 8개의 부서로 나뉜 모사드 안에서 메트사다Metsada로 알려진 특수공작부가 하는 일이 요인 암살, 사보타주, 심리전 프로젝트다.

모사드의 행적을 더듬어보면 마치 여러 편의 첩보 영화를 보는 것 같다. 아르헨티나에 숨어 있던 나치 전범 아돌프 아이히만(1960년), 이스라엘 네게브 사막 한가운데 있는 비밀 핵무기 공장에서 핵무기가 개발됐다는 비밀을 폭로한 모르데차이 바누누(1986년)를 미인계로 이탈리아로 유인해 이스라엘로 납치한 것도 모사드다. 1972년 뮌헨 올림픽 선수촌에서 이스라엘 선수단을 인질로 삼고 그 가운데 9명을 죽였던 '검은 10월단' 등 아랍계 무장 조직원들에 대한 암살 공작을 펴기도 했다. 1988년 아라파트의 측근 아부 지하드를 튀니지에서 암살했고, 1990년 이라크를 위해 '슈퍼 총'을 개발하고 있던 캐나다 과학자 제럴드 불을 벨기에에서 암살한 것도 모사드다.

하지만 1997년에는 요르단의 수도 암만에서 요인 암살에 나섰다가 망신을 당한 적도 있다. 가짜 캐나다 여권으로 신분을 위장한 모사드 요원 2명이 요르단에 머물던 칼리드 마슈알(하마스 지도자)을 암살하려다 실패하고 요르단 당국에 체포된 것이다. 후세인 당시 요르단 국왕은 이스라엘 정부에 이를 강력히 항의했고, 결국 이스라엘 감옥에 갇혀 있던 하마스의 정신적 지도자 셰이크 아흐메드 야신과 2명의 모사드 요원을 맞바꿈으로써 사건은 막을 내렸다.

1990년대 중반까지도 모사드 국장은 비밀에 부쳐졌다. 1996년 시몬 페레스 이스라엘 총리가 군 장성 출신인 대니 야톰을 모사드 국장으로 임명할 때 비로소 이름이 밝혀졌다. 첩보 수집 능력의 기본이라고 할 집요함, 은밀함, 치밀함에서 세계적인 명성을 얻고 있는 모사드가 팔레스타인과의 유혈 충돌에서 어떤 역할을 해왔는지에 대해서는 제대로 드러난 바가 없다. 현재까지는 이스라엘의 또 다른 정보기관인 신베트가 팔레스타인 '협력자'들의 도움을 받아 요인 암살을 주도한 것으로 보인다.

고문으로 악명 높은 신베트   신베트는 이스라엘의 방첩 부대라고 할 수 있다. 총 3개 부서로 나뉘어 있는데, 주로 팔레스타인 무장 조직에 대한 정보 수집과 테러 대비 임무를 맡는다. 하마스를 비롯한 아랍계 무장 조직원들의 신상 명세를 관리하면서, 협박·회유·마약·섹스 등 온갖 수단을 써서 팔레스타인 협력자들을 포섭해온 것으로 알려져 있다. 그리고 이들의 도움을 받아 은밀한 암살 작전을 펴기도 한다. 헨자Henza란 이름으로 알려진 신베트의 하부 조직은 팔레스타인 사람들의 봉기와 관련한 정보를 수집한다. 해외 정보 기관 침투, 해외 이민자들, 특히 러시아와 동유럽권 이민자들에 대한 심문, 엘알 항공사를 비롯한 국가 주요 산업 시설에 대한 보안 업무도 신베트가 맡는다.

신베트는 팔레스타인 사람들에 대한 무자비한 고문으로도 악명이 높다. 일단 그곳의 취조실로 연행되면 모진 고문을 각오해야 한다. 지난날 독재 정권 아래의 한국에서 '통닭구이'라고 불리기도 했던, 피의자를 수갑 채운 채 온몸을 기형적으로 비틀어 고통을 주는 고문이 이스라엘에서는 '샤베shab-beh'라는 이름으로 행해진다. 이 때문에 일부 연행자들이 고문을 받는 도중에 사망하는 일조차 생겨난다. 1984년 가자지구에서 버스 인질극을 벌였던 2명의 팔레스타인 용의자는 신베트에서 조사를 받던 중 숨을 거두었다. 그때 신베트는 증인을 조작해 사건을 덮으려다 일이 더 커져 비난을 받은 바 있다. 6월항쟁의 불길을 당겼던 박종철 고문치사 사건과 비슷한 과정이라고 하겠다.

큰 차이라면 신베트의 그 누구도 그 일로 문책을 받지 않았다는 사실이다. 벌써 오래전인 1999년 이스라엘 대법원은 이 고문사 사례를 인권유린으로 못 박고, 어떤 조사 기관도 팔레스타인 피의자를 함부로 다루지 못하게 했다. 그러나 이런 판결이 제대로 지켜지지 않는 것이 이스라엘의 냉혹한 현실이다.

이스라엘 보안 당국은 공항이나 항만, 육지의 국경 검문소를 드나드는 외국인 출입국자들에 대해서도 엄청난 신경을 쓰는 것으로 악명이 높다. 이를테면 벤구리온 국제공항을 통해 이스라엘에 들어온 외국인 방문객들은 지나치다 싶을 정도로 꼬치꼬치 캐묻는 공항 보안 요원들의 질문에 당황하기 일쑤다. 이스라엘에서 볼일을 마치고

팔레스타인 정치범들 가운데는 이스라엘 정보기관에서 고문받은 뒤 장기 투옥 중인 사람들이 많다. 그들의 석방을 촉구하는 포스터.

출국할 때도 혹독한 심문을 받아야 한다. 누구를 만났으며, 어디서 머물렀는지를 상세하게 묻고 또 묻는다. 혹시라도 이에 대해 짜증을 내거나 답변을 거부할 경우, 별실로 데려가 더욱 엄한 문초를 받는다. 한국의 한 기업체 CEO는 이스라엘 기업과 기술 제휴를 하기 위해 이스라엘에 갔다가 공항에서 이런 불쾌한 일을 겪자, "유대인들과는 거래를 못하겠다"며 그동안 공들여오던 사업 계획을 아예 백지화했다. 나 역시 현지 취재를 위해 벤구리온 국제공항을 드나들 때마다 남녀한 조로 구성된 두 사람의 보안 요원으로부터 집요한 질문 공세를 받았다. 그들이 내게 던지는 메시지는? "이런 꼴 당하고 싶지 않으면 다시는 오지 마시오"일 것이다.

11장

이스라엘의
전쟁범죄

내전이든 국제전이든 전쟁은 그 폭력적인 성격상 온건하게 벌어지기를 기대하기는 어렵다. 전쟁은 잔혹할 수밖에 없고, 따라서 '온건한 전쟁'이란 어법상 맞지 않다. 카를 폰 클라우제비츠도 『전쟁론』에서 "온건주의를 전쟁에 끌어들이는 것 자체가 논리적인 모순"이라고 말했다. 클라우제비츠는 미개 민족끼리 벌이는 전쟁이 문명 민족끼리 벌이는 전쟁보다 훨씬 잔혹하고 파괴적이라고 했지만, 가장 문명화된 민족끼리의 전쟁도 폭력적임을 인정했다.

여기서 짚고 넘어갈 점은 현대적인 무기의 높은 살상력 때문에 전쟁의 폭력성이 더 커지는 것은 아니라는 것이다. 문제는 무기를 다루는 우리 인간에게 있다. 현대 전쟁의 희생자들 대부분은 핵무기나 첨단 무기 같은 살상력 높은 무기에 죽은 것이 아니라, 재래식 소형 무기(소총, 수류탄, 대인지뢰, 박격포 등)에 희생당했다. 결국 현대 전쟁의 파괴력은 옛날에 벌어졌던 전쟁과 마찬가지로 무기에 있는 것이 아니라 그 무기를 다루는 인간의 의지에 달려 있다.

2009년과 2014년 가자지구를 침공했던 이스라엘 병사들 가운데 일부는 '괴물'의 모습이었다. 2002년에 문을 연 국제형사재판소(ICC)의 법적 기틀을 마련한 '로마협약' 제8조는 고의적으로(적에게 공포를 심어줄 요량으로) 민간인 주거지역을 공격하거나, 전투행위에 가담하지 않는 민간인을 공격하는 것은 전쟁범죄라고 못 박았다. 백린탄이나 집속탄을 비롯한 치명적인 무기를 마구잡이로 사용하는 것도 전쟁범죄다. 하지만 이스라엘군은 가자지구를 공격하면서 국제법에서 사용을 금지하는 백린탄을 마구 쏘아댔다. 팔레스타인 현지를 취재하면서 가자지구에서 제일 큰 병원인 시파 병원에 가보니 백린탄에 온몸을 다친 환자들이 누워 신음하고 있었다. 그 가운데 팔레스타인 여인 사바 아부 할리마는 이스라엘 전쟁범죄의 피해자이자 산증인이다. 온몸에 붕대를 두르고 오른팔에 기브스를 한 채 병원에 누워 있는 그녀는 이스라엘의 백린탄 공격에 남편과 4명의 아이를 한꺼번에 잃고 깊은 슬픔에 잠겨 있었다.

2009년 가자 침공의 총지휘자였던 에후드 올메르트 이스라엘 총리는 "어떤 이스라엘 병사도 가자에서 저질러진 전쟁범죄로 기소되는 것을 막겠다"고 잘라 말했다. 그러나 국제사회가 이스라엘을 보는 눈길은 싸늘하다. 2009년 3월 10일 제10차 유엔 인권이사회는 '팔레스타인과 여타 이스라엘의 아랍 점령 지역의 인권 상황'이라는 제목의 보고서를 발표했다. 43쪽 분량의 이 보고서는 전쟁범죄의 사례들을 꼽으며 이스라엘군의 행위를 비난하고 있다. "작전에 투입된 이스라엘 병사들은 하마스 무장 대원의 저항을 물리치기 위해 11세의 팔

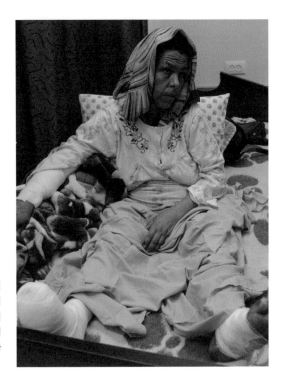

국제법상 사용이 금지된 백린탄 공격에 남편과 4명의 아이를 한꺼번에 잃고 자신도 중상을 입은 팔레스타인 여인 사바 아부 할리마. 이스라엘 전쟁범죄의 피해자이자 산 증인이다(가자지구 시파 병원).

레스타인 어린이를 '인간 방패(총알받이)'로 세워 텔알하와 지역에 진입했고, 비무장 여성과 어린이들에게 무차별 총격을 가하는 등 끔찍한 만행을 저질렀다." 보고서는 또한 "이스라엘 병사들이 팔레스타인 사람들의 가방에 폭발물이 들어 있는지를 확인하려고 이 소년에게 사람들의 가방을 뒤지도록 했다"고 적고 있다.

백린탄과 벙커 버스터

이스라엘 의사들의 모임인 인권의사회(PHR)도 이스라엘군의 전쟁범죄 행위를 비판한다. 가자지구를 침공한 이스라엘군이 부상당한 민간인들이 병원으로 가는 길을 막고,

붉은 초생달 마크를 단 적월신사(이슬람권의 적십자사) 소속 팔레스타인 앰뷸런스가 중상자를 실어 나르는 것도 막는 등 의료윤리를 거슬렀다는 것이다. 가자지구 취재 때 이스라엘군의 공격으로 망가진 응급 차량들을 여러 대 보면서 고개를 갸우뚱했는데, 사정을 알고 보면 끔찍한 전쟁범죄가 저질러졌던 셈이다.

2009년 가자 침공에서 죽은 팔레스타인 의료진은 적어도 16명에 이른다. 이스라엘 군인들은 팔레스타인 임신부를 그려놓고 '1발로 2명을 죽인다1 shot 2 kills'는 글귀를 새겨넣은 티셔츠를 텔아비브의 한 용품점에서 단체로 맞춰 입고는 SNS에 자랑스레 올렸다가 엄청난 비난을 사기도 했다. 실제로 가자지구에서 벌어졌던 참상을 두 눈으로 직접 본 나로서는 일부 병사들이 그런 티셔츠를 맞춰 입었을 법도 하다는 생각이 들었다.

2009년과 2014년 가자 침공 때 이스라엘군이 저지른 전쟁범죄 기록은 참으로 많다. 한 보기를 들어보자. 이집트 접경 쿠자 마을 주민인 무니르 샤피크 알나자르는 영국 공영방송 BBC에 자신이 겪은 끔찍한 일을 이렇게 털어놨다. "이스라엘군의 포격으로 집이 파괴된 뒤, 다른 일가친척 75명과 함께 (포격을 받지 않은) 빈집으로 몸을 피했습니다. 그런데 이스라엘군이 우리를 포위하고 확성기로 '집을 떠나 학교로 가라. 여자들 먼저, 남자들은 다음 차례'라고 말했습니다. 우리는 2명씩 짝지어 나가기로 했습니다. 맨 먼저 사촌의 아내와 조카딸이 집을 나섰습니다. 그 순간 15미터가량 떨어져 있던 이스라엘군이 총을 쐈습니다. 사촌의 아내는 머리에 총탄을 맞고 그 자리에서 숨졌고, 조카딸은 허벅지에 총상을 입고 기어서 도망쳐 겨우 목숨을 건졌습니다. 80세 노인을 포함해 다른 친척 3명도 목숨을 잃었습니다. 모든 어른들이 백기를 들고 있었고, 이스라엘군도 매우 가까이 있었으므로 노인을 식별할 수 있었을 것입니다."

2006년 레바논 침공, 2009년과 2014년 가자 침공에서 이스라엘군은 민간인 주거 밀집 지역에 집속탄을 비롯한 대량 살상 무기를 마구잡이로 사용했다. 이것도 국제법에서 금지하는 사안이다. 가자 동부의 한 마을에 가보니 커다란 물웅덩이가 눈길을 끌었다. 전부터 있던 것은 아닌 듯해서 현지 주민들에게 물어보니, 이스라엘군이 떨어뜨린 폭탄으로 생겨난 웅덩이였다. 얼마나 파괴력이 강한 폭탄을 떨어뜨렸기에 저런 웅덩이가 생겨났을까 싶어 자료를 뒤져보니 의문이 풀렸다. 이스라엘 텔아비브에 본부를 둔 평화운동 단체인 '원자폭탄-생화학무기가 없는 중동 이스라엘 위원회'가 내놓은 자료에 따르면, 이스라엘은 지하 참호를 파괴하는 폭탄인 벙커 버스터(GBU-28)를 2000년대 전반기에 미국에서 대량으로 들여왔다. 2006년 여름 레바논을 침공했을 때에도 사용된 이 폭탄에는 사람은 물론 환경에 치명적인 해를 입히는 열화우라늄이 들어 있다. 사람 뼈와 폐에 열화우라늄이 방사능 먼지 형태로 스며들 경우 그 영향은 치명적이다. 1999년 발칸반도의 코소보 전쟁이 끝난 뒤, 그곳으로 파병된 이탈리아군 병사들 사이에서 열화우라늄 후유증으로 비롯된 괴증상이 나타나 논란을 빚은 바 있다.

제닌 사망자는 모두 테러리스트?　문제는 이렇게 예외적인 사건들이 팔레스타인에서는 너무나 자주 일어난다는 점이다. 그 한 보기가 서안지구 북쪽 끝에 있는 제닌에서 이스라엘군이 저지른

만행이다. 2002년 봄 이스라엘군 탱크가 난민촌을 근거지로 한 하마스 무장 대원들을 소탕하기 위해 제닌 난민촌 입구의 도로로 들어서다가 그곳에 심어놓은 대전차 지뢰를 건드리는 바람에 병사 5명이 죽었다. 그에 대한 보복으로 이스라엘군은 제닌 난민촌을 폭파시킨 다음 불도저로 깔아뭉개서 말 그대로 '그라운드 제로'로 만들어버렸다. 이스라엘군에게 피해를 당한 여러 지역을 다녀봤어도 그렇게 처참하게 뭉개진 곳은 처음이었다. 국제 인권 단체 휴먼라이츠워치의 추산으로는 4,000명이 집을 잃고 54명이 죽었다. 희생자의 대부분은 총을 들지 않은 민간인이었다.

제닌으로 가는 길은 순탄치 않았다. 직선거리로는 예루살렘에서 80킬로미터쯤으로 한 시간 반이면 넉넉히 닿는 거리다. 그러나 도로 곳곳에 설치된 검문소는 상습적인 병목 구간을 이루고, 서너 시간 동안 느닷없이(이스라엘군의 설명으로는 보안상의 문제로!) 뙤약볕 아래 기다려야 했다. 팔레스타인인 택시 운전사는 "당신을 틀림없이 제닌까지 데려다주겠다"고 장담했다. 이스라엘 검문소를 피해 제닌에 닿으려면 팔레스타인 동부 도시 예리코 쪽으로 가다가 요르단 국경선을 따라 빙 돌아가는 게 낫다는 설명이었다.

요르단강을 끼고 달리는 동안 아름다운 풍치를 바라보며 지친 마음을 쉬는 것은 좋은 일이었지만, 과연 제닌에 들어갈 수 있을까 하는 걱정이 앞섰다. 결국 운전사의 장담은 지킬 수 없는 약속이 되고 말았다. 제닌에 거의 다다랐을 때 그곳 길목을 지키는 이스라엘군 검문소에서 택시는 더 이상 나아갈 수 없었다. 이스라엘 병사는 내게 멀리 보이는 제닌 시내 쪽을 향해 손가락질하면서 "제닌으로 굳이 가겠다면 걸어가시오. 저 택시는 못 갑니다" 하며 비아냥거리듯 말했다. 이스라엘 공보부가 발급한 프레스 카드를 내밀었지만, 소용이 없었다.

하는 수 없이 40도 가까운 뙤약볕이 내리쬐는 들판을 30분쯤 걸어야 했다. 가는 도중 아기를 안은 팔레스타인 여인과 그녀의 시어머니하고 마주쳤다. 제닌 난민촌의 친척이 이스라엘군에 죽음을 당해 문상을 하고 돌아오는 길이라고 했다. 그들에게는 이미 익숙한 고통인 듯 표정이 담담했다. 제닌으로 이어지는 샛길에서 운 좋게 택시를 만났다. 50대 후반의 사람 좋아 보이는 택시 운전사는 "당신은 어쩌다 겪는 일이지만, 우리는 날마다 창살 없는 감옥에 갇혀 삽니다"라며 더위 먹은 나에게 신문지를 말아 부채질을 해주었다.

제닌 입구에 들어서니, 길 한가운데에 세워져 있는 커다란 비둘기 조각상이 눈길을 끌었다. 이 지역 사람들이 간절히 바라는 평화를 그런 예술 작품으로 표현했으리라. 사정을 알아보려고 먼저 시청에 들렀다. 이스라엘은 50명쯤의 사망자가 났고, "사망자 대부분이 테러리스트였다"고 주장했지만 말레드 무와지스 시장은 "많은 민간인들이 죽거나 실종됐고, 1,300세대가 집을 잃은 상황"이라고 안타까워했다.

제닌 난민촌에 가보니, 짐작했던 것보다 상황이 훨씬 처참했다. 문득 1999년 코소보 현장 취재 때 보았던 모습들이 떠올랐다. 코소보 마을 곳곳이 세르비아 사람들의 약탈과 방화로 불타고 무너져내렸다. 하지만 2002년 제닌 난민촌의 모습은 그보다 더 참혹하다는 느낌이 들었다. 가족을 잃은 난민들은 포크레인을 동원하여 사람들이 묻혀 있을 만한 지점을 파내고 있었다. 이스라엘군이 들어올 때 혼자 피했기에 아내와 딸의 생사를 모르고 있다는 아흐야 하잠(31세)은 겉으로 보기에도 거의 넋을 잃은 모습이었다. 그는 "이미 시간이 흘렀기에 살아 있으리라고 기대하지는 않지만, 저 밑에 묻혀 있을 것을 생각하면 잠도 잘 수 없습니다"라며 손가락으로 무너진 집 더미를 가리켰다.

언덕배기에 자리한 한 파괴 현장에서는 한 사람이 땀을 뻘뻘 흘리며 고단한 삽질을 하고 있었다. 무함마드라고만 이름을 밝힌 40대 초반의 이 난민은 "이스라엘군이 AD라는 대형 불도저로 내 집을 무너뜨려 그동안 힘들게 모아 책상서랍 속에 넣어둔 돈이 함께 묻혔다"면서 다시 삽을 들었다. 다행히 집이 무너지지 않은 난민들은 나를 집 안으로 불러들여 '이스라엘군의 약탈 현장'을 보여주려고 애썼다. 수페야 아마드 술레이만(38세)이라는 여성은 "이스라엘군이 우리 집에 들어와 컴퓨터와 비디오 기기들을 일부러 고장냈다"면서 두 손을 처들며 알라를 찾았다. 컴퓨터 모니터는 멀쩡했지만, 본체는 수리가 불가능할 정도로 망가진 상태였다.

'방벽 작전'이란 명목으로 이스라엘군이 일주일 내내 제닌 난민촌을 포위하고 있는 동안 난민들 가운데 상당수는 바깥에 나가지도 못하고, 물과 음식도 없이 커다란 고통을 받았다. 초등학교 여교사인 파이자 자이단(54세)은 "어른들이야 그런대로 배고픔이나 갈증을 참는다지만, 아이들이 너무 고생을 했다"며 생각도 하기 싫다는 표정으로 고개를 흔들었다. 휴먼라이츠워치와 국제사면위원회의 보고서는 한결같이 이스라엘의 지나친 파괴 살상 행위를 비판했다. "제닌 난민촌을 포위한 뒤 군사작전을 펴는 과정에서 이스라엘군은 인권법을 심각하게 위반했으며, 그 가운데 일부는 1급 전쟁범죄에 해당한다"는 표현도 두 보고서에 거의 비슷하게 나온다.

제닌 난민촌은 1953년 이스라엘 각지에서 밀려난 팔레스타인 난민들이 모여들어 만들어졌다. 이곳 난민들을 돌보아온 유엔 팔레스타

이스라엘이 파괴한 건물들의 잔해 더미에서 가족의 시신이라도 찾아내려고 애쓰는 난민촌 사람들(서안지구 제닌).

인 난민구호기구(UNRWA)의 한 실무자는 "난민 가운데 상당수는 지금도 예전에 살던 집과 땅 문서를 지니고 있으며, 여전히 돌아갈 날을 기다리고 있다"고 귀띔했다. 이스라엘군이 물러난 뒤 UNRWA는 제닌 시청과 손을 잡고 난민들에게 음식과 먹을 물, 담요 등을 나눠주며 환자들을 병원에 입원시키는 일도 거들었다. 그런 파괴 현장 속에서도 아이들이 모조 총을 들고 전쟁놀이를 하고 있는 모습이 인상적이었다.

무시되는 제네바협약　1949년에 빛을 본 제네바협약 가운데 특히 제네바 제4협약(전시의 민간인 보호에 관한 협약)은 제2차 세계대전에서 많은 민간인들이 희생당했던 어두운 과거사를 바탕으로 만들어졌다. 여러 전쟁 기록들은 제2차 세계대전에서 미국과 영국을 주축으로 한 연합국이나 독일과 일본, 이탈리아의 추축국 가릴 것 없이, 민간인들을 무차별 학살했음을 말해준다. 전쟁과 관련된 국제법에서 가장 핵심이 되는 내용은 무장 세력과 민간인들을 엄격히 구별한다는 점이다. 따라서 "적대 행위에 참여하지 않는 민간인들은…… 모든 경우에 인간적으로 대우받아야 한다(Persons taking no active part in the hostilities…… shall in all cases be treated humanely)"는 내용을 담은 제네바 제4협약 제3조는 중동 전쟁에서도 지켜져야 마땅했다. 이 조항에 담긴 법 정신은 결국 비무장 민간인을 전쟁의 광풍으로부터 지키기 위한 것이기 때문이다.

1977년 제네바협약을 보완한 제1부속의정서는 특히 국제적 무력 충돌에서 민간인들을 보호해야 한다는 점을 거듭 강조하고 있다. 제1부속의정서는 "개별 민간인은 물론 시민 주거지역은 공격 목표에서 제외된다"(제51조), "공격은 오직 군사적 목표물로 제한된다"(제52조)고 못 박으면서 "군사적 목표물이란 그 성격, 위치, 목적 또는 용도에 비추어 군사작전에 효과적으로 기여하는 것들로 제한돼야 한다"고 규정한다. 여기서 '효과적effective'이란 용어가 어떤 것을 가리키느냐가 논란이 될 수도 있다. 많은 국제법 학자들은 제52조가 이스라엘처럼 군사적 목표물을 자의적으로 확대해석해서는 안 된다는 뜻을 담고 있다고 풀이한다.

이스라엘의 가자 침공은 제네바협약, 그리고 이를 보완한 제1부속의정서에 비춰볼 때 전쟁범죄 행위다. 아울러 국제형사재판소의 법적 바탕인 1998년 로마협약 제7조(인도에 반한 죄)와 제8조(민간인에 대한 고의적 공격 금지) 위반이다. 이스라엘 징치 군사 지도자들에게 적용될 죄목은 한두 가지가 아니지만, 큰 틀에서 보면 군국주의 일본과 나치 독일의 전쟁 지도부에게 적용했던 '인도에 반한 죄'를 물어야 한다. 이스라엘은 1949년 제네바협약에만 가입했을 뿐 1977년에 보완된 제네바협약 제1부속의정서에는 가입하지 않았다. 1998년 로마협약을 비준하지도 않았다. 하지만 국제법 전문가들은 이스라엘이 제네바협약과 로마협약을 비준했든 하지 않았든 전쟁범죄에 대한 국제법 규정을 지켜야 할 의무가 있다고 풀이한다.

비무장 민간인을 공격하는 것은 전쟁범죄라는 비난을 받아야 마땅하다. 아니, 비난에 그치지 않고 처벌받아야 마땅하다. 보스니아 내전(1992~1995년)이 한창이던 1994년 수도 사라예보의 한 시장 안으로 포탄이 날아들어 34명의 시민이 한꺼번에 죽었다. 이에 대한 책임이 있는 세르비아계 군사령관 락토 플라디치는 인종 청소와 대량 학살을 지휘한 혐의로 내전이 끝난 뒤 16년 동안 숨어 있다가 2011년 붙잡혀 헤이그 유고전범재판소로 넘겨졌다. 6년 동안의 긴 재판 끝에 그에겐 무기징역형이 내려졌다.

2009년 3월 헤이그에 본부를 둔 국제형사재판소(ICC)는 오마르 알바시르 수단 대통령을 붙잡아 그의 전쟁범죄에 대한 책임을 묻겠다고 체포영장을 발부했다. 아프리카 수단 서쪽의 다르푸르 지역에서는 2003년부터 6년 동안 아랍계 유목 부족들과 아프리카계 흑인 원주민들 사이에 참혹한 내전이 벌어져 30만 명 가까이 죽고, 250만 명의 난민이 생겨났다. 이 내전은 지구온난화와도 관계가 깊다. 갈수록 아프리카 사막지대가 넓어지면서 귀해진 물이 분쟁의 씨앗이다. 아랍계 유목 부족들은 다르푸르의 물을 차지하려고 그 땅에서 오랫동안 살던 아프리카계 농민들을 폭력적으로 몰아냈다.

'잔자위드'라고 일컬어지는 아랍계 민병대원들은 수단 정부군의 지원을 받았다. 그 과정에서 많은 아프리카 여성들이 성폭력에 희생됐다. ICC가 수단 대통령을 붙잡아 법정에 세우겠다고 나서자, 아랍계 국가들은 얼굴을 찌푸렸지만 미국을 비롯한 서방 국가들은 박수를 보냈다. 미국 국무부 장관 힐러리 클린턴은 "알 바시르 대통령이 ICC에 맞서 싸우려면 스스로 법정에 나와야 할 것이다"라고 말했다. 백악관 대변인도 "다르푸르에서 만행을 저지른 사람에게는 책임을 물어야 한다"고 주장했다. 2019년 수단 군부의 쿠데타로 쫓겨난 바시르는 ICC 법정을 피하지 못하게 됐다. 그가 여전히 수단의 절대 권력자였다면 생각하지 못할 상황이라고 할 수 있다.

ICC 가입을 피하는 미국과 이스라엘

여기서 한 가지 진지하게 짚고 넘어갈 문제가 있다. 수단 대통령 알 바시르를 전쟁범죄자로 몰아 ICC 법정에 세우려는 미국도 이스라엘과 마찬가지로 이른바 '1998년 로마협약'이라고 불리는 ICC 협약을 비준하지 않았다는 점이다. 미국은 "세계 각지에 주둔해 있는 미군들이 정치적인 이유로 잘못 기소될 위험에 빠질 수 있다"는 이유를 내세워 협약 비준을 미뤄왔다. 그 배경에는 "실제로 미국이 통제하기 어려운 국제 법정에 미국인이 피고로 서는 곤란한 일이 생겨서는 안 된다"는 예외주의, 우월주의적 의식이 깔려 있다.

국제 평화와 안보를 위해 만들어진 국제연합의 헌장에 따르면, 모든 나라는 적국의 침공에 맞서거나(방어 목적) 유엔 안보리의 결의를 거친 경우(집단 안보 목적) 외에는 함부로 전쟁을 일으킬 수 없다. 이를 어길 경우, 일본의 도조 히데키처럼 '평화를 깨뜨린 죄'로 처벌받아야 한다. 그런 점에서 조지 W. 부시 전 미국 대통령은 2003년 3월 전쟁에 관한 국제법을 무시하고 이라크를 침공해 수많은 사람들을 죽음과 고통으로 내몰았기에 그에 따른 비판을 비껴가기 어렵다.

이스라엘은 주변국을 겨냥한 군사적 침공 행위가 모두 '자위권'에 바탕을 두고 있다고 주장한다. 문제는 제공권을 장악한 이스라엘이 2006년 레바논에서, 그리고 2009년과 2014년 팔레스타인에서 잇단 공습과 포격으로 발전소, 도로, 교량 등 사회 기반 시설들을 부수고 많은 민간인 희생자를 낳았다는 점이다. 베트남 전쟁 시절 미군의 융단폭격은 무차별 공습이란 점에서 많은 비판을 받았다. 여기서 심각한 질문들이 제기된다. 헤즈볼라와 하마스 같은 저항 세력을 없앤다고 이스라엘이 민간인 주거 밀집 지역을 폭격하는 것은 정당한가? 이스라엘의 주장대로, 민간용으로 쓰이는 공항이나 도로가 전시에는 병력 이동 등 군사적 목적으로도 쓰이므로 이스라엘의 공습은 당연한 것인가?

이스라엘의 자위권 주장에는 반론이 따른다. 국제 인권 단체들의 비판을 요약하면, "이스라엘의 자위권 범위를 넘어선 일방적인 파괴 행위이자 학살"이다. 네덜란드 라이덴 대학 호르스트 피셔 교수(국제법)는 『전쟁범죄: 대중이 알아야 하는 것Crimes of War: What the Public Should Know』(1999년)에서 "전쟁에서는 자위 수단으로서 힘을 정당하게 사용하는 것도 중요하지만, 그런 전쟁 행위에서 민간인의 희생을 낳을 수도 있다는 점을 주의해야 한다"고 썼다. 그렇다면 이스라엘은 민간인 주거지역을 공격하지 않으려고, 또는 민간인 피해를 줄이려고 어떤 노력을 기울였는지 궁금해진다. 이스라엘군은 실수로, 또는 민간인 주거지역을 방패 삼아 헤즈볼라와 하마스가 전쟁을 걸어왔기에 군사작전상 불가피하게 민간인 사상자를 낸 것일까. 안타깝게도 두 전쟁에서 이스라엘군이 그런 노력을 기울인 흔적은 보이지 않는다. "공격할 테니 피난을 가라"는 내용의 전단만을 뿌렸을 뿐이다. 휴먼라이츠워치는 한 보고서에서 이스라엘군의 무차별 공격을 전쟁범죄라며 다음과 같이 비난했다. "민간인 희생을 고려하지 않는 의도적인 공격 또는 공격으로 얻은 군사적 성과보다 훨씬 더 큰 민간인 희생이 따를 것을 알고도 의도적으로 이뤄지는 군사작전은 국제 인권법을 심각하게 위반하는 전쟁범죄다."

정의의 전쟁과 거리 멀어

이스라엘이 2009년과 2014년에 벌인 가자지구 침공은 '정의의 전쟁just war'이 과연 무엇인지를 생각해보게 한다. '정의의 전쟁'이란 개념을 체계적으로 정리한 미국의 국제정치학자 마이클 월저(프린스턴 대학)는 『정의의 전쟁, 불의의 전쟁 Just And Unjust Wars』(2006년)에서 고대 그리스 도시국가들의 펠로폰네소스 전쟁(BC 431~404년)을 비롯한 여러 전쟁들의 성격을 살펴보면서 "정의의 전쟁은 '도덕적 실체'가 있어야 한다"고 주장했다. 월저를 비롯한 연구자들은 세 가지 측면에서 '정의의 전쟁'을 정의했다.

첫째, 전쟁 선포의 정당성jus ad bellum이 있어야 한다. 전쟁을 선포하는 역할을 맡은 정치 지도자들은 정당한 사유(외부로부터의 침략, 잘못된 행위에 대한 집단적 응징, 인권 차원의 개입 등)가 있어야 하며, 전쟁이 마지막 수단이 되도록 외교적 협상을 비롯한 다른 모든 노력들을 기울여야 한다.

둘째, 전쟁 행위의 정당성jus in bello이 있어야 한다. 정의의 전쟁은 전쟁터에서 벌어지는 전투에 올바른 행동을 주문한다. 공격 대상을 차별화하여 비무장 민간인을 공격 대상에서 빼야 하고, 승리를 위해 대량 살상 무기를 함부로 사용해서는 안 된다. 이스라엘처럼 민간인 주거지역을 마구 폭격한다거나, 아부그라이브 감옥에서처럼 적국 포로를 학대한다면, 그 전쟁은 정의의 전쟁이 아니다.

셋째, 전쟁 종식의 정당성jus post bellum이 있어야 한다. 전쟁이 끝나고 평화로 옮겨가는 단계에서도 정의의 전쟁은 올바른 행동을 요구한다. 전쟁을 제대로 끝내기 위해서는 침략 행위를 벌인 나라(또는 집단)가 얻었던 이득을 모두 내놓았는가, 침략으로 피해를 입은 국가의 권리가 모두 회복되었는가, 침략 국가가 침략 행위를 사과하고 피해 보상을 할 자세가 되어 있는가, 전승국이든 패전국이든 전쟁 중에 저질렀던 전쟁범죄에 대해 처벌을 받을 준비가 되어 있는가를 따져야 한다. 국제법 학자들은 위의 세 가지 요건이 각기 다른 사안이라고 여긴다. 전쟁을 선포할 때 정당성을 갖추었다 하더라도, 전쟁 중에 범죄를 저질렀거나 전쟁을 정당하게 마무리하지 않으면 정의의 전쟁이었다고 주장할 수 없다.

정의의 전쟁을 연구하는 국제법 학자들은 전쟁에서는 특히 '비례 원칙principle of proportionality'이 지켜져야 한다고 강조한다. 비례 원칙이란 전쟁을 일으킬 만한 충분한 이유가 있었더라도 전쟁에 따르는 민간인 피해를 먼저 생각해야 한다는 것이다. 전쟁의 정당성과 피해 정도가 합리적으로 고려돼야 한다는 논리다. 상대편에게 억울하게 한 대 맞았다고 상대편 집을 불 질러서는 안 되는 것과 마찬가지

이스라엘의 잇단 군사적 강공책은 팔레스타인 어린이들에게 엄청난 정신적 상처를 입혀왔다(가자지구).

다. 1977년에 보완된 제네바협약 제1추가의정서는 적을 공격함으로써 예상되는 구체적인 군사적 이점이 있더라도, 그 공격으로 말미암아 민간인들에게 지나친 희생이 강요된다면 그런 공격은 금지되어야 한다고 규정한다.

무시된 '비례 원칙'　　군사령관이나 일선 지휘관들은 비례 원칙을 잘 지켜야 전쟁범죄를 저지르지 않을 수 있다. 그런데 미국이 이라크에서, 이스라엘이 팔레스타인에서 펼친 군사작전들은 이러한 비례 원칙을 무시하고 마구잡이 공습과 사격을 가하여 많은 민간인들을 죽음으로 내몰았다.

2006년 6월 팔레스타인 무장 세력이 "팔레스타인 죄수들과 맞교환하자"며 이스라엘 병사 1명을 인질로 잡자, 이스라엘군은 보복 차원에서 하마스 소속 팔레스타인 자치정부 각료와 자치의회 의원들을 붙잡아갔다. 그리고 가자지구는 이스라엘군의 공습과 포격으로 큰 희생을 치러야 했다. 이에 대해 존 더가드 유엔 인권특별보고관은 유엔 인권이사회 특별회의에서 이스라엘에 대해 "병사 1명이 납치된 것에 견주어 균형이 맞지 않을 만큼 민간인에 대한 무력 사용이 지나쳤다"고 비판했다.

이스라엘은 2006년 레바논 침공 때 비례 원칙을 이스라엘식으로 풀이했다. 바다와 같은 이슬람 국가들에 둘러싸여 있는 작은 섬이나 다름없는 이스라엘의 안보 불안을 고려하면, 단순히 이스라엘 병사 2명이 헤즈볼라에 납치된 것으로 한정할 수는 없다는 것이다. 이스라엘의 안보 불안을 제거하려면 헤즈볼라의 위협을 제거해야 하므로 자위self-defence 측면에서 볼 때 군사작전은 정당하다는 주장이다.

그러나 루이스 아버 유엔 인권고등판무관은 "피해 규모로 볼 때, 이스라엘군이 도시들을 마구잡이로 포격하는 것은 전쟁범죄가 될 수 있다. 특히 지휘 통제에 책임이 있는 사람들은 그들의 범죄행위에 대해 책임을 져야 한다"고 비난했다. 2006년 이스라엘군의 팔레스타인-레바논 공격은 군사기지와 민간인 주거지역을 가리지 않는 무차별 공습으로 무고한 민간인 희생을 냈으므로 결코 정당화될 수 없는 행위라는 지적이다.

아버는 이어 "모든 분쟁 당사자는 군사작전 과정에서 민간인의 피해를 막기 위해 노력하고, 과잉 대응을 금지하는 이른바 '비례 원칙'

을 존중해야 할 의무가 있다"는 점을 상기시켰다. 캐나다 대법관을 지낸 아버는 지난날 발칸반도의 실력자 슬로보단 밀로셰비치를 헤이그 유고전범재판소에 기소했던 경력을 지닌 '철의 여인'이다. 2005년 가을 유엔 인권고등판무관에 임명된 뒤 제네바협약을 근거로 미국이 이라크와 쿠바 관타나모에서 수감자들을 고문한 행위를 비판해 부시 행정부와 갈등을 빚기도 했다.

헤즈볼라나 하마스가 이스라엘을 향해 로켓탄을 쏘아올리는 행위도 전쟁범죄와 관련해 따져볼 필요가 있다. 휴먼라이츠워치의 사무총장 케네스 로스는 "맹목적으로 로켓탄을 쏘아올려 민간인들을 다치게 한다면 그것은 전쟁범죄에 준하는 행위"라고 풀이했다. 맞는 얘기지만, 그런 로켓탄으로 이스라엘이 얼마만큼 피해를 입었느냐를 살펴보면, 헤즈볼라나 하마스가 올린 '전과'란 실제 인명 살상보다는 '이스라엘 사람들을 불안하게 만든' 것쯤에 속한다. 이스라엘군이 팔레스타인이나 레바논에 마구잡이 포격으로 끼친 인명 피해와 건물들의 파괴 정도에 견주면 거의 무시해도 좋을 정도다. 이스라엘군과 미군 지휘부는 전쟁 중에 민간인이 죽거나 다치는 것을 "부수적 피해"라고 표현한다. 그러나 마구잡이 공습으로 사랑하는 가족을 잃고 슬퍼하는 이들에게는 그 피해가 결코 '부수적'이지 않다. 삶의 뿌리가 뽑히는 본질적 피해임에 틀림없다.

미국의 대외원조법 규정에 따르면, 미국으로부터 원조받은 무기는 공격용으로 쓰여서는 안 되며, 오로지 방어 목적으로만 사용되어야 한다. 그러나 이스라엘에는 그런 규정이 적용되지 않는다. 미국 의회에서 어떤 정치인이 그 문제를 짚었다 치자. 미국-이스라엘 공공문제위원회 등 유대인 로비 단체와 언론들이 늑대 떼처럼 덤벼들어 전화, 이메일, 홈페이지가 먹통이 될 것이다. 정치 그만두겠다고 작심하지 않은 이상 나서기가 어려운 상황이다.

국가 폭력과 국가 테러

중동 지역을 두루 취재하면서 그곳의 이슬람 지식인들로부터 거듭 들었던 말이 떠오른다. "이스라엘은 나치 독일의 아돌프 히틀러로부터 '내 민족만 잘났다고 타민족을 압살해선 안 된다'는 역사적 교훈을 배우기는커녕, 나치의 악랄한 수법들을 그대로 배워 중동 땅에서 전쟁범죄를 저지르고 있다." 지구촌을 더욱 달구는 중동 상황을 지켜보면서, 지금 이스라엘이 팔레스타인 사람들을 상대로 벌이는 전쟁이 '정의의 전쟁'인가를 생각해본다.

팔레스타인에 대한 이스라엘의 군사 공격은 전기, 수도, 교량 등 사회 기반 시설들을 파괴하고 많은 민간인 희생자를 낳아왔다. 죽은 이들은 반이스라엘 무장 세력과는 이렇다 할 관련이 없는 민간인들이 대부분이다. 이스라엘은 인도주의법과 국제 인권법의 가장 기본적인 규범들을 위반하고 있다. 미국으로부터 거저 받거나 사들여온 첨단 무기들을 마구잡이로 사용하며 중동에서 벌이고 있는 군사작전은 '전쟁범죄'라는 비판을 받아 마땅하다. 전쟁 행위에 들어간 모든 국가는 국제 인권법에 따라 군사작전에서 민간인 피해를 막기 위해 노력할 의무가 있다. 이스라엘도 예외는 아니다. 그런데도 이스라엘은 "우리는 테러와의 전쟁을 벌이고 있다"고 주장한다. 따지고 보면, 이스라엘이 바로 대형 테러를 저지르고 있는 것 아닌가.

이스라엘이 저지르는 테러의 이름은 무엇인가. 민간인 주거지역을 마구잡이로 폭격함으로써 주변 이슬람 사회에 공포terror를 퍼뜨리는

이스라엘군에 맞서 싸우다 죽은 두 젊은이의 장례 행렬을 호위하는 무장 대원들(가자지구).

것은 '국가 테러'에 다름 아니다. 히틀러의 독일, 무솔리니의 이탈리아, 프랑코의 스페인, 1980년대 전두환의 한국처럼 국가 공권력을 동원한 마구잡이 폭력이 오늘의 이스라엘에서 현재진행형으로 벌어지는 국가 폭력이고, 국가 테러다. 많은 경우 테러는 국가가 아닌 단체나 개인이 저지르는 정치적 폭력으로 이해되지만, 국가도 테러의 주체가 될 수 있다. 더구나 국가 테러는 단체나 개인이 저지르는 비국가 테러보다 희생자 규모가 훨씬 크다. 제2차 세계대전 당시 나치 히틀러와 일본 군국주의자들이 휘두른 국가 폭력은 국가 테러나 다름

없다.

이스라엘이 벌인 국가 폭력, 국가 테러 행위로 희생된 사람들의 목록에서 가자지구 팔레스타인 사람들을 도우려고 나섰던 평화운동가들도 빼놓을 수 없다. 2010년 5월 30일 터키, 영국, 아일랜드, 그리스 국적의 평화운동가 700여 명이 6척의 배를 타고 키프로스항구에서 가자지구로 출발했다. 탑승자 가운데엔 1976년 노벨 평화상을 받은 북아일랜드 평화운동가 메어리드 코리건 매과이어, 홀로코스트 생존자로 평화운동가인 헤디 엡스타인, 그리고 유럽의회 의원들도 포함됐다. '자유 함대Freedom Flotilla'라고 이름 붙여진 배에는 건축자재와 의약품, 학용품 등 1만 톤 분량의 구호품이 실려 있었다. 이스라엘의 봉쇄정책으로 고통받는 사람들을 돕기 위한 물자들이었고, 일부 유대인들의 주장대로 하마스에 건넬 총기류는 없었다.

하지만 다음 날 새벽 가자지구에 훨씬 못 미친 지중해 공해상에서 참극이 벌어졌다. 이스라엘 해병 특공대원들의 총격으로 평화운동가 10명이 죽고 36명이 다쳤다. 그 배에 탔던 터키 인권 단체 '프리 가자Free Gaza 운동'의 한 활동가는 인터넷에 올린 글에서 "어둠 속에서 이스라엘 특공대원들이 헬기에서 선박으로 밧줄을 타고 내려오자마자 총을 쏘기 시작했다"며 그때의 긴박했던 상황을 전했다. 10명의 희생자 가운데 1명은 4년 동안 혼수상태로 지내다가 결국 숨을 거두었다. 그들은 모두 터키 출신의 평화운동가들이었고, 이 문제로 이스라엘-터키는 지금껏 불편한 사이로 있다. 사건 뒤 서울에 있는 이스라엘 대사관을 비롯해 전 세계 이스라엘 대사관이나 영사관 앞에서 항의 시위가 벌어졌지만, 언제나 그렇듯 이스라엘 군인 누구도 이 사건으로 처벌받지 않았다.

'연좌제'로 가옥 파괴　　이스라엘의 국가 폭력, 국가 테러는 단지 팔레스타인 투쟁가를 죽이거나 체포해 감옥에 보내는 것으로 그치지 않는다. 그가 살던 집을 파괴함으로써 가족들에게까지 엄청난 아픔을 준다. 연좌제를 적용해 '테러 용의자'와 아무 관련이 없는 가족들의 생존권을 말살하는 집단적 징벌인 셈이다. '테러 용의자'의 주거지가 단독주택이건 아파트 같은 공동 주택이건 상관없이 다이너마이트 폭발물이나 대형 불도저를 동원해 무너뜨려버린다. 주민들에게 주어진 시간은 단지 30분 안팎, 길어야 1시간이라 가재도구를 챙길 틈도 없이 겨우 몸만 빠져나오도록 만든다. 이런 일이 생길 때마다 국제사면위원회를 비롯한 인권 단체들과 국제사회는 비판의 목소리를 높이지만, 이스라엘 정부는 아랑곳하지 않는 모습이다. 이스라엘 안에서조차 비판의 목소리가 없지 않다. 한국의 『한겨레』나 『경향신문』, 『프레시안』 같은 비판적 논조를 펴는 이스라엘 신문 『하레츠』는 "테러리스트들의 가옥 파괴는 그저 헛된 복수에 지나지 않는다. 도덕적으로도 논란을 불러일으킨다"는 내용의 칼럼을 내보냈다.

이스라엘의 가옥 파괴 행위는 오래전부터 있어왔지만, 2000년 팔레스타인 사람들의 봉기(2차 인티파다) 뒤부터 본격적으로 행해졌다. 4년 동안(2000~2004년) 675채의 가옥이 파괴됐고, 4,000명 넘는 주민들이 집을 잃고 거리로 내몰렸다. 이스라엘 정부 안에서조차 주거지 파괴가 '테러'를 줄이기는커녕 역효과를 낳는다는 얘기들이 나오자, 2005년 그만하기로 결정했다가 2014년부터 다시 시작했다. '이스라엘 법원의 허가를 받는 조건'이란 꼬리가 붙어 있지만 그저 겉치레 절차일 뿐이다. 전쟁으로 차지한 영토에서 민간인들의 생명과 재산에 피해를 입히는 것은 1949년 제네바협약을 어기는 전쟁범죄이다.

중요한 것은 이스라엘 총리나 국방부 장관 등 이스라엘 전쟁 지도부를 '전쟁범죄자'로 처벌할 수 있는가이다. 2012년 가을 유엔 총회는 전에 없던 권한을 팔레스타인에 안겨주었다. 팔레스타인의 지위를 옵서버 단체observer entity에서 옵서버 국가observer state로 높이는 결의안을 통과시킴으로써 생겨난 권한이다. 다시 말해 '국가'로서의 위상을 실질적으로 인정받으면서 팔레스타인에게 이스라엘의 전쟁범죄 행위를 네덜란드 헤이그 국제형사재판소(ICC)에 제소할 권리가 생긴 것이다. 이스라엘은 2014년 7~8월 가자지구를 침공해 2,100명이 넘는 팔레스타인 사람들을 희생시킨 바 있다. 그럼 1990년대 발칸반도에서 저질러진 전쟁범죄의 책임을 물어 전 유고연방 대통령 슬로보단 밀로셰비치를 법정에 세웠듯이 이스라엘 전쟁 지도부를 붙잡아 네덜란드 헤이그 국제형사재판소에 넘기는 것이 현실적으로 가능할까?

안타깝게도 어렵다고 답할 수밖에 없다. 왜 그럴까? 열쇠는 21세기 패권 국가인 미국이 쥐고 있다. 평화를 사랑하는 지구촌 사람들이 모두 나서서 "이스라엘을 전범 재판에 넘겨라" 하고 목청을 높여도 미국이 동의하지 않는 한 ICC 제소는 실효성이 없다. 미국이 유엔 안보리에서 거부권이란 카드를 빼들고 버티는 한 이스라엘은 어떤 실효성 있는 비난 결의안도 비껴갈 수 있다. 가자지구에서 만난 므카이마르 아부사다(알라자르 대학 정치학과 교수)는 "미국에서 정치학을 공부했고 박사 학위도 받았지만, 중동 지역에서 이스라엘과 그 배후 지원세력인 미국이 하는 못된 짓을 보고 겪으면 도저히 미국을 좋게 보기 어렵습니다"라며 얼굴을 흐렸다.

결국 문제는 전승국이나 강대국의 전쟁범죄자 처벌이 쉽지 않다는 것이다. 지금껏 미국은 베트남 전쟁 말고는 전쟁에서 패한 적이 거의 없다. 이스라엘도 4차에 걸친 중동전쟁에서 진 적이 없다. "전쟁터가 법을 결정한다 Battlefields determine the law." 이는 한 국가의 정책 결정이 합리적이라고 여기며, 특히 힘을 중시하는 현실주의 국제정치학자들이 주장하는 말이다. "이긴 자가 역사를 쓴다"는 옛말과 같다. 따라서 미국과 이스라엘의 정치 지도자나 군부 지도자가 전쟁범죄자로 처벌받은 일도 없다. 미국과 겨뤘던 독일, 일본, 유고연방, 아프가니스탄, 이라크 지도자들은 모두 전범 재판소로 향했다. 미국의 침공을 받고 싸운 전쟁에서 졌기 때문에 사담 후세인도 전쟁범죄자로 몰려 교수형을 받았다. 그가 전쟁에서 이겼다면 살아 있을 목숨이다.

전범 처벌에 시효는 없다

미국이나 이스라엘 또는 제3세계 독재자들에게 '보편적 사법권 universal jurisdiction'이란 말은 달갑지 않은 용어다. 보편적 사법권이란 반인류 범죄 또는 전쟁범죄를 저지른 자가 자국의 보호 아래 기소되지 않는다면, 어떤 나라라도 여행 중에 있는 그를 공항에서나 호텔 등에서 붙잡아 법정에 세우는 권한을 가리킨다. 21세기에 들어와 보편적 사법권의 논리는 국제법 학자들 사이에서 힘을 얻고 있다. 영국을 비롯한 서유럽 국가들은 이 논리를 타당하다고 받아들이는 추세이며, 인권 단체들이 민간인 학살 등 전쟁범죄 혐의로 고발해놓은 정치 군사 지도자들이 입국할 경우 체포해서 재판에 넘길 수도 있다.

17년 동안(1973~1990년) 군사독재를 펼치며 범죄를 저질렀던 전 칠레 독재자 아우구스토 피노체트 장군이 1998년 영국 방문길에 붙잡혀 1년 동안 곤욕을 치르다 고령을 이유로 겨우 풀려난 적이 있다. 2001년 프랑스를 여행 중이던 헨리 키신저는 남미 최초로 사회주의 정권을 무너뜨린 칠레 군부 쿠데타(1973년) 때 일어난 프랑스인 실종 사건과 관련, 키신저의 증언이 필요하다는 이유로 프랑스 법원의 소환장을 받자 서둘러 미국으로 떠났다. 두 경우 모두 보편적 사법권의 논리가 힘을 얻고 있음을 보여준다.

도론 알모그는 가자지구 주둔 이스라엘군 사령관을 지냈다. 그는 2005년 9월 부인과 함께 항공편으로 런던 히드로 공항에 도착했다. 그러나 알모그는 비행기에서 내리지도 못하고 식은땀을 흘리며 텔아비브로 되돌아갔다. 공항으로 마중 나온 주영 이스라엘 대사가 비행기 안까지 들어와 "당신은 팔레스타인에서 저지른 전쟁범죄 혐의로 영국에서 체포영장이 발부된 상태"라고 귀띔해주었기 때문이다.

이스라엘 정치 군사 지도자들은 해외 출장길에 '전쟁범죄자'로 붙잡혀 기소될 가능성이 있음을 잘 알고 있다. 2003년 2월 유럽 벨기에에서 테러 관련 국제회의가 열렸다. 이스라엘 정보기관 신베트의 우두머리 아비 디히터는 회의 참석을 두고 망설였다. 팔레스타인 지역에서 이스라엘이 벌인 학살 혐의로 벨기에 법정에 기소될 수도 있기 때문이다. "가도 별 탈 없겠느냐"고 벨기에 외무부와 국방부 쪽에 탐색전을 펼치던 그는 결국은 주저앉았다. 이처럼 뒤가 구린 이스라엘 고급 지휘관들은 해외 출국에 앞서 국제법 전문가들에게 자신의 문제를 상의하고 있다고 한다. 물론 친이스라엘 일방주의를 펴는 미국으로의 여행은 신경 쓰지 않아도 된다. 미국은 안전한 여행지다.

2000년대 중동 유혈 사태의 주역 중 하나였던 아리엘 샤론 이스라엘 전 총리나 베냐민 네타냐후 전 총리는 안전한 미국만 주로 들락거렸다. 팔레스타인에서 저지른 잔혹 행위의 책임을 물어 이스라엘 고위 관료와 장성들이 전범 재판 법정에 서는 날이 지구촌의 평화와 정의가 바로 서는 날이다. 문제는 그런 날이 언제 오는가다. 그래도 우리는 역사의 진보를 믿을 수밖에 없다.

안타깝게도 2021년 6월 역사의 진보를 의심하게 만드는 일이 벌어졌다. 전 총리들보다 더 극우 유대 민족주의 성향의 정치인이 이스라엘 총리가 된 것이다. 네타냐후 비서실장 출신의 나프탈리 베네트가 문제의 인물이다. 네타냐후도 강성 우파임은 분명하다. 다만 '정치'라는 틀 속에 그럴듯하게 포장해 버무리곤 했기에 '극우파'라고 지적받진 않았다. 하지만 새 총리 베네트는 나치돌격대원 같은 거친 성향을 지녔다. 중동 평화를 바라는 사람들에겐 한마디로 위험인물이다.

베네트는 1996년 이스라엘의 레바논 침공과 헤즈볼라 공격 당시 특공대장으로 이스라엘군에 복무했다. 2006년 이스라엘이 레바논을 침공해 엄청난 인명 살상과 환경 파괴를 저질렀을 때도 예비역 장교로 전투 현장에 투입됐다. 그 무렵 유엔 시설에 머물던 레바논 민간인 102명이 이스라엘군 포격으로 사망한 크파르 카나 학살 사건에 관여했다는 비판이 따른다. 그는 큰 논란을 불러일으킨 발언으로도 악명이 높다. 팔레스타인 수감자 석방을 둘러싼 이스라엘 의회 토론에서 그는 아랍인 살해 경험을 자랑하듯 말했다. "테러리스트를 붙잡으면 그냥 죽이면 된다. 나는 이미 많은 아랍인을 죽였고, 아무런 문제가 없다." 자신의 전쟁범죄를 자랑스럽게 드러내는 뻔뻔함은 도대체 어디서 비롯된 것일까. ICC에 서명도 비준도 하지 않은 최대 동맹국 미국의 뒷심을 믿고 그러는 것일까. 전범자는 언젠가 반드시 처벌받는 역사의 진보를 다시금 생각해본다.

3부

이스라엘-팔레스타인의 과거와 현재

12장

디아스포라, 시오니즘, 밸푸어 선언

셰익스피어의 『베니스의 상인』에 등장하는 유대인 고리대금업자의 묘사에서 보듯, 유대인을 보는 눈길은 예나 지금이나 곱지 않은 듯하다. 유럽에 살던 유대인들 사이에서는 차별받으며 사느니, 세계 어딘가에 유대인의 나라를 세우고픈 욕구가 자연스레 일었을 것이다. 문제는 이미 인구가 폭발적으로 늘어난 20세기에 극한 지대를 빼고는 나라를 세울 만한 공간을 찾기가 어려웠을 거란 점이다. 유대인들은 팔레스타인을 '땅 없는 국민(유대인)을 위한 사람 없는 땅'이라고 여겼지만, 그곳은 이미 지중해 변의 인구 밀집 지대였다. 그런데도 유대인들은 자신들이 믿는 유일신인 야훼의 약속이라며 그곳으로 비집고 들어가, 지도상에서 2,000년 전에 사라진 나라를 다시 세우겠다고 나섰다.

유대인들을 팔레스타인 땅으로 이끈 '마법의 주문'은 매우 길다. 요약하자면 다음 두 가지다. 첫째는 BC 2100년쯤 유대인의 선조인 아브라함이 그가 믿는 유일신 야훼로부터 '젖과 꿀이 흐르는 땅'이라는 가나안(지금의 팔레스타인) 지역에 대한 소유권을 받고 그곳에 살았으니 그 약속은 지금도 유효하다는 것이고, 둘째는 2,000년 전 예루살렘에서 침략자들에게 강제로 쫓겨나 그들이 히브리어로 말하는 갈루트galut(유배) 또는 디아스포라diaspora(흩어진 사람들)가 됐지만, 20세기 들어 야훼의 뜻에 따라 오랜 시련을 끝내고, '약속받은 땅'으로 돌아오는 알리야aliyah(귀환)를 통해 나라를 세울 권리가 있다는 것이다.

젖과 꿀이 흐르는 땅

종교적 기록과 전승에 따르면, 아브라함에게는 후처 태생의 맏아들 이스마엘과, 본처 태생의 둘째 아들 이삭이 있었다. 이슬람 경전 코란은 이스마엘이 메카로 옮겨가 오늘날 아랍인의 선조가 됐다고 하고, 유대 경전은 이삭이 유대인의 선조가 됐다고 한다. 따지고 보면, 유대인과 아랍인은 같은 선조를 두었음에도 역사적으로 숱한 피를 흘리며 증오의 탑을 높이 쌓아온 것이다.

그런데 이스라엘의 고대사를 보면, 아브라함이 그의 유일신으로부터 소유권을 받고 옮겨간 가나안은 말 그대로 '젖과 꿀이 흐르는 땅'은 아니었던 듯하다. 이삭의 아들인 야곱이 살던 때에 가나안은 극심한 식량난을 겪었으니 말이다. 굶주림에 지친 열두 아들과 함께 야곱은 이집트로 떠났고, 그곳에서 온갖 수모를 겪으며 살았다. 그러다 다시 '약속의 땅' 가나안 지방으로 돌아온 것은 구약성서 「출애굽기」에 등장하는 유명한 선지자 모세 덕이다.

유대인들은 그때의 상황을 예리다Yeridah(대량 이주) 또는 엑소더스

exodus(집단적 대이동)라고 일컫는다. 20세기 중반에 유럽의 유대인들이 다시 팔레스타인으로 몰려간 것을 모세 때의 대이동에 견주곤 한다. 모세 때나 20세기의 엑소더스에는 판에 박힌 듯한 공통점이 있다. 모두 현지 토착민들을 폭력적으로 몰아냈다는 것이다. 인종 청소에 가까운 한바탕 전쟁을 벌여 가나안 지방에 살던 타민족을 쫓아낸 뒤 유대인들은 야곱의 열두 아들에서 내려온 열두 지파로 이뤄진 신정神政 국가를 세웠다. 이것이 BC 1900년 무렵에 세워진 최초의 유대인 국가 '에레츠 이스라엘'이다.

그 뒤 유대 왕국을 세운 이스라엘의 역사는 안에서의 분열과 바깥으로부터의 침탈로 말미암아 별로 자랑스러울 게 없는, 그야말로 한숨이 절로 나오는 어두운 그림들로 가득 차 있다. BC 722년 아시리아의 침공을 받았고, 세 차례에 걸친 바빌로니아의 침공으로 유대 왕국의 여호야긴 왕을 비롯해 많은 사람들이 바빌로니아에 포로로 잡혀가고, 예루살렘 성전산Temple Mountain에 있던 유대교 성전이 파괴되는 치욕을 겪는다. 남은 유대인들도 탄압을 피해 뿔뿔이 흩어져야 했다. 유대인들이 말하는 예리다와 그에 따른 갈루트, 정복자의 아량에 따라 팔레스타인으로 돌아오는 알리야가 그 무렵에 일어났다.

여기서 유대인들의 끈질긴 생존력이 드러난다. 유일신으로부터 약속받은 땅에서 쫓겨나고 그들의 거대한 성전이 파괴된 뒤로도 유대인들은 종교적 정체성을 이어나갔다. 낯선 유배지에 그들만의 집회와 예배를 위한 작은 시너고그synagogue(유대인 예배당)를 세우고, 묵시론적인 설교를 통해 지금 그들이 겪는 고난을 참고 언젠가 찾아올 메시아를 기다린다면 구원받을 것이란 종교적 신념으로 연결시켰다. 그렇게 함으로써 유대인들은 '선택받은 민족'이라는 자긍심을 잃지

동예루살렘 '통곡의 벽'에서 기도 중인 이스라엘 병사들. 이들은 '중동에 사는 모든 사람들의 평화'를 위해 기도할까, 아니면 '유대인만의 평화'를 위해 기도할까.

않으려고 했다. 2003년 미국의 이라크 침공 뒤 바그다드에 갔더니, 그곳에도 유대인 시너고그가 있어 놀랐던 기억이 난다. 수천 년 넘게 유대인들이 팔레스타인 밖에서 그들 나름의 정체성을 이어온 것은 일단 평가받을 만한 일이다.

바빌로니아 사람들로부터 혹독한 시련을 당했던 유대인들은 그 뒤로도 편할 날이 없었다. BC 6세기 무렵 바빌로니아를 정복한 페르시아는 총독을 보내 예루살렘을 다스렸다. BC 4세기 알렉산드로스 대왕의 그리스(마케도니아) 군대가 페르시아 왕조를 멸망시킨 뒤에는 그리스인들의 지배를 받았다. 그러다가 BC 63년 로마에 의해 다시 정복당했다. 그동안 유대인들의 디아스포라는 여러 차례 일어났지만,

가장 결정적이었던 것은 고대 로마제국의 지배에 저항한 3차에 걸친 반란이었다.

유대인 반란군이 끝까지 저항했던 마사다 요새는 지금도 이스라엘 학생들의 필수 견학 코스다. 유대인들의 잇단 반란에 부딪힌 로마제국의 조치는 단호했다. 수십만 명의 유대인들을 공개 처형했고, 유대인들이 성지로 여기는 예루살렘 성전을 완전히 뭉개버렸다. 유일하게 지금껏 남아 있는 흔적은 '통곡의 벽'이라고 일컬어지는 서쪽 성벽뿐이다. 유대인들은 그 벽에다 머리를 조아리며 열심히 그들만의 기도를 드린다. 어깨에 총을 멘 군인들이나 정착민들의 모습도 눈에 띈다. 돌아서면 팔레스타인 무장 대원과 총격전을 벌일지 모르는 그들이 평화의 메시지를 담은 기도를 했을까 지금도 가끔 궁금하다.

유대인을 보는 유럽인들의 눈길 　로마제국에 맞선 잇단 반란이 실패로 끝난 뒤 유대인들은 뿔뿔이 흩어져야 했다. 이 가운데 절반쯤은 이베리아반도로 옮겨갔다. 그런 사실을 말해주는 지명이 '몬주익'이다. 몬주익은 '유대인의 산'이란 뜻이다. 1992년 황영조 선수가 마라톤에서 금메달을 목에 걸었던 바르셀로나 올림픽 주경기장이 자리한 곳이 바로 몬주익이다. 유대인들은 중세시대에 이곳에 모여 살았다. 그들은 현지 토착민들의 멸시와 경계 속에 폐쇄적인 공동체를 꾸려가면서 소수민족으로 버텼다. 유대인들의 직업 가운데 고리대금업이 많았던 것도 그런 사정에서였을까. 지난 2,000년 동안 유대인들이 유럽 땅에서 멸시를 받았던 까닭엔 유럽이 기독교 문명권이란 점도 크게 작용했다. 삼위일체 하느님 가운데 예수 그리스도를 성자로 여기는 기독교인들로서는 예수를 부정하고 로마군에 넘겨 십자가에 못 박혀 죽게 만든 유대인들을 좋게 보기 어려웠을 법도 하다.

토마스 아퀴나스와 함께 기독교 신학의 거두이자 성인으로 추앙받는 아우구스티누스(354~430년)는 유대인에 대해 여러 비판적인 기록을 남겼다. 그 가운데 한 대목을 옮기면 이렇다. "유대인의 전통과 인습은 기독교인에게 치명적인 해악이다. 몇 닢의 은전에 예수 그리스도를 팔아넘긴 이스가리옷 유다야말로 유대인의 상징이다. 유대인은 결코 성서를 이해할 수 없으며, 영원토록 예수를 죽인 죄에서 벗어나지 못할 것이다." 11세기에서 13세기에 걸친 십자군 전쟁에서 기독교 원정군은 예루살렘으로 떠나기에 앞서, 유럽의 유대인 예배소인 시너고그와 집단 주거지를 습격해 피의 회오리를 일으켰다. 시너고그에선 금은으로 만든 쟁반과 촛대 등을 약탈해 예루살렘으로 가는 노잣돈으로 챙겼다. 이런 사건들에서 당시 유대인을 바라보는 유럽 기독교인들의 싸늘한 분위기를 짐작할 수 있다.

그러나 유대인들의 생각은 다르다. 예수를 배신한 유다가 유대인인 것은 틀림없지만, 모든 유대인을 대표하는 인물은 아니라는 것이다. 내가 중동 현지 취재 때 자주 머물렀던 예루살렘의 유대인 민박집 주인은 프랑스에서 건너온 이민자였다. 그와 그의 아내는 매우 독실한 유대교도였다. 유대인들의 안식일은 일요일이 아니라 토요일인데, '사바트'라고 부르는 이 안식일 전날(금요일) 밤에는 밤새도록 시너고그에 가서 철야 예배를 드리곤 했다. 이들은 유대 민족이 유일신으로부터 '선택받은 민족'이며, 바로 그런 이유 때문에 타민족들의 질시와 박해를 받아왔다고 여긴다. 그리고 유일신으로부터 약속받은 땅의 소유권은 수천 년이 지난 지금도 유효하다고 믿는다. 이방인 침략자들에게 쫓겨나 디아스포라가 됐지만, 그런 시련의 시기는 이제 지났고, '오래전에 약속받은 땅'인 가나안(팔레스타인)으로 돌아오는 알리야를 통해 독립국가인 이스라엘을 세울 권리가 있다는 주장을 몇 번이고 되풀이했다. 이들 유대인 부부는 함께하는 아침 식사 때마다 그들의 자랑스런 고난의 역사를 장황하게 들려주었다. "인터뷰 약속이 있어 지금 서둘러 나가야 한다"며 손목시계를 쳐다보는데도 아랑곳없이 하고 싶은 말을 잇곤 했다.

그들의 알리야 논리는 1990년대 발칸반도를 피로 물들였던 인종 청소 논리나 다름없어 보였다. 1999년 발칸반도의 코소보에서는 인종 청소가 벌어져 200만 인구 가운데 1만 명이 죽고, 90만 명의 난민이 생겨났다. 그 지역 다수 주민인 알바니아계 코소보 주민들을 폭력적으로 몰아낸 세력은 세르비아계였다. 결국 북대서양조약기구(NATO) 군대가 개입했고, 78일 동안의 공습 끝에 세르비아는 물러났다.

세르비아가 코소보에 집착한 데에는 나름의 역사적 배경이 있다. 14세기 무렵까지 발칸반도를 지배했던 세르비아는 이슬람 세력인 오스만 터키군의 침략을 받았고, 1389년 코소보 폴예 평원에서 벌어진 전투에서 세르비아의 라자르 왕과 10만 명의 병사들이 모두 죽음을 맞았다. 그런 피 어린 역사 때문에 코소보는 세르비아인들에게 '가슴 속의 뜨거운 심장'이자 성지로 여겨진다. 그러나 생각해보자. 한때 고구려가 만주 벌판을 아울렀다 해서 지금 와서 "만주는 우리 땅이니 내놓으라"고 우길 수는 없는 일이다. 지금 그곳의 조선족은 중국 국민 중 소수일 뿐이다. 중요한 것은 현실이다. 코소보가 역사적으로 세르비아의 성지라는 얘기나, 팔레스타인 땅에 2,000년 전 유대 왕국이 있었고 유대인들의 유일신이 약속한 땅이라는 얘기는 그야말로 과거 사일 뿐이다.

디아스포라의 거짓 신화

여기에 또 하나의 결정적인 문제가 있다. 지금 유대인 인구의 70%를 차지하는 아쉬케나짐 유대인들은 8세기 카자르^{Khazar} 왕국을 세웠던 터키(돌궐족)계 카자르인의 후손이다. 그 옛날 바빌로니아와 로마제국에 정복당해 반란을 일으켰다가 예루살렘에서 쫓겨난 유대인 디아스포라와는 직접적인 관계가 없다는 것이다. 이 대목은 유대인들이 매우 민감하게 받아들이는 사안이지만 사실은 사실이다.

'어떤 사람이 유대인인가'라는 문제는 이스라엘에서도 오랫동안 논란이 되고 있는 사안이다. 1970년 이스라엘 재판소에서 내린 정의는 '유대인을 어머니로 하는 자 및 유대교로 개종한 자'였다. 이런 기준에 따라 전 세계에 퍼져 사는 21세기 유대인의 머릿수를 대충 세보면 1,500만 명쯤이고, 최대치는 1,800만 명 정도이다. 이들은 크게 세 부류로 나뉘는데, 터키계 카자르인의 후손인 아쉬케나짐^{Ashkenazim}(약 1,200만 명)과 순수 셈족인 세파라딤^{Sepharadim}(450만 명), 그리고 에티오피아계인 팔라샤^{Falasha}(2만 명)이다.

세파라딤 유대인은 지난날 정복자인 로마에 반기를 들었던 고대 유대인들의 후손이다. 이들은 정복자의 박해를 받고 유럽의 이베리아반도 등으로 흩어졌다. 세파라딤 가운데 다수를 차지하던 스페인 정착 유대인들은 15세기에 스페인에서 일어난 기독교도들의 국토회복운동^{Reconquista}(이베리아반도를 점령한 이슬람교도들을 몰아내려는 운동)으로 말미암아 "유대교를 버리고 기독교로 개종하든지, 싫으면 떠나라"는 압박을 받고 다시 북아프리카와 중동으로 옮겨갔다. 일반적인 세파라딤과 구별 지어, 특히 중동 이슬람 지역 출신의 유대인들을 '미즈라히'라고 일컫는다.

분명한 사실은 지난날 로마에 반기를 들었다가 흩어졌던 고대 유대인들의 후손이 나치 학살에 희생된 것은 아니라는 점이다. 나치 학살에 희생된 유대인의 선조가 살던 카자르 지방은 지금의 남러시아 초원 지대의 옛 이름이다. 8세기 무렵 그곳에는 카자르족(터키계 사람들)이 왕국을 이루고 살고 있었다. 740년 무렵 카자르 왕국의 불란 Bulan 왕은 유대교를 국교로 삼기로 결정하고 자신이 다스리던 국민들을 유대교로 집단 개종시켰다. 카자르 왕국의 지배자들은 세계사에서 유대인이 아니면서도 유대교를 국교로 받아들인 단 하나의 독특한 보기를 남겼다. 왜 그랬을까. 이 대목은 역사학자나 종교학자들 사이에서 논란이 되고 있다. 예브게니 사타노프스키(모스크바 중동 문제 연구소장) 같은 이는 "카자르의 지배 계층이 유대교를 받아들인 까닭은 (이슬람이나 기독교를 믿는 주변 국가들 사이에서) 오늘날의 스위스처럼 중립국으로 남기를 원했기 때문"이라고 풀이한다. 기독교를 믿는 서쪽의 유럽 세력과 남쪽의 신흥 이슬람 세력으로부터 강한 압력을 받자, 카자르 나름의 종교적 정체성을 확립함으로써 내부적 결속을 강화할 필요를 느꼈을 가능성도 있다.

헝가리 태생의 유대인이자 영국의 소설가이자 저널리스트인 아서 쾨스틀러는 그의 책 『열세 번째 지파The Thirteenth Tribe』(1976년)에서 카자르 지배층의 당시 생각을 이렇게 적고 있다. "(카자르의 지배자들이) 정치적 동인에 의해 유대교를 받아들였음은 의심의 여지가 없다.

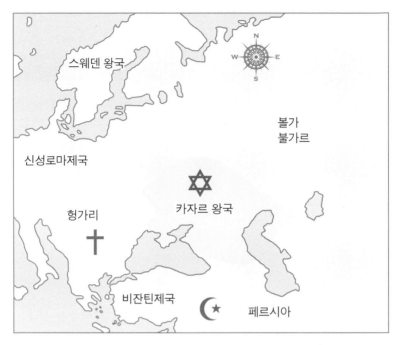

10세기 초의 카자르 왕국. 서기 740년 무렵 카자르 국왕은 국민 대다수를 유대교로 개종시켰다. 그들은 고대 로마에 반란을 일으켰다가 서유럽으로 흩어졌던 유대인들과는 다르다.

이슬람교를 받아들이는 것은 (이슬람 지역 지배자인) 칼리프에게 정신 적으로 종속되는 것을 뜻했고, 기독교를 받아들이는 것은 로마 황제 의 정신적 신하가 될 위험성이 있었다. (카자르 지배층의 생각에는) 유 대교가 기독교와 이슬람교 모두가 존중하는 성스러운 책을 바탕으로 하는 명성 있는 종교였다. 유대교는 카자르의 지배자를 이교도 야만 족의 처지에서 벗어나게 해줄 뿐만 아니라 칼리프와 로마 황제의 간 섭으로부터 지켜주는 역할도 했다."

그렇게 유대교를 받아들인 카자르 왕국은 10세기 말 슬라브족의 침략을 받고 지도에서 사라졌다. 그 뒤 13세기에 아시아로부터 몽골

족이 유럽으로 침략해 들어오자 카자르인들은 지금의 독일과 폴란드 등 동유럽 쪽으로 옮겨갔다. 폴란드 음악가의 고난을 다룬 영화 〈피아니스트〉에 나타나듯이, 제2차 세계대전 당시 폴란드에 250만 명의 유대인이 살게 된 것도 그런 사정에서 비롯됐다. 터키계인 카자르족의 후손인 이들은 아쉬케나짐 유대인들이라고 불린다.

여기서 중요한 역사적 사실은 아쉬케나짐 유대인들은 바빌로니아와 로마제국에 정복당해 반란을 일으켰다가 예루살렘에서 쫓겨난 세파라딤 유대인들의 디아스포라와는 직접적인 관계가 없다는 것이다. 따라서 역사적으로 볼 때 현재 유럽과 미국에 퍼져 있는 유대인들의 다수는 '약속의 땅'으로 돌아갈 권리를 주장할 입장이 아니다. 시오니즘의 주창자들이 허구적인 디아스포라 신화를 만들어 팔레스타인 토착민들에게 들이댄 셈이다. 이 문제는 유대인들 사이에서도 매우 민감한 주제다. 현대 유대인 인구의 70%를 차지하는 아쉬케나짐 유대인의 뿌리가 카자르 왕국이라면, 오늘날 이스라엘에 있는 유대인들은 팔레스타인을 유대인의 땅이라고 주장할 근거가 아주 약해진다. 나치 독일에 희생당한 사람들은 대부분 아쉬케나짐이고, 이들의 태생적 뿌리는 팔레스타인이 아닌 카자르이기 때문이다. 아서 쾨스틀러는 이 문제를 지적한 『열세 번째 지파』를 출간한 뒤 같은 유대인들로부터 맹공격을 받았다. 유대인들이 이 주제를 얼마나 예민하게 여기는가를 짐작해볼 수 있다.

이스라엘이 세워지기까지의 유대인 디아스포라 논리를 근본적으로 뒤흔드는 문제는 언어와도 관련이 있다. 지금 이스라엘의 공식 언어는 히브리어다. 하지만 그 전까지 유대인들이 쓰던 말은 히브리어가 아니었다. 이베리아반도 등으로 흩어진 세파라딤 유대인들은 그들이 살던 이베리아반도의 카스티야어와 히브리어가 결합된 라디노어를 썼고, 아쉬케나짐 유대인들은 히브리어와 독일어가 합쳐진 이디시어를 썼다. 사실 이스라엘이 1948년 독립국가를 세울 무렵만 해도 히브리어는 유대 경전과 유대 교회 안에서만 쓰는 말이었다. 라틴어처럼 히브리어는 글자로만 남았고, 일반 대중은 쓰지 않는 '죽은 말'이었다. 지금 예루살렘이나 텔아비브 거리에서 쓰는 히브리어는 20세기에 유대인 어학자들이 문법을 다듬어 전면적으로 되살려낸 언어이다.

1948년 독립국가로 들어선 뒤 이스라엘 정부는 세파라딤 유대인들이 쓰던 라디노어와 아쉬케나짐 유대인들의 말인 이디시어 사용을 엄격히 금지했다. 히브리어를 공식 언어로 삼기 위해 이디시어 신문이나 잡지들의 발행을 금지했고, 학교에서도 이디시어 수업을 못하게 막았다. 박노자 교수(오슬로 국립대학 한국학)는 '유대인, 유대인을 말살하다'라는 제목의 글에서 이스라엘 정부에 의해 "아랍어를 기반으로 하는 세파라딤들의 고유 일상 언어가 이디시어보다 훨씬 철저한 금지와 배제를 당했다"고 지적한다. 세파라딤과 아랍인들의 평화적 공존에 대한 일체의 기억을 말살함으로써 아랍인에 대한 증오의 이데올로기를 생산해내려고 했다는 것이다. 박노자는 이를 일제 강점기 말의 황민화 캠페인과 다를 바 없는 '시오니즘화 캠페인'이라고 비판한다.

언어의 말살은 문화와 전통의 말살이다. 강점기 말기에 일제는 우리말을 못 쓰게 하고 이름마저 일본식으로 바꾸려 들었다. 이스라엘 정부 지도자들이 히브리어를 국민 언어로 내세운 것은 그들 나름으로 국가 통합이란 정치적 필요에 따른 것으로 이해되지만, 이스라엘 건국에 얽힌 거짓말을 가리려는 초조함이 배어 있다. 바로 나치 독일에게 희생당한 사람들은 대부분 아쉬케나짐이고, 이들의 태생적 뿌리는 팔레스타인이 아닌 카자르인데도 그런 사실을 교묘히 조작해 시오니즘의 논리를 폈다는 사실을 말이다.

19세기 시오니즘의 태동

"팔레스타인에 유대 국가를 세우자"는 움직임을 '시온주의' 또는 '시오니즘'이라고 일컫는다. '시온'이란 팔레스타인에 있는 고대 예루살렘의 한 언덕 이름이다. 사전적인 의미에서 시오니즘이란 결국 그 옛날 예루살렘에 있던 언덕을 상징적인 목표지로 삼아 전 세계에 흩어져 살던 유대인들이 팔레스타인으로 돌아가 독립국가를 세우자는 민족주의 운동인 셈이다. 여기서는 시오니즘이 일어나게 된 과정과, 그것이 이스라엘 건국에 일으킨 작용을 되짚어보려고 한다.

시오니즘은 19세기에 유럽 사회에서 여러 갈래로 일어났으나, 그 기틀을 제대로 다진 인물은 오스트리아 언론인 테오도어 헤르츨(1860~1904년)로 꼽힌다. 헤르츨은 유대인 랍비처럼 종교적으로 엄격하기는커녕 매우 세속적인 삶을 살았던 사람이다. 하지만 훗날 팔레스타인으로의 유대인 대량 이주 바람을 일으키는 바탕을 마련했다. 그는 1891년부터 오스트리아의 한 신문사 특파원으로 파리에 머물렀는데, 얼마 뒤 그에게 커다란 영향을 미친 사건이 프랑스에서 일어났다. 다름 아닌 드레퓌스 사건이었다.

1894년 프랑스 육군 장교 알프레드 드레퓌스가 독일에 군사정보를 넘긴 스파이 혐의를 받고 체포되어 군법회의에서 종신형을 선고받는다. 유대인의 피를 지닌 드레퓌스가 진짜 범인이라는 확신이나 이렇다 할 결정적 단서도 없었지만, 프랑스군 수뇌부는 드레퓌스를 진범으로 몰아 그 사건을 서둘러 매듭지었다. 나중에 드러난 사실이지만, 드레퓌스에게 종신형이 선고될 무렵까지만 해도 프랑스 군사 법정이 그가 유대인이기에 범인으로 본 것은 아니었다. 다만 스파이 사건이 질질 늘어지는 것을 막으려고, 정확한 증거도 없이 그저 '의심을 살 만한 희생양'으로 하필이면 유대인인 드레퓌스를 점찍었던 것이다.

유대인 장교가 독일 스파이였다는 점 하나만으로 프랑스에서는 반유대 정서가 높아졌다. 군부, 가톨릭교회, 언론 등은 프랑스 안의 유대인들을 싸잡아 비난하고 나섰다. 나중에 다른 장교가 진범으로 드러났는데도 프랑스군 지휘부는 그런 사실조차 감추었다. 오히려 진범을 잡은 장교를 군사기밀 누설죄로 감금해버렸다(프랑스군은 드레퓌스 사건이 있은 지 100년이 되는 1995년에야 "드레퓌스는 무죄이며, 당시 군법회의는 조작되었다"면서 공식적으로 잘못을 인정했다).

결국 이 사건의 진상이 언론에 알려지고, 에밀 졸라를 비롯한 프랑스 지식인들이 들고일어나면서 프랑스는 격렬한 논쟁에 휘말렸다. 체포된 지 10년 만에 재심 청구가 있었고, 2년 뒤 드레퓌스는 복권됐다. 그러나 이미 프랑스인의 반유대 정서는 높아질 대로 높아진 뒤였다. 거리의 보통 사람들은 드레퓌스가 독일 스파이가 아니라는 사실이 드러났음에도 "유대인들을 죽여라" 하고 외치고 다녔을 정도다. 신문기자로서 드레퓌스 사건을 취재하던 헤르츨은 유럽의 반유대 정서를 똑똑히 목격할 수 있었다. 그는 유럽 사회에 깊게 뿌리박힌 유대인들에 대한 편견과 반감 때문에 유대인들이 유럽에서 살아가기 어렵다고 보고, 어딘가 한 지역으로 대량 이주를 해서 독립국가를 세워야 한다고 생각했다. 독립국가의 후보지로 그가 꼽은 곳은 팔레스타인이었다.

헤르츨은 동조자들을 모아 1897년 스위스 바젤에서 제1차 시오니스트 대회를 열었다. 독일과 러시아 등 유럽 각지에서 온 200명가량의 유대인들은 "팔레스타인에 국제법으로 보장되는 유대인의 조국을 건설하고자 한다"는 선언문을 발표했다. 그 무렵 팔레스타인에 살던 아랍 사람들이 멀리 스위스에 모인 유대인들 사이에 오고간 얘기들을 들었다면 불길한 예감을 가졌을 게 틀림없다. 대회를 마친 헤르츨은 이런 메모를 남겼다고 한다. "나는 오늘 바젤에서 유대 국가를 건설했다. 내가 그렇게 말한다면 많은 사람들이 비웃겠지만, 5년이나 50년이 지난 뒤에는 그 사실을 인정할 것이다." 팔레스타인 원주민인 아랍 사람들에게는 상서롭지 못한 예언이었지만 51년 뒤 헤르츨의 바람대로 유대 국가는 중동 땅에 현실로 나타난다.

대영제국의 이중 삼중 줄타기　　중동 분쟁의 뿌리를 캐내려 가다보면 서구 제국주의의 탐욕스런 바탕이 드러난다. 20세기에 일어난 많은 유혈 투쟁(국제전, 내전)의 씨앗은 서구 제국주의가 뿌렸다고 해도 틀린 말이 아니다. 아프리카 지도를 보자. 위도와 경도가 자로 잰 듯이 직선으로 뻗어 있는 모습을 볼 수 있다. 영국, 프랑스, 포르투갈, 스페인, 독일, 벨기에 등 서구 제국주의자들이 식민지 쟁탈전을 벌이는 가운데 서로 나눠 먹기식으로 구역을 나눈 결과다. 이럴 경우 하나의 민족 공동체가 서구 제국주의자들이 그어놓은 인위적인 경계선 탓에 둘로 나뉘어 각기 다른 식민지 지배자들의 통치를 받는다.

서구 제국주의자들은 식민 통치의 효율성을 위해 이른바 분리 통치 정책을 펴, A부족(민족)을 우대해 식민 통치의 수혜자로 만들고, 다른 B부족(민족)을 홀대함으로써 피지배층이 단결해 저항하는 것을 막고 서로를 미워하도록 갈등의 씨앗을 뿌렸다. 제2차 세계대전이 끝나고도 10년 또는 15년 이상을 기다려 독립을 한 아프리카 국가들은 지난날 식민지 종주국들이 그어놓은 국경선을 그대로 물려받았다. 하나의 부족이 여러 나라에 걸쳐진 상황에서 내부적인 갈등은 결국 이들 국가들을 전란의 회오리에 빠지게 만들었다. 아프리카의 만성적인 분쟁 지역 콩고, 1994년 다수 후투족과 소수 투치족 사이의 내전이 벌어져 100일 동안 80만 명이 학살당한 르완다가 대표적인 보기다.

멀리 갈 것도 없이 한반도도 마찬가지다. 38선 분단은 일본 제국주의자들의 식민 통치가 남겨놓은 최악의 유산이다. 일제의 식민 지배가 없었더라면 미국과 소련이 일본군 무장해제를 명분으로 각기 남북에 군대를 파병하지 않았을 것이고, 서울에 친미 정권, 평양에 친소 정권이 수립되어 남북 분단이 고착화되지도 않았을 것이며, 6·25 전쟁은 터지지도 않았을 것이다.

이스라엘-팔레스타인 분쟁도 마찬가지로 서구 제국주의자들이 씨앗을 뿌린 비극이다. 먼저 비난받아야 할 나라는 영국이다. 제1차 세계대전 당시 페르시아만 일대는 독일과 연합하고 있던 오스만제국(오늘날의 터키)이 지배하고 있었다. 영화 〈아라비아의 로렌스〉에서 그려졌듯이 현지 이슬람 주민들은 터키로부터 독립하기를 바랐고,

영국은 터키를 견제함으로써 전쟁에서 이길 욕심으로 지키지 못할 공수표를 남발했다. 영국 정부의 훈령을 받은 이집트 주재 영국 고등판무관 헨리 맥마흔은 사우디아라비아 메카의 칼리프였던 후세인 이븐 알리와 1915년 7월부터 이듬해 봄까지 비밀리에 편지를 주고받았다. 이 과정에서 맥마흔은 "아랍인들이 영국을 도와 싸워준다면, 전쟁이 끝난 뒤 아랍인들이 오스만제국의 지배에서 벗어나 독립국가를 세우도록 돕겠다"고 약속했다. 이것이 이른바 '맥마흔-후세인 협정'이다.

그런데 바로 얼마 뒤 영국은 맥마흔-후세인 협정과는 사실상 모순되는 협정을 프랑스와 비밀리에 맺었다. 1916년 5월 영국 외교관 마크 사이크스와 프랑스 외교관 조르주 피코는, 전쟁이 끝나면 아랍의 영토를 오스만제국으로부터 뺏어 나눠 갖기로 결정했다. 그것이 바로 '사이크스-피코 협정'으로 알려진 밀약이다. 구체적인 내용은 '영국은 오늘의 팔레스타인을 아우르는 지중해 변, 이라크, 요르단을 차지하고, 프랑스는 시리아와 레바논을 차지하며, 제1차 세계대전에서 연합국이었던 러시아에게는 아르메니아를 비롯한 오스만제국의 동부 지역을 떼어준다'는 것이었다.

영국이 이미 아랍 지도자였던 후세인에게 독립을 약속한 뒤에 이뤄진 이 비밀 협정은 아랍 민족에게는 일종의 속임수나 다름없는 이중 외교였다. 이런 사실이 세상에 알려진 것은 1917년 러시아에서 볼셰비키 혁명이 일어난 뒤였다. 혁명 지도자 블라디미르 레닌은 "우리 사회주의 공화국은 일체의 제국주의적 영토 야욕과 밀실 담합을 배격한다"면서 러시아에게 오스만제국의 땅을 일부 떼어주기로 했던 사이크스-피코 협정의 내용을 폭로했다. 이 폭로가 나오자 당시 유럽 사회에는 "영국은 당황했고, 아랍은 경악했으며, 터키는 기뻐했다"
는 얘기가 널리 퍼졌다.

밸푸어 선언은 아랍인들에게 재앙   19세기 말부터 유럽의

유대인들 사이에서는 "유럽에서 차별받고 사느니 차라리 팔레스타인
으로 옮겨가 독립국가를 세우자"는 이른바 시오니즘 운동 바람이 불
고 있었다. 제1차 세계대전 당시 독일군의 공세에 고전하던 영국 정
부는 유대인 부자들로부터 전쟁 자금을 지원받을 요량으로 또 다른
밀실 거래를 맺는다. 1917년 11월, 영국 외무부 장관 아서 제임스 밸
푸어는 시오니즘 운동을 재정적으로 돕고 있던 유럽 금융계의 거물
로스차일드에게 보낸 편지에서 훗날 '밸푸어 선언'이라고 알려진 내
용을 처음으로 밝혔다. 편지에는 "영국 정부는 팔레스타인에 유대인
의 민족적 고향을 건설하는 것을 긍정적으로 생각하면서, 이 목적을
이루기 위해 최선을 다하겠습니다"라고 쓰여 있었다.

밸푸어는 '민족적 고향 건설'이라고 썼지만, 그것은 곧 팔레스타인
땅에 유대 국가를 세운다는 것을 뜻했다. 팔레스타인 원주민인 아랍
인들에게는 곧 재앙이 닥쳐올 것임을 예언하는 것이나 다름없었다.
결과적으로 팔레스타인으로의 유대인 이주를 불붙인 밸푸어 선언은
영국 제국주의의 필요에 따른 것이었다.

여기서 따져볼 점이 하나 있다. 흔히 밸푸어 선언은 제1차 세계대
전 중 전쟁 자금이 달렸던 영국이 당시 유럽 상권을 쥐락펴락하던
유대인들의 재정적 지원을 얻어낼 목적으로 나왔다고 알려져 있다.
하지만 밸푸어 선언에는 길게 보면 중요한 측면이 깔려 있었다. 전쟁

뒤 중동에서 영국에 유리한 구도를 만들어내려는 장기 전략과 관련해서다.

제1차 세계대전을 통해 영국은 팔레스타인 지역의 지정학적 중요성이 매우 크다는 사실을 깨달았다. 그곳은 영국이 아시아의 식민지인 인도-동남아시아를 지배하는 주요 통로인 수에즈운하가 가까이 있었고, 막 석유를 퍼올리던 페르시아(이란)와 지금의 이라크, 사우디아라비아 지역의 숨통을 죌 수도 있는 전략적 지점이었다. 당시 영국 정부는 앵글로-이란 석유 회사(훗날 브리티시 석유 회사, BP)의 대주주로서, 페르시아 유전 지대에 거액을 투자하고 있었다. 바로 그런 곳에 영국이 믿을 수 있는 동맹 세력이 자리 잡는다면, 그래서 영국의 이익을 지키는 데 도움이 될 수만 있다면 그것은 매우 바람직한 구도였다.

유럽의 유대인 시오니스트들은 바로 이런 장기 전략적 측면을 영국에 상기시키면서 밸푸어 선언을 이끌어냈다고 알려진다. 그 무렵 영국에서 활동한 시오니스트 가운데 한 사람이 훗날 이스라엘의 초대 대통령이 된 하임 바이츠만이다. 그는 영국 정부의 각료들에게 "팔레스타인에 세워질 유대인 국가는 영국을 위해 수에즈운하를 지키는 방어막 구실을 할 것"이라고 설득했다. 밸푸어 선언도 그런 과정에서 나왔다. 팔레스타인 지식인들의 눈으로 보면 그것은 "유대인 시오니즘과 영국 제국주의의 무서운 결탁"이라고 할 만했다. 영국이 제1차 세계대전에서 오스만 세력을 팔레스타인에서 몰아낸 뒤 바이츠만은 영국 정부의 관리로 예루살렘에서 활동하며 유대인들의 대량 이주에 힘썼다.

수에즈운하의 전략적 중요성을 말하면서 영국의 이권을 지켜주겠다는 바이츠만의 약속은 정확히 41년 뒤에 지켜졌다. 아랍권의 걸출

한 정치 지도자 가말 나세르(이집트 대통령)가 1956년 아랍 민족주의
를 내세워 수에즈운하의 국유화를 선언하자, 이스라엘이 영국, 프랑
스와 함께 군사행동에 나서면서 이집트를 상대로 제2차 중동전쟁을
일으킨 것이다. 그때껏 영국과 함께 수에즈운하를 공동 관리하던 프
랑스의 정치 군사 지도자들은 심기가 매우 불편한 상태였다. 1954년
인도차이나반도의 디엔비엔푸 전투에서 호치민 군대에 패해 굴욕적
으로 물러난 뒤였고, 알제리에서는 민족해방전선(FLN)을 중심으로
한 반反프랑스 독립 전쟁(1954~1962년)에 휘말려 있었다. 수에즈운
하의 국유화 사건이 터진 것이 바로 그 무렵이었다. 이집트의 나세르
대통령은 알제리의 민족해방운동을 뒤에서 은밀하게 지원하고 있었
다. 그런 나세르가 "우리 땅을 가로지르는 수에즈운하는 당연히 이집
트의 것"이라며 국유화를 선언하자, 프랑스는 곧바로 영국과 함께 군
사적인 대응에 나섰다.

국제사회의 여론은 당연히 이집트에 동정적이었다. 중동 지역에
대한 영향력을 키우려던 미국이나 소련도 영국과 프랑스를 못마땅하
게 여겼다. 그런데도 이스라엘군은 영국-프랑스군이 수에즈운하에
포진한 이집트군을 공격하기 이틀 앞서 이집트령 시나이반도를 점령
하려고 나섰다. 군사력에서 열세인 이집트군은 위기에 내몰렸다. 결
국 유엔이 개입해 철군 결의안이 나온 뒤 영국군과 프랑스군은 물러
났지만, 이스라엘은 다음 해 봄까지 시나이반도를 점령해 더욱 비난
을 샀다. 『전쟁론』의 저자 카를 폰 클라우제비츠가 19세기 초에 이미
규정했듯이, 전쟁은 기본적으로 정치적인 것이다. 나세르의 "전쟁에
서 군사적으로는 졌지만 정치적으로는 이겼다"는 표현이 딱 맞는 상
황이었다.

'약속의 땅'은 무인 지대가 아니었다

밸푸어 선언은 그 성격상 "아랍인들이 영국을 도와주면 전쟁이 끝난 뒤 독립을 지지하겠다"는 맥마흔-후세인 협정과 서로 충돌한다. 밸푸어 선언이 나오고 정확히 31년 뒤인 1948년 팔레스타인 땅에 독립국가 이스라엘이 들어섰다. 따라서 중동 지역이 세계의 화약고로 떠오른 것은 이른바 '신사의 나라' 영국의 기만적인 이중 플레이가 심은 불행의 씨앗 때문이었다고 해도 틀리지 않다.

한 손으로는 아랍인들의 지지를 얻기 위한 맥마흔-후세인 협정, 다른 손으로는 유대인의 지지를 얻기 위한 밸푸어 선언. 이런 모순되는 약속을 남발한 영국의 편의주의가 그 뒤 중동의 수많은 사람들에게 피눈물을 흘리도록 만들 줄은 미처 생각하지 못했을까. 지금 팔레스타인 사람들이 겪는 비극적인 현실의 저 밑바닥에는 서구 제국주의의 음모와 탐욕이 깔려 있었던 셈이다. 흔히 일본의 동아시아 침략과 만행을 둘러싼 과거사 반성을 말하지만, 영국이야말로 그런 과거사에 대해 사과하고 용서를 빌어야 한다. 그렇지만 영국이 그에 대해 사과했다는 소식을 아직 듣지 못했다.

제1차 세계대전에서 아랍인들의 도움으로 중동에서 터키군을 몰아낸 영국은 1922년 팔레스타인을 영국의 위임통치령으로 만들었다. 그 뒤로 영국은 아랍인들이 독립국가를 세우도록 돕겠다는 맥마흔-후세인 협정은 휴지 조각으로 만들었으나, 밸푸어 선언으로 유대인들에게 한 약속은 지켰다. 팔레스타인을 보호령으로 다스리던 영국의 묵인 아래 유럽 유대인들의 팔레스타인 이주가 늘어났다. 팔레스타인 아랍인들에게 크나큰 재앙이 될 먹구름이 중동 하늘을 뒤덮기 시작했다.

19세기 말에 시오니즘을 외쳤던 테오도어 헤르츨, 20세기 전반기에 실천적 지도력을 발휘했던 하임 바이츠만, 이 두 사람을 비롯한 시오니스트들이 가고자 했던 '젖과 꿀이 흐르는 약속의 땅'은 사람 없는 무인 지대가 아니었다. 그곳에는 많은 아랍인들이 나름의 삶을 꾸려가고 있었다. 짐 보따리를 들고 지중해 해변의 팔레스타인 항구 하이파에 내린 유대인들은 그곳이 '임자 없는 빈 땅'이 아니며, 중동의 그 어느 곳보다 인구밀도가 높다는 사실을 두 눈으로 똑똑히 보았다. 제1차 세계대전이 끝날 무렵 팔레스타인에는 70만~80만 명의 아랍인들과 5만~6만 명의 유대인들이 살고 있었다. 이들 유대인들은 그곳에서 오래전부터 소수자로 살아온 사람들, 그리고 시오니즘 운동에 따라 19세기 말부터 옮겨와 '유슈프'란 이름의 유대인 정착촌을 어렵사리 꾸려가던 사람들이었다.

그런데 이스라엘의 일부 연구자들은 20세기 초 유대인들이 팔레스타인으로 옮겨오기 시작할 무렵 그 지역은 일정한 거처 없이 떠돌아다니던 베두인 유목 민족 말고는 사람이 별로 살지 않는 '빈 땅'이었다는 억지 주장을 편다. 아랍인들이 말하는 것처럼 토착 아랍인들이 유대인들에게 쫓겨난 것이 아니라는 얘기다. 그들은 1948년 이스라엘 독립 전쟁 때 밀려난 아랍인들은 유대인들이 팔레스타인에 들어와 그 지역 경제가 활성화되자, 주변 아랍 지역에서 옮겨온 새로운 이주민이라고 주장한다. 그런 내용을 담은 대표적인 책이 미국의 유대인 작가이자 CBS 방송 프로듀서 출신의 조안 피터스가 쓴 『태곳적부터From Time Immemorial』(1984년)이다.

19세기에서 20세기에 걸쳐 팔레스타인 인구 지도와 관련된 여러 자료들을 멋대로 왜곡한 이 책은 워낙 황당하면서도 교묘한 내용으

영국의 '밸푸어 선언'에 힘입어 팔레스타인으로 향하는 유대인 이주자들.

유럽 지역에서 배를 타고
팔레스타인으로 향하는
유대인 이주자들.

로 채워져 있어 곧 비판에 부딪혔다. 미국의 일부 양심적인 유대인 지식인들도 "그 책은 엉터리"라며 비판에 나섰다. 그 가운데 한 사람이 노먼 핀켈슈타인(드폴 대학 정치학 교수)이다. 그는 국내에도 소개된 『이스라엘–팔레스타인 분쟁의 이미지와 현실Image and Reality in the Israel-Palestine Conflicts』(2003년)에서 피터스의 책을 "희대의 사기작"이라고 혹평했다. 그러나 『태곳적부터』는 미국 유대인 압력단체들과 유대인들이 장악한 미디어로부터 격찬을 받았고, 유대인들이 "팔레스타인인들은 사실 20~30년 전에 그곳으로 이주한 사람들이며 그 전에는 빈 땅이었다"고 주장할 때 근거를 대는 '권위서'가 됐다.

유대인 토지 매입의 문제점 　　제1차 세계대전이 끝난 뒤 유럽 유대인들의 팔레스타인 이주는 밸푸어 선언에 힘입어 전보다 크게 늘어났다. 유대인 이민자 통계는 자료마다 다르지만, 이 분야에서 권위를 인정받는 프랑스의 진보적인 역사학자 나산 웨인스톡이 쓴 『시오니즘, 거짓 메시아Zionism: False Messiah』(1989년)에 따르면, 전쟁 직후인 1919년부터 1925년 사이에 7만 명쯤의 유대인들이 몰려왔고, 1927년 팔레스타인 지역의 유대인 수는 모두 15만 명으로 불어났다. 10년 전보다 2배 이상 불어난 셈이었다.

1933년 아돌프 히틀러가 독일 총리에 오르고 나치 정권의 유대인 박해가 기세를 떨치면서 주로 독일과 폴란드의 유대인 250만 명이 다른 곳으로 떠났다. 나치의 박해를 피해 유대인들이 향한 곳은 제2차 세계대전 뒤 이스라엘의 강고한 동맹국으로 떠오른 미국이나 영국이 아니었다. 당시 미국은 유대인들이 대거 몰려드는 것을 꺼려, 입국 절차를 까다롭게 함으로써 돈 많은 기업인이나 기술자, 정치적 필요에 따른 지식인 망명자만을 골라 받았다. 밸푸어 선언으로 유대인들의 팔레스타인 대량 이주를 부채질한 영국도 유대인을 반기지 않기는 마찬가지였다.

나치의 박해로 재산과 생명의 위협을 느낀 유럽 유대인 이주자 4명 가운데 3명은 러시아로 옮겨갔다. 유럽의 시오니즘 운동가들이 바랐던 것과는 달리 팔레스타인으로 간 유대인은 20만 명에 그쳤다. 하지만 그런 정도로도 팔레스타인의 인구 지도는 크게 바뀌었다. 1940년 팔레스타인의 유대인은 45만 명에 이르렀고, 시간이 흐를수록 머릿수는 늘어났다. 인구 구성비에서 유대인은 더 이상 토착 아랍인들의 눈치를 살피는 소수자가 아니었다.

여기서 유대인 이주자들의 정착을 도운 아랍인들이 있었다는 점을 짚고 넘어가야겠다. 그들은 대토지를 소유했지만, 직접 농사를 짓지 않고 예루살렘 같은 도시에 머무는 이른바 부재지주였다. 팔레스타인 전체 소작지의 65%가 이들의 소유였다. 시오니즘 운동 지도자들은 이 팔레스타인 지주 계급에게 '적당한' 값을 치르고 팔레스타인의 토지를 대량 매입해 정착촌을 늘려나갔다. 문제는 유대인들의 토지 매입이 결과적으로 팔레스타인 농촌 사회를 무너뜨렸다는 점이다. 수만 명의 아랍 농민(소작농)들이 일자리를 잃고 쫓겨나 절대 빈곤에 시달려야 했고, 일부는 도시의 저임금 노동자로 전락했다.

아랍인들의 저항과 '하가나'   1930년 중반부터 유대인과 아랍인 사이의 마찰음은 여기저기서 커져갔다. 그 무렵 이미 팔레스타인에 살던 아랍인들의 눈에 유대인은 재앙으로 비쳤다. 그들은 영국 통치자들에게 유대인 이주를 그치고, 토지 판매도 금지시키라고 아우성쳤다. 그러나 영국은 이미 유대인 편이었다. 1936년 아랍인들이 총파업과 아울러 무장투쟁을 벌였다. 영국은 3만 명의 군 병력을 동원해 계엄령을 선포하고 아랍 촌락들을 향해 기관총을 마구 쏴댔다. 붙잡힌 아랍 무장 대원들을 즉결 처형하기도 했다. 한편으로 영국은 유대인들이 스스로를 지키기 위해 무장에 나서자 이를 적극 도와주었다. 그 무렵 유대인들은 아랍 원주민들과 총격전을 벌이곤 했는데, 그때 형성된 유대인 민병대 조직들이 팔레스타인 노인들이 지금도 치를 떠는 무장 조직 하가나^{Haganah}*이다. 팔레스타인에 주둔한 영국군은 이들 무장 조직과 합동으로 아랍 게릴라들을 공격했다.

　팔레스타인 원주민인 아랍인들의 불만이 커지고 곳곳에서 폭력 사태가 일어나자, 영국 정부와 군사령관들은 골머리를 앓았다. 그래서 나온 것이 1939년의 『팔레스타인 백서』다. 문서의 뼈대는 "유대인 이민자 수를 앞으로 5년간 해마다 1만 5,000명으로 제한하고, 5년 후에는 금지시킨다"는 것이었다. 지키지 못할 비현실적인 내용이었고, 결과적으로 아랍인들은 다시 한 번 영국에게 속았다.

　유럽 땅에서 제2차 세계대전이 터지자, 영국군은 유대인 무장 조직 하가나를 훈련시켜 시리아와 프랑스(독일에 항복한 비시 괴뢰정권이 다스리던 프랑스)를 공격하는 데 활용하기도 했다. 나산 웨인스톡에 따르면, 제2차 세계대전 말기인 1944년 무렵 하가나 대원은 거의 10만 명에 이르렀다. 영국군의 지원 아래 무장을 강화하고 실전 체험을 쌓

---

* '히브리어로 '방어'를 뜻한다.

20세기 전반기에 팔레스타인을 지배한 영국의 유대인 이주 정책은 현지 아랍인들의 반발을 샀다. 1938년 아랍 폭동 용의자들을 잡아가는 영국군 병사들.

은 하가나 대원들은 몇 년 뒤 벌어진 이스라엘 독립 전쟁(1948년)에서 주력군이 된다.

　팔레스타인 노인들은 지금도 '하가나'라는 단어를 들으면 자다가도 벌떡 일어난다고 한다. 하가나 대원들은 인종 청소를 노린 테러 전술을 폈다. 팔레스타인 마을에 공포를 심어 이들이 피난 보따리를 꾸려 빨리 떠나도록 함으로써 큰 힘 들이지 않고 텅 빈 마을들을 하나둘씩 점령해나갔다. 서안지구 남부 도시 헤브론에서 만난 한 노인은 이렇게 증언했다. "하가나를 비롯한 이스라엘 무장 조직들은 마을 사람들을 쫓아내려고 빈집에다 수류탄을 던져넣었습니다. 피난을 가지 않고 집 안에 버티고 남아 있다가는 죽음을 당한다는 소문이 마을마다 퍼졌고, 그래서 우리도 피난길에 올랐습니다. 그 길이 마지막이 될 줄은 꿈에도 몰랐습니다."

노인은 이스라엘 텔아비브 근처에 두고 온 논밭과 집 소유권을 나타내는 빛바랜 문서와 열쇠 꾸러미를 보여주며 눈물을 흘렸다. 문서엔 팔레스타인을 위임통치하던 영국 관리가 영어로 쓴 서명이 뚜렷이 남아 있었다. 1950년에 유엔 팔레스타인 난민구호기구에 등록된 팔레스타인 난민의 수는 91만 명에 이른다. 당시 팔레스타인 인구가 약 130만 명이었으니, 70%가 이스라엘 건국 과정에서 쫓겨나 고단한 유랑의 길을 떠난 셈이었다.

13장

건국과
테러의 어두운 그늘

제2차 세계대전이 끝나자마자 유대인들은 독립국가 건설에 나섰다. 유대인 민병대 조직들이 앞장섰다. 이들은 팔레스타인 사람들에 대한 테러는 물론, 필요에 따라서는 영국군을 겨냥한 테러도 서슴지 않았다. 이는 폴 뉴먼이 주인공으로 나오는 영화 〈영광의 탈출Exodus〉(1960년)에 잘 그려져 있다. 미국 작가 레온 유리스Leon Uris의 베스트셀러 소설을 원작으로 한 이 영화는 유대인 자본이 장악한 할리우드 영화계의 친이스라엘 성향을 물씬 풍긴다.

1946년 유대인들을 가득 태운 배들이 팔레스타인으로 향하려다 영국군의 제지를 받아 키프로스섬에 갇히자, 유럽의 유대인들은 언론 매체들에 영향을 행사해 "히틀러에게 박해받은 유럽 유대인들이 정당한 피신처를 찾고 있음에도 영국이 그들을 막아섬으로써 인권을 무시하고 있다"는 선전전을 폈다. 일부 유대인들은 폭력적인 행동으로 나섰다. 이르군^{Irgun}* 은 폭탄 테러로 영국군을 공격했다. 이스라엘이 하마스를 테러 단체라고 비난하지만 하마스가 "이스라엘도 지난날 숱한 테러를 저질렀다"고 지적하는 근거이다.

하마스가 꼽는 주요 보기가 1978년 이집트와 평화 협상을 이루어냈다고 노벨 평화상을 받았던 전 이스라엘 수상 메나헴 베긴이다. 이스라엘 민족주의 운동인 시오니즘의 강경파였던 베긴의 삶은 곧 테러리스트의 삶이었다. 1913년생인 베긴은 1938년 극우 시오니스트 청년들의 조직인 베타르^{Betar}의 폴란드 지부장이 됐다. 베타르는 팔레스타인 땅에서 아랍인들을 쫓아내고 유대 국가를 세운다는 깃발을 내걸었다. 1942년 팔레스타인에 발을 디딘 베긴은 1948년까지 이르군의 간부로 활약했다. 이르군은 당시 중동 지역을 지배하던 영국군이 '극렬 테러 조직'으로 낙인찍은 단체였다. 숱한 아랍 현지인들과 영국 점령자들, 그리고 노선을 달리하는 온건 유대인들을 폭탄 테러 또는 암살로 죽였다. 그의 극한 테러 명분은 "하느님의 선민選民인 유대인이 하느님으로부터 약속받은 이스라엘 땅을 되찾기 위한 거룩한 투쟁"이었다.

1946년 7월 22일에 일어난 예루살렘의 다윗왕 호텔 폭파 사건은 베긴이 관계된 테러 가운데 가장 대표적인 것이다. 당시 팔레스타인을 통치하던 영국 행정기관과 영국군 사령부가 호텔 남쪽 편의 두 개 층을 썼는데, 베긴의 폭탄 테러로 장교와 사병을 포함한 영국인 91명이 죽고, 45명이 부상을 입었다. 영국인들을 가능한 한 많이 살상함으로써 영국이 팔레스타인에서 손을 떼게 하려는 것이 베긴의 노림

---

* '히브리어로 '민족 군사 조직'을 뜻한다.

1946년 유대인 극우 무장 조직 이르군이 저지른 예루살렘 다윗왕 호텔 폭파 테러 현장.

수였다. 이는 영국으로 하여금 '팔레스타인 피로 현상'을 가중시키려
는 전략이었다.

대영제국의 이익과 충돌하다　제2차 세계대전 뒤 영국은

이란과 이라크를 비롯한 중동 석유에 대한 자국의 이익을 지키기 위
해 중동 지역의 교두보인 팔레스타인에 대한 지배를 그대로 이어가
려고 했다. 자연스레 지난날 아랍인들을 누르는 데 협력했던 영국 제
국주의와 유대인의 시오니즘은 충돌할 수밖에 없었다. 1946년 무렵
팔레스타인 주둔 영국군은 10만 명으로 늘어났다. 그것은 유대인들
이 바라는 구도가 아니었다.

　유대인들이 두려움 없이 영국군에 맞선 것은 제2차 세계대전 뒤 국
제 질서의 변화를 읽었기 때문이란 분석도 있다. 영국의 진보적 저
널리스트이자 중동 문제 전문가인 필 마셜이 쓴 『인티파다: 시오니
즘, 제국주의, 팔레스타인 저항Intifada: Zionism, Imperialism and Palestinian
Resistance』(1989년)에 따르면, 유대인 지도자들은 제2차 세계대전 뒤
제국주의 열강의 세력 변화를 읽어냈다. 영국이 지난날의 패권적 지
위를 포기할 수밖에 없고 미국이 대신 그 자리에 들어설 것으로 판단
했다. 실제로 미국은 제2차 세계대전의 승리를 이끈 주역으로서 석유
이권에 큰 관심을 갖고 사우디아라비아를 비롯해 중동 지역에 대한
개입의 강도를 높이고 있었다.

　베긴을 비롯한 유대인 지도부의 대영 투쟁 전략은 맞아떨어졌다.
팔레스타인 지역에 대한 장악력이 약해지면서 골치가 아파진 영국
은 이 문제를 유엔으로 떠넘겼다. 1947년 유엔은 특별위원회를 팔레

스타인에 파견한 끝에 "영국의 위임통치를 끝내고 팔레스타인 지역을 아랍 국가와 유대 국가로 나눠야 한다"는 보고서를 내놓았다. 결국 1947년 11월 유엔 총회에서는 '유엔 총회 결의안 181호'에 따라 팔레스타인을 분할하기로 결정했다. 팔레스타인 영토의 56%를 유대 국가로, 44%를 아랍 국가로 나누되, 양쪽이 서로 차지하고 싶어하던 예루살렘은 유엔의 신탁통치 아래 양쪽에 모두 개방된 국제도시로 둔다는 것이 분할안의 뼈대였다. 당시 팔레스타인에는 아랍인 130만 명과 유대인 60만 명이 살고 있었다. 인구 비율이 아랍 7, 유대인 3이었던 점을 떠올리면 이스라엘에게 절대적으로 유리한 구도였다.

그러나 현실에서는 그런 논의도 의미를 잃었다. 이스라엘 무장 조직 하가나와 이르군은 그 무렵 이미 팔레스타인 땅의 4분의 3을 점령한 상태였다. 1948년 5월 14일 건국한 이스라엘은 그 땅에서 쫓겨난 87만 아랍인들의 피눈물 위에 세워진 '피의 국가'다. 이스라엘이 독립국가를 선포한 다음 날 아랍 연합군이 이스라엘을 공격함으로써 제1차 중동전쟁이 벌어졌지만, 결국 이스라엘은 유엔에서 결정했던 것보다 훨씬 더 넓은 땅을 차지했다.

당시 팔레스타인 지역에는 하가나를 비롯한 이스라엘 무장 세력에 총을 들고 맞설 만한 조직적인 아랍 무장 세력이 제대로 없었다. 그에 반해 하가나는 영국의 위임통치가 끝나기 훨씬 전부터 팔레스타인 지도자들을 살해하거나 다른 아랍국들로 쫓아냈다. 팔레스타인 토착민들로선 이집트나 요르단을 비롯한 이웃의 아랍 군대가 하가나를 격파해주길 바랄 뿐이었다.

여기서 짚고 넘어갈 점은 제1차 중동전쟁에 뛰어든 아랍 연합국의 태도다. 이 국가들이 팔레스타인에 개입한 것은 '팔레스타인 독립국가' 건설의 숭고한 뜻을 이루기 위해서가 아니었다. 그들의 관심은 '유엔 총회 결의안 181호'를 통해 아랍 국가 몫으로 주어진 '팔레스타인 영토의 44%'를 차지하는 데 있었다. 역사를 돌아보면, 정치 지도자와 민중의 생각은 일치하는 경우보다 어긋나는 경우가 많다. 1948년의 팔레스타인 주변 아랍국들이 그랬다. 그때 많은 아랍 민중들은 "같은 무슬림 형제인 팔레스타인 사람들이 독립국가를 세우도록 도와줘야 한다"는 생각을 품고 있었다. 그러나 아랍국 지도자들은 그런 목소리에 진지하게 귀를 기울이지 않았다. "아랍 연합국이 이스라엘을 지중해로 몰아넣고 팔레스타인 독립국가를 세우려 했으나 실패했다"는 이스라엘의 주장은 처음부터 허구였음을 알 수 있다.

1948년 5월 14일 이스라엘이 독립을 선포한 바로 다음 날부터 2만 명에 이르는 아랍 연합(이집트, 시리아, 이라크, 요르단, 레바논) 군대가 움직였다. 전쟁 초반엔 아랍 연합군이 예루살렘을 곧 점령할 듯이 기세를 올렸지만, 끝내 이스라엘군을 압도하지 못했다. 죽기 살기로 싸우는 유대인들에게 적수가 못되었다. 결국 이스라엘은 유엔이 할당해준 56%보다 더 넓은 78%의 땅을 차지했고, 요르단은 서안지구, 이집트는 가자지구를 자국의 지배 아래 두는 것으로 전쟁은 막을 내렸다.

독립국가를 간절히 바랐던 많은 팔레스타인 사람들은 전쟁 과정에서 아랍 연합국이 보인 태도에 엄청난 실망과 분노를 느꼈다. 특히 서안지구를 차지해 요르단 영토로 선포한 압둘라 1세 요르단 국왕에 대해선 배신감을 넘어 증오심마저 품었다. 결국 1951년 7월 20일, 동예루살렘의 알 아크사 사원에 예배드리러 온 압둘라 1세를 21세의 팔레스타인 청년이 권총 3발을 쏴 죽이는 사건이 터졌다. 그 무렵 팔

유대인 무장 조직 하가나 대원들.

레스타인 사람들의 분노와 좌절감의 깊이가 어느 정도였는지를 짐작하게 만든다.

노벨 평화상 수상자와 테러리스트   1947년부터 1949년 사이에 아랍 원주민들을 공포로 몰아넣었던 주역들의 이름을 꼽자면, 하가나, 이르군, 스턴 갱Stern Gang 등 여러 무리의 유대인 무장 테러 단체들이다.

스턴 갱의 지도자는 극우 유대인 테러리스트 아브라함 스턴이었다. 그는 1948년 유엔이 팔레스타인 사태를 평화적으로 해결하기 위해 현지 특사로 파견했던 스웨덴 외교관 폴케 버나도트를 암살하여 국제적으로 비난받았다. 스턴과 그의 부하들은 평화 쪽으로 가려는 판을 깨고 힘으로 자신들의 주장을 밀어붙이기 위해 테러 전술에 의존했다. 스스로를 '이스라엘을 위한 전사들'이라고 일컬었던 그들은 1940년에서 1949년 사이에 여러 폭탄 테러를 저지르면서도 "우리는 자유, 정의, (억압으로부터의) 저항과 해방을 목표로 투쟁한다"고 주장했다.

1977년부터 1983년까지 이스라엘 수상을 지낸 메나헴 베긴은 지금도 많은 이스라엘 사람들이 존경하는 인물이다. 내가 뉴욕의 유대인 친구에게 베긴의 테러 행위 전력을 지적하자, 그는 발끈했다. "베긴은 오늘날의 하마스 지도자들과는 달랐네. 그는 되도록이면 민간인들을 살상하지 않으려고 노력했지. 그의 공격 목표는 영국군이었으니까." 다윗왕 호텔 폭파 사건을 말하는 것이지만, 실상을 들여다보면 베긴의 이르군이 영국 군인들만 테러의 제물로 삼은 것은 아니었다. 절대다수의 희생자는 팔레스타인의 현지 아랍인들이었다. 이를테면 1948년 4월 이르군은 '데이르 야신'이란 아랍인 마을의 주민들을 200명가량 학살하는 만행을 저질렀다. 그러한 학살은 테러 전술에 따른 것이었다. 1948년 이스라엘의 이른바 독립 전쟁 과정에서 팔레스타인 사람들이 대대로 살던 집과 논밭을 버리고 피난 보따리를 싼 것은 집단 학살의 공포를 퍼뜨린 이스라엘의 테러 전술 탓이 컸다.

유대인 무장 조직 지도자들이 독립국가 이스라엘의 지도급 정치인으로 탈바꿈한 것도 여기서 짚고 넘어가야 할 대목이다. 1993년 이스라엘-팔레스타인 평화협정(오슬로 평화협정)에 서명함으로써 1994년 노벨 평화상을 수상했던 이츠하크 라빈을 비롯, 식물인간으로 8년 동안 누워 있다 2014년 숨진 아리엘 샤론, 1967년 이스라엘 국방부 장관으로 제3차 중동전쟁을 승리로 이끌어 '6일전쟁의 영웅'으로 떠올랐던 모세 다얀 등 이스라엘 정치권을 주름잡았던 사람들이 모두 유대인 무장 조직 하가나 출신이다. 이스라엘 건국 과정에서 총을 들었던 이츠하크 라빈이 40년 뒤인 1995년 팔레스타인과의 평화 협상에 반대하던 유대인 극우 청년 이갈 아미르가 쏜 총에 암살당한 사실은 역사의 아이러니라고 할 수 있다.

이르군 지도자 메나헴 베긴도 정치인으로 변신해 성공을 거두었다. 1977년 총선에서 리쿠드당이 이겨 총리가 됐고, 이집트 사다트 대통령과 함께 노벨 평화상을 받았다. 이스라엘이 제3차 중동전쟁(1967년) 때 차지했던 시나이반도를 이집트에게 돌려주면서 미국이 주선한 이스라엘-이집트 평화 협상(1978년)을 이루어냈기 때문이다. 시나이반도 점령을 포기했다 하더라도 이스라엘이 팔레스타인 지역을 그대로 점령하고 있는 상황에서 베긴에게 노벨 평화상이 주어진 것은 두고두고 논란거리로 남았다. 강도가 빼앗은 물품을 주인에게 다시 돌려줬다고 모범 시민상을 받을 수 있을까.

베긴은 '저항Revolt'이라는 제목의 회고록(1952년)을 남겼다. 1944년에서 1948년까지 베긴이 팔레스타인 지역의 영국 통치권자들을 상대로 벌인 테러 활동 기록이다. 그는 "선조들의 옛 땅에 유대인 국가를 세우기 위해, 우리 유대인 자유 전사들이 벌인 투쟁을 그린다"고 적었다. 여기서 우리는 하마스를 테러 조직이라고 낙인찍어온 이스라엘도 지난날 테러 행위로 많은 사람들의 생목숨을 빼앗았다는 점

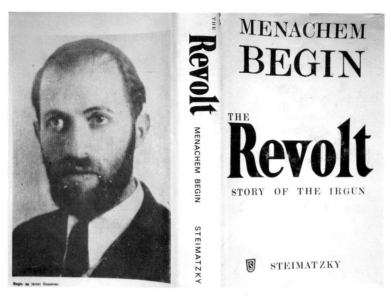

이르군 지도자 메나힘 베긴의 회고록『저항』(1952년 판). 베긴은 이 책에서 영국을 상대로 벌인 테러 활동을 "유대인 자유 전사들이 벌인 투쟁"이라고 주장했다. 하마스는 그런 베긴의 주장을 빌려, "하마스의 투쟁도 팔레스타인 자유 전사들의 투쟁"이라고 주장한다.

을 확인할 수 있다. 하마스는 그런 베긴의 주장을 빌려, "우리 하마스의 투쟁도 팔레스타인 자유 전사들의 투쟁"이라고 주장한다. 베긴이 쓴 책의 주어와 목적어만 바꾸면 그대로 오늘의 상황을 설명할 수 있다는 얘기다.

테러를 보는 미국의 시각

일반적으로 국가가 현상 유지에 초점을 맞춘다면, 테러리스트들은 정치사회적 변화와 개혁을 추구한다. 테러를 통해 공포를 확산시켜 정치적 목적을 이루는 것이 테러리스트들의 목표다. 정치적 동기를 지닌 테러의 궁극적인 목적은 "공포를 확산시켜 국가로부터 정치적 양보를 받아내는 것"이다. 따라서 테러는 잔인하게 벌어진다. "테러가 온건하게 벌어졌다"는 말은 어법상 모순이다. 9·11 테러가 극단적인 예다.

9·11이 낳은 여러 신조어 가운데 단연 눈길을 끈 것이 '테러와의 전쟁'이다. 미국이 벌여온 '테러와의 전쟁'은 '전쟁-종전 협정-평화'라는 고전적인 등식과는 거리가 멀다. '테러와의 전쟁'은 전 세계 반미 저항 세력들을 상대로 벌이는 21세기의 새로운 무한 전쟁이다. 독일의 철학자 임마누엘 칸트는 "영구 평화는 무덤 속에서나 가능하다"고 말했지만, 미국이 벌이는 '테러와의 전쟁'은 영구 전쟁이나 다름없다. 워싱턴의 집권자들은 테러리스트의 뿌리를 뽑을 때까지 '테러와의 전쟁'을 지속하겠다고 말해왔다. 그렇다면 미국이 바라는 대로 테러의 뿌리가 뽑힐까. 그래서 테러와의 전쟁이 막을 내릴 수 있을까?

미국의 양심적 지식인 노암 촘스키(매사추세츠 공과대학 언어학 교수)를 비롯, 미국의 대외 강공책을 못마땅하게 여기는 비판자들은 '테러와의 전쟁'이 21세기 미국의 패권을 확장하는 이데올로기적인 명분 또는 겉치레에 지나지 않는다고 말한다. 지구촌을 휩쓰는 테러의 뿌리에는 미국의 잘못된 대외 정책이 자리하고 있다. 테러는 그에 대한 저항운동의 성격이 짙다. 미국의 석유 자원 챙기기, 일방적인 친이스라엘 정책, 더 나아가 유일 초강대국으로서 세계를 힘으로 지배하겠다는 패권 전략을 비판하는 물리적 저항이 곧 테러다.

미국 국무부는 해마다 『전 세계 테러 보고서Country Reports on Terrorism』를 발간한다. 이 보고서에 나오는 테러 단체들 대부분은 중동 지역의 이슬람계 조직이다. 알카에다를 비롯해 헤즈볼라, 쿠르드노동자당(PKK, 터키), 혁명인민해방당/전선(DHKP/C, 터키), 무장이슬람

그룹(GIA, 알제리), 알감마 알이스라미야(IG, 이집트), 알지하드(이집트) 등이다. 대이스라엘 항쟁에 초점을 맞춘 팔레스타인계 조직으로는 하마스, 팔레스타인 이슬람 지하드(PIJ), 팔레스타인 인민해방전선(PFLP) 등이 있다.

이 보고서의 특징은 모든 팔레스타인 무장 조직들을 테러 단체로 규정했다는 점이다. 팔레스타인 현지 사람들이 '이스라엘의 압제에 맞서 자유 독립을 쟁취하려고 싸우는 조직'으로 보는 시각과는 180도 다르다. 보고서에 나타난 이스라엘 테러 단체는 랍비의 아들이 만든 '카하네 차이Kahane Chai'뿐이다. 이 테러 조직의 뿌리는 '카흐Kach'로, 미국 시민권을 가진 과격한 이스라엘 랍비 메이어 카하네가 창설했다. 1990년 카하네가 미국에서 암살된 뒤 그의 아들 빈야민 카하네가 카흐의 한 분파로 만든 게 카하네 차이다. 이 조직의 이념은 "유대인에게 약속된 거룩한 땅에서 아랍인들과 함께 살 수 없다"는 것이다. 따라서 어떠한 평화 협상도 거부한다. 1993년 오슬로 평화협정으로 팔레스타인 자치정부가 들어서는 것에도 한사코 반대했다.

1994년 한 극우파 유대인이 헤브론의 한 이슬람 사원에 들어가 예배를 드리고 있던 무슬림들을 겨냥해 마구잡이로 총을 쏘아 29명을 죽인 사건의 배후에도 카하네 차이가 있다. 범인인 바루흐 골드스타인은 미국 보스턴에서 의사로 일하다가 이스라엘로 이민을 온 극우파 유대인이자 카하네 차이 조직원이었다. 여기서 짚고 넘어갈 점은 골드스타인의 범죄로 말미암아 하마스의 자살 폭탄 테러가 시작됐다는 것이다. 그 사건이 터지기 전까지 하마스는 자살 폭탄 공격을 벌이지 않았다. 유대인 테러 조직이 하마스 자살 폭탄 테러의 뇌관을 건드린 셈이다.

이스라엘 정부는 1994년 카하네 차이를 테러리스트 집단으로 낙인찍었다. 2005년 이스라엘 군복을 입은 채 팔레스타인 아랍계 주민들이 가득 탄 버스 안에서 총기를 난사했던 한 탈영병도 카하네 차이 소속으로 밝혀졌다. 조직의 우두머리 빈야민 카하네는 2000년 그의 아내와 함께 서안지구에서 차를 몰고 가다가 오래전부터 그의 목숨을 노려온 팔레스타인 저격수의 총에 맞아 죽었다. 그 뒤로 카하네 차이는 빈야민의 죽음에 대한 복수를 다짐하면서, 팔레스타인 사람들과 일부 온건한 성향의 이스라엘 관리들의 목숨을 위협해왔다. 2000년 2차 인티파다가 일어난 뒤 유대인들이 저지른 여러 유혈 사건들의 배후에도 카하네 차이가 관련됐을 것으로 믿어진다. 이들은 미국과 유럽의 동조자들로부터 재정적 지원을 받는 것으로 알려져 있다.

유대인 테러와 하마스 테러는 같은 맥락

메나헴 베긴을 비롯한 극단주의자들이 테러 전술로 이스라엘 건국에 이바지했다면, 알제리 민족주의자들도 테러 전술로 프랑스로부터 독립을 쟁취하는 데 성공한 역사적 사례로 꼽힌다. 알제리 독립 전쟁(1954~1962년)은 의사였던 프란츠 파농이 쓴 『대지의 저주받은 사람들Les damnes de la terre』(1961년)을 통해 우리에게 알려졌다.

식민지 종주국 프랑스의 압도적인 군사력에 맞서 알제리의 게릴라 저항 조직 민족해방전선(FLN)은 처음엔 프랑스인을 겨냥한 테러를 되도록이면 피하고자 했다. 프랑스 식민 통치의 상징적인 존재들, 이를테면 식민 통치기관 건물, 프랑스 주둔군 시설물과 경찰서, 그리고 프랑스 관리들과 친프랑스 알제리 협력자들을 처단하기 위해서만 테러를 저질렀다. 그러나 전쟁 2년째인 1956년 6월 프랑스 점령 당국이 FLN 죄수 2명을 기요틴으로 죽이자, FLN은 프랑스인들을 겨냥한 무자비한 테러를 가하기 시작했다. 72시간 사이에 49명의 프랑스인이 죽었다. 대부분은 알제리에 머물던 프랑스 정착민들이었다.

알제리 독립 전쟁을 제대로 분석한 책으로 정평이 나 있는 앨리스테 어혼의 『평화를 위한 야만적 전쟁: 알제리 1954~1962^{A Savage War of Peace: Algeria, 1954~1962}』(1977년)에 따르면, FLN은 테러 전술을 폄으로써 '알제리 사태의 국제화'를 노렸다. 당시 FLN 지도자였던 람다네 아바네는 "우리 알제리인들의 투쟁이 세계로부터 '잊힌 전쟁'이 돼서는 안 된다. 테러 전술이야말로 알제리 독립 전쟁에 대한 국제적인 관심을 끌 수 있고, 독립에 도움이 된다"며 "적을 10명 죽였지만 언론에 알려지지 않는 것보다는 1명의 적을 죽이더라도 다음 날 미국 신문에 알려지는 게 훨씬 낫다"고 말했다.

알제리의 프랑스 정착민들을 비롯한 숱한 민간인들이 피를 흘리긴 했지만, 결과적으로 테러 전술은 효과가 있었다. 프랑스 샤를 드골 장군은 1962년 결국 알제리의 독립을 인정할 수밖에 없었다. 테러의 요점은 한편으로는 공포를 퍼뜨리고, 다른 한편으로는 대중과 국제사회의 관심을 이끌어냄으로써 바라는 정치적 목표를 이루는 것이다. 이렇게 보면, 지난날 이스라엘이 건국 과정에서 벌였던 테러 전술이나 이즈음 하마스가 벌이는 테러 전술도 결국은 같은 맥락이다.

14장

하마스는
왜 투쟁의 깃발을 올리는가

중동 취재를 갈 때마다 현지에서 떠오르는 느낌이 하나 있다. "죽음이 휴지처럼 가볍다"는 것이다. 죽음이 일상처럼 되풀이되는 곳이 바로 중동이다. 벤구리온 국제공항에 내려 예루살렘 숙소에 도착해 TV를 켜자, 텔아비브에서 가까운 한 마을에서 자살 폭탄 공격으로 2명이 죽었다는 소식이 들려온다. 나중에 밝혀진 사실이지만, 범인은 16세의 팔레스타인 소년이었다. 이스라엘의 강압 통치에 맞선 유혈 투쟁의 희생자가 늘어나면서 팔레스타인의 깊은 좌절과 분노는 10대 청소년들마저 허리춤에 폭탄을 차고 나서게 만들었다. 다음 날엔 텔아비브 나이트클럽으로 돌진하는 폭탄 차량 운전자를 향해 경비원이 총을 쏴 저지한 사건도 일어났다.

이런 잦은 폭탄 공격 사건으로 이스라엘 사람들은 일종의 '테러 강박증'에 걸려 있다 해도 지나친 말이 아니다. 신앙심이 매우 깊은 유대교도인 민박집 주인은 "사람들이 많이 모이는 레스토랑이나 백화점, 극장 같은 곳엔 절대 가지 않는다"고 했다. 예루살렘 중심가인 자파 거리의 한 카페에서는 자살 폭탄 테러가 일어나는 바람에 임신부가 죽었다. 그 카페를 물어 찾아가봤다. 50대 후반의 유대인 사장은 보안 요원 한 사람을 고용해 입구에 세워두고 있었다. 이른바 '영업 외 비용'을 치르고 있는 셈이었다. 그 카페뿐만이 아니었다. 맥도날드 햄버거 매장, 슈퍼마켓, 나이트클럽 등 대중이 많이 드나드는 곳에는 어김없이 사설 보안 기업에서 파견된 요원들이 허리에 권총을 찬 채 서성였다.

자신의 목숨을 초개처럼 버리고 자살 폭탄 테러마저 마다하지 않으며, 이스라엘 점령군의 억압에 맞서 저항하는 팔레스타인 사람들, 그들은 누구인가. 2000년 9월에 터진 2차 인티파다 주력군으로는 1차 인티파다 초기인 1987년에 만들어진 하마스의 군사 부문 이즈 알딘 알카삼 여단(1991년 출범), 팔레스타인 자치정부에 충성하는 알 아크사 순교여단(2000년 출범), 아랍민족주의와 마르크스레닌주의를 결합한 팔레스타인 인민해방전선(PFLP)(1967년 출범), 이슬람 지하드(1980년 출범) 등이 있다.

노선상의 차이로 본다면 하마스와 이슬람 지하드는 '이슬람 근본주의'에 바탕한 이슬람 국가 건설을 지향하는 반면, PFLP는 아랍민족주의와 마르크스레닌주의를 결합한 조직이고, 알 아크사 순교여단은 대이스라엘 투쟁 전략에서 강경파인 하마스에 비해 온건파로 분류되는 파타에 충성하는 무장 조직이다. 이 장에서는 하마스에 대해 다루고, 다음 장에서 다른 투쟁 조직들의 성향과 서로 간의 관계에 대해 살펴보기로 한다.

얼굴을 가린 하마스 대원.

순교 작전인가, 테러인가

팔레스타인 투쟁 조직들 가운데 대중적인 지지 기반과, 탄탄하고 강한 조직력을 갖춘 것이 하마스다. 2000년 9월 말 2차 인티파다가 터진 뒤 '하마스의 자살 폭탄 공격＝이스라엘군의 강경 대응'이란 군사적 등식은 중동 정치를 설명하는 하나의 공리公理로 자리 잡았다. 친이스라엘 정책을 펴온 미국 국무부는 해마다 봄에 발표하는 『전 세계 테러 보고서』에서 하마스를 테러 단체로 낙인찍어왔다. 팔레스타인에 동정적인 태도를 보여왔던 유럽 연합도 2003년 하마스를 테러 단체로 규정한 바 있다.

하마스는 자살 폭탄 공격자를 테러리스트가 아닌 '자유 전사'이자

'순교자'로 부른다. 현지 취재 과정에서 만났던 하마스 지도자들은 이스라엘의 국가 테러와 팔레스타인 강점 정책에 맞서는 약자로서 자살 폭탄 공격은 유효한 투쟁 전술이란 논리를 폈다.

1차 인티파다 때만 해도 하마스는 자살 폭탄 공격 전술을 전혀 쓰지 않았다. 하마스가 처음 자살 폭탄 공격을 편 것은 1994년 4월이다. 이스라엘의 한 음식점 주차장에 서 있던 버스 2대 사이로 짐을 가득 실은 소형 트럭이 부딪혀 8명이 죽고 50명이 중경상을 입었다. 이 테러는 그해 2월, 앞서 살펴본 유대인 테러 조직 '카하네 차이' 조직원인 바루흐 골드스타인이 이슬람 사원을 공격해 29명을 죽인 사건에 대한 보복이었다. 이때부터 하마스는 수백 건의 자살 폭탄 공격을 감행했다.

이스라엘 국방부 통계자료에 따르면, 2000년 11월부터 2004년 4월까지 3년 반 동안 하마스는 425건의 자살 폭탄 공격으로 377명의 이스라엘 시민과 군인들을 죽이고 2,076명에게 부상을 입혔다. 하마스는 자신들의 군사력이 이스라엘에 비해 턱없이 뒤지는 불균형 비대칭 전쟁에서 '순교 작전'은 불가피한 선택이라고 주장했다. 이스라엘의 국가 폭력에 맞서 '약자의 무기'로서 테러 전술을 폈다는 것이다. 2002년 하마스 지도자 압둘 아지즈 란티시를 가자지구에서 만났을 때 그는 "이스라엘이 팔레스타인 민간인들에 대한 공격과 압제를 그만두면 순교 작전을 멈추겠다"고 했다.

국제사회의 비난 여론이 높아가자, 하마스는 2005년부터 점차 자폭 테러 공격(순교 작전)을 삼갔고, 2006년 4월 "앞으로 순교 작전을 중지하겠다"고 선언했다. 3개월 전에 치러졌던 팔레스타인 자치의회 총선에서 하마스 소속 후보들이 대거 당선돼 제1당으로 올라서며 하마스 내각을 구성한 시점이었다. 하마스로서는 책임 있는 공당으로서의 이미지가 요구됐기에 그런 결정을 내렸던 것이다.

하마스의 뿌리, 무슬림 형제단

하마스는 '팔레스타인을 지키는 이슬람 운동'의 아랍어 머리글자를 합쳐 만든 이름이다. 1차 인티파다가 일어난 1987년 말에 전직 교사 출신의 셰이크 아흐메드 야신에 의해 조직됐다.

하마스의 역사는 곧 창립자 야신의 투쟁사다. 하마스의 뿌리는 '무슬림 형제단'이라는 이슬람 운동 조직으로, 아랍어로는 '알 이크완 알무슬리문'이라고 일컬어진다. 팔레스타인 무슬림 형제단을 정치결사의 형태로 그 색깔을 보다 뚜렷이 바꾼 것이 바로 하마스다.

무슬림 형제단은 1928년 이집트에서 교사 출신의 하산 알 반나(1906~1949년)가 조직했다. 그는 당시 이집트를 다스리던 영국이 이집트를 세속화시켜 무슬림들을 타락시키고 있다는 생각 아래 이슬람 부흥 운동을 폈다. 이슬람 근본주의를 바탕으로, 가난하고 소외된 민중들을 위한 일종의 이슬람교 공동체를 다져나가는 것이 무슬림 형제단의 목표였다. 알 반나가 무슬림 형제단의 깃발을 올리자 이집트뿐 아니라 중동 지역에서 뜨거운 호응을 얻었다. 무슬림 형제단은 그 뒤로 이슬람권에서 주요 사회운동으로 발전해왔고, 현재 70여 개국에서 활동 중이다. 이슬람 근본주의라는 강한 정치 색깔 때문에 이집트와 시리아를 비롯한 일부 국가에서는 통치권자들로부터 탄압과 견제를 받기도 했다.

샤울 마이샬(텔아비브 대학)과 에이브라함 셀라(히브리 대학) 두 교수가 함께 펴낸 하마스에 관한 연구서 『팔레스타인 하마스: 비전, 폭력 그리고 공존The Palestinian Hamas: Vision, Violence, and Coexistence』(2000년)에 따르면, 1930년대 전반기에 이미 팔레스타인 사회에 무슬림 형제단의 초기적 형태가 나타났다. 그 가운데 하이파 지부를 이끌었던 셰이크 이즈 알딘 알카삼은 유대인들과 당시 팔레스타인을 다스리던 영국인 관리들을 암살했다. 알카삼은 그러한 행위를 지하드(성전)라고 여겼다. 1935년 영국군과의 총격전에서 피살됐지만, 팔레스타인은 그를 민족적 영웅으로 기린다(하마스의 군사 부문이 '이즈 알딘 알카삼 여단'이라고 일컬어지는 것도 이런 배경 때문이다).

하마스는 이슬람 형제주의 정신을 바탕으로, 부패하고 세속적인 팔레스타인 자치정부 관리들과는 달리 국제사회의 구호 물품을 빼돌리지 않고 효율적으로 분배해왔다. 그래서 국제 구호 기관들로부터도 신용을 쌓은 상태다. 가자지구에서 만난 유엔 팔레스타인 난민구호기구의 한 실무자는 "하마스를 통해 구호 물품을 전달하면 정확한데, 팔레스타인 자치정부를 통해 전달하면 누수가 생겨났다는 사실을 나중에 알게 됩니다"라고 귀띔했다. 2006년 1월 팔레스타인 총선에서 하마스가 온건파인 파타를 누르고 승리했던 것도 하마스의 높은 도덕성과 그동안 줄기차게 보여준 대이스라엘 강경 투쟁에 팔레스타인 민초들의 마음이 움직인 결과로 풀이된다.

하마스를 키운 것은 이스라엘　1967년 6일전쟁으로 서안지구와 가자지구가 이스라엘군의 무단통치 아래 들어간 뒤, 팔레스타인 무슬림 형제단의 지도자로 떠오른 인물이 셰이크 아흐메드 야신이다. 고향인 애쉬켈론(가자지구 북쪽에 가까운 이스라엘 도시)에서 쫓겨나 가자지구 샤티 난민촌에 머물던 야신은 1968년부터 가자지구를 중심으로 무슬림 형제단 조직을 키워나갔다. 교사 출신의 야신은 1973년 '알 무자마 알이슬라미(이슬람센터)'를 창립, 교육과 빈민 구호 활동 등 무슬림 형제단 운동을 본격화했다. 청소년과 여성들이 무슬림 형제단의 일꾼으로 참여하기 시작했다.

처음에 이스라엘 점령 당국은 야신의 이슬람센터를 합법적인 조직으로 인정하지 않으려 했다. 하지만 이후 야세르 아라파트가 이끄는 세속적 정치조직이자 팔레스타인 저항 세력의 구심점인 팔레스타인 해방기구(PLO)에 맞서 이슬람교적 색채가 강한 야신의 형제단을 키움으로써 팔레스타인 사회를 분열시키겠다는 책략을 세웠다. 사실 오사마 빈라덴의 힘을 키운 것도 아프가니스탄 내전에 개입한 미국의 CIA였다. 동서 냉전 시대였던 1980년대에 CIA는 오사마 빈라덴에게 무기와 자금을 대주며 아프가니스탄을 지배하려는 소련군에 맞서도록 부추겼다. 마찬가지로 오늘의 하마스를 키운 것도 이스라엘이란 사실이 흥미롭다.

워싱턴의 국제전략문제연구소(CSIS)의 중동 문제 전문가 토니 코데스먼이 쓴 한 문건에 따르면, "당시 이스라엘은 아라파트의 PLO를 견제하기 위해" 정책적으로 야신의 '무슬림 형제단' 조직을 밀어주었다. 이스라엘 정보부인 모사드의 전 책임자가 소장인 이스라엘 대테러연구소(ICT)의 내부 문건도 그런 사실을 짚었다. "1967년 6일전쟁에서 이스라엘이 이겼을 때까지도 팔레스타인 사회 안에서 종교(이슬람교)에 바탕을 둔 사회운동은 약했다. 이스라엘은 아라파트의 PLO를 견제하기 위해 야신의 이슬람센터를 직접 또는 간접적으로 도와주었다."

　야신이 창립한 이슬람센터는 이스라엘의 묵인 아래 종교적 선전과 사회사업 등을 펼치면서 대중적 지지도와 조직을 넓혀갔다. '다와 Dawah'라고 일컬어지는 운동의 하부구조는 가자지구를 중심으로 생존의 벼랑 끝으로 내몰린 난민들과 그 자녀들을 위한 이슬람 교육 시설과 문화시설이었다. 야신의 조직은 가자지구에서 서안지구로 넓혀가면서 영향력을 키웠다. 재정은 아랍 산유국들로부터 도움을 받았는데 사우디 왕조가 특히 큰 후원자였다.

　야신의 힘을 키워 아라파트에 맞서게 함으로써 팔레스타인 사회를 분열시켜보겠다는 이스라엘의 정책적 계산이 잘못됐다는 게 드러나기 시작했다. 1979년 이란에서 호메이니가 이끄는 이슬람 혁명이 일어난 뒤, 이란의 지원을 받는 헤즈볼라가 레바논 남부 이스라엘 접경지대에서 이스라엘군과 무력 충돌을 벌였다. 이런 변화된 상황은 팔레스타인 이슬람 운동에도 커다란 힘이 됐다. 야신은 이슬람센터를 이끌면서 팔레스타인 민족주의에 뿌리를 둔 대이스라엘 저항 의식을 꾸준히 심어나갔다. 급기야 이스라엘 당국은 야신을 위험인물로 점찍고 1983년 불법 무기 소지 혐의로 감옥에 가두었다가 2년 뒤 풀어주었다. 하지만 이렇게 옥고를 치르면서 야신은 팔레스타인 저항운동의 구심점으로 자리 잡았다. 한편 야신의 이슬람센터가 1980년대에 세력을 키운 배경에는 아라파트가 이끌던 PLO가 이스라엘의 압박으로 해외를 떠돌았기 때문이기도 하다. 1987년 1차 인티파다가 일어났을 때 이스라엘 당국은 야신의 조직력이 엄청나다는 사실을 직접 눈으로 확인했다. 야신이 하마스를 창립한 것은 1차 인티파다가 터진 직후였다.

하마스의 역사는 곧 야신의 투쟁사

하마스 창립 다음 해인 1988년 여름 이스라엘군은 가자 시내 야신의 집을 습격하여 그를 레바논으로 추방하겠다고 위협했고, 결국 1989년 봄 야신은 수백 명의 하마스 대원들과 함께 체포되었다. 유대인 정착민들과 팔레스타인 내부의 이스라엘 '협력자'들을 칼로 위협했다는 혐의였다. 1차 인티파다 기간 동안 팔레스타인 사람들이 지닌 무기는 칼이 고작이었다. 9가지 죄목으로 기소된 야신은 무기징역에 15년 유기징역을 더 얹은, 사실상의 장기수 처지가 됐다. 이스라엘 수사기관에서의 엄한 심문 탓에 야신은 오른쪽 눈의 시력을 거의 잃었고, 어릴 때 운동을 하다 다친 하반신도 그때의 옥고로 완전히 마비됐다.

이스라엘 정부 안에서도 하마스 창립자로서 대중적 지지도가 높은 야신이 옥사할 경우에 불어닥칠 회오리를 피하기 위해서도 조기 석방 조치가 바람직하다는 말들이 조심스레 오갔다. 그럴 즈음 결정적인 사건이 터졌다. 1997년 9월 요르단에서 모사드가 야신을 대신해 하마스를 이끌던 칼리드 마슈알을 암살하려다 실패한 것이다. 당시 모사드 요원 2명은 캐나다 여권을 위조해 신분을 속인 채로 요르단에 입국하여 마슈알의 귀에 독극물을 부어넣어 죽이려 했다. 이 대담한 암살 공작은 2017년 쿠알라룸푸르국제공항에서의 북한 김정남 피습 사건을 떠올리게 한다. 그러나 암살 공작은 실패로 끝났고, 모사드 요원들은 마슈알 경호원과의 격투 끝에 요르단 경찰에 넘겨졌다.

요르단의 입장에서 보면 엄청난 주권 침해였다. 더구나 요르단은 국민의 절반 이상이 팔레스타인 난민으로 이뤄져, 후세인 국왕은 국민들의 흉흉한 반이스라엘 정서를 무시하기 어려웠다. 여권을 위조당한 캐나다 정부도 이스라엘을 비난하고 나섰다. 이 사건을 푸는 중

하마스의 창립자이자 정신적 지도자인 세이크 아흐메드 야신을 기리는 벽화. 야신은 2004년 이스라엘군의 헬기 공격으로 피살됐다.

재자는 역시 이스라엘의 강력한 후원국인 미국이었다. 요르단이 모사드 요원 2명을 이스라엘에 넘겨주는 대가로 하마스 지도자 세이크 아흐메드 야신이 풀려났다. 당시 팔레스타인 자치정부를 막 출범시켰던 야세르 아라파트는 가자지구로 돌아온 야신의 이마에 입을 맞추며 환영했다. 하지만 두 사람은 정치적 노선이 크게 달랐기에 서로를 비판하는 입장이었다.

야신이 무기징역형을 받고 이스라엘 감옥에 갇히자 하마스의 지도력에 위기가 닥쳤다. 야신이 풀려나기까지 8년 동안(1989~1997년) 지도력의 공백을 메운 것은 30대 후반에서 40대 초반의 고등교육을 받은 전문 인력들이었다. 그들은 대부분 야신의 영향력 아래 젊은 날을 보냈고, 야신이 조직한 이슬람센터의 장학금으로 이집트 같은 아랍권에서 공부한 전력이 있었다. 하마스 지도자 압둘 아지즈 란티시도 그런 재정적 지원 아래 카이로에서 의과대학을 나와 의사가 됐다. 1991년 하마스 군사 부문인 이즈 알딘 알카삼 여단을 창설한 것도 이들 30~40대 지도층이었다. 이들 가운데 일부는 이스라엘의 압박을 피해 시리아나 레바논 같은 곳에 머물고 있다.

야신이 이스라엘 감옥에 갇혀 있는 동안 해외에서 하마스 정치위원회를 이끈 인물이 칼리드 마슈알이다. 1956년생인 마슈알은 쿠웨이트에서 교사로 일하다가 하마스에 가입했고, 1996년 하마스 정치위원회 위원장으로 뽑혔다.

한편 2011년 중동을 휩쓴 아랍의 봄은 하마스 지도부에게도 영향을 미쳤다. 이스라엘의 암살 위협을 피해 시리아 다마스쿠스를 근거지로 삼아 활동해온 하마스 망명 지도부는 그동안 편의를 제공해왔던 아사드 시리아 대통령과 결별하고, 시리아 민주화를 외치며 독재 정권에 맞서 일어난 시리아 민중을 지지했다. 이 때문에 2012년 초 마슈알은 근거지를 카타르 도하로 옮겼다.

많은 하마스 간부들이 이스라엘의 암살 위협에 놓여 있다. 마슈알은 지금도 이스라엘의 표적 사살 대상이다. 이스라엘은 해외 망명 중인 마슈알을 죽이겠다고 공공연하게 밝히고 있다. 마슈알은 모사드의 암살 공작을 피하기 위해 끊임없이 주거지를 옮기고, 전화번호도 자주 바꾸는 것으로 알려져 있다. 중동 취재를 갈 때마다 마슈알의 인터뷰를 추진했지만, 이뤄지지 않았다. 마슈알이 자신의 목숨을 노리는 이스라엘 정보기관을 의식하여 언론과의 개별 접촉을 끊고 지내기 때문이다.

이스라엘은 그동안 하마스 지도자를 표적 사살하는 데 힘을 쏟았고, 2004년 봄 가자지구에서 하마스의 창립자이자 정신적 지도자인 셰이크 아흐메드 야신과 하마스 정치위원회 간부인 압둘 아지즈 란티시를 한 달 간격으로 제거하는 데 성공했다. 이 일로 하마스 무장대원들은 "1,000배의 복수를 하겠다"고 소리를 높였다. 당시 시리아 다마스쿠스에서 하마스 정치위원회를 이끌던 칼리드 마슈알도 "중동 평화 협상은 (야신과 란티시의 암살로) 이미 끝장났다"고 선언했다. "정치는 사라지고 총구만 남았다"는 것은 바로 이런 경우를 가리키는 말이다. 정치 협상이나 평화 협상은 사라지고 군사적 대결 구도만 남았다. 그런 팽팽한 대결 구도는 지금까지도 이어지고 있다.

그 무렵 팔레스타인 자치정부의 중동 평화 협상파는 할 일이 없어졌다. 야세르 아라파트의 측근이자 평화 협상 대표였던 사에브 에레카트는 2004년 『뉴욕 타임스』에 실은 '미국 대통령 부시는 나의 일자리를 돌려달라'는 제목의 칼럼에서, 미국의 친이스라엘 강공책이 평화 협상을 실종시켰다고 비난했다. 야신 암살에 사용된 아파치 헬기와 헬파이어 미사일은 미국이 무상 원조로 이스라엘에 제공한 무기였다. 미국은 야신의 암살을 비난하기는커녕 유엔 안보리에서 야신 암살을 규탄하는 결의안에 유일하게 거부권을 행사함으로써 이스라엘을 감쌌다. 미국의 그런 친이스라엘 일방주의는 그 뒤로도 바뀌지 않았고, 그로 말미암아 전 세계적으로 반미 정서를 키우는 데 한몫해 왔다.

정치-군사 이원 조직

하마스의 궁극적인 목표는 팔레스타인에 이슬람 신성 국가를 뜻하는 '움마Umma'를 세우는 것이다. 하마스의 방향과 운동의 대의大義를 밝힌 것이 하마스 헌장이다. 이 가운데 제11조는 "어떤 당파도 팔레스타인 땅을 포기할 권리가 없다"고 되어 있고, 제13조는 "지하드야말로 대이스라엘 투쟁의 유일한 해결책"이며 중동 평화를 위한 국제회의 따위는 "시간 낭비이며 어린애 장난"이라고 비판한다. 하마스 헌장은 이슬람교 경전인 코란의 문구를 자주 인용하면서 서방 국가들과 유대인에 대한 강한 증오를 드러낸다.

하마스는 정치 부문과 군사 부문으로 나뉘어 이원적으로 운영된다. 창립자인 셰이크 아흐메드 야신은 사망할 때까지 강력한 카리스마를 바탕으로 하마스 정치위원회에서 실질적인 지도력을 행사했다. 야신이 죽은 지 한 달 뒤인 2004년 4월에 야신과 마찬가지로 이스라엘 헬기가 쏜 미사일에 맞아 피살된 란티시를 2001년과 2002년 가자에서 두 차례 인터뷰했는데, 그는 "정치위원들은 이즈 알딘 알카삼 여단의 공격 세부 계획에 개입하지 않지만, 공격 시점은 정치위원회의 결정 사항"이라고 밝혔다.

란티시의 설명에 따르면 하마스의 전략은 두 가지다. 첫째, 가능한 한 많은 이스라엘 사상자를 내서 세계의 눈길을 중동에 쏠리도록 만들고, 이스라엘의 점령 정책에 대한 비판 여론을 높인다. 둘째, 이스라엘 사회에 테러 공포를 퍼뜨려 철수 여론을 높인다. 이스라엘이 1967년 6일전쟁 이전의 경계선으로 물러나도록 만드는 것이 목표다. 자살 폭탄 공격은 이런 전략에 바탕을 둔 테러 전술이며, 그 전술의 집행부는 하마스의 군사 부문인 '이즈 알딘 알카삼'으로, 잇단 자살 폭탄 공격으로 많은 이스라엘 사람들이 테러 노이로제에 걸리도록 만든 장본이다. 정확한 조직원 수는 알 수 없지만 약 2,000명쯤 되는 것으로 알려져 있다.

이스라엘을 겨냥한 이른바 자살 폭탄 공격은 하마스의 주요 활동 중 일부일 뿐 그것이 전부는 아니다. 가난한 팔레스타인 사람들을 위한 공익사업도 하마스의 주요 활동이다. 하마스는 1987년 창립 이래 학교와 병원들을 세우고 빈민들에게 식량을 나눠주고, 직업훈련소를 운영하는 등 팔레스타인 공동체 지원에 적극 나섰다. 하마스를 긍정적으로 평가하는 외부의 눈길은 하마스의 그러한 사회복지사업을 하마스의 대이스라엘 정치 군사 투쟁보다 더 주요한 사업으로 보기 때문이다. 재정은 해외로부터의 기부금에 의존하고 있다. 사우디아라비아 등 아랍권의 자선단체들, 그리고 수만 명에 이르는 해외 지지자들이 보내오는 성금이 주요 활동 재원이다. 지지자들은 대체로 수입의 2.5%를 기부한다.

파타와는 경쟁·협력 관계 하마스는 1987년 출범 당시 팔레스타인 저항 세력의 연합체인 팔레스타인해방기구(PLO)에 가입했다. 그러나 PLO를 구성하는 최대 조직인 파타의 지도자 야세르 아라파트가 PLO 의장 자격으로 오슬로 평화협정(1993년)에 서명하자 분열이 일어났다. 하마스는 "우리의 투쟁 목표는 독립이지 자치가 아니"라며 PLO를 탈퇴했다. 그때 이래로 하마스는 아라파트 노선에 비판적인 입장을 취했다. 하마스는 팔레스타인 일부 지역에서의 자치에 합의한 오슬로 평화협정에 반대하며, 이에 따른 1996년 팔레스타인 총선거도 거부했다. 결과적으로 아라파트를 우두머리로 한 파타가 팔레스타인 자치 정부와 의회를 지배하게 됐다. 하마스는 그 후 내내 강경 노선을 걷다가 2006년 치러진 팔레스타인 총선에서 승리, 집권당이 됐다.

하마스 조직을 와해시키는 데 공을 들여온 이스라엘도 팔레스타인 민중들의 높은 지지를 받는 하마스의 끈질긴 생존력을 인정한다. 모사드는 하마스 지도부를 잇달아 제거해도 하마스가 이스라엘에 위협적인 존재라고 여긴다. 한 모사드 간부는 이스라엘 언론과의 인터뷰에서 "하마스는 매우 넓고 깊은 조직 기반을 가졌습니다. 지금까지 우리는 효과적으로 하마스 지도력을 제거해왔지만, 그것으로 하마스가 끝장난 것은 아닙니다"라고 어려움을 털어놓았다.

강경파로 분류되는 하마스와 온건파인 파타는 팔레스타인의 양대 정치 세력이다. 이 두 조직은 지난날 PLO라는 큰 틀 아래서 함께 이스라엘에 맞서 싸웠지만 팔레스타인 사회의 주도권을 둘러싸고 경쟁 관계에 있다. 하마스의 이념적 노선을 규정한 '하마스 헌장'은 이슬람 종교의 중요성을 강조하면서도, 세속적인 파타의 세력권 아래 놓인 PLO의 존재를 부인하지 않는다. 팔레스타인 해방을 위한 민족주의 운동으로서 PLO의 중요성을 인정하는 것이다. 다만 정치 이념에서 하마스는 파타와 노선이 다를 뿐이다.

아라파트는 오슬로 평화협정에 따라 1994년 팔레스타인으로 금의환향한 뒤, 하마스 지도급 인사들을 포함해 수백 명의 하마스 요원들을 붙잡아 가두었다. 하마스를 테러 단체로 비난해온 미국과 이스라엘의 압박을 구실로 자신의 정치적 라이벌들을 쓸어버리겠다는 계산에서였다. 하마스는 오슬로 평화협정에 따라 팔레스타인 자치정부를 구성하는 1996년 총선거를 보이콧함으로써 아라파트 친위 세력이 자치 정부와 의회를 지배하는 결과를 낳았다. 하마스가 선거를 보이콧한 것은 그래서 전략적 실수라는 지적도 있다.

그러나 하마스는 아라파트의 타협적인 노선을 비판하면서 대이스라엘 강경 투쟁론을 굽히지 않았다. 하마스는 "팔레스타인 자치정부는 팔레스타인의 이익을 대표하는 유일한 기구가 아니라 여러 기구 가운데 하나일 뿐"이라며 자치정부의 위상을 낮춰 본다. 또한 오슬로 평화협정에 따른 총선거에는 불참했지만, 지역사회에서 치러지는 각종 선거에는 활발히 참여했다. 이를테면 노동조합이나 대학 간부를 뽑는 선거에는 하마스 성향의 후보를 밀어 당선시켜왔다. 그러다 2006년 본격적으로 총선에 뛰어들었고, 압승을 거두며 팔레스타인 의회는 물론 자치정부를 구성하기에 이르렀다.

2006년 1월 팔레스타인에서의 정권 교체는 '선거 혁명'이라고 일컬어진다. 1993년 오슬로 평화협정을 반대하면서 그에 따라 팔레스타인 자치 정부와 의회를 구성하기 위해 실시된 팔레스타인 총선거를 보이콧했던 하마스가 2006년 총선 참여를 결정함에 따라 이뤄진 민주적 선거 혁명이었다. 팔레스타인 유권자들은 이스라엘에 타협적인 태도를 보여온 파타 정파에 실망하고 하마스 후보들에게 표를 던졌다. 하마스 정파는 팔레스타인 자치의회의 제1당이 됐다. 전체 의석 132석 가운데 하마스는 과반수가 넘는 74석을 차지한 반면, 팔레스타인 자치정부를 구성해온 파타는 45석에 그쳤다. 이에 따라 하마스 지도부를 중심으로 새로운 팔레스타인 자치정부가 출범했다. 가자지구의 하마스 지도자 이스마일 하니야가 팔레스타인 자치정부를 실질적으로 이끌어가는 총리가 됐다. 하지만 미국과 이스라엘은 하마스 정권을 무너뜨리려 애썼고, 민주적 선거 절차에 따라 출범한 하마스 정권은 1년 만에 무너졌다(하마스 정권의 붕괴 과정에 대해선 「21장 미국과 이스라엘의 유착」에서 자세히 살펴본다).

투쟁의 깃발을 내릴 수 없는 까닭

하마스 지도자 압둘 아지즈 란티시는 2004년 봄 하마스의 창립자이자 정신적 지도자 셰이크 아흐메드 야신이 이스라엘군 헬기 미사일에 맞아 암살되고 한 달 뒤, 똑같이 헬기 미사일에 맞아 죽음을 맞았다. 그가 죽기 전 가자 시내의 자택에서 두 차례 만났다. 란티시는 이웃 건물들과 다닥다닥 붙은 데다 내부 구조가 복잡한 4층 건물 가운데 2층에 살고 있어, 이스라엘군이 미사일로 공격하기란 쉽지 않아 보였다. 란티시는 이동전화기 사용을 중지했다고 밝혔다. 이스라엘 암살 요원이 그의 전화기에다 고성능 폭탄을 몰래 심을지도 몰라서였다.

란티시는 1947년생으로 이집트에서 의학을 공부한 소아과 의사다. 1차 인티파다 기간 중인 1980년대 말 이스라엘에 체포되어 2년 반 넘게 감옥에서 지냈다. 그러다 1992년 다른 400명의 팔레스타인 정치범들과 함께 레바논으로 추방됐다가, 오슬로 평화협정 뒤 다시 고향인 가자로 돌아왔다. 1998년에는 야세르 아라파트를 타협적이라고 비난하다가, 팔레스타인 당국에 붙잡혀 2개월 동안 갇혀 지낸 적도 있다. 남달리 의지가 강해 보이는 인상의 란티시는 "우리의 저항은 테러가 아닙니다. 이스라엘이 팔레스타인 사람들에게 가하는 국가 테러에 대한 저항일 뿐"이라고 주장했다. 그는 "폭탄 공격을 지원하는 젊은이들이 줄을 서 있을 정도로 많습니다"라고도 했다.

2004년 이스라엘의 헬기 공격으로 사망한 하마스 지도자 압둘 아지즈 란티시(2002년 가자지구 자택에서).

　2004년 봄 들어 이스라엘 군부가 헬기 미사일로 하마스 지도자 야신과 란티시를 잇달아 죽이는 등 표적 사살 전략을 강화하면서 하마스는 지하로 들어갔다. 가자지구 하마스의 새 지도자는 50대 중반의 마흐무드 알자헤르로, 야신의 주치의였다. 2006년 1월 하마스가 팔레스타인 총선에서 제1당이 되자 알자헤르는 팔레스타인 자치정부 외무부 장관이 되었다(2007년 하마스 내각 붕괴로 사임). 나는 알자헤르가 운영하는 병원에서 두 차례 그를 만났다. 그는 군사적 불균형이란 관점에서 하마스의 자살 폭탄 공격을 옹호했다. "F-16 전폭기와 탱크, 그리고 아파치 헬기를 앞세워 공격하는 이스라엘군에 비해 우리가 지닌 무기는 AK-47이나 그 개량형인 AK-74 소총이 고작입니다. 군사력에서 엄청난 불균형이지요. 하지만 우리 하마스가 죽음을 불사한 폭탄 공격을 가함으로써 공포라는 면에서는 균형을 이루고 있

하마스 지도자 압둘 아지즈 란티시는 야신의 피살 한 달 뒤인 2004년 4월 이스라엘군 헬기의 미사일 공격으로 사망했다. 사람들이 그를 기리는 포스터 앞에서 생각에 잠겨 있다(서안지구 라말라).

습니다"라고 주장했다. 이른바 테러에 의한 '공포의 균형'이다.

알자헤르의 '공포 균형론'은 야신의 '이스라엘 국가 테러와의 균형론'과 동전의 앞뒷면이라고 할 수 있다. 물론 그 동전의 이름은 '테러'다. 알자헤르도 동료 정치위원 란티시와 마찬가지로 이스라엘군의 표적 사살에 나름대로 대비하고 있었다. 그는 타고 다니는 차량을 거의 날마다 바꾼다고 했다. 팔레스타인 배반자들이 그가 타고 다니는 차량을 이스라엘군에 알려, 헬기로 미사일 공격을 가해올 가능성에 대비해서다.

하마스가 이스라엘과의 유혈 투쟁에서 승리할 수 있을까. 이런 물음에 대해 알자헤르는 낙관적이었다. 그는 역사적 사실들을 보기로 꼽았다. "독립 의지가 강한 민족이 무기를 지닌 민족을 이겼다는 것은 역사가 증명하고 있습니다. 베트남에서 미국, 알제리에서 프랑스, 그리고 남부 레바논에서 이스라엘이 그랬습니다." 하마스의 무한 정치투쟁은 결국 승리할 것이란 낙관론이다. 과연 그럴 수 있을까. 2009년과 2014년 가자지구에서 벌어졌던 것처럼 이스라엘군의 무자비한 군사행동들은 팔레스타인 사람들의 몸과 마음에 거듭 커다란 상처를 남기지 않았던가.

중동 취재 때 만났던 몇몇 아랍권 지식인들은 "자살 폭탄 공격이 바람직하다고는 여기지 않지만, 팔레스타인의 좌절에서 비롯된 저항 의지를 극단적으로 보여주는 현실"이라고 했다. 이집트의 유력 일간지 『알아흐람』 부설 정치전략문제센터 부소장인 하산 아보우 탈레브 박사를 카이로의 사무실에서 만났다. 그는 "하마스의 주장처럼 자살 폭탄 공격 말고는 대안이 없다는 데는 동의하지 않지만, 이스라엘의 불법적 점령이 사라지기는커녕 지금처럼 압제가 심해진다면 자살 폭탄과 같은 극한투쟁이 멈추기를 바라기는 어려운 일"이라고 내다봤다.

"그들은 우리를 이길 수 없다"　　하마스를 중심으로 한 팔레스타인 저항 세력과 이스라엘군의 무장은 너무나 차이가 난다. 하마스가 이스라엘을 향해 쏘아올리는 '알카샴' 로켓탄은 워낙 명중률이 낮아, 이스라엘 헬기가 하마스 간부들을 표적 사살하기 위해 쏘는 미사일에 비해 정밀도가 한참 밑돈다. 2006년 여름 레바논을 침공한 이스라엘 병사들을 혼내주었던 레바논 헤즈볼라에 비해서도 하마스는 무장력에서 너무나 뒤떨어진다. 헤즈볼라는 레바논 정부군보다 강하다는 소리를 듣는 수준이다.

2009년과 2014년 하마스와 이스라엘 정규군 사이에 가자지구에서 벌어졌던 전쟁은 군사 전문가들이 말하는 이른바 '비대칭 전쟁'이다. 이스라엘의 군사적 공세로 하마스가 입은 피해는 매우 컸다. 이스라엘은 전폭기와 헬기를 동원하여 가자지구의 하마스 보안청사, 경찰서 등을 초토화시켰다. 가자 시내 중심가를 둘러보니 하마스의 '하' 자가 들어간 건물들은 하나같이 성치 못했다. 하마스 내무부 청사와 경찰서, 하마스가 운영하는 감옥, 하마스 의회(PLC) 건물들이 모두 처참하게 무너져내렸다.

하마스가 지명한 가자지구 내무부 장관 사이드 시암은 이스라엘군의 공습으로 아들과 함께 죽었다. 전쟁의 소용돌이 속에서 하마스 지도부는 이스라엘의 표적 사살을 피해 지하로 잠복했다. 가자에 도착한 다음 날 "하마스 지도부는 어디 있습니까?"라고 묻자, 그곳 사람들은 "지하 벙커에 들어가 있습니다"라고 했다. 말이 지하 벙커지 잠행을 하고 있다는 뜻이었다. 그런데도 하마스는 "우리가 이번 전쟁에서 이겼다"고 주장했다. 가자지구의 친하마스 방송 매체인 알 아크사 TV는 "우리 하마스가 이겼다"는 자막과 함께 가자지구 하마스 지도자인 이스마일 하니야 전 총리의 연설을 내보내고 있었다.

가자 시내의 중심가인 목타르 거리에 나가보니, 전쟁의 결과를 보는 사람들의 생각은 달랐다. "이런 전쟁에서 한 번 더 승리했다간 가자 사람들 다 죽겠다"는 불만의 소리도 들렸다. 워낙 군사력에서 차이가 나니 하마스의 이즈 알딘 알카삼 여단이 이스라엘군을 이기기는 어렵고 민간인들의 피해만 더할 뿐이라는 얘기였다. 가자 시내의 한 사무실 건물에서 하마스 대변인 파우지 바르훔을 만나자마자, 통역자 칼리드를 앞세워 "하마스가 이겼다고 보는 근거가 무엇입니까"

라고 물어봤다.

"우리 하마스가 승리했다는 것은 외형적으로 어느 쪽에서 얼마나 더 많은 사람들을 죽이는 데 성공했는가를 말하는 게 아닙니다. 이스라엘의 침공을 막아냈다는 점에서 하마스는 군사적 승리를 거두었습니다. 다른 한편으로, 정치적 승리도 거두었습니다. 이번 전쟁에서 저지른 전쟁범죄로 말미암아 이스라엘은 유엔을 비롯한 국제사회로부터 비난을 받고 고립됐습니다. 이는 하마스의 승리를 뜻합니다. 시오니스트들은 마음만 먹으면 뭐든지 파괴할 수 있다는 피의 메시지를 우리에게 전하려 했으나, 우리 하마스의 강력한 저항에 밀려 좌절됐습니다. 온몸에 폭탄을 두르고 적의 탱크에 몸을 부딪친 순교자들도 있습니다. 그런 순교자들이 줄을 잇는 한 이스라엘은 우리를 이길 수 없습니다."

하마스는 이스라엘이란 국가의 존재 자체를 인정하길 거부한다. 하지만 바르훔 대변인은 "이스라엘은 '하마스가 이스라엘을 인정하지 않는다'고 주장하지만, 우리 하마스는 오히려 '이스라엘이야말로 팔레스타인의 삶의 권리를 인정해야 한다'는 점을 거듭 강조하고 싶습니다. 점령자에게 우리 땅에서 물러나라고 요구하는 것이 잘못인가요?" 하고 목청을 높였다. 이스라엘을 인정하라는 얘기는 이스라엘의 팔레스타인 점령을 인정하라는 얘기나 다름없다는 주장이다.

하마스 지도자 압둘 아지즈 란티시도 같은 논리를 폈다. 2002년 가자지구 그의 자택에서 이뤄진 인터뷰에서 그는 내게 이렇게 되물었다. "1967년 6일전쟁 당시의 국경선으로 이스라엘이 물러난다면, 그들이 말하는 주권 인정 문제를 고려할 수 있지만, 이스라엘의 군사적 강압 통치가 팔레스타인에서 계속되는 상황에서 이스라엘을 인정하라니 말이 되나요? 이스라엘 주권에 팔레스타인 점령지를 무단통치할 권리까지 포함되어 있다고 보나요?"

하마스 붕괴를 바라지 않는 이스라엘
지금 팔레스타인이 지닌 고민 가운데 하나는 이스라엘이란 공동의 적을 앞에 두고 내부 분열이 일어나 갈등을 거듭하고 있다는 점이다. 온건파로 분류되는 파타는 1956년 야세르 아라파트가 팔레스타인 독립 운동을 전개하기 위해 결성됐고, 아라파트가 오슬로 평화협정(1993년)을 맺을 때 팔레스타인을 대표했던 PLO의 최대 정파이다. 자치정부를 구성한 팔레스타인 최대 정파이기도 하다. 그에 비해 하마스는 PLO 안의 강경파를 대표하며 오슬로 평화협정이 팔레스타인 독립이 아니라 자치를 약속한 것이라며 비판하는 입장이었다. 이스라엘과 미국은 온건파인 파타만을 파트너로 인정하면서 하마스를 '테러 단체'라고 낙인찍고 평화 협상에조차 하마스 대표를 부르지 않았다.

지금 팔레스타인을 보면, 가자지구는 강경파인 하마스가, 서안지구는 온건파인 파타가 통치하는 모습이다. 서안지구 라말라에 자리잡은 팔레스타인 자치정부는 1996년 이래 파타가 이끌어왔다. 돌이켜보면, 하마스-파타 두 세력의 권력 다툼은 오래된 문제다. 2006년 1월 치러졌던 총선에서 하마스가 승리하자, 하마스와 파타의 권력 다툼은 더욱 커졌다. 중동 평화 협상에서 미국과 이스라엘이 온건파인 압바스 수반을 감싸고 하마스를 소외시키자, 압바스의 타협적인 태도에 하마스의 불만은 더욱 높아졌다. 급기야 2007년 6월 하마스는 가자지구에서 유혈 쿠데타를 일으켜 파타 세력을 몰아내고 가자지구

모조 총을 들고 하마스 지지 시위를 벌이는 팔레스타인 소년들(가자지구).

를 접수했다. 이로써 팔레스타인 사회는 가자지구에 근거지를 둔 하마스 지지 세력과 서안지구에 근거지를 둔 파타 지지 세력으로 나뉘어 갈등을 거듭해왔다. 이스라엘은 하마스가 가자지구를 무력으로 접수한 뒤부터 통행로를 막고 경제봉쇄를 가해 가자지구의 삶을 더욱 피폐하게 만들었다.

2009년과 2014년 이스라엘의 가자지구 침공을 겪으면서도 하마스와 파타는 불편한 관계를 드러냈다. 하마스는 "파타 세력은 이스라엘, 미국, 서유럽 국가들의 하마스 압살 음모에 가담해서 팔레스타인 사람들의 분열과 고통을 더하고 있다"고 비난했다. 하지만 파타는 오히려 "하마스가 이스라엘을 필요 이상으로 자극해 전쟁을 유도함으로써 팔레스타인 사람들의 고통을 더하게 했다"고 맞섰다. 이에 대해 하마스 대변인 파우지 바르훔은 "파타는 그렇게 하마스를 비난만 하면서 팔짱을 끼고 구경할 게 아니라 하마스와 함께 지하드에 동참해야 합니다"라고 주장했다.

그렇다면 이스라엘은 가자지구에서 하마스 세력이 붕괴되고 팔레스타인의 정치 세력이 파타로 모아지기를 바라는 것일까? 가자지구 알라자르 대학의 므카이마르 아부사다 교수(정치학 박사)는 "그렇지 않습니다" 하고 고개를 저었다. "하마스가 무너진다면 '이슬람 군대'를 비롯해 살라피 그룹에 속하는 보다 강경한 정치 세력들이 전면에 나타나, 이스라엘의 안보를 위협할 것이라는 사실을 이스라엘도 잘 알고 있을 것"이라고 풀이했다. 아부사다 교수의 분석은 이렇다.

"이스라엘이 궁극적으로 노리는 것은 하마스 붕괴가 아닙니다. 팔레스타인 내부의 권력 공백은 이스라엘의 국익에도 도움이 안 됩니다. 이번 전쟁을 통해 보다 약해진 하마스를 만들어내 이스라엘 안보에 대한 위협을 줄이고, 다른 한편으로는 팔레스타인의 2대 정파인 파타와 하마스가 계속적으로 서로에 대한 불신을 이어가게 하여 팔레스타인 내부의 분열과 갈등을 지속시키고, 이스라엘의 팔레스타인 점령 정책을 보다 편하게 만드는 것입니다. 이스라엘의 가자 침공을 가리켜 '정치적 필요에 따라 일어난 정치 전쟁'이라고 보는 것도 이런 근거에서입니다."

하마스-파타 사이를 갈라놓는 이스라엘 가자지구 현지 취재 과정에서 만난 거리의 보통 사람들도 하마스와 파타 사이의 갈

등 양상에 대해 안타까움을 드러냈다. 팔레스타인은 미국산 무기와 군사기술을 빌려 만든 이스라엘군의 압도적인 군사력 앞에서 신음하면서도 내부적으로 힘을 하나로 모으지 못하고 때로 총격전마저 벌이며 피를 흘려왔다. 결국 문제는 팔레스타인 내부의 단결, 다시 말해 이스라엘과 그 배후 지원 세력인 미국이란 공동의 적에 맞서는 구도를 만들어내는 것이다.

현실을 보면 공동전선의 전망이 흐린 것은 아니다. 두 정파는 때로 손을 잡고 공동의 목표를 추구하기도 했다. 2012년 팔레스타인이 유엔 회원국 가입을 추진할 때는 두 정파가 한목소리를 냈다. 가까운 시일 안에 총선을 통해 새로운 정부를 구성하자거나, 두 정파가 서로 힘을 합쳐 연립정부를 구성하자는 말이 오가기도 한다. 팔레스타인에서는 2006년 총선에서 하마스가 이긴 뒤로 이어진 불안정한 정치 상황 탓에 아직껏 총선이 치러지지 않았다. 2017년 파타-하마스 두 정파의 대표자들이 이집트 카이로에서 만나 연립정부를 구성하기로 합의하기도 했다. 하지만 양쪽의 뿌리 깊은 반목과 불신 탓에 빠른 통합의 길로 나아가지 못하는 모습이다.

또 다른 결정적인 요인이 있다. 이스라엘이 팔레스타인 정치 상황에 깊숙이 개입해 두 정파를 이간질시키는 공작 정치를 펴는 것이다. 이스라엘이 바라는 것은 하마스-파타 두 세력이 팔레스타인 유권자들의 마음을 사로잡기 위한 선의의 경쟁을 벌이는 모습이 아니라 서로 헐뜯고 싸우며 소모전을 펴는 모습이다. 따라서 팔레스타인 연립정부의 출범 논의는 이스라엘로선 반길 수 없는 일이다. 베냐민 네타냐후를 비롯한 강경파들이 팔레스타인 자치정부 수반이자 파타의 지도자인 마흐무드 압바스에게 "살인을 일삼는 테러 집단과 동맹을 맺으려 한다"고 날선 비난을 퍼부었던 것도 이스라엘의 불편한 심기를 잘 보여준다. 2014년 여름 이스라엘이 가자지구를 침공한 것도 하마스-파타 두 정파 사이의 연합 구도를 깨고 갈등을 부추기려는 고도의 정치적 목적이 스며 있었다고 풀이된다.

하마스 지도부의 변화   2017년 봄 하마스 지도부에 변화가 생겼다. 최고 지도자가 칼리드 마슈알에서 이스마일 하니야로 바뀌었다. 하마스 정치위원회가 1967년 제3차 중동전쟁 직전의 경계선(그린라인)을 기준으로 이스라엘군이 철수하고 팔레스타인 독립국가를 인정하라는 보다 구체적인 요구를 하마스 강령에 넣으면서 일어난 변화이다. 가자지구의 난민촌에서 태어나 그곳 유엔 팔레스타인 난민기구가 운영하는 학교를 다니며 어렵게 자란 하니야는 청중을 사로잡는 대중 연설 솜씨가 뛰어나다.

1963년생으로 마슈알보다 7살 더 젊은 하니야는 마슈알과 마찬가지로 대이스라엘 투쟁에서 강경한 입장을 보여왔다. 몇몇 하마스 간부들이 이스라엘과의 휴전을 내비칠 때도 하니야의 사전에는 그런 단어가 없었다. 그는 2007년 하마스가 팔레스타인 총선에서 압승했을 때 총리에 올라 사실상 팔레스타인 자치정부를 끌어가기도 했다. 미국과 이스라엘의 압력으로 하마스 정권은 1년 반도 못 채우고 붕괴했지만, 하니야의 리더십에 대해 팔레스타인 사람들은 고개를 끄덕이며 인정해주는 분위기다. 하마스는 새 지도자 하니야가 이스라엘에 암살될지도 모른다는 불안감에 보안에 매우 신경을 쓰고 있는 것으로 알려져 있다.

중동 전문가들은 하마스의 내일을 놓고 엇갈린 전망을 내놓는다. 이스라엘의 군사적 강공책과 지도자들의 잇단 피살 탓에 몰락의 길을 걸을 것이란 분석도 있지만, 더 강해질 것이란 분석이 더 많다. 하마스가 팔레스타인 사회경제 공동체 내부에 내린 뿌리 깊은 영향력을 바탕으로 꾸준히 투쟁을 강화해나갈 것이라고 보는 견해가 다수다. 이스라엘의 일부 극우파들은 "하마스 세력이 강해지는 것이 오히려 이스라엘에 득이 된다"고 판단한다. 하마스가 팔레스타인의 주도권을 잡을 경우, 지금까지의 평화 협상을 침몰시킬 것이고, 이스라엘은 '테러와의 전쟁' 논리를 내세워 팔레스타인을 계속 억압 통치할 수 있는 명분을 얻을 수 있기 때문이다.

팔레스타인 민중이 하마스에게 높은 지지를 보내는 것은 그동안 하마스가 줄기찬 투쟁을 벌여온 덕분이다. 따라서 하마스가 대이스라엘 공격을 포기한다는 것은 상상하기 어렵다. 그것은 하마스의 존립 기반 자체를 스스로 포기하는 것이다. 이스라엘-팔레스타인 사이에 벌어지는 유혈과 긴장의 긴 터널은 그래서 더욱 끝이 보이지 않는 모습이다.

야신과의 인터뷰

하마스의 중심인물은 창립자이자 조직의 정신적 지도자인 셰이크 아흐메드 야신과 의사 출신의 압둘 아지즈 란티시였다. 그러나 이 두 사람은 2004년 봄 이스라엘군 헬기 미사일에 숨을 거두고 말았다. 나는 야신이 죽기 전에 두 차례의 인터뷰를 했다. 가자 시내에 있는 그의 집에서였다. 야신은 15세 때 사고를 당해 목을 다친 후유증과 하마스 창립 초기인 1989년 이스라엘에 체포되어 7년 동안 옥고를 치른 탓에 하반신과 손가락이 마비됐다. 야신은 강한 카리스마를 지닌 지도자다. 그는 말을 하는 것조차 자유롭지 못한 상태였으나 눈빛만은 매우 강렬했다. 다음은 그의 자택에서 했던 인터뷰의 요지다.

당신은 이스라엘군의 제거 대상 1호에 올라 있는 것으로 알려져 있습니다. 목숨의 위협을 느끼지 않습니까?

살고 죽는 것은 우리 인간의 의지가 아니라 알라의 뜻에 달려 있습니다. 아마 그들도 여러 차례 계산을 해보았을 것입니다. 내 목숨을 노려 그들이 얻고 잃을 게 뭔가를 그들은 잘 알고 있을 것입니다. 나를 죽이려 든다면 어려운 일이 아닐 것입니다. 아파치 헬기를 띄우거나 F-16 전폭기로도 가능합니다. 그러나 그들은 그 뒤에 일어날 일(보복과 파장)을 두려워하고 있는 게 틀림없습니다.

자살 폭탄 공격으로 이스라엘의 점령을 물리칠 수 있다고 보십니까?

서방 언론에 늘 잘못 표기되는 부분인데, 자살이 아니라 순교입니다. 이슬람은 자살을 금기시합니다. 그들은 자신을 불살라 투쟁하는 것입니다. 팔레스타인의 영토 회복과 독립을 위해 흘리는 피는 고귀한 것입니다. 당사자의 입장에서 고민하여 생각해보십시오. 사람 목숨이란 다 귀한 것입니다. 당신네 한국도 한때 일본 식민지였다고 알고 있습니다. 그 시절 일본에 맞섰던 투쟁가를 한국 사람들은 테러리스트라고 부릅니까. 그렇지는 않을 것입니다.

이스라엘 쪽에서는 "우리를 지중해 속으로 수장해야 하마스의 투쟁이 끝이 날 것이다"라고 말합니다. 하마스의 최종 투쟁 목표는 무엇입니까?

지중해 수장 운운은 그들의 악선전일 뿐입니다. 우리의 목표는 이스라엘이 팔레스타인 점령지에서 물러나도록 하는 것입니다. 구체적으로는 1967년 6일전쟁 이전으로 돌아가는 것입니다.

지금의 위기 상황을 어떻게 보고 있습니까?

역사적으로 보면 영국이 유대인들을 우리 땅으로 몰아준 게 잘못이고, 지금은 미국이 그 역할을 하고 있습니다. 유대인은 나치 학살의 희생자들이지만, 지금 이곳에선 그들이 나치에게 배운 짓을 그대로 저지르고 있습니다. 대대로 살던 사람들을 쫓아내 난민으로 만들고, 다시 총으로, 대포로, F-16으로 죽이는 것은 국가 테러에 다름 아닙니다. 그들이 우리의 저항운동을 테러라고 부른다면 일종의 '테러 균

하마스 지도자 셰이크 아흐메드 야신과의 인터뷰(가자지구).

형'이 이루어지는 셈입니다.

순교 작전(자살 폭탄 공격)으로 비전투원인 시민들이 죽는 것을 두고 비판이 많은데…….

이스라엘 시민들은 모두 군인이나 다름없습니다. 그들은 남자는 3년, 여자는 2년 동안 군 복무를 해야 하고, 다시 예비군으로 1년에 1개월씩 총을 쥐고 우리 민족을 죽이고 있습니다.

어린이들이 죽고 다치는 것은 어떻게 설명할 수 있습니까?

그 부분은 참으로 안타까운 일입니다. 그러나 우리 팔레스타인 어린이들은 훨씬 더 많이 죽고, 다치고 있다는 것을 상기시키고 싶습니다.

지난 1차 인티파다에 비해 지금의 인티파다는 팔레스타인 쪽의 무장투쟁이 훨씬 강화됐는데…….

이스라엘은 우리 팔레스타인이 1차 인티파다 때보다 훨씬 저항이 강력하다는 점에 당황하고 있을 것입니다. 1987년 당시에 우리는 폭탄을 만들 줄도 몰랐습니다. 1967년 이스라엘군이 팔레스타인을 점령할 때는 더욱 그랬습니다. 이스라엘의 점령이 지속되는 한 이스라엘은 값비싼 대가를 치러야 할 것입니다. 우리는 순교로써 저항을 하는 것이고, 세계에 우리의 뜻을 전하는 것입니다. 이미 이스라엘에 충분한 가르침을 주었다고 생각합니다.

미국이 중동 평화를 중재할 수 있다고 보십니까?

알다시피 미국은 해마다 이스라엘에 20억 달러(2008년 이후부터는 30억 달러)에 이르는 군사원조를 하고 있습니다. F-16 전폭기를 비롯해 미국이 건네준 무기로 이스라엘은 우리 동포들을 죽이고 있습니다. 그런 미국이 어떻게 중동 평화를 말할 수 있겠습니까.

15장

또 다른 반이스라엘 투쟁 조직
PFLP, 지하드, 헤즈볼라

이스라엘의 점령 정책에 무력으로 저항하는 팔레스타인 조직에는 하마스 말고도 이슬람 지하드, 팔레스타인 인민해방전선(PFLP) 등이 있다. 이슬람 지하드는 하마스와 마찬가지로 이슬람 근본주의에 바탕한 이슬람 국가 건설을 목표로 삼는 조직이고, PFLP는 마르크스-레닌주의를 아랍 민족주의와 결합한 급진 조직이다.

아랍어로 '성스러운 전쟁holy war'을 뜻하는 지하드는 1979년 팔레스타인의 여러 정치 소조직이 가자지구에서 모여 창립했다. 1차 인티파다가 시작된 직후인 1987년에 출범한 하마스보다 훨씬 전에 조직된 셈이다. 지하드의 본부는 시리아 다마스쿠스에 있고, 시리아와 이란의 재정적 지원을 받는 것으로 알려져 있다. 이들의 단기적인 목표는 6일전쟁 이후 이스라엘이 점령해온 팔레스타인에서 이스라엘 세력을 몰아내는 것이다. 중장기적으로는 팔레스타인 국가 건설을 목표로 삼고 있다. 특히 1995년 조직의 지도자 파티 샤카키가 이스라엘 비밀 요원에게 암살당한 뒤 공격 성향이 커졌다. 2001년 텔아비브 나이트클럽에서 폭탄 테러로 21명이 죽은 것도 이슬람 지하드 요원의 자살 폭탄 공격 때문이었다. 자살 폭탄 공격을 비롯, 투쟁 과정에서 숨진 사람을 '성스러운 전쟁의 순교자'로 여긴다.

이슬람 지하드와 하마스는 투쟁 대상과 이념은 같지만, 노선에서 차이가 있다. 하마스가 학교와 병원을 운영하는 등 팔레스타인 사회에서 대중적인 기반을 갖춘 조직이라면, 이슬람 지하드는 일종의 비밀결사 지하조직이다.

PFLP와 지하드　　PFLP는 마르크스주의를 따르는 정당 조직이다. 6일전쟁 직후인 1967년 서안지구에서 조직의 깃발을 올렸다. 시리아에 본부를 두고 있고 서안지구와 가자지구, 그리고 레바논에서 주로 활동한다. 조직원은 800여 명으로 추정될 뿐 정확한 규모는 알려져 있지 않다. PFLP는 아랍민족주의와 마르크스레닌주의를 결합해, 이스라엘을 멸망시키는 것이 중동 지역에서 서구 세력을 몰아내는 길이라고 여긴다. PFLP는 강령에서 스스로를 "팔레스타인 노동계급을 지키는 진보적 파수꾼"으로 규정한다. 목표는 "팔레스타인 해방과 사회민주적인 팔레스타인 국가를 건설하는 것"이다. 창립 이래 숱한 곡절을 겪으며 정치적 동맹자들이 여러 번 바뀌었으나, 이스라엘과의 대화나 평화 협상을 거부하며 강경 노선을 걸어왔다.

독일의 바더 마인호프, 일본의 적군파와 더불어 PFLP는 비행기 납치 전술로 전 세계를 향해 자신의 정치적 주장을 알려온 좌파 무장

서안지구 헤브론에서 경계 근무 중인 이스라엘 병사들. 이들이 맞서야 하는 반이스라엘 투쟁 조직은 하마스만 있는 것이 아니다.

집단 1세대에 속한다. 1972년에는 일본 적군파와 함께 로드 공항(지금의 벤구리온 국제공항) 대합실에서 마구 총을 쏴 24명의 사망자를 냄으로써 이스라엘을 충격과 공포에 빠뜨렸다. 1976년에는 바더 마인호프와 함께 파리-아테네 구간의 프랑스 항공 여객기를 납치, 우간다 엔테베 공항에서 농성하면서 이스라엘 감옥에 갇힌 동료의 석방을 요구한 적도 있다. 이때 이스라엘 특공대가 기습 작전을 펴 100명의 인질을 구출했다. 엔테베 공항에서의 긴박했던 구출 작전은 유대인 자본이 지배하는 미국 할리우드 영화계의 단골 소재이기도 하다.

1970년대만 해도 PFLP는 PLO 안에서 아라파트의 파타에 이어 두 번째로 큰 조직이었다. 아라파트가 아랍계 지도자들의 지원을 얻으려 힘쓴 반면, PFLP는 당시 사회주의 대국이던 소련과 중국 쪽에 눈길을 돌렸다. 그러나 1991년 소련이 해체되면서 PFLP는 후원자를 잃었고, 급진적인 이슬람 운동을 내건 하마스에게 주도권을 내주었다. 1993년 오슬로 평화협정이 맺어질 때 PFLP는 하마스 등 다른 급진 단체들과 함께 이를 반대했고, 이 협정에 따라 1996년에 실시된 팔레스타인 자치정부 구성을 위한 총선거도 보이콧했다.

PFLP의 세대교체가 이루어진 것은 2000년 여름이다. 조직의 창립자인 조지 하바시가 나이가 들어 은퇴를 하자 그의 뒤를 이어 아부 알리 무스타파가 지도자에 올랐다. 2001년 서안지구의 중심 도시인 라말라에서 PFLP가 주최한 한 집회를 취재 갔다가 연단에 선 무스타파의 연설을 들었다. 그는 카랑카랑한 목소리로 팔레스타인 자치정부 수반인 야세르 아라파트의 타협적인 자세를 비판하면서 "무장투쟁을 포함한 모든 수단을 동원해 이스라엘에 강경하게 맞서는 투쟁만이 우리 팔레스타인 사람들이 살길이자 권리"라고 강조했다.

이스라엘은 강경파인 무스타파의 등장으로 PFLP가 1970년대와 1980년대의 극한투쟁으로 돌아갈 것으로 보고 1년 뒤인 2001년 서안지구 라말라에서 헬기 미사일 공격으로 그를 표적 사살했다. 무스타파의 장례식이 치러진 라말라 거리에는 수만 명이 나와 슬픔을 나누었다. 정치 노선을 달리해온 아라파트조차도 3일 동안을 '애도의 날'로 정했을 정도다. 무스타파가 죽자, PFLP는 그 보복으로 곧장 이스라엘 정부 각료이자 극우파 정치인인 레하밤 지비 관광부 장관을 암살했다. 지비는 평소에 팔레스타인 사람들을 사람 몸에 기생하는 이에 견주어 분노를 샀는데, 이스라엘 역사상 각료가 암살된 것은 전례가 없는 일이었기에 그만큼 충격을 던졌다.

하마스, 헤즈볼라, 알카에다의 공통점과 차이점 중동에

서 반미-반이스라엘 투쟁의 세 축을 이루는 조직이 팔레스타인의 하마스('팔레스타인을 지키는 이슬람 운동'), 레바논의 헤즈볼라('신의 당') 그리고 알카에다('근거지')이다. 이들의 투쟁 목표는 무엇이며, 현지 민초들은 어떤 눈길로 이들을 바라볼까. 해마다 봄이 오면 각국별 테러 보고서를 발간해온 미 국무부 대테러국이 최근 몇 년 동안 가장 신경을 써온 '테러 조직'이 바로 이들이다.

하마스는 수니파, 헤즈볼라는 시아파로 이뤄져 있다. 알카에다는 구성원이 단순하지 않다. 주요 지도자들은 수니파(사우디아라비아 출신의 오사마 빈라덴, 이집트 출신의 아이만 알자와히리)지만 구성원들은 수니파와 시아파가 뒤섞여 있다. 결성 시점으로 보면, 헤즈볼라(1982년), 하마스(1987년), 알카에다(1988년)순으로 헤즈볼라가 가장 오래됐다. 하마스와 헤즈볼라는 미국의 지원을 받는 이스라엘의 압박으로 말미암아 이슬람 공동체 안에 위기의식이 높아졌을 때 조직됐다는 태생적 공통점이 있다.

이들 3개 조직은 모두 반미-반이스라엘 성향을 띠지만 투쟁을 서로 조율하지는 않는다. 9·11 테러 뒤 헤즈볼라와 하마스는 알카에다와 거리를 두어왔다. 알카에다는 미국이 벌이는 '테러와의 전쟁'으로 잠행 중이다. '조직'이라기보다는 지하드 닷컴(jihad.com)이라는 글로벌 '운동'으로 바뀐 상황이다. 하마스와 헤즈볼라는 반미 운동보다는 반이스라엘 투쟁과 아울러 각각의 국내문제에 몰두하는 모습이다. 따라서 전략적 목표도 각기 다르다. 하마스는 팔레스타인에 대한 이스라엘의 군사적 점령을 끝장내고 독립국가를 이룬다는 목표를 가지고 있다. 주적은 당연히 이스라엘이다. 친이스라엘 일방 정책을 펴온

알 아크사 순교여단의 훈련 장면(가자지구).

미국에 대해서는 직접 공격을 피하고, 대이스라엘 투쟁에 집중한다는 전략이다.

2004년 이스라엘의 헬기 공격으로 사망한 하마스 지도자 압둘 아지즈 란티시는 2002년 5월 가자지구 자택에서 가졌던 인터뷰에서 이렇게 말했다. "팔레스타인 점령자인 이스라엘을 공격하는 데 역량을 집중해야 한다는 것이 우리 하마스의 기본 전략입니다. 현재의 국제 정세로 볼 때 우리의 투쟁 범위를 확장하는 것은 팔레스타인 문제를 더 복잡하게 만들 뿐입니다. 미국이 공격당한 9·11 직후, 하마스의 저항이 미국에서 벌어진 일과 혼동을 일으킬 수 있으므로 반미 투쟁은 잠시 중단했습니다."

지금도 하마스의 전략적 공격 목표는 어디까지나 이스라엘이다. 하마스는 미국인을 공격하지 않는다. 또한 알카에다와는 직접적인 연결 고리가 없다. 이념적으로는 공통점이 있지만, 하마스는 알카에다와 거리를 두어왔다. 이 부분은 미국 CIA나 이스라엘 정보부(모사드)도 꼬투리를 잡지 못한다.

빈라덴이 발표한 두 가지 중요한 문건(1996년 10월에 발표한 「빈라덴서한: 전쟁 선언」과 1998년 2월의 「유대인과 십자군에 저항하는 세계 이슬람 전선의 성전」)은 미국과 더불어 이스라엘을 이슬람의 적으로 규정했다. 빈라덴은 시오니즘과 십자군의 연합 세력이 아랍 세계를 침략, 이슬람 성지인 사우디아라비아와 예루살렘을 점령하고 있다면서, 이교도들을 몰아내자는 '율법적 결정fatwa'을 선포한 바 있다.

반이스라엘 그리고 반미라는 운동의 기본 전략에서 하마스는 알카에다와 함께하지만, 전술적 측면에서 하마스는 반미보다는 반이스라엘에 초점을 맞추어왔다. 알카에다와 공동전선을 펼치지도 않았다. 이 대목은 하마스가 이스라엘에 대한 강공책을 펼치면서도, 9·11 테러 뒤 미국이 벌인 '테러와의 전쟁'의 피바람을 피할 수 있었던 주요 배경이다. 하마스는 1972년 팔레스타인의 '검은 9월단'이 독일 뮌헨 올림픽 선수촌을 습격해 11명의 이스라엘 선수들을 죽인 것처럼 외국에서 테러 행위를 벌이지도 않았다.

그럼에도 미국은 9·11 뒤 이슬람계 자선 기관들의 모금이 하마스로 흘러들지 못하도록 단속하고 있다. 하마스는 사우디아라비아를 비롯한 이슬람권 국가들, 유럽의 자선 기관들로부터 재정적 지원을 받아왔다. 여기에 수만 명에 이르는 해외 지지자들이 보내오는 성금도 주요 자금줄이다.

지난날 하마스는 이라크 사담 후세인 정권으로부터 음으로 양으로 지원을 받았다. 사담 후세인은 팔레스타인 민중들의 인티파다를 지원했다. 이스라엘군의 총격에 가족을 잃은 가족에게는 1만 달러, 자살 폭탄 공격을 감행해 '순교자'를 배출한 가족에게는 2만 5,000달러의 수표를 건넸다. 가난한 팔레스타인 사회에서는 매우 큰돈이다. 2000년 9월 말 이래 후세인이 인티파다에 보탠 '격려금'은 3,500만 달러에 이른다. 이라크에서 후세인 정권이 무너진 뒤인 2004년 서안 지구 라말라에서 팔레스타인 시위대가 후세인의 초상화를 들고 거리로 나선 모습도 보았다. "사담 후세인만큼 팔레스타인 사람들을 직접 도와준 아랍 정치인이 누가 있느냐?"는 얘기도 들었다. 그렇듯 후세인은 팔레스타인 사람들의 마음속에 고마운 존재로 각인되어 있었다. 하지만 후세인이 팔레스타인에 관심을 쏟고 지원금을 보낸 이면에는 중동 지역 민중들로부터 높은 평판을 얻겠다는 그 나름의 정치적 계산이 깔려 있었다. 순수한 인도주의적 지원으로 보기는 어렵다는 얘기다.

자폭 테러의 원조 헤즈볼라
실천적인 반미 투쟁에서 헤즈볼라와 알카에다는 하마스와 크게 다른 모습을 보인다. 알카에다는 2001년 9·11 동시 다발 테러의 주역으로 무려 3,000명의 미국인들을 죽였다. 헤즈볼라도 여러 종류의 투쟁 활동으로 수백 명의 미국인들을 죽였다. 대표적인 사례가 1983년 레바논 베이루트에 주둔 중이던 미군 해병대 막사를 폭탄 트럭으로 들이받은 사건이다. 그 자폭 테러로 241명의 해병대원들이 죽었다. 레바논 내전에 '평화 유지군' 명목으로 미군을 보내 개입했던 로널드 레이건 대통령은 자폭 테러 사건 뒤 미군을 철수시켰다. 그것은 헤즈볼라가 바라던 시나리오였다.

알 아크사 순교여단원들이 훈련을 마친 뒤 코란에 대고 투쟁을 맹세하고 있다.

1982년 레바논을 침공한 이스라엘군과 평화 유지군으로 들어온 미군 해병대와 프랑스군을 상대로 한 헤즈볼라의 자폭 테러는 40건을 넘는다.

1980년대부터 저비용-고효율의 전술로 지구촌 사람들의 눈길을 끌기 시작한 자살 폭탄 공격의 출발점이 바로 헤즈볼라다. 헤즈볼라는 자폭 테러 전술의 원조로 꼽힌다. 헤즈볼라는 다른 전투적 무장 세력들에게 자폭 테러 전술을 가르치기도 했다. 1980년대 중반 헤즈볼라는 레바논 남부 베카 계곡에서 PLO 요원들과 스리랑카에서 파견된 '타밀 호랑이 해방전선(LTTE)' 요원들에게 게릴라 투쟁 훈련을 가르쳤다. 분리 독립을 바라던 LTTE는 1987년 처음 자폭 테러 공격을 벌인 뒤부터 이 전술을 아주 효과적으로, 그리고 자주 사용했던 반군 집단이었다. 1983년에 시작돼 2009년까지 무려 26년을 끌었던 스리랑카 내전은 LTTE의 극한투쟁에도 불구하고 정부군의 승리로 끝났지만, 내전이 할퀸 상처는 지금도 스리랑카 곳곳에 남아 있다.

레바논 시아파가 중심이 된 헤즈볼라는 이란에 줄을 대고 있다. 1979년 이란 아야톨라 호메이니가 이끌었던 이란 혁명의 정신을 따르는 조직이다. 호메이니의 후계자인 알리 하메네이를 최고의 종교 지도자로 여긴다. 이란으로부터 재정적 지원을 받는 것으로 알려져 있지만, 활동만큼은 독립적이다. 이스라엘은 헤즈볼라가 이란으로부터 해마다 1억 달러의 지원을 받는다고 주장하지만, 이란과 헤즈볼라는 이를 이스라엘의 터무니없는 악선전이라고 되받는다.

하마스와 헤즈볼라는 여러 면에서 닮았다. 첫째, 이슬람 공동체 구성원들의 열렬한 지지를 받아 성공적으로 뿌리내린 정치조직이자 군사 조직이라는 이원적 조직 구조를 지녔다. 무장투쟁이 헤즈볼라와 하마스 활동의 전부가 아닌 것이다. 가난한 사람들을 위한 공익사업도 두 조직의 주요 활동이다. 이들은 학교와 병원을 세우고 빈민들에게 식량을 나눠주는 등 이슬람 공동체 살리기에 나서왔다. 하마스의 정확한 조직원 수는 미국이나 이스라엘 정보기관조차 제대로 파악하지 못하고 있다. 그저 2,000명 정도로 추산할 뿐이다. 하마스를 열렬히 지지하는 수많은 젊은 예비군을 떠올리면, 사실 그 수는 중요하지 않다. 이 점은 헤즈볼라도 마찬가지다. 조직원이 1만 5,000명에서 2만 명으로 추산되는 헤즈볼라는 예비 인력도 풍부하다.

둘째, 하마스와 헤즈볼라는 정치권에 각기 성공적으로 진입했다. 특히 하마스는 폭력혁명과는 거리가 먼, 선거 혁명으로 권력을 잡았다. 2006년 팔레스타인 총선에서 하마스는 전체 132석 가운데 과반수가 넘는 74석을 차지하여 압승을 거두었고, 하마스 내각이 출범함에 따라 하마스 지도자 이스마일 하니야가 팔레스타인 자치정부의 총리가 됐다. 팔레스타인 민초들은 부패하고 외세에 타협적인 모습을 보이는 정치 세력보다는 강경파인 하마스에 더 많은 지지를 보냈다. 하지만 하마스를 '테러 단체'로 낙인찍은 이스라엘과 미국의 압력으로 재정난을 겪는 바람에 1년 반이 채 안 되는 2007년 6월 하마스 내각은 붕괴되고 말았다. 그 뒤로 이스라엘은 하마스가 사실상 지배하는 가자지구를 여러 차례 침공해 많은 민간인 희생자를 낳음으로써 국제적인 논란을 빚어왔다. 하마스에 견주면 헤즈볼라의 정치적 입지는 안정적이다. TV 방송사와 신문사를 운영하면서 레바논 총선이 치러질 때마다 수십 명을 국회의원으로 내보내고 연립내각의 장관 자리를 차지하는 등 레바논 정치권에서 강력한 영향력을 지니고 있다. 레바논 정부는 헤즈볼라를 합법적인 무장 단체로 인정하며 헤즈볼라가 주장해온 '이스라엘에 빼앗긴 영토 회복'을 정부의 공식 대외 정책으로 굳히고 있다.

셋째, 하마스와 헤즈볼라의 지도부는 비교적 젊고 카리스마가 강하다. 헤즈볼라의 최고 의사 결정 기구는 '마즐리스 알슈라(평의회)'로, 사무총장인 셰이크 하산 나스랄라가 1992년부터 지금껏 헤즈볼라를 이끌어왔다. 1963년생인 나스랄라는 '젊지만 카리스마가 강한 인물'이라는 점에서 오래전부터 하마스를 이끌어온 두 지도자(1956년생인 칼리드 마슈알, 1963년생인 이스마일 하니야)와 꼭 닮았다.

하마스와 헤즈볼라의 무장투쟁　헤즈볼라는 하마스에 비해 군사력이 월등하다. 무장 대원만도 1만 5,000명에서 2만 명에 이르는 것으로 추정된다. 지난 2006년 7월 이스라엘이 "이스라엘 병사를 납치해간 헤즈볼라를 혼내주겠다"며 레바논을 침공해 들어왔을 때도 헤즈볼라는 사정거리 75킬로미터의 로켓탄을 비롯, 이스라엘 본토를 위협할 만한 1만 3,000개의 로켓탄을 보유하고 있었다. 이스라엘군은 지형지물을 이용한 헤즈볼라의 강력한 저항에 크게 고전하다가 레바논에서 곧 물러났다.

이스라엘이라는 공동의 적을 두고 있기에 하마스는 헤즈볼라로부터 도움을 받아왔다. 헤즈볼라 지도자 셰이크 하산 나스랄라는 "팔레스타인에 무기를 보내는 것은 우리의 의무"라고 밝힌 바 있다. 이스라엘도 헤즈볼라가 무기와 탄약을 하마스에게 대주고 요원 훈련도 몰래 돕는다고 비난해왔다.

이스라엘군이 1982년에 레바논을 침공한 뒤 점령한 남부 레바논 지역에서 2000년 물러난 것도 헤즈볼라의 줄기찬 무장투쟁 때문이다. 그로 인해 헤즈볼라는 "이스라엘군을 격파한 유일한 이슬람 군대"라는 자부심을 지녔다. 하마스도 그 비슷한 자긍심을 지녔다. 2005년 여름 이스라엘의 가자지구 철수 경험이다. 당시 아리엘 샤론 이스라엘 총리는 비용 부담 등 여러 고려 사항을 저울질한 끝에 철수 결정을 내렸다. 그렇지만 하마스는 이를 줄기찬 대이스라엘 투쟁의 성과로 여긴다. 하마스가 2009년과 2014년 가자지구를 침공해온 이스라엘군과의 전쟁에서 승리했다고 주장하는 것도 같은 논리다.

헤즈볼라는 이스라엘군이 남부 레바논에서 물러난 뒤로도 국경 지대에서 소규모 전투를 벌여왔다. 하마스도 마찬가지다. 헤즈볼라의 시각에서는 이스라엘-레바논 사이의 셰바 평원이 모두 이슬람교도들의 땅이다. 하마스도 이스라엘이 점령 중인 서안지구에서 그들을

팔레스타인 시위 행렬 맨 앞의 붉은 깃발은 PFLP, 초록 깃발은 하마스를 나타낸다.

몰아내야 한다고 여긴다.

지금까지 살펴본 중동의 반이스라엘 투쟁 단체들은 정파의 차이를 떠나 한결같은 꿈을 지녔다. 언젠가는 이스라엘로부터 빼앗긴 땅을 되찾고, 오랫동안 생존의 벼랑에 내몰려온 중동 사람들이 인간다운 존엄을 누리는 꿈이다. 그렇지만 이들이 안타깝게 여기는 대목이 있다. 지금까지의 유혈 투쟁이 이스라엘을 패퇴시키는 결정적인 기회로 작용하지 못한 것처럼 앞으로도 그런 기회가 쉽게 올 것 같지 않다는 점이다. 21세기 패권 국가 미국의 지원을 받는 이스라엘의 군사력이 중동에선 가장 강하기 때문이다. 일제 강점기 시절 우리 민족이 일본에게 당했듯, 팔레스타인 사람들이 흘리는 눈물은 바로 이스라엘의 이런 강력한 군사력에 바탕한 식민 통치에서 비롯되고 있다.

16장

이스라엘의 고민거리
아랍계 시민

중동 지역의 인구 지도는 격동의 중동 역사만큼이나 참으로 변화무쌍하다. 제1차 세계대전이 막바지로 치닫던 1917년 영국의 외무부 장관 아서 밸푸어가 "아랍인의 희생이 없는 범위 안에서"라는 지켜지기 어려운 조건부로 유대인 국가 건설을 돕겠다고 약속(밸푸어 선언)한 뒤 유대인들의 중동 이주가 본격화됐다. 그로부터 5년 후인 1922년 이 지역의 인구는 아랍인 59만 명, 유대인 8만 명이었다. 제2차 세계대전이 끝나던 1945년에는 아랍인 130만 명, 유대인 60만 명이었다. 그때만 해도 유대인이 절대적으로 머릿수에서 밀렸다. 그러나 이스라엘 독립 선포로 치열한 내전이 벌어지던 1948년을 전후하여 87만 명의 팔레스타인 사람들이 대대로 살던 땅을 떠나 난민으로 떠돌게 되자, 이스라엘 내 인구 분포에서 유대인들은 더 이상 소수자가 아니게 됐다.

1948년 이스라엘의 독립 전쟁이 일어난 뒤 이스라엘 영토에 남아 있던 팔레스타인 원주민은 15만 4,000명이었다. 이스라엘은 1967년 제3차 중동전쟁(6일전쟁) 이전에 이스라엘 영토에 남아 있던 팔레스타인 원주민들에게 시민권을 주었다. 6일전쟁으로 서안지구와 가자지구를 점령하자, 이스라엘은 이들 피점령민들이 이스라엘 시민권을 지닌 배우자(아랍계)와 결혼할 경우, 이들에게 영주권을 주고 이스라엘 내 거주를 허용했다. 그동안 이스라엘 유대인은 동유럽과 러시아 등으로부터 많은 이민자들을 받아들였다. 왕성한 출산율을 자랑하는 아랍계는 그들 나름으로 머릿수를 늘려갔다.

이스라엘 인구는 약 880만 명(2021년). 서안지구 곳곳에 퍼져 사는 43만 명의 정착민, 원래 시리아 영토였으나 이스라엘군이 1967년 이래 점령 중인 골란 고원의 정착민 2만 명, 동예루살렘과 그 주변의 대규모 정착촌에 사는 유대인 23만 명이 여기에 포함된다. 이스라엘 전체 인구 가운데 유대인은 74.1%, 아랍계 주민은 21%로 5명 가운데 1명이 아랍인, 즉 팔레스타인계 주민이다(나머지 4.9%는 비유대계-비아랍계 주민). 남녀 모두 병역 의무를 지는 유대인들과는 달리 아랍계는 군에 안 가는 대신 억압적 차별 구도 아래 2등 시민으로 평생을 살아가야 한다.

정체성 고민하는 2등 시민들   이스라엘의 다수파인 유대인들은 자국 시민권을 지닌 180만 명의 팔레스타인계 아랍인들을 불신의 눈으로 바라본다. 언젠가 대규모 폭동으로 국가의 근본을 흔들지도 모른다는 걱정을 품고 있다. '이스라엘 건국의 아버지'로 추앙받는

이스라엘에서 만난 팔레스타인계 젊은이들. 이들은 이스라엘의 2등 시민으로 살아가야 하는 상황을 마땅치 않게 여긴다.

다비드 벤구리온(1948년 이스라엘 건국 당시 초대 총리)은 아랍계 이스라엘인들을 가리켜 '제5열'이라고 불렀다. 흔히 '첩자' 또는 '스파이'를 뜻하는 이 단어에는 "이스라엘 시민권을 지니고 이스라엘 국경 안에서 합법적으로 살면서도 신분을 교묘하게 위장해 외부의 아랍 세력을 정치적·군사적으로 돕기 위해 활동하면서 유사시에 내부 교란에 나설 것이 틀림없는 무리"라는 뜻이 담겨 있다.

이스라엘은 국가 안보라는 이름 아래 유대인과 팔레스타인인을 철저히 분리시키는 정책을 펴왔다. 그들에게 국방의무조차 지우지 않는다(이스라엘에서는 남자는 3년, 여자는 1년 6개월~2년의 병역 의무를 진다). 아랍인들은 믿을 수가 없으니 이들의 손에 총을 쥐어줘선 안 된다는 발상에서다.

동예루살렘과 서예루살렘의 경계선에 가까운 다마스쿠스 문 앞에서 광장 돌계단에 앉아 담배를 피우는 한 무리의 청년들을 만났다. 이들을 아랍어로는 '셰바브(젊은이)'라고 일컫는다. 이스라엘 시민권을 갖고 있는 셰바브들이 털어놓은 한결같은 고민은 '이스라엘인도 아닌, 그렇다고 법적으로 팔레스타인인도 아닌 어정쩡한 신분에서 오는 불이익'이었다. 한 젊은이는 "이스라엘 정부도 우리 손에 총을 쥐어주고 싶지 않을 것"이라고 말했다. 병역을 면제받는 대신 번듯한 직장에 취업하기가 어렵다. 어렵사리 취업을 한다 해도 똑같은 일을 하는 유대인 입사 동기와 갈수록 임금 차이가 벌어지고 승진에서도 차별을 받는다. 팔레스타인계 젊은이가 제아무리 똑똑하고 열심히 일을 해도 이른바 이스라엘 주류 사회에 진입하기는 어렵다. 그날 만난 아랍 청년들은 이미 오래전부터 있어왔던 그런 공정하지 못한 현실을 어쩌지 못해 답답해하는 모습이었다.

"이물질이 끼어들게 해선 안 된다" 　미국 뉴욕 맨해튼에서 허드슨강을 건너 한 시간쯤 차로 달리면 뉴저지주 패터슨 카운티가 나온다. 이곳 거리에는 아랍어 간판을 내건 상점들이 많다. 중동에서 건너온 사람들이 많이 모여 살고 있다는 뜻이다. 높이 치솟은 첨탑에서 메아리치는 특유의 예배 소리를 스피커로 내보내는 이슬람 사원들도 보인다. 금요일이면 아랍인들은 이곳에 모여 예배를 드린 다음 친교의 시간을 갖는다. 그 가운데 상당수는 팔레스타인 사람들이다. 이들 팔레스타인 사람들은 알라께 기도할 때마다 중동 땅에 두고 온 가족들의 안전을 빈다. 그리고 중동 땅에서 뭔가 사건이 터졌다 하면, 전화통을 붙잡고 안부를 묻는다.

중고 서적 판매원으로 근근이 살아가는 30대 후반의 왈리드 가삼은 서안지구 베들레헴에 있는 가족들 걱정으로 매주 한 번씩 전화를 건다. 한 달에 내는 국제전화 요금은 50달러 정도로 그의 낮은 소득에 견주어볼 때 만만찮은 금액이다. 그래도 나이 드신 어머니의 목소리를 듣는 게 큰 위안이자 그 나름의 효도라고 여긴다. 왈리드에게는 걱정거리가 하나 생겼다. 그의 여동생이 서예루살렘에 사는 청년과 결혼을 약속했는데, "결혼을 해도 함께 살기가 어렵다"는 소식을 들었기 때문이다. 2003년 8월 이스라엘 의회가 이스라엘 국적을 지닌 아랍인이 비국적자(피점령민)인 팔레스타인 사람과 결혼할 경우, 이스라엘 국경 안으로 데리고 들어올 수 없고, 시민권을 받지도 못한다는 법안을 통과시킨 탓이다. 이로 인해 일부 연인들은 결혼을 해도 함께 살 수 없는 딱한 처지로 내몰렸다.

이스라엘 정부는 이미 그 전부터 사실상 이 정책을 시행해오면서 팔레스타인 사람들의 이스라엘 진입을 막아오다가 아예 법으로 명문화한 것이었다. 이스라엘 강경파 정치인들은 법안에 대한 비판이 안팎에서 일자 "우리는 팔레스타인과 전쟁 중"이란 반론 한마디로 일축했다. "지금은 비상시국이므로 인도주의적 차원이니 뭐니 하는 한가한 얘기는 꺼내지 말라"는 것이었다. 그들은 2000년 9월 인티파다가 있은 뒤 "이스라엘 안에서 벌인 테러 공격으로 많은 시민이 죽은 데에 결혼으로 합법적인 주거 허가를 받은 팔레스타인 사람들이 어떤 형태로든 연루돼 있다"고 주장한다.

그러나 "중동에서 팔레스타인 사람들과 더불어 평화롭게 살아야 한다"는 신념을 지닌 이스라엘 평화운동 단체들은 그런 강경파들의 주장에 동의하지 않는다. 중도적 성향을 지닌 '지금 평화', 급진적 성향의 구쉬 샬롬, 배트 샬롬Bat Shalom 같은 단체 활동가들은 "이스라엘에 살고 있는 팔레스타인 시민 가운데 단 20명만이 자살 폭탄 공격 등에 연루됐을 뿐인데, 보안을 구실로 팔레스타인 사람들에게 집단적 징벌을 가하는 악법을 만드는 것은 옳지 않다"고 비판한다. 속사정을 들여다보면, 이스라엘 강경파들의 보안 논리는 구실일 뿐, 이스라엘을 유대인 국가로 유지 발전시키려면 '이물질', 즉 팔레스타인계가 끼어들게 해선 안 된다는 발상이 깔려 있다.

"아랍 여성의 자궁은 무기"

2021년 현재 이스라엘 인구 약 880만 명 가운데 유대인은 652만 명(74.1%)이다. 이스라엘 시민권을 가진 아랍계, 즉 팔레스타인 출신들은 185만 명(21%)이고, 나머지는 비유대계–비아랍계 주민들이다. 팔레스타인 아랍계 인구는 490만 명(서안지구 295만 명, 가자지구 195만 명)에다 이스라엘 시민권을 지닌 아랍계 185만 명을 더하면 675만 명에 이른다. 수적으로는 팔레스타인 출신의 아랍인이 유대인보다 20여만 명 더 많지만, 큰 그림으로 보면 유대인과 아랍인은 거의 같은 셈이다.

이런 인구 균형은 머지않아 무너질 전망이다. 아랍계 가정에는 산아제한이란 개념이 없다. 나는 중동 취재를 갈 때마다 10명이 넘는 아들딸을 둔 집이 흔한 것을 보며 새삼 놀라곤 했다. 반면 유대인 가정은 종교적으로 아주 보수적인 사람들 빼고는 한두 명의 자녀를 두는 가정이 대부분이다. 현재의 출산율 추세라면 2030년에 이스라엘 시민권을 지닌 아랍인들이 이스라엘 인구 지도에서 차지하는 비율은 30%를 넘어설 전망이다. 이는 곧 팔레스타인계 유권자 비율이 30%

를 차지하게 된다는 뜻이다. 보수 우파와 유대교 종교 정당에겐 우울한 소식이다. 팔레스타인계의 이익을 대변하는 강력한 아랍계 정당이 출현할 수도 있다. 러시아와 동유럽권에서 유대인 이민을 받아들이는 것도 한계에 다다랐다. 이스라엘 내부의 180만 아랍계 시민은 어쩔 도리 없이 이스라엘 당국이 장기적으로 안고 가야 하는 고민이다.

이런 사정으로 이스라엘 우파들은 인구 지도 문제를 오래전부터 심각하게 검토해왔다. 이스라엘 하이파 대학의 아논 소퍼 교수는 이미 2003년에 "2040년이 되면 이스라엘과 점령지에서의 아랍계 인구가 거의 60%에 이를 것"이란 충격적인 보고서를 내놓았다. 다른 전문가들로부터 보고서가 내놓은 전망치가 너무 부풀려졌다는 비판을 받긴 했어도, 소퍼 교수는 이스라엘 정부 지도자들에게 별도의 브리핑을 하며 대책을 세워야 한다고 목청을 높인 것으로 알려져 있다. 이스라엘 내부에서는 '빅뱅Big Bang'을 거론하는 강경파들이 있다. 서안지구와 가자지구에 정착촌을 늘려가며 극단적인 무단통치를 펴자는 주장이다. 이는 1993년 오슬로 평화협정을 원점으로 돌리고, 국제사회의 비난을 무릅쓰고라도 팔레스타인을 확실히 제압한다는 발상이다. 한마디로 힘의 논리다. 그러나 장기적인 전망으로 보면, 힘으로도 안 되는 것이 인구 지형의 변화다.

무슬림 인구 폭발은 지구촌 곳곳에서 지역 세력 균형의 변화를 가져왔다. 1990년대 발칸반도를 피로 물들였던 보스니아와 코소보에서 이미 세르비아계가 호된 경험을 했다. 20세기 초만 해도 그곳에는 세르비아계가 다수였으나 지금은 무슬림들이 다수를 이루고 있다. 그곳에서 벌어진 내전은 한정된 자원을 둘러싸고 말과 종교적 배경이 다른 이민족끼리의 갈등에서 비롯됐다. 그리스와 오랜 다툼 끝

팔레스타인 여성들의 높은 출산율은 이스라엘의 인구 지도를 위협하고 있다.

에 2018년 나라 이름을 북마케도니아로 고친 마케도니아도 20%인 무슬림 인구가 시간의 흐름과 더불어 머지않아 30~40%로 치솟을 것으로 전망된다. 현지 다수계인 슬라브계, 이른바 정통 마케도니아인 Orthodox Macedonian들은 언젠가 자신들이 소수자로 밀려날지 모른다는 생각을 한다.

이스라엘도 같은 고민의 연장선상에 있다. 팔레스타인의 전설적인 지도자 야세르 아라파트는 2004년 프랑스 육군병원에서 눈을 감기 전까지 3년 동안 서안지구 라말라 집무실에 갇혀 지내면서도 팔레스타인 독립의 의지를 굽히지 않았던 인동초忍冬草다. 그는 팔레스타인 인구와 관련하여 유명한 말을 남겼다. "시오니스트들에 대항하는 우리의 가장 강력한 무기는 아랍 여성의 자궁이다.”

아라파트의 이 발언이 나오자 유대인들은 “팔레스타인이 이스라엘을 내부에서 흔들어대려고 한다”며 아라파트를 비난했지만, 인구 문제에 대응할 만한 묘안은 별로 없어 보인다. 결혼 뒤 이스라엘로 이주하는 것을 금지하는 조치를 취하는 것이 고작이다. 이스라엘의 아랍계 여성이 아이를 낳을 때 출산 특별 세금을 물리자는 얘기도 나왔지만, 전 세계로부터 ‘인종차별’이란 비난을 들을 게 뻔해 쑥 들어갔다. 이스라엘 정부가 국제적인 비난 여론을 무릅쓰고 밀어붙여온 분리 장벽도 인구 지형이 이스라엘에 불리하게 바뀌는 것은 어쩌지 못할 것으로 보인다.

나치에게 배운 짓을 되풀이하다 이스라엘-팔레스타인 분쟁의 소용돌이 속에 이스라엘 시민권을 지닌 180만 명의 아랍계는 심리적 갈등으로 괴롭다. 중동 취재길에 만났던 아랍계 시민들은 “나서자니 힘이 없고, 가만히 있자니 답답하고 무력감을 느낄 뿐”이란 푸념을 털어놓았다.

아랍계 이스라엘 시민 가운데 기독교도도 극소수 있지만 대다수는 이슬람교도다. 이들의 정치 정서는 친이스라엘이라기보다는 당연히 친팔레스타인이다. 이들이 이스라엘군의 무단통치와 동족 학살에 반감을 느끼는 것은 당연하다. 2000년 인티파다가 시작되자마자 벌어진 항의 시위에서는 16명의 아랍계 이스라엘 시민이 이스라엘군에 시위로 맞서다 피살되었다.

아랍계 이스라엘 시민들은 이스라엘-팔레스타인 유혈 분쟁이 격럴해짐에 따라 극우적 성향의 유대인들로부터 공격을 받기도 했다. 이를테면 2001년 초여름 텔아비브의 해변에 자리 잡은 한 나이트클럽에서 일어난 자살 폭탄 테러로 21명의 이스라엘 젊은이들이 피살되자, 그다음 날 일부 과격한 유대인들이 아랍계 상점들에 불을 지르고 이슬람 사원 쪽에 돌을 던졌다. 그 소식을 듣는 순간 나는 그 사건 바로 직전에 가자지구 자택에서 만났던 하마스 지도자 야신의 말이 떠올랐다. "유대인들은 나치에게 배운 짓을 우리 팔레스타인 사람들에게 되풀이하고 있습니다." 나치 치하의 많은 유대인 상점들이 처음엔 돌멩이에 유리창이 하나둘 깨지더니, 나중엔 불에 타버렸다는 사실을 우리는 기억하고 있다.

물론 이스라엘 시민권을 가진 모든 팔레스타인 사람들이 유대인들과의 투쟁에 적극 나서려는 것은 아니다. 서안지구나 가자지구에 견주어 상대적으로 일자리 기회가 많아 그들의 생활은 경제적으로 안정된 편이다. 따라서 그들의 고민은 먹고사는 문제라기보다는 어떻게 사느냐의 문제라고 할 수 있다. 물과 기름이 섞이지 못하는 것처럼, 유대인과 아랍인은 다정한 이웃사촌처럼 어울려 살아가기 어려운 것일까.

17장

이스라엘은
민주국가인가

유엔 인구기금(UNFPA)에 따르면, 지구의 인구가 70억 명을 넘어선 해는 2011년이다. 그리고 2023년 세계 인구는 약 80억 명에 이른다. 80억 지구촌 사람들 가운데 얼마나 많은 이들이 참 자유를 누리며 살아갈까. 국민들이 자유투표로 마음에 드는 지도자를 뽑는 나라, 자신의 정치적 뜻을 거리에서나 집회에서 자유롭게 나타낼 수 있는 나라는 몇이나 될까. 안타깝게도 유엔 회원국 193개국 가운데 자유국가는 생각보다 적다. 지구상의 많은 나라들이 제도적으로 민주주의를 시행하고 있고 나라 이름에도 민주주의라는 단어를 넣고 있지만, 실제로 민주주의냐고 따져보면 '무늬만 민주주의'인 국가들이 한둘이 아니다.

미국 워싱턴에 본부를 둔 인권 관련 단체 프리덤 하우스^{Freedom} House(1941년 창설)는 해마다 『세계 자유 보고서』를 펴낸다. 자유롭고 공정한 보통선거를 통해 정치적 자유가 지켜지는지, 표현 및 신앙의 자유와 결사의 자유 등 시민적 자유가 이뤄지는지를 살펴보자는 뜻에서다. 이 보고서는 나라들을 1부터 7까지의 등급으로 나눈다. 1에서 2.5는 F(Free, 자유국가), 3에서 5.5는 PF(Partly Free, 부분적 자유국가), 5.5에서 7은 NF(Not Free, 비자유국가)다. 『세계 자유 보고서』최근 자료에 따르면, 유엔 가입국 193개국 가운데 F국가는 절반에도 못 미친다. 사람들의 정치적, 시민적 자유가 부분적으로 자유로운 PF국가와 전반적으로 억압을 받는 NF국가들이 F국가들보다 더 많다. 이들 국가의 대부분은 아시아-아프리카, 특히 중동 지역에 몰려 있다.

비민주국가투성이인 중동 지역

중동Middle East은 그 이름에서 짐작되듯, 지난날 세계 제국을 이뤘던 영국을 비롯한 서구 강대국 중심의 시각이 담겨 있다. 한국과 일본을 극동Far East이라고 부르는 것과 마찬가지 맥락이다. 중동 국가의 범위를 어디까지 두느냐는 들이대는 잣대에 따라 고무줄처럼 늘어난다. 적게는 18개국, 많게는 38개국으로 편차가 크다. 아랍연맹에 속한 22개국에다 이란, 터키를 포함시켜 모두 24개국으로 중동의 범위를 정할 경우 2021년 현재 중동 지역 인구는 5억 5,000만 명(아랍연맹 국가 3억 8,000만 명, 이란 8,500만 명, 터키 8,500만 명)에 이른다.

중동의 지도를 들여다보면서 도대체 어떤 나라가 정치적 자유가 보장되는 민주국가일까 살펴보면, 그저 손에 꼽을 정도다. 동쪽의 이란에서부터 서쪽의 모로코에 이르기까지 대부분의 중동 국가에서 '정치적 권리'나 '시민적 자유'는 무시되어왔다. 사우디아라비아는 나라 전체를 대표하는 국회도 없고 작은 규모의 지방선거에서도 여성들에게 투표권이 주어지지 않는다.

교과서적인 서구 민주주의의 잣대로 중동의 정치 상황을 잰다면, 중동 국가들은 대부분 민주주의와 거리가 멀다. 프리덤 하우스가 펴낸 『세계 자유 보고서』에서 중동 국가 가운데 민주주의의 규범을 지키는 자유국가(F)는 이스라엘 하나뿐이다. 나머지 중동 국가들은 부분적 자유(PF)를 누리거나 전혀 자유롭지 못한(NF) 것으로 분류된다. 그나마 정치적 자유의 숨통이 조금이라도 트인 부분적 자유국가(PF)도 레바논, 쿠웨이트, 알제리, 튀니지 4개국에 그친다. 나머지 이란, 이라크, 사우디아라비아를 비롯한 중동 국가들은 모두 비자유국가(NF)로 낙인찍혔다.

그런 중동이 최근 몇 년 사이에 급격한 변화를 맞았다. 2011년부터 정치적 민주화와 인간다운 삶의 질을 요구하는 민중 시위가 들불처럼 중동 지역에 번졌다. 튀니지에서 대학을 중퇴한 한 노점상 청년이 경찰의 과잉 단속에 맞서 분신자살하는 사건이 기폭제가 돼 일어난 '아랍의 봄'은 중동의 정치 지형은 물론 국제사회에 커다란 영향을 미쳤다. 튀니지에서 이집트를 거쳐, 아라비아반도에 속한 예멘과 바레인, 그리고 리비아와 시리아를 휩쓴 민주화 시위로 말미암아 곳곳에서 유혈 사태가 벌어졌다. 하지만 지표상으로는 여전히 비자유국가에 이름을 올리고 있다.

큰 틀에서 보자면 아랍의 봄은 지금도 안팎으로 진통을 거듭하는 현재진행형이다. 이른바 미완성의 혁명 과정으로 여겨진다. 2021년 말까지 무려 50만 명이 넘는 희생자를 낸 것으로 알려진 시리아를 뺀 다른 중동 국가들은 겉으로는 안정된 듯 보이지만, 안으로는 저마다 부글부글 끓는 상황이다. 통치자들은 기만적인 민주화 조치와 사탕발림으로 모처럼 피어난 아랍의 봄을 변질시키려 들고 있다. 사우디아라비아를 비롯한 독재 왕정의 권력과 물적 기반은 훼손되지 않았고, 공화국의 통치자들도 공권력을 사유화하고 기득권을 내놓지 않으려 한다. 미국을 비롯한 강대국들은 각자의 이해관계 따라 중동 독재자를 바라보기에, 중동 민주화를 더욱 어렵게 만드는 요인으로 작용한다.

이란은 NF, 이스라엘은 F?

프리덤 하우스의 『세계 자유 보고서』가 이란을 비자유국가로 꼽은 것은 논란거리다. 종교가 정치를 지배하는 신정국가라는 점과 체제 비판을 관용으로 대하지 않는다는 근거 아래 이란을 늘 NF 국가로 낙인찍어왔다. 하지만 이란 현지 취재 때 테헤란에서 만난 이란 사람들은 이에 동의하지 않았다. 시아파 종교 최고 지도자가 대통령보다 헌법상 우위에 있다고는 하나, 중동 지역에서 야당이 선거를 통해 여러 차례 정권 교체를 이루었던 나라가 바로 이란이다. 그렇기에 이란은 중동 국가들 가운데 그런대로 민주주의가 시행되는 나라로 꼽을 수 있다. 서구의 정치학자들이 이란을 비자유국가로 분류하는 것은 이란 헌법상 시아파 최고 지도자가 대통령보다 상위의 권력을 지니고 있다는 점 때문이다. 종교와 정치의 관련성으로 본다면 이스라엘도 종교(유대교)의 영향력이 매우 큰 나라다. 이란에 들이댄 잣대를 공평하게 이스라엘에 들이댄다면, 이스라엘도 교과서적인 민주주의국가라고 말하기 어려워 보인다.

이스라엘에는 국가가 공식적으로 인정하고 정부 예산으로 후원금을 지급하는 종교가 모두 14개에 이른다(유대교, 이슬람교, 드루즈, 바하이, 그리고 10개의 다양한 기독교 종파). 머릿수에서 다수인 유대교는 14개 종파 가운데 하나일 뿐이다. 물론 다수는 유대인들이 믿는 유대교이다(통계로는 유대교도 74.7%, 무슬림 17.7%, 기독교도 2%, 드루즈 1.6%, 기타 4%). 이스라엘 법에는 유대교가 '국교'로 지정돼 있지 않지만, 현실에서는 유대교가 사실상 이스라엘의 국교로 받들어진다. 유대교의 종교적 축일들은 이스라엘의 국경일로 지정돼 있는 반면 이슬람교의 주요 축일은 국경일로 지정돼 있지 않다.

여기서 유대인과 유대교를 구분할 필요가 있다. 통계를 보면 유대인 가운데 스스로를 '종교적'이라고 여기는 사람은 17%에 지나지 않는다. 80%가 넘는 절대다수는 생활 속에서 유대교 전통 관습을 따르긴 하지만 토요일에 반드시 유대교 회당(시너고그)에서 밤새 기도를 드리진 않는다. 특히 5% 정도의 유대인들은 유대교에 적대감마저 품고 있는 것으로 알려져 있다. 이들 세속적인 유대인들은 유대교가 휴일인 토요일에 쇼핑센터 문을 닫도록 하는 국가적 규제에 반발하는 등 일상생활이 유대교 때문에 제약을 받는 현실에 불만을 품고 있다. 그럼에도 유대교적인 관습은 마치 우리 한국인들이 유교적 관습을 생활로 여기는 것과 마찬가지다.

한 가지 분명한 사실은 유대교의 엄격한 종교적 율법을 부담스럽게 여기는 세속적인 유대인들이라고 하더라도 이스라엘이 유대 민족국가로 정체성을 이어나가길 바란다는 점이다. 이스라엘 시민권을 지닌 아랍인들은 이스라엘이 다민족국가 또는 적어도 유대인-아랍인으로 구성된 '두 개의 민족국가bi-national state'가 돼야 한다고 믿는다. 하지만 상당수의 유대인들은 이스라엘이 '유대인 국가'라는 정체성을 지녀야 한다고 생각한다. 통계적으로 유대인 10명 가운데 9명이 아랍인들과 섞여 사는 이른바 '다민족multiethnic국가로서의 이스라엘'을 바라지 않는다. 이런 생각의 바탕에는 당연히 종교적 요인, 즉 유대교가 자리 잡고 있다.

이스라엘이 중동 유일의 민주국가?　　여기서 비판적으로

짚어볼 물음은 프리덤 하우스의 『세계 자유 보고서』에 나타난 대로 이스라엘이 과연 민주주의국가인가 하는 것이다. 유대인들은 "이스라엘은 중동에서 오직 하나뿐인 민주국가"라고 강조한다. 하지만 지구촌 평화와 인권을 걱정하는 많은 사람들로부터 이스라엘은 '중동의 깡패 국가'라고 손가락질받아온 게 사실이다. 이스라엘의 국내 정치 상황과 국제 관계를 들여다보면 이스라엘이 민주국가라는 것은 논란의 여지가 있다.

　외형상으로 보면 이스라엘은 총리가 최고 권력자인 내각책임제를 시행하는 민수국가다. 이스라엘 정치권은 리쿠드당을 중심으로 한 보수 우파 정당, 노동당을 비롯한 좌파 정당, 이스라엘 베이테누 같은 극우파 정당, 하바이트 하예후디 같은 극단적 종교 정당, 그리고 아랍계 정당 등 크게 다섯 부류로 나눌 수 있다. 1948년 독립 이래 이스라엘은 노동당 중심의 세속적이고 사회주의적인 성향을 지닌 정치 세력이 정계의 주류를 이끌어왔고, 근래에 들어와선 보수 우파가 정권을 장악하면서 정권 교체를 되풀이해왔다(2021년 6월 총리직에서 물러난 베냐민 네타냐후는 보수 우파인 리쿠드당 출신). 한편 이스라엘의 초대 총리를 맡았던 다비드 벤구리온을 비롯한 건국 주역들은 비종교적(세속적)이고 사회주의 성향의 노동당을 이끌면서도, 한편으로 유대교의 종교적 규범을 존중하고 종교인들의 정치 참여를 인정했다.

제3차 중동전쟁(6일전쟁)에서 승리한 뒤 서안지구와 가자지구를 식민지로 합병한 뒤로 이스라엘 정치권은 지금껏 크게 두 가지 다른 노선이 서로 갈등을 빚어왔다. 노동당을 중심으로 한 좌파는 팔레스타인과의 갈등 문제를 타협적으로 접근하려는 자세를 보여왔다. 이스라엘 좌파는 이른바 '땅과 평화의 교환(팔레스타인에게 땅을 되돌려주고, 이스라엘은 평화를 얻는 구도)' 원칙과 '두 개의 국가 해법(이스라엘-팔레스타인 두 국가의 평화 공존)'에 바탕해 중동 평화를 이끌어내면서, 이스라엘로 하여금 민족적인 유대 국가의 성격을 유지해가자는 입장이다.

그에 반해 리쿠드당을 중심으로 한 보수 우파와 종교 세력은 팔레스타인 점령 지역을 병합 흡수하는 이른바 '대★이스라엘' 노선을 내걸면서, 팔레스타인 독립 외침엔 조금도 귀를 기울이지 않는다.

1992년 총선은 양극화된 이스라엘 정치권에서 매우 중요한 정치 행사였다. 이 총선에서 '평화를 위한 영토의 반환'을 내건 이츠하크 라빈 총리의 노동당이 승리함으로써 팔레스타인과의 협상 길을 열었고, 팔레스타인 사람들에게 요르단강 서안과 가자지구를 단계적으로 넘겨주기로 한 오슬로 평화 협상이 타결됐다. 1995년 이츠하크 라빈 총리의 암살은 "야훼께서 유대인에게 주기로 약속한 젖과 꿀이 흐르는 땅을 나눠가질 수 없다"고 믿는 유대인 극단주의자들이 그를 공적 1호로 선언한 뒤에 벌어진 비극적인 결과이다. 지금의 이스라엘 집권 세력인 리쿠드당과 그 정치적 연합 세력인 유대교 정당들은 오슬로 평화협정 정신이라고 할 '땅과 평화의 교환 원칙'을 거부한다.

2000년 9월 인티파다로 유혈 사태가 일어난 뒤로 지금껏 이스라엘의 정치권은 보수 우파 정당과 유대교 정당의 연합 세력이 의회와 정부를 지배하고 있다.

큰 그림으로 보면, 중동 정치판은 이스라엘 총리가 누구인가에 따라 풍향계가 달라졌다. 이스라엘 좌파인 노동당이 집권하던 1990년대 전반기에 이츠하크 라빈 총리는 시몬 페레스 외무부 장관과 함께 팔레스타인과의 평화 공존을 모색했다. 그러나 1995년 그가 암살당한 뒤 우파와 극우파 색깔이 뒤섞인 리쿠드당의 두 강경파(아리엘 샤론, 베냐민 네타냐후)가 총리로 집권한 1990년대 후반부터는 중동 정치판이 얼음장처럼 차가워졌고, 유혈 투쟁이 이어져 많은 피를 불러왔다. 2000년대 들어와 이스라엘 총선에서 강경파 네타냐후가 잇달아 승리하자, 많은 팔레스타인 사람들은 "피바람이 그치지 않겠구나" 하며 머리를 감쌌다. 하지만 끈질긴 생명력의 네타냐후도 2021년 6월 반네타냐후 연합 세력에 밀려 총리직을 잃었다. 새 총리 나프탈리 베네트는 네타냐후보다 더 극우적인 인물로 알려져 있고, 이스라엘 정치권을 지배하는 세력은 평화 공존과 거리가 멀다. 큰 그림에서 보면 이스라엘 정치판은 보수-유대교 연합 세력이 대팔레스타인 강경 노선을 밀어붙이는, '제2, 제3의 네타냐후'가 군림할 가능성이 크다.

이스라엘 좌파 페레스의 변신　　여기서 잠깐 2016년 사망한 이스라엘 정치 원로 시몬 페레스의 이야기를 해보자. 페레스는 1923년생으로 이스라엘 좌파 정당인 노동당을 이끌며 이스라엘 총리, 외무부 장관 등을 역임한 정치 원로다. 말년에는 내각제인 이스라엘 정

오슬로 평화협정(1993년)으로 노벨 평화상을 받았던 시몬 페레스 전 이스라엘 대통령. 2000년 인터뷰 때엔 팔레스타인과의 평화 공존이 바람직하다고 말했지만, 말년에는 "예루살렘은 나눠 가질 수 없는 이스라엘 영토이다. 이스라엘의 군사행동은 정당하다"는 주장을 되풀이했다.

치권에서 총리보다는 권한이 약하지만, 한 국가를 대표하는 대통령도 지냈다(2007~2014년). 외무부 장관이던 1993년 오슬로 평화 회담을 성사시킨 공로로 이츠하크 라빈 이스라엘 총리, 야세르 아라파트 PLO 의장과 함께 노벨 평화상(1994년)을 받기도 했다. 라빈 총리가 유대인 강경파의 미움을 사 1995년 암살된 뒤엔 총리로서 노동당을 이끌기도 했다.

이스라엘-팔레스타인 유혈 분쟁이 한창이던 2000년 10월 31일, 에후드 바라크 총리가 이끌던 노동당 내각에서 지역 협력 장관으로 일하던 페레스와 텔아비브에 있는 그의 장관 집무실에서 인터뷰를 가졌다. 노벨 평화상 수상자로서 지금의 유혈 사태를 어떻게 보는지 묻자, 그는 "질문에 답하기 앞서, 한국 김대중 대통령의 노벨 평화상 수상(2000년)을 축하하고 싶습니다. 한반도는 평화가 굳어지는 쪽으로 가는데, 이곳은 거꾸로 가는 것 같아 답답함을 느낍니다"라고 했다. 페레스는 인터뷰 도중 "오슬로의 평화 회담 정신은 죽지 않았습니다"는 말을 거듭 강조했다. 그는 장기적으로는 평화가 올 것이라고 전망했다. "역사적으로, 또 현실적으로 이스라엘-팔레스타인은 떼려야 뗄 수 없는 사이입니다. 지금은 다들 어렵다고 하지만, 긴 안목에서 보면 이 땅에 평화롭게 공존하는 날이 올 것입니다."

인터뷰 당시 77세였던 페레스는 느릿느릿 말을 이어가면서도 이스라엘 정치 원로답게 거침이 없어 보였다. 그는 2000년 6월 미국 클린턴 대통령이 중재자로 나섰던 캠프 데이비드 평화 협상이 실패로 끝난 것을 두고 "바라크 이스라엘 총리와 아라파트 팔레스타인 자치정부 수반이 모든 문제를 한꺼번에 풀려고 서둘렀기 때문"이라고 비판했다. 페레스의 주장을 정리해보면, 워낙 이스라엘-팔레스타인 사이에 골이 깊어 평화 회담에서 하나하나 단계적으로 풀어가야 한다는 데로 모아진다. 특히 예민한 동예루살렘 문제 같은 것은 뒤로 미루고 상대적으로 합의가 쉬운 부분부터 풀어나가야 한다는 얘기였다.

오래전의 그 인터뷰 뒤 지금 다시 무덤 속의 페레스를 만난다면, 그로부터 "오슬로의 평화 회담 정신은 죽지 않았습니다"라는 말을 또다시 들을 것 같지는 않다. 페레스의 정치적 이미지는 강경파인 베냐민 네타냐후 총리에 견주어 상대적으로 온건하다고 알려져 있다. 대통령 재임 기간 내내 팔레스타인 문제를 비롯한 민감한 사안을 놓고는 네타냐후와 때때로 미묘한 갈등을 빚기도 했다. 하지만 이스라엘의 국가적 정체성을 '유대인 국가'로 본다는 점에선 둘 사이에 이견

이 없었다. 말년의 페레스가 했던 발언들을 모아보면 강경파들의 그것과 어감이 거의 똑같다. "동예루살렘은 (팔레스타인과) 나눌 수 없는 유대인의 도시"라는 발언이 압축적으로 그의 완고해진 생각을 드러낸다. 팔레스타인 사람들은 언젠가 독립국가를 이룬다면, 수도는 (자치정부가 임시 행정 수도로 쓰는 라말라가 아닌) 동예루살렘이어야 한다고 여기는데도 말이다. 노벨 평화상 수상자 페레스의 '예루살렘 분할 불가론'은 팔레스타인 사람들을 무척 화나게 만들었다. 오슬로 평화협상 때 팔레스타인 협상을 이끌었던 아흐마드 쿠레이(전 팔레스타인 자치정부 총리)를 팔레스타인 라말라에서 만났을 때 페레스의 발언에 대해 어떻게 생각하는지를 물어봤다. 그는 "우리는 오슬로 평화협정에서 이스라엘에 서예루살렘 포기를 동의해줬는데, 결과적으로 동예루살렘마저 잃을까 전전긍긍해야 하는가" 하고 한탄했다.

페레스는 2009년과 2014년 이스라엘군의 가자 침공으로 많은 민간인 희생자가 생겼음에도 이스라엘의 정당성을 주장하여 또다시 거센 비난을 받았다. 2009년 1월 스위스 다보스에서 열린 세계경제포럼(다보스 포럼)에 이스라엘 대통령 자격으로 참석한 그는 반기문 유엔 사무총장을 사이에 두고 터키의 레제프 타이이프 에르도안 총리와 이스라엘의 가자지구 침공 문제로 충돌했다. 페레스 대통령이 "이스라엘의 군사행동은 정당하다"는 주장을 되풀이하자, 에르도안 총리는 이스라엘을 비난하며 토론 도중 자리를 박차고 나갔다. 많은 팔레스타인 사람들은 페레스가 지난날의 평화공존주의자에서 오로지 유대 민족의 생존만을 집착하는 시오니스트로 변질됐다고 여긴다.

한때는 팔레스타인과의 평화공존을 생각하던 페레스의 변신을 통해서 우리는 이스라엘 정치권의 속살을 들여다보게 된다. 이스라엘 좌파의 한계에 관해서다. 모든 유대인은 좌파건 우파건 관계없이 1948년 지도에 없던 팔레스타인 땅에 세운 이스라엘의 영토와 생존권을 지켜내야 한다는 굳센 신념을 지녔다. 원주민인 팔레스타인 아랍인들의 피눈물을 동정할 것이냐 못 본 체하고 무시할 것이냐는 그다음 문제다. 좌파인 노동당원들도 예외는 아니다. 제3차 중동전쟁에서 이겨 이스라엘 영토를 4배나 넓힌 뒤 식민정책을 폈던 것은 다름 아닌 집권 노동당 정부였다. 아랍인들의 토지를 빼앗아 정착민들에게 나눠주고 여러 불평등한 법률들을 만들어낸 사람들도 바로 노동당 정부의 지도자들이었다. 오늘날 서안지구 곳곳에, 특히 요르단강을 따라 서쪽(팔레스타인으로 보면 동쪽)에 생겨난 대규모 정착촌들은 노동당이 집권하던 시절에 터를 닦은 것들이다.

결국 노동당의 한계를 드러내는 문제가 불거졌다. 노동당이 1993년 오슬로 평화협정을 추진하자, 정착민들과 갈등이 생겨났다. 노동당은 정착민들에게 평화공존의 필요성을 조리 있게 설명하지 못해 그들을 설득하는 데 실패했다. 그리고 잇단 선거에서 참패해 보수 우파-종교 연합 세력에게 정권을 내주었다. 이를 두고 히브리 대학의 진보적인 역사학자 지브 스턴헬 같은 이들은 "노동당은 무능했고, 정책 아이디어 부재로 이제는 존재 이유마저 잃어버렸다"고 탄식한다. 1995년 이츠하크 라빈이 암살된 뒤 노동당을 이끌던 시몬 페레스는 2005년 노동당을 탈당해 카디마당으로 옮겨갔다. 카디마당은 팔레스타인 사람들이 공적 1호로 여기던 강성 인물인 아리엘 샤론 당시 총리가 리쿠드당을 쪼개 막 창당한 참이었다. 그러고는 곧이어 이스라엘 대통령 자리에 올랐다. 한때 이스라엘 좌파를 이끌었던 페레스의 정치적 변신과 줄타기는 타민족을 희생시키더라도 유대인의 생존이 중요하다고 여기는 전투적 유대 민족주의(시오니즘)가 이스라엘 전반에 널리 퍼져 있음을 보여준다.

국내-국제 관계 모두 비민주적

이스라엘은 선거 때면 수십 개의 군소 정당들이 저마다 후보 명단을 내걸고 득표율에 따라 뽑힌 비례대표 후보들로 120석 정원의 의회(크네세트)를 구성한다. 정당끼리 이합집산을 거듭하지만, 정치과정 자체는 서구적 민주주의를 실현하고 있는 모습이다. 그러나 이스라엘을 민주국가로 부르는 데는 문제가 있다. 한 국가가 참으로 민주국가냐 아니냐 판별하는 잣대를 국내 정치제도의 형식적 운용 체계만으로 좁혀 보는 것은 문제가 있다.

무엇보다 이스라엘의 대외 관계가 민주적이지 못하다. 한 국가가 이웃 국가들과 민주적 호혜 평등의 국제 관계를 갖느냐, 아니면 신식민주의적 패권 정책을 펴나가느냐의 잣대로 보면 이스라엘은 후자쪽이다. 군사 파시스트 국가에 가깝다. 무엇보다 이스라엘은 21세기에 식민지를 두고 있는 유일한 국가이다. 이스라엘은 1948년 독립 전쟁(제1차 중동전쟁)을 벌이면서 원주민인 팔레스타인 아랍인들을 강제로 추방했고, 1967년 제3차 중동전쟁 뒤로 팔레스타인과 시리아령 골란 고원, 남부 레바논을 점령해 식민지로 삼고, 점령지의 아랍 민중들을 군사적으로 억압 통치하면서 숱한 인권침해 사례를 낳아왔다. 그리고 걸핏하면 '아랍 테러리스트들을 소탕한다'는 명분을 내세워 레바논을 비롯한 이웃 중동 국가들의 민간인 주거지와 사회 기반 시설을 파괴함으로써 군국주의 파시스트 국가, 깡패 국가라는 비판을 받는다.

　대외 관계의 비민주성과 더불어 이스라엘 국내 상황도 민주주의와는 거리가 멀다. 이스라엘은 1948년 5월 14일 나라를 세운 뒤 지금까지 '국가비상사태' 아래에 있다. 처음 국가비상사태법이 나올 무렵엔, 팔레스타인 원주민인 아랍인들과 전쟁을 벌이면서 국가 존망의 위기에서 벗어날 때까지의 한시적인 법으로 여겨졌다. 하지만 지금에 이르러선 실정법으로 굳건히 자리 잡은 모습이다. 이스라엘 사회는 전시체제나 다름없다. 국가비상사태법에 따라 이스라엘의 국가 안보를 위협하는 움직임은 어떤 것이 됐든 처벌 대상이 될 수 있다. 따라서 비판자들은 이 법이 '굴러온 돌'인 유대인들이 '박힌 돌'인 팔레스타인 아랍인들의 생존권을 억압하는 인종차별적인 악법이라고 규정한다.

　이스라엘이 모든 구성원의 정치적 자유를 보장하고 인권을 존중하는 민주주의를 시행하고 있는가도 의문이다. 특히 이스라엘 시민권을 지닌 180만 팔레스타인계 아랍인들은 민주주의의 열매를 즐기지 못하고 차별과 불신의 감시 구조 아래 2등 시민으로 살아가고 있다. 아랍계 시민들이 느끼는 이스라엘의 민주주의 지수는 앞서 살펴본 프리덤 하우스의 서구적인 잣대로 봐도 완전한 자유국가(F)라는 평가와 거리가 멀다.

　이스라엘 내 팔레스타인 아랍인들이 차별받고 사는가는 땅의 소유 측면에서도 드러난다. 20세기 전반기 영국이 팔레스타인을 보호령으로 차지하고 있을 때, 유대인들 소유의 땅은 그 최대치가 전체 면적의 13.5%에 지나지 않았다. 나머지 86.5%는 팔레스타인 아랍인들의 소유였다. 그런데 1960년대 초에 이뤄진 조사 통계에서는 단지 7%의

이스라엘의 팔레스타인 점령과 억압은 많은 사람들의 눈물과 고통을 자아냈고, 국제사회로부터 깡패 국가라는 비판을 받았다.

땅이 아랍인들 소유로 드러났다. 이스라엘은 팔레스타인 아랍인들이 새로 땅을 사들이거나 마을을 조성하는 것을 막아왔다. 1948년 이래 이스라엘 영토 안에서 새로 조성된 아랍 뉴타운은 눈 씻고 봐도 찾기 어렵다.

 적어도 법률 조항으로는 유대인이나 아랍인이나 집을 팔고 사는 데 특별한 차별을 두지 않는다. 하지만 현실에서 팔레스타인계 아랍인이 집을 새로 사거나 땅을 사들이는 것은 매우 어려운 일이다. 복잡한 행정절차를 거치는 가운데 어디선가 서류가 잠을 자고 있어 등기를 마치지 못하기 때문이다. 이를 두고 이스라엘의 인권과 평화 운동 단체들은 "이스라엘 정부가 유대인 순혈주의를 지향하면서 팔레스타인계 아랍 사람들이 이스라엘 사회 안에 뿌리내리는 것을 막으려는 반동화 정책anti-assimilation policy"이라고 비판한다.

유대판 아파르트헤이트

21세기 들어 이스라엘 정치권은 점점 민주주의를 퇴행시키는 쪽으로 가고 있다. 리쿠드당의 지도자 베냐민 네타냐후 총리가 이끄는 보수-종교 연립내각은 2014년 말 "이스라엘은 유대인의 민족국가"라고 못 박은 '민족국가법'을 국무회의에서 통과시켰다. 법안의 주요 내용은 유대교 율법을 기본으로 하는 입법을 제도화하고, 국가 공식 언어에서 아랍어를 제외하는 것이다. 이스라엘 인구의 약 21%를 이루는 아랍계(팔레스타인)의 기본권을 크게 위축시키는 법안이라는 지적이 따른 것은 당연한 일이었다.

네타냐후 총리는 이스라엘의 국내 정치적 혼란과 국제적 비난을 우려하는 일부 각료의 반대를 무릅쓰고 이 법안을 밀어붙였다. 그는 "이 법안은 '민주주의'와 '유대인'을 똑같이 중시하기 위한 것이며, 유대인은 민족자결권을 가지고 있다"고 주장했다. 유대인 = 민주주의 등식과 유대 민족 자결권 궤변을 들으면서 아랍계 시민들은 곤혹스러움을 느낄 수밖에 없었다. 만일 이 법안이 이스라엘 의회를 통과한다면, 아랍계 시민들은 지금까지의 '2등 시민'에서 그야말로 '그림자 시민'으로 신분이 더 떨어지게 될 것이란 우려가 나왔다.

시간이 흐르면서 그런 우려는 현실로 나타났다. 기회를 보던 이스라엘 강경파들은 2018년 이스라엘 건국 70돌을 맞아 '민족국가법'을 의회에서 통과시켰다. 이 악법을 이끌어낸 네타냐후는 "압도적 다수가 이스라엘의 유대 국가적 성격을 분명히 하기를 원했다"고 주장했다. 하지만 찬성 62표 대 반대 55표라는 표결 결과가 보여주듯이 법안을 반대하는 목소리도 작진 않았다. 좌파 의원들과 특히 아랍계 의원들이 법안 처리에 격렬히 항의하고 나섰지만, 힘이 달렸다. 헌법에 준하는 기본법의 위상을 지닌 '민족국가법'은 "이스라엘은 유대인들의 역사적 조국이며, 그들은 배타적 자결권을 지닌다"고 못 박고 있다. 유대인들의 팔레스타인 땅 점령과 식민 통치를 합법화하는 성격을 지녔다. 이 법에 따라 팔레스타인계 아랍인들은 언어에서도 차별을 받게 됐다. 그들의 일상 언어인 아랍어는 유대인들의 언어인 히브리어와 함께 쓰이는 이스라엘 공용어가 아닌, '특수 언어'로 격이 떨어졌다. 팔레스타인계 아랍인들을 2등 시민으로 만드는 이 법안은 한마디로 인종차별적인 독소를 지녔다고 말할 수밖에 없다.

이스라엘이란 국가 안에서 유대인과 비유대인(현지 아랍인)이 평등하게 살아간다고 느끼는 아랍계 시민은 아마도 한 사람도 없을 것이다. 20세기 남아프리카공화국의 아파르트헤이트apartheid 정책이 흑백 인종차별이라는 악명을 얻었다면, 21세기 이스라엘에선 유대판 아파르트헤이트가 진행 중이다. 남아프리카공화국의 백인 정권과 닮은꼴의 비민주적 정책이 21세기 이스라엘에서 행해지고 있다. 참된 민주국가에서라면 들리지 않을 억압과 차별의 이야기들이 이스라엘에서는 넘쳐난다.

18장

'아랍의 봄'은
이스라엘에겐 '겨울'

2011년 봄부터 지난 몇 년 동안 중동 지역을 휩쓴 아랍 민주화 바람
은 이스라엘에 어떤 영향을 미쳤을까. 유대인들에게 '아랍의 봄은 이
스라엘에겐 겨울'로 비쳐졌다. 이집트 친미-친이스라엘 독재자였던
호스니 무바라크의 몰락이 대표적인 보기다. 무바라크는 집권 30년
(1980~2011년) 동안 이스라엘과 유착하는 모습을 보였다. 이집트는
이스라엘과의 평화조약(1979년)을 통해 아랍권의 적인 이스라엘과
국교를 맺은 중동 지역의 단 두 국가 가운데 하나이다(다른 한 국가는
1994년 요르단). 그 대가로 이집트는 미국으로부터 해마다 13~15억
달러에 이르는 엄청난 군사원조를 챙겨왔다.

　무바라크는 이스라엘-팔레스타인 분쟁에서 아랍 민중들의 눈길을
의식해서 겉으론 중립적인 중재자인 듯한 모습을 보였지만, 이스라
엘에 여러 이익을 안겨다주었다. 이를테면 팔레스타인 강경 세력인

하마스가 2006년 총선에서 승리한 뒤 미국-이스라엘이 '경제봉쇄 전략'으로 하마스 정권을 붕괴시키려는 공작을 펴자, 무바라크는 이집트-팔레스타인 가자지구를 연결하는 라파 국경 검문소를 엄격히 통제함으로써 미국-이스라엘의 하마스 죽이기 공작을 도왔다.

도둑맞은 이집트 시민혁명　　2011년 2월 11일 이집트 민중의 피어린 저항에 못 이겨 무바라크가 물러나고 몇 년이 지나는 동안 '이집트가 민주국가로 거듭났느냐?'고 묻는다면 안타깝게도 대답은 '아니오'이다. 이집트의 민주화는 아직 멀어만 보인다.

2012년 6월 24일 이집트 대선 결선투표에서 무슬림 형제단 출신의 무함마드 무르시가 득표율 51.7%로 대통령 당선이 확정되었을 때다. 그 무렵 나는 이집트의 민주화 진통을 비판적으로 바라본 글에서 이렇게 썼다. "이집트와 한국의 시차는 7시간이다. 어느 날엔가 자고 일어나면 우리는 이집트에서 제2의 혁명의 불길이 터졌다는 소식을 듣게 될 것이다."

그런데 꼭 1년이 지난 2013년 7월 3일 '제2의 혁명'이 일어났다. 그런데 이상스럽고, 이해하기 혼란스런 '혁명'이었다. 무슬림 형제단 출신으로 절반 이상의 지지표를 얻었던 무함마드 무르시 정권을 시민들과 군부가 함께 무너뜨린 모양새였다. 이집트의 7·3 군부 쿠데타는 이른바 '중동 전문가'라고 여기는 사람들도 고개를 갸우뚱할 정도로 혼란스런 '정치 변혁'이었다.

무르시 정권을 반대한 세력은 군부만이 아니었다. 적지 않은 수의 시민들이 이슬람적 권위를 강화하려는 (아울러 서민들의 삶의 질을 단

기간에 높이지 못한) 무슬림 형제단 정권의 잘못과 무능을 비판하며 무르시 대통령의 하야를 외쳤다. 군부 쿠데타로 정권이 무너졌다는 소식이 전해지자 민주화의 성지 타흐리르 광장에서는 시민들이 춤을 추고, 대통령궁을 점령한 탱크 부대원에게 박수를 보냈다.

그렇지만 이집트 군부의 장성들이 어떤 인물들인가. 지난날 무바라크 30년 독재를 물리적으로 떠받쳐온 공범자들이 아니었던가. 군부는 반격의 기회를 노리고 있었고, 무르시의 무슬림 형제단 세력과 반무르시 세력의 대결 구도 속에 결국 '혼란을 수습한다'는 명분 아래 쿠데타를 일으켰다. 그렇다면 반무르시 야당 세력은 군부 쿠데타의 '들러리'로 나선 셈이었다. 권력 게임에 몰입한 나머지 군부의 반민주적 속성을 돌아보지 못한 커다란 잘못을 저질렀다는 비판을 피하기 어렵다.

그 뒤의 과정을 보면, 이집트 정치 변혁의 반민주적, 반시민적 성격이 뚜렷해진다. 7·3 군부 쿠데타는 무슬림 형제단 정권에 대한 시민들의 불만을 틈타 혼란을 수습한다는 명분으로 군부가 권력을 찬탈한 반민주화 혁명이다. 무슬림 형제단 정권을 반대만 했지 대안이 부족했던 이집트 시민들의 한계를 교묘하게 이용해, 이집트 군부가 폭력적인 쿠데타로 합법 정부를 무너뜨린 것이다. 2014년 6월 쿠데타 주역인 압델 파타 엘시시 장군(전 국방부 장관)을 대통령으로 내세운 이집트 군부는 아랍의 봄 뒤로 위기를 느꼈던 자신들의 기득권을 다시 강화하는 수순을 밟았다. 아랍의 봄은 적어도 이집트에선 덧없이 지나갔고, 다시 겨울로 돌아섰다. 이집트 시민들은 혁명을 도둑맞았다.

쿠데타를 반긴 국가들　여기서 짚고 넘어갈 대목이 있다. 군부 쿠데타를 통해 이집트가 사실상 구체제로 돌아가는 것을 반기는 세력이 이집트 안팎에 있었다는 점이다. 국내적으로는 이집트 군부, 국외적으로는 미국, 사우디아라비아, 그리고 이스라엘이다. 미국은 1980년대 이래로 공화당과 민주당 가릴 것 없이 이스라엘 안보와 관련해선 이집트의 중립화 유지를 지지해왔고, 따라서 엘시시의 집권 역시 지지했다. 버락 오바마 대통령은 7·3 쿠데타가 일어나자 이집트에 대한 군사원조(연간 13~15억 달러 규모로 전투기, 헬기, 탱크, 미사일 포함) 가운데 일부를 일시적으로 동결했다. 하지만 이는 미국의 원조를 받는 국가에서 정변이 일어날 경우 의례적으로 하는 조치일 뿐이었다. 미국은 이집트 군부 쿠데타에 대한 비판을 삼갔다. 사우디아라비아의 친미 독재 왕정이 펼치는 인권 탄압에 대해 침묵하면서 "사우디 문제는 사우디 사람들이 결정할 일"이라고 하는 태도와 다름이 없다.

미국이 이집트 문제를 인권 차원에서 접근해 긴장 상태를 이어가는 구도를 떠올리기는 어렵다. 미국은 버지니아주 노포크에서 페르시아만으로 향하는 미 5함대 항모 전단이 무바라크 집권 시절처럼 수에즈운하를 자유롭게 드나들 수 있고, 아울러 이집트가 이스라엘의 안보를 위협하는 어떠한 돌출 행동도 삼가주길 바란다. 무르시가 이집트 대통령이 된 뒤 미국의 관심은 '이집트가 이스라엘과의 평화 조약을 깰 것인가'에 모아졌다. 이를 두고 미국의 진보적 지식인 노암 촘스키는 이집트 일간지 『알마스리 알욤』과의 인터뷰에서 "미국이 바라는 것은 이집트의 민주주의가 아니라 이스라엘 안보와 같은 중동 지역에서의 미국의 오랜 전략적·경제적 이해관계일 뿐"이라며,

대형 깃발을 들고 이스라엘의 팔레스타인의 점령과 인권침해를 규탄하는 활동가들(팔레스타인 서안지구 빌린 마을).

미국도 이집트 민주화의 장애물이라고 비판한 바 있다.

이집트 새 권력자 엘시시에겐 든든한 지원 세력이 또 있다. 사우디아라비아, 쿠웨이트, 아랍에미리트(UAE) 등 걸프 지역의 친미 왕정 국가들이다. 이들은 7·3 쿠데타를 반겼다. 2011년 이집트의 민주화 바람을 타고 이슬람 시민혁명이 자국의 정권 안보를 위협한다고 여겨왔기 때문이다. 특히 사우디아라비아가 가장 적극적으로 이집트 군부를 지원하는 모습이다. 쿠데타 발생 후 유럽에서 비판적인 움직임이 일자 이집트 군부에 120억 달러의 원조를 약속하기도 했다.

스스로 '이슬람 수니파의 종주국'이라고 여기는 사우디아라비아의 지배자들은 오래전부터 이집트 무슬림 형제단을 못마땅하게 여겨왔다. 여기에는 18세기 중엽 아라비아반도에서 출현한 이슬람 부흥 운동이자 오늘날 사우디아라비아의 통치 이념의 바탕을 이루는 와하비

즘Wahhabism을 믿는 사우디 왕정과 신비주의적 수피Sufi 성향을 지닌 무슬림 형제단이 서로 상대방을 이단시하는 종교적 견해 차이도 있지만, 그와 아울러 여러 정치적인 악연들도 깔려 있다. 그 뿌리를 캐보면 1950년대 전반기 이집트에서의 정치 변혁 과정으로까지 거슬러 올라간다. 1952년 가말 압델 나세르는 청년 장교단의 이름으로 군사 쿠데타를 일으켜 부패 무능한 이집트 국왕 파루크를 추방하고 권력을 잡았다. 2년 뒤인 1954년 세속 정책을 펴던 나세르를 무슬림 형제단원들이 암살하려다 실패한 뒤 많은 단원들이 사우디아라비아 동부 지역으로 피신했다. 그들 가운데 일부는 사우디 왕정에 위협적인 움직임을 보였고, 그 기억은 지금도 사우디아라비아 지배자들에게 강하게 남아 있다.

9·11 테러 훨씬 이전에 이미 사우디 왕정이 '체제를 전복하려는 위험인물'로 낙인찍었던 오마사 빈라덴의 알카에다 조직에 무슬림 형제단원들이 다수 포함돼 있던 점도 거부감을 더한 요인으로 꼽힌다. 2011년 5월 오사마 빈라덴이 파키스탄 은신처에서 사살된 뒤로 알카에다 최고 지도자로 꼽히던 아이만 알자와히리도 이집트 출신의 의사이자 무슬림 형제단 출신이다. 그는 1981년 무슬림 형제단의 과격 분파가 안와르 사다트 대통령을 암살했을 때 그 음모에 가담했던 혐의로 징역 5년을 살았다. 출소 뒤에는 빈라덴과 함께 알카에다를 조직해, 그의 최측근이자 2인자로 미국을 겨냥한 9·11 테러를 기획했다.

사우디아라비아를 비롯한 걸프 지역 국가들이 무슬림 형제단 정부의 전복을 반기는 것과 대조적으로 카타르와 터키 등 몇몇 중동 국가들은 비판적인 입장을 보였다. 특히 터키 정부가 그랬다. 온건 이슬람 집권 세력으로 분류되는 터키 정의개발당 출신의 레제프 타이이프 에르도안 대통령은 그가 총리로 재임하던 2013년 "민주적 절차를 거쳐 출범한 무슬림 형제단을 전복시킨 쿠데타 세력들을 법정에서 단죄해야 마땅하다"며 이집트 주재 대사를 소환하기도 했다. 터키 정부가 이집트 군부와 그 주역인 엘시시 장군을 거듭 비난하는 배경에는 터키에서의 군부 쿠데타를 염려하는 정치적 고려도 담겨 있다.

이스라엘, "안보 부담 덜게 됐다"

이집트 군부 쿠데타를 가장 반긴 국가는 이스라엘이다. 이스라엘의 국가 안보에 가장 위협적인 세력으로 꼽히는 팔레스타인 강경 세력 하마스는 태생적으로 무슬림 형제단에 뿌리를 두고 있다. 이스라엘의 봉쇄정책으로 고통을 겪고 있는 가자지구를 사실상 통치하는 하마스에 동정적인 무슬림 형제단의 붕괴는 이스라엘로선 두 손을 들고 반길 일이다. 이스라엘과 여러 차례 전쟁을 치른 바 있는 이집트의 집권 세력이 하마스와 손을 잡는다는 것은 결코 이스라엘 안보에 도움이 되지 않는다. 이집트와 국경을 맞댄 가자지구는 강경 이슬람 정파인 하마스의 해방구다. 가자지구를 철저히 포위함으로써 그 지역을 '하늘만 뚫린 감옥'으로 만들어 하마스의 숨통을 옥죈다는 것이 이스라엘의 정책이다. 이스라엘은 무바라크처럼 이집트 군부 실세들이 봉쇄정책에 협력적이길 바라고 있다. 이스라엘은 이집트 군부의 행위를 '쿠데타'라고 비판하기는커녕 오히려 미 워싱턴 정치권에 이집트 군사원조 중단을 취소하라는 로비를 벌인 것으로 알려져 있다.

최근 드러난 사실이지만, 무바라크 통치 30년 동안 이스라엘이 무바라크에게 얼마나 고마움을 느껴왔는지는 이스라엘이 그에게 정치적 망명처를 제공하려고 했다는 사실에서도 드러난다. 2011년 2월 10일 무바라크가 권좌에서 물러나 이집트-이스라엘 접경 휴양도시 샤름 알-셰이크로 떠나던 당일 이스라엘 총리 네타냐후는 비밀리에 사람을 보내 "이스라엘로 정치적 망명을 해온다면 받아들이겠다"고 제안했다.

이스라엘에 협력적이었던 무바라크가 권좌에서 물러나고 무슬림 형제단 출신의 무함마드 무르시 후보가 새 대통령이 되자, 이스라엘은 위기감을 느낄 수밖에 없었다. 무르시 정권이 이집트 민중의 반이스라엘 정서를 바탕으로 이스라엘과의 평화조약을 파기하겠다고 나설 가능성도 없지 않았기 때문이다. 하지만 꼭 1년 뒤 군부가 쿠데타를 일으키자, 이스라엘 네타냐후 총리는 "안보 부담을 덜게 됐다"며 기뻐했다고 알려진다. 이집트의 새 권력자 엘시시는 무바라크와 마찬가지로 권위주의적이고, 친미 성향의 인물이다. 그는 미국-이스라엘 동맹 관계를 고려해 이렇다 할 갈등 없이 이스라엘과 부드러운 관계를 이어가고 있다. '아랍의 봄'으로 중동 정치판이 잠시 요동치긴 했지만 여전히 이스라엘에 유리한 상황이다.

하지만 중장기적인 전망에서 보면, 이스라엘이 안심하긴 이르다. 이집트의 많은 시민들이 2011년 아랍의 봄과 함께 거리로 뛰쳐나와 30년 무바라크 독재의 아성을 무너뜨린 감격을 생생히 기억하고 있다. 일단 민주화를 경험한 이집트 시민들의 정치적 정서는 이집트에 무바라크에 이은 새로운 군부독재 정권이 들어서는 것을 인정하기 어렵다. 무슬림 형제단이 무너진 배경에는 세속적인 삶의 질 향상을 바라는 시민들의 기대치를 재빨리 채워주지 못한 불만도 한몫했다. '국가 안의 국가'로서 이집트 경제의 노른자위를 장악해온 이집트 군부가 시민들의 정치 경제적 욕구를 해결해주지 못한다면, 저항에 부딪혀 카이로 타흐리르 광장은 다시 피바다를 이룰지도 모른다. 그럴 경우 이스라엘이 바라지 않는 정치 구도로 발전할 가능성도 없지 않다.

미국이 이슬람국가를 공습한 까닭

미국의 중동 정책은 이스라엘 안보와 안정적인 석유 자원 확보라는 두 가지 축을 중심으로 움직인다. 시리아 내전에서 많은 희생자가 발생하는데도 개입을 미루고 지켜보다가, 2014년 9월부터 시리아와 이라크에서 세력을 키워가던 '이슬람국가(IS)'에 대해 공습에 나선 것은 미국의 중동 정책의 무게중심이 어디에 있는가를 새삼 확인시켜준 사례이다.

2011년 아랍의 봄이 쓰나미처럼 시리아로 몰려든 뒤, 시리아는 엄청난 내전의 불길에 휩싸였다. 1970년부터 2대에 걸쳐 시리아를 철권통치해온 아사드 독재 정권(아버지 하페즈 알 아사드와 아들 바샤르 알 아사느)과 반군 세력 사이에 벌어진 시리아 내전의 심각성은 추정치이지만 50만 명에 이르는 희생자 통계에서도 드러난다. 그렇지만 미국을 비롯한 국제사회는 제각기 자국의 이해득실만 저울질할 뿐 내전을 끝내고 평화를 이루기 위한 진정성 있는 관심을 보이지 않아 왔다.

시리아에 대한 국제사회의 소극적 태도는 2011년 리비아 내전에 무력 개입했던 방식과 대조적이란 지적을 받는다. 리비아에서 내전 양상이 벌어지자, 국제사회는 독재자 무아마르 카다피의 폭압으로부터 리비아 시민을 '보호해야 할 책임Responsibility to Protect(약칭 R2P)'

논리를 내세워 무력 개입의 길을 열었다. 국가 주권이나 '국가 안보'도 중요한 개념이지만 그에 앞서 '인간 안보'의 가치가 더 중요하며, 국제사회가 '인간 안보'를 적극적으로 지켜줘야 마땅하다는 것이 R2P 논리의 핵심 내용이다. 이 논리에 따라 2011년 3월 두 개의 유엔 안보리 결의안(1970, 1973호)이 통과됐고, 북대서양조약기구(NATO)의 공군력이 리비아 정부군을 공습함으로써 반군 세력이 카다피 정권을 무너뜨리는 데 결정적 힘을 보탰다.

미국은 리비아에 대한 무력 개입은 '인도주의적 개입'의 성격을 지녔다고 주장했다. 그런데 리비아보다 훨씬 더 많은 사람들이 피를 흘린 시리아에 대해선 개입을 망설였다. 유엔 안보리에서 시리아에 우호적인 러시아와 중국이 군사개입 결의안 통과를 반대할 것이란 분위기도 영향을 미친 것은 사실이다. 그렇다고 R2P 논리를 못 들이댈 것은 아니다. 1999년 발칸반도의 마지막 분쟁 지역이었던 코소보에서 NATO가 유엔 안보리의 결의안 없이 무력 개입에 나섰던 것처럼, 또는 2011년 리비아를 공습했던 것처럼, R2P 논리에 따라 독자적인 무력 개입이 가능했을 텐데도 소극적이었다. 세계 8위의 석유 매장량을 지닌 리비아와는 달리 시리아에서 챙길 석유 이권이 워낙 보잘것 없어서일까.

여기에는 독재자 아사드 제거 뒤에 시리아 정국이 안갯속이 될 것이라는 우려가 깔려 있다. 2011년 리비아에서 그랬듯이 국민 보호 책임(R2P) 논리를 내세워 아사드 정권을 무너뜨린다 해도, 그 뒤에 들어설 정권이 어떤 성향을 지닐지는 불확실하다. 1979년 호메이니를 지도자로 한 이슬람 혁명 뒤의 이란, 1990년대 중반 이후 아프가니스탄에 들어섰던 탈레반 정권, 레바논의 헤즈볼라 같은 이슬람 근본

야세르 아라파트와 사담 후세인의 포스터가 붙어 있는 베이루트의 뒷골목. 중동 지역의 반미, 반이스라엘 정서를 보여준다.

주의 정치 세력이 아사드 체제의 공백을 메우는 것은 미국의 입장에 선 '최악'의 구도이다. 국경을 맞댄 이스라엘의 안보에 악영향을 미치고, 미국의 중동 정책도 어려움을 겪을 것이 불을 보듯 뻔하다. 그런 의미에서 이스라엘에 전혀 위협적이지 않은 지금의 독재자 아사드가 차라리 낫다는 판단을 내린 것으로 풀이된다.

이스라엘도 미군 공습의 수혜자

이스라엘의 판단도 미국과 같다. 지난날 시리아와 이스라엘은 거듭된 전쟁을 벌였다. 특히 제3차 중동전쟁으로 이스라엘이 점령한 시리아 골란 고원의 반환 문제는 이스라엘-시리아 양국 관계의 현안 가운데 하나다. 시리아 아사드 정권은 이란, 레바논 헤즈볼라와 정치적 동맹 관계를 맺고 이스라엘에 적대적 입장을 보여왔다. 하지만 내전으로 말미암아 이스라엘에 전혀 위협적이지 않다. 이스라엘은 미국과 마찬가지로 강성 이슬람 정권이 다마스쿠스에 들어서는 것보다는 지금의 허약한 아사드 독재 정권이 더 낫다고 여긴다.

시리아에서 내전이 벌어지고 3년 동안 정부군과 반군은 어느 정도 힘의 균형 상태에 있었다. 그런데 조금씩 균형이 깨지기 시작했다. 그 중심엔 바로 이슬람 수니파가 중심이 된 반군 조직 '이슬람국가(IS)'가 있다. IS는 수니파 칼리프 제도의 부활을 정치적 목표로 내건 극단적 이슬람주의 무장 조직이다. 1990년대 후반 아프가니스탄을 다스리던 탈레반 정권처럼 IS는 점령지에서 이슬람 율법(샤리아)에 따른 엄격한 신정 통치를 폈고, 이를 받아들이려 하지 않는 이들을 엄하게 처벌했다. 붙잡힌 미국인과 영국인들의 목을 자르고 동영상으로 그 사실을 전 세계에 퍼뜨렸다.

시리아와 이라크에서 IS가 펼친 군사적 공세는 엄청났다. 2013년 3월 시리아 동북부 라카주의 주도 라카시를 접수했고, 2014년 1월엔 이라크 서부 안바르주를, 2014년 6월에는 이라크 제2도시 모술을 점령했다. 그리고 2014년 6월 시리아 라카를 수도로 한 '이슬람국가'를 선포했다. 그 기세대로라면 시리아 다마스쿠스와 이라크 바그다그가 잇달아 함락되지 않으리라는 법도 없었다. 결국 미국이 무력 개입에 나섰고, 2014년 9월부터 IS를 겨냥한 공습이 이어졌다.

여기서 근본적인 물음이 제기된다. 미국이 IS를 공습하면 누구에게 이로울까. 누가 수혜자일까. 첫째는 아사드 독재 정권이다. 시리아 독재자 아사드는 미국의 공습이 더없이 고마울 것이다. IS는 여러 시리아 반군 조직 가운데 가장 세력이 강하고 전투적인 투쟁성을 지녔기에 시리아 정부군조차 두려움을 품었다.

둘째, 이스라엘도 미 공습의 수혜자다. 이스라엘의 관심사는 시리아 민주화와 안정이 아니라, 아사드 독재 정권이 무너진다면 누가 다마스쿠스를 접수할 것이냐였다. 이란 이슬람 혁명(1979년)의 아야톨라 호메이니 같은 강성 지도자가 다마스쿠스를 접수한다면, 이스라엘로선 안보 위협에 부딪히게 된다.

IS를 겨냥한 공습에서 새삼 미국의 중동 정책의 우선순위가 어디에 있는지 드러난다. 최우선 동맹국인 이스라엘의 안보를 챙기고, 아울러 사우디아라비아를 비롯한 친미 독재 성향을 지닌 중동 산유국들의 안보(보다 정확히는 지배 체제의 안정)를 챙겨주면서, 그 대가로 석유가 미국으로 안정적으로 공급되는 것이 중요하다. 중동 지역에 대한 미국의 관심은 민주화나 내전 종식에 따라 그곳 사람들이 전쟁의 공포로부터 벗어나는 것이 아니다. 중동 지역 불안이 최대 동맹국인 이스라엘의 안보, 그리고 중동 유가에 어떤 영향을 미치는가에 모아져 있다. 이스라엘과 중동 독재국가들에 대한 미국의 지원이 그곳 정치 지형에 여러 해악을 끼쳐왔음을 똑똑히 기억하는 중동 지역 사람들은 미국의 이슬람국가 공습이 도대체 누구를 위한 것이냐며 못마땅해했다.

아랍의 봄, 팔레스타인에도 영향

아랍의 봄은 팔레스타인 정치 지형에도 영향을 미치고 있다. 시리아 독재자 아사드의 은밀한 지원 아래 다마스쿠스에서 반이스라엘 활동을 펴던 하마스 지도자 칼리드 마슈알은 2012년 초 카타르 도하로 근거지를 옮겼다. 바로 그즈음 가자지구의 하마스 지도부는 시리아의 유혈 사태를 일으킨 아사드 정권을 비난하며 "시리아 국민들의 민주화 투쟁을 지지한다"는 뜻을 밝혔다. 아랍의 봄 전에는 생각하지 못했던 큰 변화다.

예루살렘에서 북쪽으로 자동차를 타고 30분 거리인 라말라는 팔레스타인 자치정부의 임시 행정수도이다. 그곳에서 자치정부 대변인인 가산 카티브를 만나 아랍의 봄이 팔레스타인 정치 지형에 미치는 영향을 들어봤다.

"민주화는 이슬람권 시민들의 정치적 욕구에서 1순위로 꼽혀왔습니다. 중동에서의 정치 변혁은 바로 역사의 발전을 말하는 것이지요. 그 누구도 민주화의 흐름을 막을 수 없습니다. 팔레스타인 독립이 역사의 큰 흐름인 것과 마찬가지입니다. 시리아 아사드 정권은 더 이상의 학살을 그쳐야 합니다. 그동안 이스라엘의 암살 위협을 피해 다마

분리 장벽의 그림대로 팔레스타인 사람들이 이스라엘의 군사 통치에서 벗어날 날은 언제쯤일까.

스쿠스에 정치 망명해 있던 하마스 지도자 칼리드 마슈알이 카타르로 근거지를 옮겨간 것도 시리아의 민심이 무엇을 원하는가를 읽었기 때문일 것입니다."

　팔레스타인 온건파인 파타가 장악한 자치정부가 팔레스타인의 유엔 회원국 가입을 위해 애쓸 때 하마스와 손을 잡는 모습을 보인 것에 대해서도 물었다.

　"서로의 투쟁 방식에 차이가 있지만 이스라엘이란 공동의 적에 맞서 투쟁한다는 점에서 하마스는 동지입니다. 팔레스타인 독립국가를 위해, 유엔의 정식 회원국이 되기 위해서 서로 힘을 합치는 것은 당연한 일입니다. 유엔 안보리에서 거부권을 지닌 미국의 반대로 정식 회원국이 되지는 못했지만, 2011년 유네스코 회원국이고 되고, 2012년 엔 유엔의 옵서버 국가로 국제사회에서의 지위가 조금씩 올라간 것 은 하마스냐 파타냐를 떠나 힘을 하나로 모아 노력했기 때문입니다."

서안지구 라말라 외곽에 있는 비르제이트 대학은 서안지구에서 가 장 큰 학교이다. 이스라엘의 군사통치에 반대하는 젊은이들의 대규 모 집회와 시위가 격렬하게 벌어지는 곳이기도 하다. 원래는 대학 캠 퍼스가 라말라 시내에 있었지만, 워낙 시위가 잦다보니 변두리로 옮 겨졌다고 한다. 그곳 사미르 아와드 교수(정치학)에게 중동 민주화 바 람이 팔레스타인에 어떤 영향을 끼쳤는지 물어봤다.

"한마디로 말한다면, 팔레스타인 내부의 분열을 멈추고 이스라엘 에 공동 투쟁을 벌여야 한다는 교훈을 주었습니다. 이집트는 민주화 투쟁을 거치면서 무슬림과 기독교도(콥트), 진보적인 사람들과 이슬 람교 정당들이 서로 손을 잡고 무바라크를 퇴진시켰습니다. 우리 팔 레스타인 사람들도 그동안의 갈등을 접고 함께 이스라엘이란 공동의 적과 맞서야 한다는 생각을 더욱 분명히 하게 됐습니다."

민주화-독립 투쟁의 두 과제　팔레스타인 사람들은 이스라 엘과의 투쟁과는 별개로, 팔레스타인 내부의 민주적 제도와 법질서 를 확립하고 투명성을 높여야 한다는 과제를 안고 있다. 팔레스타인 내부도 문제가 많다. 팔레스타인 자치정부는 외국의 원조를 투명하 게 집행해야 하는데도 그러지 못했다. 자치정부를 장악한 온건 정파 인 파타는 부패했다는 비판을 받는다. 이슬람교 색깔이 강한 하마스 에는 적어도 그런 비판이 따라붙지 않는다. 한편으로, 파타 지지자들은 하마스의 극한투쟁이 이스라엘의 강압 정책에 구실을 제공할 따름이라는 불만을 나타내왔다.

팔레스타인의 내부 분열은 정치 발전에도 도움이 안 된다. 2006년 1월 총선에서 하마스가 승리해 하마스 내각을 구성했으나, 이스라엘-미국의 압력에 밀려 1년 반도 안 돼 무너졌고, 지금껏 총선이 치러지지 않고 있다. 그렇지만 조금씩 긍정적인 변화가 오고 있다. 팔레스타인의 유엔 회원국 가입을 추진하면서 파타와 하마스는 서로 손을 잡았다. 그리고 연립정부를 구성하고 총선을 치르기로 뜻을 모았다. 아와드 교수는 그런 변화가 아랍의 봄 덕분이라고 본다.

"아랍의 봄은 팔레스타인 사람들도 민주주의 제도 아래서 보다 많은 자유를 누릴 권리가 있다는 사실을 새삼 일깨워주었습니다. 이집트와 리비아, 시리아 민중들이 독재로부터 벗어나 자유와 민주를 누리려는 것과 마찬가지로, 우리 팔레스타인 사람들도 이스라엘로부터의 자유와 더불어 보다 민주적인 정치체제를 갈망하고 있습니다."

지금 팔레스타인은 내부적 민주화와 독립 투쟁이라는 두 개의 목표를 함께 추구해야 하는 과제를 안고 있다. 사우디아라비아처럼 아랍 독재자들은 외교 관계가 없는 적성 국가 이스라엘을 핑계로 엄청난 군비를 확장하면서 민주화를 외면해왔다. 아랍 독재자들의 관심은 국가 안보를 핑계로 체제 안보, 왕정 안보에 더 관심을 쏟는다. 그러면서 이스라엘의 동맹국인 미국과는 원만한 관계를 이어가며 체제 안보를 보장받고 있다. 말로는 팔레스타인 무슬림 형제들을 도와야 한다면서도 지원은 쥐꼬리다.

아와드 교수를 비롯한 팔레스타인 지식인들은 아랍 국가들이 하나둘씩 민주화될 경우 지난날 독재 정권 시절의 아랍 국가들보다 팔레스타인 문제에 더 큰 관심을 기울일 것으로 기대한다. 그런 날이 아주 가까운 시일 안에 올 것 같지는 않지만, 그래도 팔레스타인 사람들 눈에 비친 역사의 수레바퀴는 '아랍의 봄'이 상징하듯이 조금씩 앞으로 굴러가고 있다.

4부

중동, 미국
그리고 평화의 전망

19장

실종된
중동 평화 이정표

중동의 팔레스타인 땅이 이스라엘에 완전히 점령당한 지도 벌써 오랜 세월이 흘렀다. 1967년 6일 동안 벌어졌던 전쟁에서 승리한 뒤 이스라엘군은 일제 강점기 시절의 일본 헌병처럼 팔레스타인에서 무단통치를 펴왔고, 국제사회로부터 '깡패 국가'라는 비난을 받아왔다. 20세기 전반기에 우리 한민족이 독립을 꿈꾸었듯이, 21세기 전반기에 독립국가를 이루는 것이 팔레스타인 민초들의 꿈이다. 문제는 높은 벽들이 그 꿈을 가로막고 있다는 것이다. 이스라엘이 세워놓은 유대인 정착촌과 분리 장벽 등이다. 그중에서도 가장 높은 장벽은 아마도 강경파 유대인들의 마음속에 굳게 자리한 "이 땅은 신이 우리에게 주신 약속의 땅"이라는 믿음일 것이다.

1993년 9월 13일은 중동 평화 협약안 서명으로 팔레스타인 사람들의 오랜 꿈인 독립국가의 틀이 구성되기 시작한 역사적인 날이다. 이스라엘-팔레스타인 양쪽이 서로의 생존을 인정하고 만성적인 분쟁 지역인 중동 땅에 이른바 '두 개의 국가 해법two-state solution'을 공식 선언한 날이기도 하다. 오슬로 평화협정은 2년 전인 1991년 10월 31일 스페인 마드리드에서 처음으로 열렸던 중동 평화 회담이 맺은 열매다. 1948년 독립국가를 세운 이래 주변 아랍국들과 4차례의 큰 전쟁을 벌여온 이스라엘은 그날 처음으로 아랍국 대표들과 마주 앉았다. 마드리드 회담에서 당시 미국 대통령이던 조지 H. W. 부시는 "우리는 평화, 참된 평화를 찾고 있습니다. 영토적 타협이야말로 평화의 기본 요건입니다"라고 말했다. 이른바 '땅과 평화의 교환(팔레스타인에겐 땅, 이스라엘에겐 평화)' 등식이 그곳에서 선보였다.

땅과 평화의 교환　　마드리드 회담은 2년 뒤 오슬로 평화협정으로 이어졌다. 이 협정은 노르웨이의 외무부 장관 요한 홀스트의 중재로 이스라엘-팔레스타인 협상 대표단이 비밀리에 오슬로에서 만남을 가진 뒤, 1993년 9월 13일 워싱턴 백악관에서 이스라엘 수상 이츠하크 라빈, 야세르 아라파트 PLO 의장 사이에 체결되었다. 평화 협약안의 공식 명칭은 '잠정적인 팔레스타인 자치 원칙 선언'으로, 이른바 '땅과 평화의 교환' 논리에 따라 이스라엘은 평화를 얻고, 팔레스타인은 땅을 돌려받는다는 약속이었다.

이 협정이 맺어지기까지는 스페인과 노르웨이를 비롯한 서유럽 국가들의 성심 어린 중재도 한몫했지만, 이스라엘과 동맹 관계에 있는 미국의 개입이 결정적이었다. 워싱턴에서 맺어졌던 평화협정 조인식에서 미국의 빌 클린턴 대통령은 가운데 서서, 악수를 하고 있는 이츠하크 라빈 총리, 야세르 아라파트 의장의 어깨를 감싸 안고 웃는 역사적인 사진을 남겼다.

"그동안 많은 피와 눈물을 흘릴 만큼 흘렸다enough of blood and tears, enough." 워싱턴의 연단에 선 라빈은 이렇게 말하며 평화를 약속했다. 오슬로 평화협정이 갖는 정치적 의미는 양쪽의 극단 세력들처럼 혼자만 땅을 차지하고 '상대를 지중해 속으로 밀어넣겠다'는 생각을 포기했다는 점이다. 이 평화협정으로 이츠하크 라빈 총리, 시몬 페레스 외무부 장관, 그리고 야세르 아라파트 의장은 1994년 노벨 평화상 공동 수상자가 되는 영광을 안았다.

이스라엘의 많은 정치인들이 그렇듯, 군인 출신에서 정치인으로 변신하여 이스라엘 좌파 정권인 노동당을 이끌었던 라빈은 "이스라엘과 팔레스타인의 분쟁은 무력적인 수단으로는 결코 풀 수 없다"는 점을 깊이 깨달았던 정치인이다. 이스라엘 극우파들이 '테러리스트의 수괴'라고 비판해온 아라파트와 손을 잡고 중동 땅에 평화의 씨앗을 뿌리자고 다짐했던 라빈에게 노벨 평화상이 주어진 것은 당연한 귀결이었다.

극우파 유대인, 이스라엘 총리 암살   "모든 평화에는 적이 있다Every peace has its enemies." 클린턴 전 미국 대통령이 1993년 워싱턴에서 열린 오슬로 평화협정 조인식에서 한 말이다. 이스라엘 강경 우파는 그 같은 평화협정안에 크게 반발했고, 그런 분위기에서 2년 뒤 라빈 총리가 이스라엘 극우파 청년이 쏜 총에 숨을 거두는 사건이 터졌다. 이스라엘 극우파들의 눈에 비친 라빈은 '반역자'였다. 그들은 라빈을 "성경에서 하느님이 약속한 이스라엘 땅을 살인자들에게 내주는 자"로 규정하며 오슬로 협정에 반대하는 시위를 벌였고, 라빈 암살은 그런 흉흉한 분위기를 타고 일어났다.

실제로 이스라엘 극우파들은 "팔레스타인 독립국가란 있을 수 없다"는 매우 완고한 입장을 지녔다. 2006년 뇌졸중으로 쓰러져 8년 동안 식물인간으로 병석에 누워 있다가 사망한 아리엘 샤론 전 이스라엘 총리도 지난날 "팔레스타인 독립국가란 있을 수 없다"는 말을 내뱉곤 했다. 유엔 대사(1997~1999년)를 지냈던 도어 골드를 예루살렘 그의 사무실에서 만났을 때 언제쯤 팔레스타인이 독립국가가 될 것 같냐고 묻자, 그는 "나는 팔레스타인 사람들이 독립국가를 갖는 것을 고려하지 않습니다"라고 잘라 말했다.

라빈의 죽음은 한 정치인의 개인적 비극일 뿐 아니라, 중동의 비극이었다. 이스라엘의 한 온건파 정치인을 죽음으로 몰아넣은 극우파의 총성은 수많은 팔레스타인 사람들을 고난의 길로 밀어넣는 죽음의 메시지였다. 팔레스타인 자치정부 대변인이었던 가산 카티브는 우울한 얼굴로 이렇게 한탄했다. "불행하게도 지금의 이스라엘 정치인들은 라빈 암살자와 조금도 다를 바 없는 정치적 현실 인식을 갖고 우리 팔레스타인인들의 저항을 내리누르고 있습니다."

팔레스타인의 전설, 아라파트

오슬로 평화협정으로 혁명 투사에서 정치인으로 변신한 팔레스타인의 지도자 야세르 아라파트는 암살의 위험을 느끼며 망명지를 떠도는 게 얼마나 힘든 일인지를 온몸으로 익힌 인물이다. 일찍이 1960년대부터 모사드의 암살 위협

사망 6개월 전인 2004년 봄 이슬람 사원에서 예배를 드리는 야세르 아라파트(서안지구 라말라).

을 느끼며 레바논과 요르단, 북아프리카를 떠돌았고, 1969년 이집트 카이로에서 열린 팔레스타인 투쟁가들의 모임에서 PLO 의장으로 뽑힌 뒤 오랫동안 팔레스타인 투쟁을 이끌었다. 1974년 그가 뉴욕 유엔 총회에 나타나 "나는 올리브 가지와 전사의 총을 들고 이 자리에 왔습니다. 내 손에서 올리브 가지를 떨어지지 않게 해주십시오"라고 한 연설은 오늘날까지도 20세기 정치 연설의 교본으로 여겨질 만큼 전 세계 사람들에게 강한 인상을 남겼다.

아라파트는 오슬로 평화협정 서명 얼마 뒤인 1994년 열렬한 박수와 환성 속에 팔레스타인으로 돌아왔고, 1996년 실시된 팔레스타인 최초의 선거에서 자치정부 대통령으로 당선되었다. 비록 팔레스타인의 일부 영토 안에서 이루어졌다는 한계가 있지만, 팔레스타인 사람들이 역사상 처음으로 총선거를 통해 자치 정부와 의회를 구성했다는 데 의미가 있다.

하마스와 달리 이스라엘을 인정하고 대화 노선을 중시해온 아라파트는 흔히 '온건파'로 분류된다. 그러나 유대인 극우 강경파들의 눈에는 아라파트야말로 '테러리스트의 수괴'다. 그들은 아라파트가 겉으로는 대화 노선을 표방하면서도 안으로는 하마스 등과 손을 맞잡고 이스라엘에 맞서온 '테러 왕초'라고 주장한다. 아라파트로서는 받아들이기 어려운 비판일 것이다. 아라파트는 중동에서 신화적인 존재다. 그를 빼고는 중동 정치나 평화를 말할 수 없다. 많은 팔레스타인 사람들에게 아라파트는 고난에 찬 투쟁을 상징하는 존재이며, 민족의 우상이다. 2002년 이스라엘 정부가 아라파트를 서안지구 라말라의 자치정부 청사에서 쫓아내려고 탱크 포격을 해대자, 청사 앞에 수천 명이 몰려들어 아라파트 지지 시위를 벌인 것도 그의 정치적 무게가 만만치 않음을 보여준 사건이었다. 아라파트의 온건 노선을 비판해온 하마스조차도 "만일 아라파트가 다치거나 축출되면 중동에는 폭력의 악순환이 계속될 것이다. 팔레스타인 사람들은 우리의 지도자와 우리의 권리를 지킬 준비가 되어 있다"고 경고했을 정도다.

중동 현지 취재 때 만났던 제럴드 스타인버그 교수(바르일란 대학 정치학)는 그 무렵 나에게 보낸 이메일에서 이렇게 주장했다. "중동의 유혈 투쟁은 낮은 단계의 분쟁에서 '전면전'으로 번져왔습니다. 폭탄 테러에 따른 희생자가 늘어남에 따라, 아라파트가 없다면 혼란이 올 것이란 경고는 아무런 의미가 없어졌습니다. 요컨대 아라파트의 시대는 종말을 고했다고 판단됩니다."

누가 아라파트를 죽였나

2004년 11월 원인이 불확실한 병에 걸려 프랑스 육군병원에 입원한 지 한 달 만에 눈을 감은 아라파트의 사인은 아직껏 의혹투성이로 남아 있다. 그의 죽음을 안타까워하는 이들은 그가 독살돼 죽었을 것이라고 여긴다. 당시에는 부인 수하 여사의 요청으로 부검이 이뤄지지 않은 채 묻혔다. 하지만 그가 사망한 지 8년이 지난 2012년 수하 여사의 의뢰를 받은 스위스 로잔대학 방사선연구소는 아라파트가 독살됐을 수도 있다는 중요한 사실을 발견했다. 아라파트의 체액이 남아 있는 칫솔, 그가 평소에 쓰던 두건과 속옷을 정밀 조사해보니, 이들 물품들에서 정상치보다 18배나 높은 수치의 폴로늄-210이 검출됐다.

폴로늄은 원자로에서 우라늄을 화학 처리하는 과정에서 부산물로 생산되는 물질이다. 국가의 엄격한 관리 아래에 있기에 일반인들은 만들어낼 수도 없고, 접근하기도 어려운 독극물이다. 사람 몸에는 1그램만 흡수돼도 생명을 앗아갈 수 있는 매우 치명적인 물질이다. 2006년 러시아 정보부 직원이었다가 반체제 인사로 돌아서서 활동하던 알렉산드르 리트비넨코가 영국 런던에서 급사했을 때의 사인도 폴로늄 중독이 꼽혔다.

그렇다면 누가 아라파트를 죽였을까. 이스라엘 정보부가 아라파트의 측근을 매수해 그를 중독시켜 사망에 이르게 했을 것이란 추측이 나오지만, 누가 언제 그랬다는 구체적이고도 결정적인 증거가 없는 탓에 추론만 무성할 뿐이다. 분명한 것은 아라파트가 죽음으로써 이스라엘-팔레스타인 분쟁은 더욱 대결 구도 양상으로 치달아왔다는 점이다. 중동 평화는 아라파트가 바랐던 대로 이루어지지 못했다. 오슬로 평화협정에서 이스라엘은 요르단강 서안지구와 가자지구의 영

야세르 아라파트의 이름을 연호하며 지지를 보내는 팔레스타인 군중(서안지구 라말라).

토를 단계적으로 넘겨주는 것을 1999년 5월까지 마무리하고, 팔레스타인 독립국가를 준비하기로 약속했다. 하지만 그 약속은 실현되지 않았다.

하마스, "평화협정은 유대인의 사기극" 알려진 바처럼, 1993년 오슬로 평화협정은 3단계에 걸쳐 팔레스타인의 자치를 넓혀나간다는 내용을 담고 있다. 1단계로 가자지구와 요르단 국경에 가까운 도시인 서안지구의 예리코에서 이스라엘군이 철수하고, 2단계로 헤브론과 나블러스를 비롯한 서안지구 7개 도시로 넓혀가며, 3단계로 팔레스타인 독립국가를 준비하는 마지막 수순인 동예루살렘을 비롯한 국경선 문제, 정착촌 철거 문제 등을 협의하기로 했다.

그러나 라빈 암살 후 1996년에 실시된 이스라엘 선거에서 그동안 오슬로 평화협정을 맹렬히 비판해왔던 리쿠드당의 베냐민 네타냐후가 총리로 당선된 뒤부터 오슬로 평화협정은 휴지처럼 버려졌고, 지금껏 평화 협상은 침몰 상태나 다름없다(1999년 총선에 패한 뒤 총리에서 물러났던 네타냐후는 2009년 총선으로 다시 총리가 됐다). 워싱턴의 네오콘들은 이스라엘 정치인들 가운데 강경파인 베냐민 네타냐후와 끈끈한 관계를 맺어왔다. 훗날 드러난 사실이지만, 폴 월포위츠(전 국방부 부장관), 더글러스 페이스(전 국방부 차관), 리처드 펄(전 국방위원)을 비롯한 미국의 유대인 신보수주의자들은 1996년 네타냐후가 총리에 오르자, 노동당(이스라엘 좌파) 정권이 1993년 아라파트와 맺었던 오슬로 평화협정을 없던 일로 돌리라고 부추겼다.

이스라엘 강경파도 평화협정에 비판적이었지만, 하마스를 비롯한 팔레스타인 강경파도 마찬가지였다. 서로의 정치색뿐 아니라, 무엇보다 중동 평화를 이루려는 방식이 근본적으로 달랐던 탓이다. 현지 취재 과정에서 만난 하마스 지지자들은 중동 평화협정이 미국과 이스라엘이 합작한 '사기극'이라고 주장했다. 팔레스타인에 제한적인 자치권만 주었을 뿐, 이스라엘의 억압 통치가 그대로 이어지고 있기 때문이다.

2002년 가자에서 하마스의 정신적 지도자 셰이크 아흐메드 야신을 만났을 때, 그는 이렇게 주장했다. "이스라엘과의 평화협정은 팔레스타인 독립국가, 난민 귀환 등 팔레스타인 민중들이 오랫동안 염원해온 주요 사항들을 관철시키지 못한 어정쩡한 타협으로, 오히려 이스라엘의 점령을 합법화시켜주었습니다. 팔레스타인의 완전 독립이 아니라 어정쩡한 자치권에 만족하면서 오슬로 평화협정에 서명한 것은 큰 잘못입니다." 하마스가 1996년 팔레스타인에서 처음으로 실시된 총선거에 참가하지 않은 것도 이런 논리에서였다.

휴지가 된 평화협정문

오슬로 평화협정을 맺고 10여 년 동안 이스라엘-팔레스타인 양쪽은 평화 협상을 통해 아주 조금씩이나마 타협안을 이끌어냈다. 이스라엘군의 부분 철수와 행정권 이양에 합의한 가자-예리코 협정(1994년)을 비롯해, 서안지구와 가자지구에 관한 임시 협약(1995년), 요르단강 서안지구에서 이스라엘군 추가 철군을 약속하는 와이리버 각서(1998년)와 샴 엘-셰이크 각서(1999년)가 도출되었다. 이런 합의 각서들은 헤브론에서 만났던 팔레스타인 정치인 무함마드 호우라니(자치의회 의원)의 말대로 "감질날 만큼 단계적으로 조금씩 이스라엘로부터 양보를 받아내는 그런 과정의 결과물"이었다.

클린턴 전 대통령의 은근한 압력 속에 1998년 네타냐후 총리는 자신이 '테러리스트의 수괴'라고 비난해온 아라파트와 미 대통령 별장 캠프 데이비드에서 마주 앉았다. 하지만 무슨 구실을 붙여서든 팔레스타인 철군을 미루고 평화 회담을 깨려고 들었다. 당시 네타냐후가 아라파트를 노골적으로 무시하고 모욕을 주려 하자, 클린턴은 네타냐후에게 매우 화를 냈다고 한다. 네타냐후가 클린턴의 압력을 받고 마지못해 서명한 와이리버 각서에는 팔레스타인의 자치 영역을 더 넓힌다는 내용이 담겼지만 그 뒤 이스라엘은 각서를 휴지로 만들었다.

1998년 '라빈 수상의 정치적 후계자'임을 자처하는 에후드 바라크 (노동당)가 정권을 잡았지만, 이스라엘-팔레스타인 평화 회담 과정의 마지막 단계인 2000년 7월의 캠프 데이비드 중동 평화 회담은 안타 깝게도 무산되고 말았다. 동예루살렘과 팔레스타인 난민 지위, 이스 라엘 정착촌, 이스라엘군 철수 문제 등에서 바라크와 아라파트는 신 경전을 거듭하다 끝내 등을 돌리고 말았다.

평화 협상에 결정적으로 재를 뿌린 것은 당시 야당 지도자였던 아 리엘 샤론이었다. 그해 9월 그가 동예루살렘 알 아크사 사원에 발을 들여놓음으로써 유혈 충돌(2차 인티파다)이 일어났고, 결국 평화 회담 이 깨지는 결과를 낳았다.

팔레스타인 사람들이 성지로 여기는 알 아크사 사원에 샤론이 발 을 들여놓은 것은 계산된 행동이었다는 것이 일반적인 평가다. 이스 라엘 극우파가 유혈 사태로 정치적 이득을 챙기겠다는 음모에서 그 렇게 행동했다는 것이다. 팔레스타인의 항의 시위는 이스라엘의 강 경 진압으로 이어졌고, 유혈 충돌은 들불처럼 번졌다. 중동의 정치 불안은 이스라엘 유권자들로 하여금 선거에서 온건파보다는 강경파 를 지지하도록 작용했고, 그 덕에 샤론 같은 강경파들이 이스라엘 총 리 자리에 오를 수 있었다. 이스라엘-팔레스타인은 오늘날까지도 많 은 팔레스타인 희생자를 낳으며 평화와 안정보다는 갈등 국면을 이 어나가고 있다.

이스라엘은 1993년 오슬로 평화협정에서 합의한 팔레스타인 자 치 지역 확대 방안도 무시하고 있다. 1995년 이집트 타바에서 이스라 엘-팔레스타인 양측이 합의한 문서(이른바 오슬로 II 협정)에 따르면 서안지구는 ABC 3개 지구로 분할된다. A지구는 팔레스타인 자치정부의 통제 아래 있는 지역(라말라, 헤브론, 나블러스, 제닌, 예리코 등 주로 서안지구 도시), B지구는 팔레스타인 당국의 주권 아래 있지만 이스라엘이 치안을 책임지는 지역, C지구는 이스라엘의 전적인 관리 아래 있는 지역을 가리킨다.

A지구는 서안지구 면적의 18%, B지구는 22%인 데 견주어 이스라엘이 통제하는 C지구는 60%로 서안지구 전체 면적의 3분의 2에 가깝다. 이스라엘-팔레스타인 양쪽의 합의 사항은 빠른 시일 안에 B와 C지구를 줄이고 A지구를 확대해나가는 것이었다. 하지만 지금껏 팔레스타인 주권은 동예루살렘을 비롯한 서안지구 대부분은 물론이고 A지구에서도 확립되지 않았다. 이스라엘군은 마음 내키는 대로 A지구든 어디든 마구잡이로 들어가 '팔레스타인 테러 용의자'를 체포 또는 사살해왔다.

1단계에서 멈춰버린 평화 일정

2003년 미국·러시아·유엔·유럽연합의 대표로 구성된 이른바 '팔레스타인 평화 협상을 위한 4자 기구Quartet'가 중재자로 나서 작품을 하나 만들어냈다. 바로 '중동 평화를 위한 이정표'다. 그 이정표는 당시 야세르 아라파트 수반이 미국과 이스라엘의 압력에 밀려 권력 분담 차원에서 자치정부 총리를 맡겼던 마흐무드 압바스(2004년 아라파트 사망 뒤 자치정부 수반)가 부시 미국 대통령의 중재 아래 아리엘 샤론 이스라엘 총리와 합의했던 중동 평화 일정이었다.

그에 따르면, 1단계로 이스라엘과 팔레스타인은 서로 국가로서 공존할 권리를 인정하는 성명을 발표하고, 팔레스타인은 폭력 행위를 중단하며, 이스라엘은 팔레스타인 지역의 유대인 정착촌 건설을 동결한다. 2단계로 중동 평화 이정표 구상에 참여한 4자의 합의 아래 주권과 영토를 지닌 팔레스타인 독립국가 건설 과정으로 들어가며, 이를 위해 팔레스타인은 지방선거를 치른다. 3단계로 그동안 미뤄왔던 쟁점 사안들인 양측의 국경선 설정 문제, 예루살렘의 영유권과 팔레스타인 독립국가의 수도 문제, 팔레스타인 난민 귀환 문제, 이스라엘 정착촌 철거 문제 등을 다룰 국제회의를 열고, 아울러 이스라엘과 주변 아랍국들 사이에도 평화협정을 체결한다. 그러나 아직껏 1단계에서 더 나아가지 못하고 있다.

위의 평화 일정에서 그나마 눈에 띄는 변화가 있다면, 2020년 이스라엘이 아랍에미리트, 바레인, 수단, 모로코 등 4개국과 국교를 정상화했다는 점이다. 2020년 9월 워싱턴에서 이스라엘이 이들 아랍국과 '아브라함 협정'을 맺기까지는 미국 트럼프 대통령의 중재 역할이 컸다. 이미 이스라엘은 미국의 도움으로 이집트(1979년), 요르단(1994년)과 국교를 텄다. 지난날 적대국이었던 중동 국가들을 중립국으로 바꾼다면, 외교 지형은 당연히 이스라엘에게 유리하다.

문제는 이스라엘과 팔레스타인 사이에 걸려 있는 쟁점 사안들이 워낙 민감한 내용들이라 언제라도 유혈 사태를 불러올 가능성이 크다는 점이다. 극우-유대교 연합 정치 세력이 이스라엘 정치권의 전면에 버티고 있는 상황에서 평화 협상의 전망은 더욱 불투명해졌다. 언젠가 중동 평화 협상이 본격적으로 벌어져 동예루살렘 귀속 문제를 비롯한 여러 쟁점 사안들이 논의된다면, 이스라엘-팔레스타인의 입장 조율이 매우 어려울 것으로 보인다. 다음 장에서 평화 협상을 가로막는 걸림돌들을 하나씩 살펴보자.

20장

중동 협상의
뜨거운 감자들

팔레스타인 사람들의 한결같은 소망이 바로 팔레스타인 독립국가 건설이다. 지난 1993년 오슬로 평화협정에서는 팔레스타인 독립국가 건설 문제를 뒷날의 협상 과제로 미루어두었다. 그렇지만 이것이 평화 협상의 마지막이자 반드시 거쳐야 할 주요 의제라는 점에는 양쪽 모두 합의했다.

팔레스타인 독립국가 건설 문제는 그동안 이스라엘-팔레스타인 협상에서 꾸준히 논의돼온 주제이다. 1998년 '와이리버 각서'에서도 양측이 1999년 5월까지 이와 관련한 협상을 매듭짓자고 명시했으며, 1999년 9월의 '샴 엘-셰이크 각서'에서는 1년 안에 포괄적인 협정을 맺자고 합의한 바 있다. 그렇지만 그 뒤로 아무런 합의도 이루지 못하고 미뤄진 상태이다.

중동 평화 협상의 주요 쟁점

쟁점	이스라엘	팔레스타인
팔레스타인 독립국가	반드시 평화 협상에서 합의를 거친 다음에야 가능하다.	팔레스타인 사람들의 자주적 권리. 언제라도 독립국가를 선포할 수 있다.
국경선	1967년 6일전쟁 이전의 경계선으로는 돌아갈 수 없다.	1967년 유엔 안보리 결의안 242호에 따라 이스라엘군은 철수하고, 분리 장벽을 허물어야 한다.
동예루살렘	종교, 보안상의 이유로 팔레스타인의 수도가 되어선 안 된다.	독립국가 팔레스타인의 수도여야 한다. 다른 대안은 없다.
팔레스타인 난민 귀환	원적지 복귀를 반대한다. 보상 문제는 검토할 수도 있다.	난민 귀환을 결의한 유엔 결의안 194호에 따라 원칙적으로 귀환해야 한다.
유대인 정착촌 철거	100~200명 단위의 소규모 정착촌을 포함, 일부 철거는 가능하다.	원칙적으로 모두 철거. 일부는 팔레스타인 행정력 아래 존치 가능하다.

팔레스타인 독립국가 건설의 꿈　　팔레스타인 독립국가 건설과 관련하여, 이스라엘 쪽에서 가장 신경을 곤두세우는 부분은 국가 안보다. 팔레스타인에 독립국가가 들어설 경우, 주변의 '잠재적 적국'인 아랍 국가들이 팔레스타인에 무기를 대줘, 이스라엘 안보를 위협할지도 모른다고 걱정하는 것이다. 신생 팔레스타인 독립국가가 들어서면 지금보다 훨씬 강화된 정규군 무장 병력을 갖추게 될 것이므로 이스라엘에겐 부담이 된다. 따라서 이스라엘은 될 수 있는 한 팔레스타인의 영토를 줄이고, 요르단강을 따라 일종의 군사적 완충지대를 유지하고자 하는 나름의 밑그림을 그려왔다.

이 문제를 둘러싼 이스라엘 쪽의 입장은 크게 엇갈린다. 온건파들은 원칙적으로 팔레스타인 독립국가 건설에 반대하지 않는다면서도 "다만 협상 과정을 거쳐야 한다"는 단서를 붙인다. 그러나 강경파들은 팔레스타인 독립국가 건설은 아예 논의의 대상으로조차 삼지 않으려 한다. 이스라엘 정치권에서는 노동당이 전자 쪽이고, 리쿠드당과 그 밖의 군소 유대교 정당들이 후자 쪽이다. 문제는 "팔레스타인 독립국가라니…… 그게 무슨 소리냐?"며 아예 논의의 대상으로조차 삼지 않으려는 강경파들이 이스라엘의 정치권을 지배하고 있다는 점이다. 2000년 인티파다를 촉발했던 아리엘 샤론이 그랬고, 후임 총리인 베냐민 네타냐후가 그렇다. 2009년 총선으로 이스라엘 총리가 된 뒤 지금까지 장기 집권 중인 베냐민 네타냐후 총리의 정치 구상 속에 팔레스타인 독립국가란 없다. 그가 그리는 그림은 서안지구와 가자지구로 쪼개진 팔레스타인을 힘으로 눌러 무력화시키는 '현상 유지'로 알려져 있다. 스스로를 지식인이라고 여기는 이스라엘의 여론 주도층에서도 팔레스타인 문제에 대해선 강경파, 극우 보수파들이 우글거린다.

많은 팔레스타인 사람들은 당연히 "팔레스타인 독립국가 건설은 우리 민족의 자주적 권리다. 독립국가 선포는 언제라도 가능하다"는 생각을 갖고 있다. 실제로 팔레스타인은 1988년 11월 15일 '팔레스타인 국가 건설'을 선언한 적이 있다. 팔레스타인의 전설적인 지도자 야세르 아라파트가 PLO를 이끌고 나라 바깥을 떠돌며 투쟁하던 무렵 알제리 수도 알제에서다. 이스라엘 점령 아래 놓인 영토를 기반으로 한 '독립국가 선언'이었기에 사실상 '민족자결 선언'의 성격을 지녔다고 볼 수 있다. 그럼에도 팔레스타인 사람들에겐 의미가 크기에,

해마다 11월 15일이 오면 팔레스타인 자치정부를 중심으로 기념행사를 갖는다. 하지만 현실적으로 국제사회 모두가 인정하는 팔레스타인 독립국가의 꿈을 이룰 날은 멀어 보인다.

국경선을 어떻게 그을까 팔레스타인 자치정부가 직접 관할하는 영토는 크게 보면 요르단강 서쪽 서안지구 영토의 20% (헤브론, 라말라, 나블러스, 예리코 등), 그리고 지중해와 맞닿은 가자지구다. 2000년 캠프 데이비드 협상 때 이스라엘은 팔레스타인에 서안지구 관할 범위를 20%에서 30%로, 10% 넓히는 안을 제안했다. 팔레스타인 입장에서, 이스라엘군이 관할하고 있는 요르단강 서안지구 가운데 10%가량을 팔레스타인 관할로 넘겨주겠다는 제안은 1998년 와이리버 각서 당시 이스라엘이 약속하고도 실천하지 않은 13% 추가 양도의 '공수표'를 다시 내민 것에 지나지 않았다. 현재 자치정부는 이스라엘 당국과 더불어 또 다른 20%의 영토를 공동 관할(치안 부문은 이스라엘, 일반 행정은 팔레스타인)하고 있지만, 잇단 유혈 충돌로 서안지구는 사실상 이스라엘의 통치 아래 놓인 상황이다. 팔레스타인 자치정부 관할 지역이라고 해도 이스라엘군은 언제든지 밀고 들어가 이른바 '테러 용의자'를 사살 또는 체포해간다.

주권국가 건설이 당연하다고 보는 팔레스타인 사람들은 적어도 6일전쟁 이전의 경계선이 신생국 팔레스타인의 영토가 돼야 한다는 입장이다. 여기에는 물론 팔레스타인의 수도로 꼽히는 동예루살렘이 포함된다. 주장의 한결같은 근거는 6일전쟁 뒤 국제사회가 점령지로부터 이스라엘군의 철수를 요구한 '유엔 안보리 결의안 242호'(1967년)

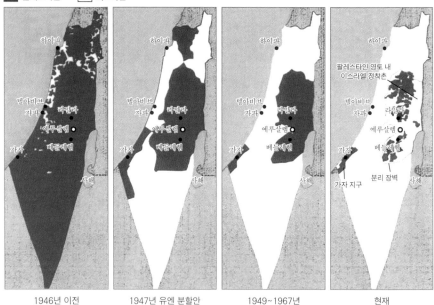

| 1946년 이전 | 1947년 유엔 분할안 | 1949~1967년 | 현재 |

팔레스타인 영토 내 이스라엘 정착촌

분리 장벽

가자 지구

팔레스타인-이스라엘의 영토 변화.

다. 그동안 이스라엘은 6일전쟁으로 점령했던 시나이반도를 1982년 이집트에 돌려주고, 1982년 레바논 침공 때 점령했던 남부 레바논에서도 2000년 봄에 물러났다. 그렇지만 6일전쟁이 끝난 지 50여 년이 지난 지금까지도 요르단강 서안지구와 가자지구, 그리고 골란 고원은 점령 중이다. 이스라엘은 "6일전쟁 이전의 영토 안으로 이스라엘 군을 모두 철수하는 것은 안보상 어렵다"는 주장을 펴오고 있다.

국제적인 비난 여론을 무릅쓰고 2002년부터 이스라엘이 밀어붙여온 높이 8미터의 콘크리트 분리 장벽도 국경선 설정 논의와 얽혀 두 나라의 평화 협상을 더욱 어렵게 만들고 있다. 이스라엘은 "팔레스타인 테러리스트들이 이스라엘 쪽으로 넘어오는 것을 막겠다"며 총 길이 710킬로미터의 장벽을 세우고 있다. 문제는 그 장벽이 팔레스타인 서안지구 전체 면적의 16.6%(약 975평방킬로미터)를 파고든다는 점이다. 이 때문에 팔레스타인 강경파인 하마스는 물론이고, 온건파인 파타도 장벽 문제만큼은 매우 민감하게 받아들인다.

팔레스타인 자치정부는 유대인들이 대리인을 앞세워 팔레스타인 부동산을 사들이는 것도 몹시 경계하고 있다. 유대인에게 땅이나 집을 판 사람을 '반역죄'로 다스릴 정도다. 실제로 지난 2009년 서안지구 헤브론의 팔레스타인 법원은 이스라엘 회사에 팔레스타인 서안지구의 땅을 팔아넘긴 혐의로 기소된 한 팔레스타인 지주에게 교수형을 선고했다. 다른 지주들에게 경고하는 의미가 담긴 판결이었다. 그럼에도 유대인들은 돈뭉치를 들고 팔레스타인인 소유의 부동산을 사들이는 데 열심이다. 특히 동예루살렘 구시가지에서는 유대인들이 시세보다 훨씬 높은 값을 치르면서 야금야금 유대인 구역을 넓혀가고 있다.

준군사 집단인 60만 유대인 정착민

중동 현지를 취재하면서 인상적이었던 점 하나는 팔레스타인 곳곳에 세워진 유대인 정착촌들이 대부분 외부의 공격에 대항할 수 있도록 요새화됐다는 것이다. 팔레스타인 마을들을 내려다보는 언덕 위에 연붉은색의 지붕을 한 현대식 주택들이 반듯하게 지어져 있다면 틀림없이 정착촌이다. 1948년 독립을 선포하고 팔레스타인 원주민들, 그리고 주변 아랍국들과 힘겨운 싸움을 벌이면서 이스라엘은 전 세계 유대인들의 이민을 적극 추진해왔다. 특히 6일전쟁의 승리로 이스라엘의 지배권은 팔레스타인은 물론 골란 고원, 시나이 사막으로까지 확장되었다.

이스라엘 정부는 점령지를 유대인들로 채우기 위해 가난한 동유럽 공산권, 그리고 러시아 이민자들을 적극 받아들였다. 거액의 정착금을 받은 이민자들은 팔레스타인 곳곳에 이른바 정착 마을을 만들었다. 이들은 원주민들인 주변 마을 팔레스타인 사람들과 마찰을 빚으면서 경작지를 넓혔다. 유대인 정착민들은 이스라엘군의 보호를 받는 것은 물론이고, 자체적으로도 무장을 한, 말하자면 준군사 집단 paramilitary의 성격을 지니고 있다.

이스라엘 정부로서도 팔레스타인과의 평화 협상에서 정착촌 문제로 골머리를 앓아왔다. 철거를 하려 해도 무엇보다 당사자들인 정착민들의 반발이 큰 걸림돌이다. 140개가량의 정착촌은 고작 100~200명 단위의 소규모지만, 그런 곳일수록 "그동안 자리 잡느라고 얼마나 고생했는데……" 하며 크게 반발한다. 팔레스타인 주민이 다수인 도시에 파고들어 형성된 유대인 집단 주거지를 이전하는 문제도 간단치 않다. 이를테면 서안지구 남부 도시인 헤브론이 그렇다. 그동안 헤브론 시가지에서는 날마다 유혈 충돌이 벌어졌고, 이스라엘군은 한때 24시간 통금마저 펴, 헤브론을 유령도시로 만들기도 했다.

자신들의 생존이 걸려 있다는 위기의식에서일까, 유대인 정착민들은 상당히 공격적이다. 서안지구의 중심 도시인 라말라와 헤브론의 병원에 가보았다. 그곳에는 시위 과정에서 이스라엘군의 총격에 다친 젊은이들도 많았지만, 정착민들의 공격을 받아 입원한 환자들도 여럿 있었다. 정착민들은 매우 폭력적이다. 라말라에서 북쪽으로 30킬로미터 떨어진 나블러스에서 열리는 장례식을 취재하러 가는 간선도로엔 돌덩어리들이 여기저기 나뒹굴고 있었다. 유대인 정착민들이 지니가는 팔레스타인 차량을 향해 던진 것이었다. 실제로 그 때문에 팔레스타인 운전자들이 죽고 다치는 일이 잦다.

유대인 정착촌 문제와 관련해, 팔레스타인 사람들이 이스라엘의 태도를 불신의 눈길로 바라보는 데는 까닭이 있다. 1993년 오슬로 평화협정을 맺은 뒤로도 이스라엘 정부는 정착촌 확대를 꾸준히 밀어붙여왔다. 특히 동예루살렘 동쪽과 요르단강 서안지구 곳곳에 정착촌이 들어섰다. 유대인 정착민 수는 1993년 11만 명, 1995년 14만 명, 2009년 40만 명, 2019년 현재 61만 명(서안지구 39만 명, 동예루살렘 20만 명, 골란 고원 2만 명)으로 해를 거듭할수록 늘어났다. 1993년 오슬로 평화협정 당시에 견주면 6배가량 늘어난 수치다. 이스라엘은 가족 구성원들이 늘어났기 때문이라고 주장하지만, 인구 증가율만으로는 설명이 되지 않는다. 가자지구에서 하마스 대변인 파우지 바르훔을 만났더니, "이런 통계만 봐도 지난 10여 년 동안 중동 평화 협상 과정에서 팔레스타인이 이스라엘에 속아왔다는 것을 알 수 있습니다" 하며 혀를 찼다.

이스라엘의 여론조사에 의하면, 이스라엘-팔레스타인 협상에서 정착촌을 철수한다는 결정이 내려진다 하더라도 유대인 정착민 가운데 10%만이 정착촌을 떠나겠다고 답했다. 그 이전에 실시된 다른 조사에서는 3분의 1가량의 정착민이 정부가 적절한 보상을 해준다면, 옮겨갈 뜻이 있음을 밝혔다. 아무튼 정착민의 절대다수는 무슨 일이 있더라도 지금의 위치를 지키겠다는 각오다.

정착촌 처리를 둘러싸고 이스라엘 안에서도 견해 차이가 크다. 온건파들은 "아이들의 미래를 위해서라도 정착촌을 떠나야 한다"고 주장한다. 물론 이주비를 비롯한 적절한 보상금이 주어진다는 전제 조건하에서다. 그러나 당사자들인 정착민 다수는 물론이고, 그동안 정착촌 사업을 지원해왔던 이스라엘 강경파 정치인들은 "떠나라니, 무슨 소리냐?"며 반발한다.

이스라엘은 지금껏 두 차례 대규모로 유대인 정착촌을 철거시킨 바 있다. 첫 번째는 1979년 이집트와 평화협정을 맺고 외교 관계를 복원하면서 시나이반도를 이집트에 돌려주면서였고, 두 번째는 2005년 가자지구에서다. 두 경우 모두 이스라엘 정부는 가구당 10만 달러에서 20만 달러의 보상금을 지급했지만, 정착민들의 강력한 저항으로 철거는 매우 어렵게 이루어졌다. 이스라엘 영자 일간지 『예루살렘 포스트』의 기자를 예루살렘의 한 카페에서 만나 이런저런 얘길 나눈 적이 있다. 정착민 얘기가 나오자 그는 얼굴을 흐리면서 이렇게 말했다. "6일전쟁에서 이긴 뒤 역대 이스라엘 정부는 정착촌 문제를 너무 쉽게 생각해왔습니다. 언젠가는 국가적 화근이 될 걸 내다봤어야 했어요." 그의 말처럼 정착촌 문제는 중동 평화 협상을 물거품으로 만들 가능성이 있는 뜨거운 감자다.

동예루살렘을 둘러싼 뿌리 깊은 갈등　오랜 역사의 숨결을 지닌 이 도시를 누가 지배하느냐는 민감한 사안이다. 지난 2000년 9월 말 유혈 사태(2차 인티파다)가 터진 것도 따지고 보면 동예루살렘 문제다. 이스라엘 강경파 아리엘 샤론이 동예루살렘의 이슬람 성지인 알 아크사 사원에 발을 들여놓자, 팔레스타인인들의 항의가 시작됐고 이스라엘 병사들과 충돌하면서 유혈 사태로 번졌다.

아리엘 샤론을 향한 팔레스타인 사람들의 증오는 오래됐다. 1948년

예루살렘의 이슬람 사원과 그에 잇닿은 유대교 성지인 '통곡의 벽'은 오랜 갈등과 폭력의 역사를 지녔다.

이스라엘 독립 전쟁 때 20세의 육군 초급장교로 참전했던 샤론은 특히 1953년 팔레스타인 키비야 마을에서 주민 70명(대부분이 여성과 어린이)을 학살한 전력이 있다. 1982년에는 이스라엘 국방부 장관으로서 레바논 침공을 지휘했고, 최대 3,000명가량이 죽었다고 알려진 베이루트의 사브라-샤틸라 팔레스타인 난민촌 학살을 배후에서 조종했던 인물이다. 그런 전력을 지닌 샤론이 팔레스타인 사람들이 성지로 여기는 이슬람 사원에 발을 들여놓은 것은 불난 집에 기름을 붓겠다고 나선 격이었다.

지금은 감옥에서 무기징역형을 살고 있는 팔레스타인 정치인 마르완 바르구티(파타 서안지구 사무총장)를 2002년 라말라에서 만났을 때 그는 동예루살렘의 휘발성에 대해 이렇게 말했다. "샤론 전 총리가 아니라 다른 이스라엘 정치인이 알 아크사 사원을 방문했다면, 사람들이 그렇게까지 민감하게 반응하지 않았을 거라고 말하는 사람도 있습니다만, 저는 그렇게 보지 않습니다. 동예루살렘, 특히 알 아크사 사원은 팔레스타인 사람들에게 성스러운 곳입니다. 그런 곳에 침략자인 유대인들이 우르르 몰려와 함부로 발을 들여놓은 것은 싸움을 거는 도발 행위나 다름없습니다."

1947년 11월 유엔 총회는 예루살렘을 유엔 신탁통치 아래 양쪽에 모두 개방된 국제도시로 둔다는 '유엔 총회 결의안 181호'를 채택했다. 그러나 이스라엘은 1948년 독립 전쟁을 통해 예루살렘의 절반을 차지했고, 1967년 6일전쟁 전까지 서예루살렘은 이스라엘이, 동예루살렘을 포함한 서안지구는 요르단이 장악했다. 예루살렘을 다시 나누자는 논의가 나온 것은 1993년 오슬로 평화협정에서 이스라엘과 미래의 팔레스타인 독립국가를 뜻하는 '두 개의 국가 해법'이 나오면서부터다. 다시 말해 서예루살렘은 이스라엘이, 동예루살렘은 미래의 팔레스타인 독립국가가 통치한다는 구도다. 워낙 민감한 사안이어서 아직 풀지 못한 뜨거운 감자로 남아 있는 상태다.

"예루살렘은 나뉠 수 없다" 문제는 이스라엘-팔레스타인 양쪽 모두가 "역사의 도시 예루살렘은 나눌 수 없는 우리의 도시"라고 여긴다는 점이다. 특히 이스라엘은 강경파나 온건파를 막론하고 "예루살렘은 결코 분할되거나 공유될 수 없는 이스라엘의 영원한 수도"라고 생각한다. 2014년 이스라엘 대통령에서 물러난 시몬 페레스도 공식 석상에서 예루살렘을 가리켜 "나눌 수 없는 이스라엘의 도시"라고 주장했다.

이스라엘이 1948년 독립을 선언할 당시 행정수도는 텔아비브였고, 대부분의 외교 공관들 역시 아직 텔아비브에 자리하고 있다. 그렇지만 절대다수의 유대인들은 "예루살렘은 영원히 이스라엘의 중심 도시로 남아야 한다"는 믿음을 지니고 있다. 따라서 지금처럼 도시 전체가 이스라엘의 통제 아래 있어야 한다고 주장한다. 이스라엘 의회 크네세트는 예루살렘을 이스라엘에 영원히 묶어두기 위해 2009년 "예루살렘의 경계를 바꾸려면 재적 의원 3분의 2 이상의 찬성을 얻어야 한다"는 규정을 담은 법률을 통과시켰다. 법적으로 확실히 못을 박아놓자는 뜻이다.

이스라엘의 이러한 움직임과 의지를 보면, 이스라엘 정부가 꾸준히 유대인 정착촌 확대 사업을 벌여 동예루살렘 너머 동쪽에 대규모 유대인 뉴타운을 세운 까닭이 무엇인지를 명확히 알 수 있다. 동예루살렘을 앞날의 독립국가 수도로 꼽아온 팔레스타인 사람들은 동예루살렘을 포위하듯이 둘러싼 유대인 집단 주거지를 바라볼 때마다 깊은 좌절감과 분노를 느끼기 마련이다.

이스라엘과 그 동맹국인 미국은 동예루살렘을 팔레스타인에 양보할 뜻이 없다. 이스라엘과 미국이 대안으로 내놓는 곳은 동예루살렘 동쪽과 맞닿은 아부디스다. 2018년 트럼프 대통령은 팔레스타인 자치정부에 "미래의 팔레스타인 수도를 아부디스로 삼으라"는 제안을 내놓은 것으로 알려져 있다. 아부디스는 동예루살렘의 이슬람 성지와도 가깝다. 그러나 절대다수의 팔레스타인 사람들의 마음속에 새겨진 신생국가의 수도는 아부디스가 아니라 동예루살렘이다.

팔레스타인 난민 귀환은 이뤄질까

1948년 이스라엘이 건국을 선언하면서 벌인 이른바 '독립 전쟁'은 현지에서 2,000년 이상 살아온 팔레스타인 사람들에게 죽음의 선고나 다름없었다. 그때 이스라엘 무장 세력들은 아랍 마을들을 공격해 수십만 명에 이르는 팔레스타인 난민을 낳았다. 당시 얼마나 많은 난민이 생겨났는지는 아직도 논란이다. 이스라엘은 52만 명으로 추정하지만, 팔레스타인의 추정치는 90만 명으로 거의 2배에 가깝다. 유엔이 추정한 난민 규모는 87만 명이다. 이스라엘 영토로 편입된 지역에 남은 팔레스타인 주민은 10만 명에 지나지 않았다.

그토록 많은 팔레스타인 사람들이 피난을 떠나도록 만든 것은 다름 아닌 하가나, 이르군 같은 이스라엘 무장 대원들의 테러 전술이었다. 팔레스타인 사람들은 "그들(유대인)은 집집마다 수류탄을 던져넣었다. 이런 소식을 전해 들은 많은 사람들이 공포에 떨며 정든 마을을 떠났다"고 증언한다. 1967년의 6일전쟁은 또 다른 난민 행렬을 낳았다. 팔레스타인 난민을 돕는 유엔 팔레스타인 난민구호기구에 따르면, 1951년 난민 등록 수는 87만 명이었고, 그동안 인구 자연 증가에 따라 지금은 540만 명에 이른다(2017년 기준). 이들 난민들은 가자지구와 서안지구의 팔레스타인 관할 지역과 이웃 아랍 국가인 요르단, 레바논, 시리아 등에 퍼져 있으며, 그 가운데 150만 명이 난민촌에서 살고 있다.

이스라엘은 팔레스타인 난민들의 귀환을 제도적으로 막았다. 1950년 3월 이스라엘 정부와 의회는 '부재자 재산법'을 만들어 아랍인들의 토지 몰수를 법적으로 정당화했다. 아울러 이스라엘 의회는 1950년 7월 '귀환법'을 만들어 그 무렵까지도 팔레스타인으로의 이주를

난민들에게 고향으로 돌아갈 권리는 언제 주어질 것인가(베이루트 사브라-샤틸라 난민촌).

망설이는 타지역 유대인들의 이스라엘 정착을 부추겼다. 이 법에 따르면, "모든 유대인은 새로운 이주자로서 이스라엘로 돌아올 권리를 가지며, 완전한 이스라엘 시민권을 받는다". 따라서 이스라엘은 1948년에서 1950년 사이에 한편으로는 '부재자 재산법'으로 토착민인 아랍인들의 부동산들을 몰수 처리하고, 다른 한편으로는 '귀환법'으로 유대인들의 정착을 제도화했다.

중동 땅을 피로 적셨던 전쟁의 불길이 아직 타오르던 1948년 12월 유엔 총회는 "고향으로 돌아가 이웃들과 평화롭게 살기를 원하는 난민의 귀환은 허용되어야 한다"고 결의했다. 이것이 팔레스타인 난민 문제가 논의될 때마다 나오는 '유엔 총회 결의안 194호'이다. 팔레스타인 자치정부는 그동안 줄기차게 이 유엔 결의안을 내세우며 팔레스타인 난민들의 원상회복, 즉 귀환을 주장해왔다. 한편으로 팔레스타인 평화 협상 팀은 "전에 살던 곳으로 돌아가지 않고 외국에 그대로 머물거나, 신생 팔레스타인 국가에서 살기를 희망하는 난민들에게는 이스라엘이 적절한 보상을 해야 한다"고 요구해왔다.

또 하나의 피해자 유대인 난민

팔레스타인의 난민 귀환과 보상 요구에 대해 이스라엘은 "우리도 피해자"라며 반론을 제기한다. 1948년 제1차 중동전쟁이 벌어졌을 무렵 중동 지역에 흩어져 살던 유대인들이 목숨의 위협을 느끼고 재산을 그대로 놓아둔 채 이스라엘로 피난을 왔으니 피해 보상을 요구할 수 있다는 것이다. 차이점이라면 전에 살던 곳으로의 귀환을 주장하지 않는다는 점이다. 이란, 이라크, 시리아, 예멘 등 중동 지역 일대의 다수 무슬림 사회에서 소수자로 살던 유대인들을 가리켜 '미즈라히Mizrahi'라고 일컫는다. '미즈라히'는 동쪽을 뜻한다. 이스라엘의 주장에 따르면 이들 미즈라히 유대인들이 중동 이슬람 국가에 남겨둔 재산 가치는 오늘날의 통화가치로 3,000억 달러에 이르며, 토지 총면적은 이스라엘 국토의 4배다. 이는 물론 기준을 어떻게 잡느냐에 따라 고무줄처럼 줄어들 수도 있는 수치다.

제2차 세계대전 뒤에 일어난 아랍민족주의 바람에 밀려 실제로 많은 미즈라히 유대인들이 이스라엘로 떠났다. 오스만 터키와 유럽의 식민 통치에서 벗어난 중동의 이슬람 국가들은 같은 이슬람 형제인 팔레스타인 사람들이 유대인들에게 겪는 고난에 분개했고, 하나같이 반유대 정책을 펼쳤다. "유대인을 죽여라" 하고 외치며 유대인 집단 주거지와 상점들을 습격하는 아랍인들의 폭동이 리비아, 이집트, 이라크, 예멘 등 중동 지역에서 일어났다. 유대인들은 갖고 있던 재산을 제대로 챙기지 못한 채 쫓겨났다. 1948년 팔레스타인을 뺀 중동 지역에 90만 명 정도의 유대인이 살았으나, 그들 가운데 70만 명이 이스라엘로, 나머지는 유럽과 미국으로 옮겨갔다.

하지만 팔레스타인 난민과 미즈라히 난민의 성격은 크게 다르다. '약속의 땅'으로 돌아가자는 시오니즘 운동에 따라 스스로 원해서 짐을 꾸렸던 이들도 상당수다. 어느 쪽이 많은지는 아직도 논란거리다. 팔레스타인 난민들처럼 오로지 폭력에 의해 쫓겨난 경우와 달리, 여러 요인이 복합적으로 겹쳐진 것이 '유대인 난민'의 특징이다. 이스라엘 정부는 중동 각국 정부와의 협의 아래 비행기를 보내 유대인들을 실어 날랐다. 자료에 따르면, 1948년부터 1951년까지 3년 동안 26만 명의 유대인이 비행기를 타고 이스라엘에 도착했다. 맨발로 피난을 떠났던 팔레스타인 난민과 큰 대조를 이룬다. 초기 유대인 이주자들은 유엔난민기구의 도움을 받지 않고 이스라엘 정부의 재정 지원을 받았다. 이 점에서도 팔레스타인 난민들과는 다르다.

현재 이스라엘 전체 인구의 41%가 주변 이슬람 국가에서 옮겨온 유대인과 그 자손들로 추정된다. 이들의 정치적 성향은 극우 강경 정당을 지지하는 쪽이다. 그들은 스스로를 이슬람 국가로부터 정신적·물질적 피해를 입은 희생자라고 여기기 때문에 지금의 이스라엘-팔레스타인 유혈 분쟁에서도 비둘기파(온건파)보다는 매파(강경파) 성향을 띤다. 결론적으로, 이스라엘 정부는 팔레스타인 난민 귀환이 현실적으로 이루어지기 어렵다는 입장이다. 난민들이 자국 영토 안으로 몰려들어오는 것을 바라지 않기 때문이다. 언젠가 중동 평화 협상이 타결된다면, 이스라엘은 1948년 이후 난민이 된 팔레스타인 사람들에 한정해서 어떤 형태로든 보상을 할 것으로 보인다. 물론 귀환은 끝까지 반대한다. 팔레스타인 자치정부도 현실적인 어려움을 고려해서 이스라엘로부터 다른 부문, 이를테면 유대인 정착촌 철거 등에서 양보를 더 받아내면서 난민 귀환에는 신축적인 태도를 보일 것으로 예측된다.

타는 목마름, 심각한 물 부족

앞에서 살펴본 중동 평화 협상의 주요 사안 말고도 풀어야 할 문제는 여러 개다. 그 가운데 하나가 물의 공정한 배분 문제다. 팔레스타인 사람들이 지난 70년 동안 유대인들에게 당한 억압과 차별을 상징적으로 보여주는 것이 바로 물이다. 당연한 얘기지만, 인간은 물 없이는 살 수 없다. 그런데 팔레스타인 사람들은 물 없이 살도록 강요당해왔다. 서안지구의 유대인 정착촌을 지나다보면, 밭이건 마당이건 스프링클러로 물을 흠뻑 뿌려대는 모습을 흔히 볼 수 있다. 한마디로 물이 넘친다.

그에 반해 팔레스타인 지역은 많은 곳이 사막의 불모지대나 다름없다. 곳곳이 돌산투성이다. 척박한 땅을 일구려면 물이 반드시 필요하다. 팔레스타인 현지를 취재하면서 그곳에서 물 한 모금 마시기가 쉽지 않다는 것을 깨닫는 데는 그리 오랜 시간이 걸리지 않았다. 가자 시내 한 음식점의 화장실에서 손을 씻으려니 물이 나오지 않았다. 이스라엘이 아주 적은 양으로 쿼터를 설정해놓고 재빨리 수도관을 잠가버리기 때문이다. 이스라엘은 80%의 물을 쓰고, 팔레스타인은 나머지 20%만 쓸 수 있도록 이스라엘이 통제하고 있다. 2004년 미국 하원 국제관계위원회 청문회에서 나온 자료는 이스라엘과 팔레스타인의 물 공급량 차이가 엄청나다는 것을 보여준다. 이스라엘의 1인당 연평균 물 공급량이 300입방미터인 데 반해, 팔레스타인의 연평균 물 공급량은 1인당 100입방미터로 3배나 차이 난다.*

이스라엘이 서안지구에 건설 중인 8미터 높이의 분리 장벽은 팔레스타인 사람들의 물 문제를 더욱 심각하게 만들었다. 서안지구 북쪽의 칼킬리야 지역에서는 장벽 건설로 수자원의 30%를 잃었다. 예전에 사용하던 20여 개의 우물에 더 이상 다가갈 수 없게 된 탓이다. 팔레스타인 자치정부는 "이스라엘은 정책적으로 팔레스타인을 사막으로 만들고 있다"고 비난하지만, 뾰족한 대안이 없기에 무력감을 느낄 뿐이다.

한정된 물 자원 문제는 유대인 정착촌과도 깊은 관련이 있다. 이스라엘은 서안지구 지하수의 85%를 이스라엘로 끌어당겨 쓰고 있다. 그 지하수들을 안정적으로 차지하기 위해서는 정착촌들을 일종의 수자원 점령 기지로 활용할 필요가 있다. 정착촌에는 물이 풍부하게 공급되지만 팔레스타인인인들은 이스라엘의 제한 급수로 극심한 어려움을 겪는다. 팔레스타인 사람들의 낮은 소득으로는 한 병에 500원 정도 하는 생수를 사먹기도 어려운 일이다. 헤브론 병원에서 만난 한 소아과 의사는 "비위생적인 물 때문에 병이 난 어린이 환자들이 많습니다" 하며 안타까워했다.

---

* 전 세계에서 가장 많은 물 공급량을 누리는 나라는 미국으로, 1인당 약 7,000입방미터다. 팔레스타인보다 70배나 많다.

베들레헴에서 바라본 유대인 정착촌(사진 왼쪽 위). 이스라엘의 제한 급수 탓에 팔레스타인 마을엔 집집마다 저수 탱크들이 있지만, 물이 넉넉한 유대인 정착촌엔 그런 탱크가 필요 없다.

요르단을 거쳐 서안지구로 넘어오면서 요르단강에 가본 적이 있다. 길이 360킬로미터, 폭은 10미터쯤이다. 중동 사막지대에서는 드물게도 1년 내내 물이 흐른다. 이스라엘, 팔레스타인, 요르단은 물론 시리아, 레바논에 요르단강은 생명수나 다름없다. 이 지역의 농업용수와 공업용수는 물론 도시 지역의 식수로도 쓰인다. 전문가들은 이 요르단강도 지금처럼 물을 쓰다가는 앞으로 수십 년 안에 바닥을 드러낼 것이라고 경고한다. 어떤 특정 국가가 요르단강 물을 더 차지하려 든다면, 분쟁이 일어날 수밖에 없다.

물 부족, 중동 불안의 한 요인

캐나다 환경 단체인 '캐나다 시민회의'는 2005년 한 보고서에서 "산유국들은 석유 카르텔을 이뤄 석유 자원을 무기화한 바 있다. 마찬가지로 머지않아 물이 풍부한 국가들이 물을 무기화할 것이다"라고 전망했다. "21세기에 제3차 세계대전이 일어난다면, 그것은 물 때문일지도 모른다"는 얘기도 있듯이, 갈수록 물 자원은 귀해지고 있다. 석유 가격이 급등하면서 '석유 = 검은 황금'이라는 등식이 생겨났지만, '물 = 맑은 황금'이란 등식이 곧 지구촌 전체를 사로잡을 날도 멀지 않았다. 중동이라고 예외는 아니다.

중동 지역에서의 만성적인 물 부족 현상은 제3차 중동전쟁(6일전쟁)의 한 요인이기도 했다. 이 전쟁에는 기본적으로 이스라엘-아랍권 사이의 해묵은 증오가 자리 잡고 있지만, 물 자원 확보를 둘러싼 갈등도 한몫했다. 요르단강 상류 지역에 자리 잡은 시리아는 1960년대 중반에 보다 많은 물을 차지하려고 강 상류에 댐을 세우려고 했다. 그럴 경우 강 하류 지역의 이스라엘은 물 부족을 겪게 된다. 6일전쟁에서 전격작전으로 시리아군을 패배시킨 이스라엘은 요르단강 상류 지역은 물론 또 다른 주요 수원지인 골란 고원까지 차지했다.

이스라엘의 골란 고원 점령에는 두 가지 의미가 있다. 첫째는 시리아 본토를 내려다보는 중요한 고지를 차지했다는 군사전략적 측면이고, 둘째는 골란 고원에서 흘러내리는 물을 안정적으로 이스라엘이 차지했다는 경제적 측면이다. 현재 이스라엘이 소비하는 물 자원의 30%가량은 골란 고원에서 흘러내려 갈릴리 호수로 들어가는 물로 충당된다. 그 뒤로 이스라엘-시리아 사이에는 골란 고원의 반환 문제가 주요 현안이 되었다. 이스라엘에서는 언젠가 골란 고원을 시리아에 돌려주더라도 완충지대를 만들어 물 자원만큼은 함께 나눠 써야 한다고 주장한다.

팔레스타인 사람들의 입장에서 물은 주권의 문제인 동시에, 생존이 걸린 문제다. 하지만 중동 지역의 물을 골고루 나눠 쓰는 것이 분쟁 예방 차원에서도 바람직하다는 국제사회의 지적을 귀가 따갑도록 들으면서도 이스라엘의 입장은 완강하다. 팔레스타인 어린이들은 더러운 물을 마시고 병에 걸리는데 이스라엘에는 물이 넘친다. 한국 교과서에도 실린 이스라엘 집단농장(키부츠)의 성공 신화에는 팔레스타인 어린이들의 타는 목마름이 숨어 있다. 그런 불편한 진실에 눈을 돌리는 유대인은 몇 명이나 될까.

이렇듯 이스라엘과 팔레스타인 사이에 놓인 문제들은 단칼에 무 자르듯 쉽게 풀어내기가 어렵다. 중동 현지 취재에서 거듭 확인한 사실이지만, 팔레스타인 사람들의 상당수는 미국과 유럽 국가들이 중재해온 중동 평화안에 대해서도 큰 희망을 걸지 않는다. 극우 강경파 정치인들이 이끄는 이스라엘 정권이 어떤 형태로든 트집을 잡아 중동 평화의 길목을 막고 비키지 않을 것이라고 생각하기 때문이다. 그러면서 시간이 흐르면? 정착촌은 더욱 늘어나고, 이스라엘의 팔레스타인 식민 통치도 공고해질 것이라고 유대인들은 믿는다. 이런 정황을 잘 헤아리고 있기에 팔레스타인 사람들의 고민은 깊어만 간다.

21장

미국과 이스라엘의
유착

1980년대의 남아프리카공화국은 흑백 차별 정책 때문에 올림픽 경기에도 참가하지 못했다. 21세기의 이스라엘은 지난날의 남아프리카 공화국과 크게 다를 바 없다는 비판을 받는다. 그런데도 국제사회에서 명함이라도 내밀 수 있었던 것은 초강대국인 미국 덕분이다. 중동 유혈 투쟁으로 많은 희생자가 생기면, 유엔에서는 팔레스타인 인권을 침해하는 이스라엘을 규탄하는 결의안이 표결에 붙여지곤 한다. 표결은 대체로 3곳에서 이뤄진다. 유엔의 실질적인 중심 기구인 안보리와 유엔 총회 그리고 유엔 인권이사회이다.

  미국은 이스라엘을 비난하는 결의안이 표결에 붙여질 때마다 이스라엘 편에 서서 반대표를 던져왔다. 유엔 안보리에선 아예 결의안이 상정되지 못하도록 막았고, 그래도 상정될 경우엔 거부권을 행사해 결의안 통과를 막았다. 유엔 총회에서 표결이 이뤄질 경우 세계 대부분의 국가들이 '이스라엘이 해도해도 너무 했다'며 찬성표를 던질 때도 미국은 반대표를 행사했고, 그런 미국을 따라 마셜군도, 미크로네시아, 나우루, 팔라우처럼 이름조차 생소한 남태평양의 친미 소국들도 반대표를 던졌다.

한미 동맹의 이름으로 이스라엘 불법 눈감아

한국은 어땠을까. 거의 대부분의 표결에서 찬성도 반대도 아닌 기권하기 일쑤였다. 2018년 5월 14일 이스라엘 건국 기념일을 맞아 미국 대사관을 텔아비브에서 예루살렘으로 옮겨가는 데 대한 항의 시위가 벌어졌고, 그날 하루 동안에만 이스라엘의 총격으로 52명의 팔레스타인 사람들이 희생됐다. 이와 관련해 '팔레스타인 민간인 보호를 위한 결의안' 표결을 위해 2018년 6월 13일 유엔 총회 제10차 긴급 특별 세션이 열렸다. 하지만 안타깝게도 한국은 기권했다(찬성 120, 반대 8, 기권 45). 바로 얼마 전까지 유엔 인권이사회 의장국과 이사국을 맡았던 한국이 이스라엘의 전쟁범죄를 비판하는 결의안에 찬성표를 던지지 않았다. 왜 그랬을까. 결국 미국과의 동맹 관계 때문에 이스라엘이 팔레스타인 사람들에게 일상적으로 저지르는 전쟁범죄 행위를 눈감았다는 설명 말고는 달리 할 게 없다.

유엔에서 이스라엘의 불법 행위가 문제가 돼 표결에 붙여졌을 때 한국 정부가 미국의 의도를 헤아려 기권한 사례의 목록은 길다. 몇 가지만 꼽자면, 2003년 12월 유엔 임시총회에서 이스라엘이 팔레스타인에 세우는 분리 장벽(보안 장벽) 건설을 헤이그 국제사법재판소에 넘기도록 의결하는 표결에서 기권, 2006년 7월 이스라엘의 레바논 침공으로 1,000명 이상의 민간인이 죽는 참극이 벌어진 뒤 유엔 인권이사회가 이스라엘의 인권침해를 다룰 조사위원회를 구성할 것인가를 투표에 붙였을 때 기권(그 표결 뒤 활동을 시작한 조사위원회는 "민간인 및 민간 목표물에 대한 이스라엘군의 의도적이고 치명적인 공격들은 불법"이라는 결론을 내렸다), 이스라엘이 가자지구에서 저지른 전쟁범죄를 비난하는 유엔 인권이사회 결의안(2009년 1월 12일, 정식 명칭은 '점령된 가자지구에 대한 이스라엘의 군사적 공격으로 인한 중대한 인권 침해에 대한 결의안') 채택에 기권……

팔레스타인에 관련된 사안은 매우 예민해서 중동 국가들은 유엔에서 어떤 국가가 이스라엘에 우호적인 투표 성향을 보이는가에 늘 신경을 쓰고 있다. 그런데 한국이 이스라엘을 비판해야 마땅할 때 등을 돌린다면, 그래서 이스라엘의 국제법 위반과 전쟁범죄 행위를 조사하거나 중단시키려는 국제사회의 노력에 우리 한국이 최소한의 성의도 보이려 들지 않는다면, 한국에 대한 중동 사람들의 이미지는 좋아질 리가 없다. 중동 지역 사람들 눈에 비친 한국은 친미 국가이자 친이스라엘 국가다.

아라파트, 미국의 이스라엘 감싸기 비판

민주당과 공화당을 오락가락하면서도 역대 미국 정부의 변하지 않는 원칙 가운데 하나가 친이스라엘 중동 정책이다. 이스라엘을 '태생적 모국'으로 여기는 700만 미국 유대인들의 강력한 응집력이 작용한 까닭이다(미국 내 유대인의 수는 2018년 기준 720만 명). 일반적으로 한 나라의 대외 정책은 어디까지나 자국의 안보와 국가이익 극대화에 바탕을 둔다. 미국의 중동 정책도 예외는 아니다. 이스라엘-팔레스타인의 유혈 사태가 악화되어 이슬람권의 반미 감정이 높아져 석유의 안정적 수급을 포함한 중동에서의 미국의 패권 전략이 위협받아서는 안 된다. 다른 한편으로 미국은 중동 상황이 안정되기만 한다면, 그래서 중동 석유 자원에 대한 미국의 이해가 위협받지 않는다면, 이스라엘이 팔레스타인을 국제법상 불법으로 점령하고 있어도 문제가 안 된다고 여긴다.

미국의 친이스라엘 일방주의는 특히 공화당 행정부 아래서 더욱 노골적으로 드러난다. 조지 W. 부시 대통령 시절 미국이 얼마나 이스라엘을 끼고 돌았는지는 이스라엘 총리들이 걸핏하면 백악관에 초대받아 만찬을 즐긴 데 반해, 팔레스타인의 전설적인 지도자인 야세르 아라파트는 워싱턴에 발조차 들여놓지 못한 것에서도 알 수 있다. 클린턴 행정부 시절 아라파트가 여러 차례 워싱턴을 방문했고 국가원수급으로 대우를 받았던 일에 비하면 너무나 차이가 나는 대우다. 따지고 보면, 2004년 11월 이스라엘 정보기관의 비밀공작에 의해 폴로늄 중독으로 숨졌다고 알려진 아라파트의 몸과 마음의 병은 미국이 키웠다고 할 수 있다.

아라파트가 팔레스타인 투쟁사의 무대 뒤로 사라지기 6개월 전인 2004년 6월 서안지구 라말라의 팔레스타인 자치정부 대통령 청사에서 그를 만났다. 2002년 5월에 이은 두 번째 만남이었다. 얼굴이 주위 사람들에 비해 몹시 창백해 보인다는 점이 인상적이었다. 2001년 말부터 2004년 11월, 몸이 아파 프랑스로 떠날 때까지 아라파트는 3년 가까이 집무실인 무카타에 갇혀 감옥 아닌 감옥 생활을 했다. 동갑내기인 아라파트를 평생의 라이벌로 여겨온 아리엘 샤론 당시 이스라엘 총리는 이스라엘군 탱크를 동원, 무카타를 마구잡이로 포격하면

2000년 유혈 사태가 터지자, 이스라엘군은 야세르 아라파트가 집무실로 쓰던 팔레스타인 자치정부 청사(무카타)를 탱크로 마구 포격했지만, 미국은 아무런 움직임 없이 침묵을 지켰다.

서 "아라파트가 라말라 집무실 밖으로 나오면 생명을 보장하지 못한다"며 위협했다. 아라파트가 갇혀 지냈던 무카타 일대의 건물들은 멀쩡한 것이 없었다. 팔레스타인 보안군이 쓰던 건물들은 보기 딱할 정도로 허물어져 있었다.

그곳 무카타 부속 건물에서 '이슬람, 저항의 원인'이란 특집 프로그램을 위해 1개월 일정으로 중동 지역 취재길에 함께 오른 KBS 〈일요 스페셜〉 팀과 함께 아라파트를 만났다. 아라파트는 좀처럼 외국 언론사들과 단독 인터뷰를 하지 않는다는 원칙을 세워놓고 있었다. 1999년 미국 CBS의 간판 TV 프로그램인 〈60분〉과 인터뷰를 했다가,

미국인들에게 아라파트에 대한 부정적인 이미지를 퍼뜨리는 CBS의 교묘한 편집으로 모욕을 당한 뒤로는 일체 단독 인터뷰를 하지 않아 왔던 것이다. 서서 몇 마디 나누는 짧은 코멘트 방식이 전부였다.

1999년 CBS의 〈60분〉이 방영될 때 나는 뉴욕 맨해튼 CBS 본사에서 겨우 몇 블록 떨어진 곳에 머물고 있었다. 관심 있게 그 방송을 지켜보면서 아라파트가 속았구나 하는 느낌을 받았다. 작심하고 아라파트 때리기에 나섰구나 싶을 정도로 이스라엘에 기운 편파적인 편집이었다. 미국 언론에 대해 그런 찜찜한 기억을 지닌 아라파트에게 미국의 중동 정책이 친이스라엘 일방주의라고 여기느냐고 묻자, 그는 "그 부분은 의문의 여지가 없습니다"라고 잘라 말했다. 그는 미국에 대해 매우 비판적이었다.

미국의 최대 원조 수혜국 이스라엘

미국의 대외 원조액은 2000년대 전반기 부시 행정부 시절에는 1년에 150억 달러 수준이었다. 그런데 오바마 행정부가 들어선 뒤부터 550억 달러 수준으로 크게 늘어났다. 미국이 9·11 테러를 겪은 뒤 아프가니스탄을 침공하고 뒤이어 이라크를 침공하면서 전 세계적으로 높아진 반미 정서를 달래기 위해 원조액을 늘렸다고 풀이된다. 그럼 미국의 대외 원조를 가장 많이 받는 나라는 어디일까. 아프리카의 콩고나 아시아의 인도 같은 가난한 나라일까, 아니면 아프가니스탄이나 이라크 같은 전쟁의 상처가 할퀴고 간 나라들일까. 아니다. 이스라엘이다. 세계은행 통계에 따르면, 이스라엘의 1인당 국민총소득(GNI)은 3만 5,000달러로 우리나라보다도 잘사는 나라다. 가난에 찌든 팔레스타인보다는 10여

배나 높다. 그런데도 이스라엘은 해마다 약 30억 달러 내외를 미국으로부터 지원받는다. 1949년부터 2018년까지 미국이 이스라엘에 건넨 원조 규모는 2,000억 달러에 이른다(미국 다음으로 많은 원조를 하는 나라는 독일이다. 제2차 세계대전에서 나치 독일이 저지른 유대인 학살에 대한 손해배상 성격으로 원조 총액은 400억 달러에 이른다).

2006년까지만 해도 미국의 대이스라엘 원조는 군사원조 2, 경제원조 1의 비율이었다. 2007년부터는 군사원조가 대부분을 차지한다. 2013년부터 지금까지는 해마다 30억 달러의 엄청난 액수가 무상 군사원조로 건네졌다. 이스라엘 인구는 세계 총인구의 0.1% 규모지만 미국은 부시 행정부 시절 대외 원조액의 20%(총액 150억 달러 가운데 30억 달러)를 이스라엘에 할당했다. 오바마 행정부 때부터 대외 원조액을 550억 달러로 늘려 이스라엘 원조액(30억 달러)의 비중이 상대적으로 낮아졌지만 수혜국 1위가 이스라엘이란 점은 변함이 없다. 이스라엘 인구 1인당 400달러의 돈이 해마다 미국에서 대서양을 건너 이스라엘로 가는 셈이다. 여기에 덧붙여 미국의 여러 유대인 단체와 기업들이 이스라엘로 보내는 기부금도 한 해에 100억 달러 규모인 것으로 알려져 있다.

미국이 팔레스타인에 지원하는 규모는 부시 행정부 때에는 형편없이 낮았다가 2008년 오바마 행정부가 들어선 뒤로 해마다 6억 달러 수준으로 올라갔다. 팔레스타인 원조액은 미국 의회에 강력한 영향력을 지닌 유대인 로비 단체들의 압력으로 보류 또는 삭감당하기 일쑤다. 2012년의 경우 팔레스타인이 이스라엘의 반대를 무릅쓰고 유엔 정회원국 가입 신청을 추진하자, 미 의회는 그 보복으로 2013년 원조액을 2억 달러 삭감했다. 트럼프 행정부 들어서는 친이스라엘 일방주의의 분위기가 더욱 높아진 탓에 "팔레스타인이 이스라엘에 대한 저항을 멈추지 않는다면 아예 원조를 끊겠다"는 목소리들이 워싱턴에서 걸핏하면 튀어나왔다. 이스라엘의 1인당 국민총소득이 팔레스타인보다 10여 배 더 높은데도 미국의 대이스라엘 원조액이 훨씬 더 많다는 사실은 미국의 최우선 관심 국가가 다름 아닌 이스라엘이라는 것을 여실히 드러낸다.

미국 유대인들의 투표 성향

"도대체 누구를 위한 전쟁인가?" 2003년 이라크 전쟁이 터질 무렵 미국의 대표적인 보수 논객인 패트릭 뷰캐넌이 던진 물음이다. 슈퍼 파워 미국이 '세계 경찰' 노릇을 하더라도 가려서 해야 되며, 국내문제에 더 신경을 써야 한다고 주장해온 보수주의자 뷰캐넌으로서는 당연한 물음이었다. 그의 시각에서 이라크 전쟁은 다름 아닌 유대인 네오콘^{neocon}(신보수주의자)들이 그들의 태생적 모국인 이스라엘을 위해 일으킨 전쟁이다. 보수파 논객들뿐이 아니다. 많은 진보적 반전주의자들도 "부시 행정부를 주무르는 유대인 네오콘들이 미국과 이스라엘의 동맹 관계를 이용하여 미국을 이라크 전쟁으로 몰아넣었다"고 비판해왔다. 미국의 보수주의자들과 진보주의자들의 기묘한 연합 전선의 창끝이 유대인 네오콘을 겨냥했다.

미국 내 유대인들의 행태에 비판적인 사람들은 이라크 침공이 미국의 패권 확장과 석유 이익만을 위해서가 아닌, 이스라엘에 반사이익을 주기 위한 전쟁이란 의혹을 제기해왔다. 그래서 "whose war?"라고 묻는다. 비판자들은 "유대인 네오콘들이 미국의 대외 정책을 공중 납치hijacking했다"고 여긴다. 부시 대통령은 일선 정치 무대 뒤에서 그를 조종하는 강력한 네오콘 유대인들의 꼭두각시에 지나지 않았다는 얘기다. 그들은 이라크 전쟁이 중동에서의 힘의 균형을 깨뜨림으로써 이스라엘에 도움을 주기 위해 부시 행정부 안의 유대인 네오콘 세력이 일으킨 전쟁이라고 비판했다.

이스라엘은 이중국적을 허용하는 나라다. 많은 미국의 유대인들이 이스라엘 국적을 지니고 있다. 따라서 미국의 이해와 이스라엘의 이해가 충돌하는 경우에 그들의 충성도(애국심)는 자연스레 이스라엘로 기울어진다. 이는 '이스라엘 우선의 독트린'이라고 일컬어지기도 한다. 유대인들은 성조기의 별보다는 이스라엘 국기의 6각형 별, 이른바 솔로몬 왕의 인장印章을 더 각별하게 여긴다. 이스라엘의 초대 수상이었던 다비드 벤구리온은 미국 국적을 지닌 유대인들을 향해 이렇게 말했다. "다른 무엇보다 당신들은 유대인이다."

그런데 여기서 짚고 넘어갈 점은 미국에 사는 유대인 유권자의 투표 성향이다. 전통적으로 미국의 유대인들은 압도적으로 민주당 지지 성향을 보여왔다. 공화당 지지자는 소수다. 2008년 대선에서 유대인의 지지표 78%가 버락 오바마 민주당 후보에게 몰렸다. 유대인 유권자 5명 가운데 오로지 1명만이 공화당의 매케인 후보를 지지한 것으로 나타났다.

역대 투표 성향을 봐도 그렇다. 존 F. 케네디 82%(1960년), 린든 존슨 90%(1964년), 휴버트 험프리 81%(1968년), 빌 클린턴 80%(1992년), 앨 고어 79%(2000년), 존 케리 75%(2004년), 버락 오바마 78%(2008년)와 69%(2012년), 힐러리 클린턴 71%(2016년), 조 바이든 76%(2020년)로 역대 민주당 대선 후보들이 공화당 후보들보다 훨씬 앞섰다.

공화당 대선 후보가 30% 이상의 유대인 지지율을 기록한 경우는 지미 카터와 맞붙었던 로널드 레이건(1980년, 38%)과 그 후임자인 조지 H. W. 부시(1988년, 30%) 정도다. 조지 W. 부시는 2000년 선거에서 21%, 2004년 선거에서 25%를 얻는 데 그쳤다. 유대인 표심에 관한 한 트럼프 후보도 힐러리 후보에 뒤졌다. 여러 여론조사 결과에 따르면, 미국 내 유대인들 4명 가운데 3명은 스스로를 '진보적^{liberal}'이라고 여긴다. 자신을 '보수적^{conservative}'이라고 여기는 사람은 25%에 지나지 않는다.

여기서 의문을 갖지 않을 수 없다. 미국의 많은 유대인들이 상대적으로 진보적인 민주당 지지 성향을 보이면서도, 이스라엘과 팔레스타인 문제에 관한 한 무조건 이스라엘을 편드는 것은 어떻게 설명해야 할까. "피는 물보다 진하다"는 말로밖에는 설명이 안 되는 것일까.

이와 관련해서 개인적인 경험을 짧게 이야기해야겠다. 나는 미국 뉴욕에서 8년을 머무르면서 한 유대인 할머니로부터 지적으로 많은 도움을 받았다. 뉴욕 대학에서 교육학 박사 학위를 받았던 그녀는 40대 중반에 공부하러 온 늦깎이 학생이 학교에 내는 영문 페이퍼를 손봐주는 일부터, 『뉴욕 타임스』 칼럼니스트들의 성향 분석까지 도와주었다. 그녀는 조지 W. 부시 대통령의 이라크 침공에 대해서도 매우 비판적인 태도를 보였다.

이렇듯 스스로를 진보적이라고 여기는 그녀에게 이해하기 어려운 대목이 딱 하나 있었다. 여름방학이나 겨울방학을 이용해 이스라엘-팔레스타인 현지 취재를 다녀온 뒤 "이스라엘이 팔레스타인에 해도 너무해요" 하면 그녀는 입을 다물었다. 그런 말에 동의하지 않는다는 몸짓을 보였다. 하마스 지도자 셰이크 아흐메드 야신은 물론이고 팔레스타인 자치정부 수반 야세르 아라파트에 대해서도 그녀는 '테러리스트'라는 표현을 서슴지 않았다. "다른 무엇보다 당신들은 유대인"이라고 한 이스라엘 초대 수상 벤구리온의 말처럼 역시 태생적으로 팔은 안으로 굽을 수밖에 없는가, 유대인의 피는 어쩔 수 없는 것인가 하는 생각을 하지 않을 수 없었다.

야신의 일갈, 미국이 평화를 말할 수 있는가 2004년 3월

이스라엘 헬기 미사일에 맞아 숨을 거둔 셰이크 아흐메드 야신은 하마스의 정신적 지도자다. 가자지구의 그의 자택에서 만났을 때 야신은 미국의 친이스라엘 일방주의 군사원조를 매우 비판했다. "알다시피 미국은 해마다 20억 달러에 이르는 군사원조를 하고 있습니다. F-16 전폭기를 비롯해 미국이 건네준 무기로 이스라엘은 우리 동포들을 죽이고 있습니다. 그런 미국이 어떻게 중동 평화를 말할 수 있습니까."

중동의 유혈 사태는 엄청난 군사력의 불균형 아래 일어나는 참극이다. 이스라엘군이 소유한 F-16 전폭기와 코브라 헬기, 그리고 여기서 발사되는 미사일이나 로켓탄들은 모두 미국산이다. 200대의 F-16 전폭기를 보유한 이스라엘은 미국 다음으로 비행단을 많이 보유한 국가다. 이스라엘 정부가 돈을 주고 산 것도 아니고 군사원조 물자로 받은 것이다. 미국 군수산업체들이 미국 정부로부터 돈을 받고 이스라엘에 무기를 공급하는 형식이다.

2000년 인티파다가 일어난 뒤 지금까지 20년 가까이 유혈 충돌에서 생겨난 팔레스타인 사망자는 1만 명이 넘는데, 이스라엘 쪽 사망자보다 10배나 많은 수치다. 이는 양쪽의 군사력 불균형을 잘 보여준

F-16 전폭기로 이스라엘군이 파괴한 팔레스타인 건물 앞에서 분노하는 사람들(서안지구 나블러스). 미국은 해마다 30억 달러어치의 군사원조로 이스라엘을 돕고 있다.

다. 미국이 해마다 건네주는 30억 달러의 군사원조로 더욱 강화된 이스라엘군의 압도적인 군사력은 팔레스타인 저항 세력과 비무장 민간인들에게 엄청난 희생을 강요해왔다. 이런 모습은 미디어 보도를 타고 아랍 국가들로 퍼져 반이스라엘, 나아가 반미 감정의 씨를 뿌렸다.

미국의 대외원조법 규정에 따르면, 미국으로부터 원조받은 무기는 공격용으로 쓰여서는 안 된다. 오로지 방어 목적이어야만 한다. 그렇지만 이스라엘에는 그런 규정이 적용되지 않는다. 미국 의회에서 그런 문제를 원론적인 수준에서라도 제기했다가는 유대인들의 등쌀에 정치 활동을 그만둬야 할 지경에 내몰린다. 미국-이스라엘 공공문제위원회(AIPAC), 미국유대인공동체(AJC), 미국유대인의회(AJ Congress), 반ᆩ비방동맹(ADL) 등 미국 내 유대인들이 구성한 여러 압력 단체 회원들과 친이스라엘 언론들이 벌 떼처럼 덤벼들어 곤욕을 치러야 한다. 이를테면, 민주당 하원의원 제임스 모런은 "미국 내 유대인 로비 그룹의 강력한 지지가 없었다면 미국은 이라크를 침공하지 않았을 것"이라고 말했다가 유대인들의 거센 항의로 그 발언을 취소할 수밖에 없었다.

AIPAC에 줄을 대려는 미국 정치인들

미국 내 700만 유대인은 대통령 선거는 물론 주지사 선거와 상하 양원 선거에서 당락을 가름하는 표밭이다. 그들은 어떠한 반ᆩ이스라엘 움직임에 대해서도 강하게 반발한다. 정치인이 반유대인 발언을 하거나 친팔레스타인 정책안을 내놓았다가는 이메일 공세, 항의 전화 공세, 사무실 앞 시위로 정상적인 의정 활동을 펴기 어렵다. 정치헌금도 끊어진다. 차기 선거에서 낙선운동의 표적이 되기 십상이다. 그런 사례는 차고 넘친다.

미국 내 유대계 인구의 비율은 2%에 지나지 않지만, 정치인들이 입조심을 해야 할 공포의 대상이다. 실제로 미국의 로비스트들이 사무실을 차리고 있는 워싱턴 K스트리트에서 이스라엘 로비스트들의 파워는 무척 세다. 특히 미국총기협회(NRA)는 미국에서 총기 사고가 날 때마다 일어나는 총기 규제 여론에 맞서 무기 산업의 이익을 대변하는 강력한 조직이다. 그런 NRA에 이어 미국-이스라엘 공공문제위원회(AIPAC)는 두 번째로 많은 로비 자금을 써온 것으로 알려져 있다. AIPAC이 지닌 돈과 영향력 때문에 미국 정치인들은 AIPAC에 줄을 대려고 애를 쓴다. 대선 주자들도 대통령 선거 때마다 앞다퉈 연설하려고 경쟁을 벌인다. 정치헌금과 표를 얻기 위해서다.

해마다 봄이면 워싱턴에서 AIPAC 연례 총회가 열린다. 미국 50개 주에서 1만 명쯤의 AIPAC 회원이 참석하는데, 국무부 장관이나 재무부 장관을 비롯한 주요 장관들, 상하원 지도급 인사를 포함한 의원 절반 이상이 참석하는 것으로 알려져 있다. 베냐민 네타냐후 이스라엘 총리도 총회 참석을 위해 이스라엘에서 비행기를 타고 온다. AIPAC을 비롯한 강력한 유대인 파워로 말미암아 미국 의회 안에서는 2007년부터 해마다 30억 달러씩 지급돼온 이스라엘 군사원조의 규모를 더 늘리려는 움직임마저 일고 있다. "피는 물보다 진하다"고 여기는 미국 유대인들의 집요한 로비 활동 덕을 톡톡히 보는 쪽은 물론 이스라엘이다.

미국 지식인들의 다른 목소리 　　초강대국 미국의 대외 정책에 문제가 있다고 생각하는 비판적 지식인들 가운데, 노암 촘스키는 하워드 진과 더불어 가장 이름이 알려진 인물일 것이다. 언어학자이자 정치 비평가, 평화운동가인 촘스키는 특히 조지 W. 부시 대통령 시절의 미국이 전 세계를 상대로 보여주었던 아름답지 못한 모습들을 꾸준히 지적해온 인물이다. 촘스키가 아주 오래전부터 지적해온 문제가 바로 미국의 친이스라엘 일방주의다. 거의 40년 전에 펴낸 『숙명의 트라이앵글Fateful Triangle』(1983년)에서 촘스키는 미국의 중동 정책이 잘못돼도 한참 잘못됐다고 지적했다.

여기서 말하는 '트라이앵글'은 미국-이스라엘-팔레스타인 삼각 구도다. 그에게 중동 문제는 단순히 종교가 다르고 인종이 다른 집단들 끼리의 분쟁이 아니라, 바로 그 분쟁의 중심에 미국이 자리 잡고 있는 정치적 문제다. 촘스키는 미국이 중동 평화의 중재자인 척하지만 실제로는 그렇지 않다고 보고 있다. 이스라엘도 팔레스타인 사람들의 저항을 '테러'로 몰아붙이면서 '평화주의의 가면'을 쓰고 있지만, 실제로는 국가 테러(국가 폭력)를 점령지 팔레스타인에서 휘두르고 있다고 지적한다. 그러면서 촘스키는 미국의 여론을 이스라엘에 유리한 쪽으로 이끌기 위해 어떻게 교묘한 로비와 공작이 벌어지는지를 고발했다.

이렇듯 촘스키가 거의 40년 전에 이스라엘 로비를 지적했지만, 미국의 일반적인 분위기는 친이스라엘 정책 노선에 비판적인 견해를 공론화하는 걸 삼가왔다. 미국의 국제정치학자, 지식인, 정치인들이 대부분 그랬다. 그런데 2006년 이스라엘의 정치 군사 지도자들을 깜짝 놀라게 하고 긴장시킬 만한 일이 미국에서 벌어졌다. 국제정치학자인 존 미어샤이머(시카고 대학 교수)와 스티븐 월트(하버드 대학 케네디 행정대학원 교수)가 미국의 친이스라엘 일방주의가 지닌 문제점을 지적하고 나섰기 때문이다.

미어샤이머와 월트는 미국 정치학계에서 꾸준히 학문적 업적을 쌓아왔다. 그런 두 학자가 함께 2006년 3월 『런던 리뷰 오브 북스』에 발표한 「이스라엘 로비와 미국의 외교정책」은 미국 내 유대인 압력단체들의 협박 공세가 신경 쓰여 그동안 정치권이나 주류 학계에서 삼가왔던 이스라엘 로비의 문제점을 제기함으로써 신선한 충격을 던졌다(두 사람의 글은 하버드 대학 홈페이지에도 실려 무려 35만 회가 넘는 다운로드 기록을 세웠고, 2007년 같은 제목의 책으로 출간되었다).

이스라엘 로비의 실상　미어샤이머와 월트는 제2차 세계대전 이후 지금까지 미국이 이스라엘에 원조한 금액이 1,500억 달러에 이른다는 점을 상기시킨다. "미국의 대이스라엘 원조에 견주면, 다른 나라들에 대한 미국의 원조는 하찮은 수준"이란 얘기다. 그들은 1973년부터 2003년까지 미국 대외 원조액의 5분의 1을 이스라엘이 차지했다는 사실을 지적하면서, "그 원조가 미국의 국익을 위한 것이었기보다는 이스라엘의 국익을 위한 것이었다"고 단정했다.

두 학자는 또한 이스라엘이 레바논을 침공했던 1982년 이후로 이스라엘의 국제법 위반 문제를 다루려고 유엔 안보리에 제출됐던 결의안 표결에서 미국이 무려 32회나 거부권을 행사했다고 지적하면서, "이는 (중국이나 구소련 등) 다른 안보리 상임이사국들의 거부권 행사 수를 모두 합친 것보다 많은 수치"라고 한탄했다.

정치학자로서 미어샤이머와 월트는 현실주의realism 학자들이다. 국제정치학에서 말하는 현실주의의 핵심은 국가를 국제기구보다 중요한 행위자로 여기며, 다른 어떤 가치(이를테면 인권)보다 '국가이익'을 중요시한다. 미국의 외교정책은 철저히 국익을 잣대로 결정되어야 한다는 것이다. 이를테면 군 병력을 다른 나라에 보낼 것인가 말 것인가를 정할 때도 다른 나라에서 생긴 곤란한 문제(대규모 기아, 인권 탄압 등의 재난)를 덜어주기 위한 이른바 '인권 차원의 개입'이 아니라 '파병이 과연 미국의 국익에 얼마나 도움이 되는가'를 잣대로 결정해야 한다는 입장이다.

그런 두 현실주의자가 보기에 그동안 미국은 "다른 나라(이스라엘)의 이익을 증대시키기 위해 스스로의 안보를 소홀히 해왔다". 나아가 두 학자는 미국-이스라엘 공공문제위원회를 비롯한 대표적인 친이

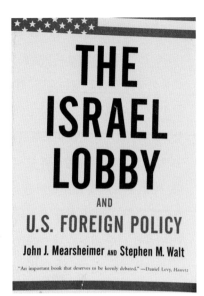

미국의 이익이 이스라엘의 이익과 일치하느냐며, 미 외교정책을 주무르는 유대인 압력단체의 문제점을 제기한 『이스라엘 로비와 미국의 외교정책』의 표지.

스라엘 로비 단체뿐만 아니라, 이스라엘 로비를 벌이는 미국 내 유대인들이 이스라엘의 국익을 옹호하고 이스라엘에 대한 비판을 은폐시킨다고 비판했다. 전 세계의 알 만한 사람은 다 알고 있는, 그러나 미국에서는 말하기 어려웠던 '이스라엘 로비'의 문제점에 대해 두 사람은 다음과 같이 썼다.

이스라엘은 냉전 시대 소련의 중동 지역 팽창을 막는 전략적 가치를 더는 지니지 않고, 오히려 9·11 테러 이후 이슬람 테러리스트의 단결을 불러온 부담스러운 존재가 됐다. 또 이스라엘은 민주주의국가이긴 하지만 자국 내 아랍인들을 차별하고 팔레스타인을 힘으로 누르는 문제투성이 민주국가다. 그렇다면 왜 미국이 이스라엘에 이렇게 매달릴까. 이스라엘의 미국 내 로비 때문이다. 이스라엘이 팔레스타인을 점령해 무수히 인권침해를 저질러왔어도 이스라엘의 로비 때문에 미국이 못 본 체하고, (북한과 이란을 비롯한) 다른 반미 국가들에게 인권을 존중하라고 압력을 넣는 것은 얼마나 위선적인 일인가. 이스라엘 로비는 미국의 외교정책을 (미국의 이익과 지구촌 평화에 대한 고려 등 여러 사항들을 제치고) 적어도 이스라엘에 절대적으로 유리한 방향으로 이끌고 있다. 이스라엘의 압력과 로비가 이라크 침공의 결정적인 동력이었다. 사담 후세인 정권이 붕괴된 뒤 이스라엘 로비는 (또 다른 반미-반이스라엘 국가인) 이란 침공 쪽으로 모아지고 있다. 미국의 이라크 전쟁과 이란에 대한 위협은 이스라엘의 팽창주의에서 비롯된다.

이란 핵은 왜 문제되는가? 이스라엘 로비의 힘

이스라엘을 위한 미국과 이스라엘 유대인들의 로비가 미국의 국가이익을 해치는 쪽으로 미국의 대외 정책 결정에 영향을 주고 있다는 글은 엄청난 논란을 불러일으켰다. 친이스라엘 정서를 지닌 이들은 미어샤이머와 월트가 '유대인 혐오주의자'라며 맹공을 퍼부었다. 파문이 길게 쏘리를 부는 가운데, 2007년 4월 네덜란드의 국영방송 VPRO는 '이스라엘 로비와 미국의 외교정책'이란 제목의 50분 분량 다큐멘터리를 내보냈다. 제작진은 논란의 중심인물인 미어샤이머를 비롯해서 찬반양론의 주요 인사들을 두루 만나 인터뷰했고, 비교적 객관적으로 문제의 핵심에 파고들었다. 이 다큐멘터리에 나오는 미어샤이머 교수의 말을 옮겨본다.

"나는 이스라엘 로비의 실태를 밝힌 글을 2006년 3월 23일 발표했는데, 하버드 대학에서만 35만 번 다운로드되었어요. 미국은 다양한 방법으로 이스라엘을 지원하는데, 군사적, 경제적으로 1년에 거의 30

억 달러를 지원합니다. 이스라엘은 경제적으로 부유한 나라지만, 외교적 지원을 가장 많이 받는 나라죠. 미국은 유엔에서 이스라엘과 관련된 결의안에 대해 항상 거부권을 행사해왔어요(화면은 유엔 안보리에서 미국의 유엔 대사들이 혼자 손을 드는 장면들에 이어, 사회자가 "유엔 안보리 상임이사국의 반대로 결의안이 부결되었습니다. 찬성 14, 반대 1입니다" 하고 말하는 기록 필름을 보여준다). 미국은 이란에 대해 군사력을 행사하자고 말하지만, 중요한 것은 미국이란 나라에 이란의 핵무기 보유가 실제로 문제가 되는가입니다. 그것이 큰 문제가 되는 이유는 이스라엘 로비의 압력 때문이죠. 우리가 기고한 글의 핵심은 첫째, 미국 안에 강력한 이익 집단이 있어서 그들이 미국의 외교정책 결정에 깊이 관여하고 있다는 것입니다. 이스라엘의 이익을 추구하는 방향으로 말이죠. 우리가 논문을 통해 주장한 두 번째 핵심은 미국의 중동 관련 정책이 정책 결정 과정에서 이스라엘의 로비 단체 때문에 미국의 국가이익을 제대로 반영하지 못한다는 것입니다."

미어샤이머는 미국의 이라크 침공 한 달 전인 2003년 2월 콜린 파월 당시 미 국무부 장관이 유엔 안보리에 나가 "이라크가 대량 살상 무기를 보유하고 있다"고 억지 주장을 폈다가 망신을 당했던 배경에 대해서도 말한다.

"유대인 신보수주의자(네오콘)들이 부시 행정부에 없었다면 콜린 파월이 2003년 2월에 그런 망신스런 제안을 하지 않았겠죠. 다시 한 번 생각해봐야 합니다. 증거가 미약한데도 왜 파월이 적극 나서서 이라크가 대량 살상 무기를 보유해서 당장 위협이 된다고 주장했을까요? 그것은 미 행정부 안팎으로 엄청난 압력이 있었기 때문입니다. 그렇다면 누가 압력을 행사했을까요? 말할 것도 없이 네오콘들이었습니다."

미어샤이머는 이스라엘 정보기관이 미국 CIA에게 이라크에 있지도 않은 대량 살상 무기가 있다는 엉터리 정보를 제공함으로써 2003년 미국의 이라크 침공을 부추겼다고 지적한다.

"이스라엘 정부가 엉터리 정보를 제공했다는 사실을 지나쳐선 안됩니다. 그들은 미국 정부 기관에게 이라크에 대량 살상 무기가 있어서 당장 위협이 된다고 말했습니다. 슐로모 브라운 이스라엘 장군은 글까지 썼습니다. 그는 '이번 계획에서 이스라엘도 한배를 탔으니 미국 국민과 전 세계인들을 설득해야 한다'고 했지만, 당시 이라크는 위협적인 존재가 아니었습니다. 설사 사담 후세인이 핵무기를 가졌다 해도 전혀 상관이 없었습니다. 당시 미국에서는 그 문제를 두고 논쟁을 벌일 수 없었죠. 사회적인 이슈가 되거나 반응을 이끌어내기가 힘든 문제였어요. 이라크와 이란에서 일어나는 일의 결과를 보고 사람들은 미국과 이스라엘의 관계에 분노하고 있습니다. 감정이 고조되어 여론을 형성하면 그것 때문에 몇몇 상원의원들이 정책을 바꾸기 위해 노력할 수는 있겠죠."

2003년 이라크 침공 배경

이스라엘의 이익이란 관점에서가 아니라, 자본과 노동의 관점에서 문제의 글을 비판하는 견해도 있다. 크리스 하먼은 영국 사회주의노동자당(SWP)의 중앙위원이자 당의 계간 저널『인터내셔널 소셜리즘』의 편집자다. 한국에는『민중의 세계사』,『신자유주의 경제학 비판』등의 책으로 이름이 알려져 있다. 하먼은 '유대인 로비 때문에 미국이 이스라엘을 지지하는가?'라는 글에서 "이스라엘의 로비에 집중하면 자본주의를 놓치게 된다"고 지적한다. 미국의 이라크 침공과 이란에 대한 위협은 세계 제패를 추구하는 미국 자본주의의 산물이고, 바로 그런 점에서 미국과 이스라엘은 이해가 일치한다는 것이다.

미어샤이머와 월트는 2007년에 펴낸 『이스라엘 로비와 미국의 외교정책』에서 미국의 중동 정책에 이스라엘의 로비가 미치는 부정적인 영향력에 집중했고, 이스라엘 로비가 미국의 이라크 침공을 이끌었다고 썼다. 이 책에서 결정적으로 아쉬운 대목은 석유가 미국의 이라크 침공에서 차지하는 비중을 소홀히 했다는 점이다. 두 사람은 "미국의 이라크 정복이 석유 때문이었다는 설명은 논리적, 실증적이기 어렵다"고 주장했다. 그들은 미국이 중동 석유 통제권을 확보하기 위해 다른 나라를 정복하려고 했다면 "사우디아라비아가 훨씬 매력적인 표적이었을 것"이라고 썼다. 석유 통제가 진짜 목적이었다면 9·11 사태는 (9·11 테러에 참여한 19명 가운데 15명이 사우디아라비아인이었기에) 사우디아라비아 공격의 좋은 구실이었다는 얘기다.

돌이켜보면, 20세기 미국의 중동 정책에서 한 축은 사우디아라비아의 석유를 중심으로 돌아갔다. 제2차 세계대전이 끝나갈 무렵인 1945년 초 미국 대통령 프랭클린 루스벨트는 뇌출혈로 죽기 직전에 사우디아라비아 국왕 압둘 아지즈 사우드와 다음과 같은 사항에 합의했다. "미국이 사우디아라비아 석유에 대한 특혜적인 접근을 허가받는 대신, 미국은 사우디아라비아 왕조를 안팎의 도전으로부터 지켜준다." 루스벨트 대통령은 이미 2년 전인 1943년, 사우디아라비아에 대한 미국의 군사원조 계획에 서명한 바 있다. 그로부터 70년 가까이 지나는 동안 사우디아라비아의 친미 독재 왕정은 미국에 안정적인 석유 공급을 약속하고 독재 왕권의 안보를 보장받는 관계를 이어왔다. 그런 나라를 미국이 침공할 명분은 아무리 9·11 테러라 하더라도 설득력이 떨어진다. 9·11 테러 당시 오사마 빈라덴이 아프가니스탄이 아니라 사우디아라비아에 근거지를 마련하고 있었다면 그나마 말이 되겠지만, 현실은 그렇지도 않았다.

결국 미국의 2003년 이라크 침공 배경은 두 가지로 모아진다. 하나는 미어샤이머와 월트가 지적한 대로 이스라엘의 안보를 걱정한 이스라엘 로비, 다른 하나는 사우디아라비아, 베네수엘라, 이란에 이어 세계 제4위의 석유 매장량을 지닌 이라크 석유 공급선의 안정적인 확보다. 이라크 침공 배경에 석유가 있다는 사실은 지금껏 많은 중동 전문가들이 지적해온 바이고, 숱한 실증적 자료들이 널려 있다. 미어샤이머와 월트가 이스라엘 로비에 초점을 맞추다보니 석유 변수를 상대적으로 소홀히 다룬 것으로 짐작된다.

네오콘의 미국적 국제주의　　미국의 친이스라엘 일방주의에는 친이스라엘 논조를 펴온 유대인들의 영향력도 한몫한다. 부시 전 대통령이 매주 즐겨 읽었다는 강경 우파 주간지『위클리 스탠더드』의 발행인 윌리엄 크리스톨, 미국 신보수주의 논객들의 집합처인 월간지『코멘터리』의 전 편집인 어빙 크리스톨과 노먼 포드호레츠가 대표적인 인물이다. 미국의 친이스라엘 외교정책을 앞서 이끈 네오콘들의 언론 매체가 바로『코멘터리』와『위클리 스탠더드』다. 월간지『코멘터리』는 미국의 유대인 조직 가운데 영향력이 큰 미국유대인공동체가 운영자금을 대 발행하는 월간지다.

유대인 네오콘들 가운데 상당수는 1960년대만 해도 좌파 성향이 강했다. 그래서 패트릭 뷰캐넌 같은 정통 보수주의자가 그들을 가리켜 "한때는 트로츠키주의자였던……", "한때는 마르크스주의자였던……"이라고 비판하는 것도 틀린 말은 아니다. 진보 성향의 좌파에서 신보수주의 우파로 그야말로 '천동설에서 지동설로 바뀌는 코페르니쿠스적인 사상 전환'을 이룬 대표적인 인물이 노먼 포드호레츠다.

진보적 좌파 성향의 미국 내 유대인들이 1970년대 초부터 사상적 전환을 이루도록 자극한 것으로 두 가지 사건이 꼽힌다. 하나는 베트남 전쟁에서 미국이 굴욕적인 패배를 당한 충격, 다른 하나는 1967년의 제3차 중동전쟁(6일전쟁)이다. 미국은 베트남 전쟁의 개입과 패배로 말미암아 도덕적 일탈과 아울러 국제정치 무대에서 수세에 몰렸다. 냉전 구도 아래서 옛 소련과 경쟁하는 처지였던 미국은 베트남 전쟁 개입 과정에서 서유럽, 아랍 세계로부터 외면당했다.

이스라엘이 6일전쟁에서 이겨 팔레스타인을 점령한 뒤 일어난 미국과 이스라엘에 대한 세계적 비난도 유대인 좌파들을 우파로 돌아서게 만든 두 번째 요인으로 꼽힌다. 노먼 포드호레츠는 『코멘터리』 편집장으로 일하다가 1995년 일선에서 물러날 때 다음과 같은 퇴임사를 남겼다.

"나는 1960년대 중반까지만 해도 이스라엘의 존재 가치를 어린아이 머리카락쯤으로 하찮게 여겼다. 그러나 그 뒤부터 생각이 바뀌었다. 나는 유대인의 일반적인 이익을 지키는 일에 있어서만큼은 보다 적극적이고 공격적인 인물이 됐다."

워싱턴을 중심으로 포진해 있는 유대인 싱크탱크들은 미국의 일방주의적 패권주의 대외 정책을 합리화하는 이론과 여론을 만들어낸다. '새로운 미국의 세기를 향한 프로젝트(약칭 PNAC)'도 그 가운데 하나다. 1997년에 출범한 PNAC는 민주당 출신 클린턴 행정부의 다자주의적 외교정책에 비판적인 견해를 지닌 미국 네오콘들이 만든 조직이다. 지난날 1980년대 레이건 행정부 시절의 대외 강경 노선을 부활시켜 미국의 국가이익과 패권을 유지하는 것이 목표다. PNAC 웹 사이트(www.newamericancentury.org)에는 '패권'이란 용어 대신 미국의 '세계적인 지도력'이란 부드러운 용어가 등장하지만 그 본질에선 같다.

PNAC 의장을 맡고 있는 윌리엄 크리스톨은 유대인 네오콘의 대변인이나 다름없다. 1980년대에 하버드 케네디스쿨에서 정치학을 가르쳤고, 아버지 부시 행정부에선 부통령 댄 퀘일의 비서실장을 지냈다. 크리스톨은 미국의 이라크 침공 직전에 "이라크를 향한 진격의 나팔 소리를 울렸다"는 평가를 받는 『대對이라크 전쟁The War Over Iraq』 (2003년)의 저자다. 이 책은 미국의 패권이 미국의 국가이익은 물론이고 세계의 평화에도 도움이 된다고 주장하면서, 유엔의 결의를 거치지 않더라도 '미국적 국제주의'로 밀어붙이면 된다고 우긴다.

유대인 네오콘의 도미노 이론   유대인 네오콘들은 이스라엘 안보를 전면에 내세우지 않는다. 그들이 싫어하는 질문 가운데 하나가 "2003년 이라크 전쟁이 미국의 이익을 위한 것이냐, 이스라엘을 위한 것이냐"이다. 그럼에도 그들은 일찍부터 "이스라엘 주변국들의 정권 교체야말로 이스라엘 안보에 가장 도움이 된다"는 생각을 밝혀왔다. 미어샤이머와 월트가 지적했듯이, 2003년 이라크 침공 뒤 미국 내 유대인 네오콘들은 "다음 갈 길은 테헤란"이라고 목소리를 높였다. 이를테면, 1990년대 초 걸프 전쟁 직후부터 이라크 침공을 통해 사담 후세인 체제의 전복을 주장했던 폴 월포위츠는 "바그다드를 거쳐야 중동 평화의 길이 열린다"고 주장했다.

유대인 네오콘들이 즐겨 내세우는 논리가 중동 민주화 도미노 이론이다. 미국기업협회(AEI) 상임 연구원 마이클 레딘의 『테러 전문가들과의 전쟁The War Against the Terror Masters』(2002년)은 그런 주장을 담은 대표적인 책이다. 민주화 도미노 이론에 바탕을 둔 레딘의 논리로 보면, 이라크 후세인 체제의 몰락은 그 지역 민주화의 출발점이고, 그 다음 차례는 이란과 시리아다. 레딘을 비롯한 유대인 네오콘들이 미국과 이스라엘에 고분고분하지 않은 이슬람권 국가들에 보내는 메시지는 "다음은 네 차례"라는 위협적인 경고다. 미국에서 유대인 네오콘 집단이 힘을 쓰는 한 지구촌 평화는 오기 어렵다.

이란 핵 개발 움직임을 둘러싸고 제기되는 이스라엘의 이란 공습설도 미국-이스라엘 동맹에서 나오는 얘기다. 반미 국가이자 반이스라엘 국가인 이란은 미국과 이스라엘의 공동의 적이다. 이란이 핵무기를 보유하면 이스라엘의 안보는 물론이고 미국의 중동 이익까지 심각한 위협을 받게 된다.

미국과 이스라엘의 정보기관들은 서로 주고받은 정보 분석을 바탕으로 이란의 핵 개발 프로그램이 곧 '돌이킬 수 없는 단계point of no return'에 이를 것이라고 여겼다. 이에 부시 행정부의 강경파들은 기회가 있을 때마다 은근히 이스라엘의 이란 공습설을 흘렸다. 일례로 딕 체니 전 부통령은 미국 NBC 방송과의 인터뷰에서 "이란이 끝내 핵무기 개발을 추진한다면 이스라엘이 가만히 보고 있지 않을 것"이라며 이스라엘의 이란 공습을 내비쳤다.

이에 화답이라도 하듯, 모사드의 메이어 다간 국장은 이스라엘 의회 외교국방위원회에 출석한 자리에서 다음과 같이 말했다. "국제원자력기구(IAEA)를 비롯한 국제사회가 이란의 핵 개발을 막으려는 적극적인 노력을 기울이지 않고 있습니다. 그렇다면 우리 이스라엘이 일정한 역할을 맡을 수도 있습니다."

모사드 국장이 말하는 '역할'이란 딕 체니가 말했듯이 이란 공습을 뜻한다. 1981년 메나헴 베긴 총리의 명령 아래 이라크의 오시라크 핵 시설을 공습한 전력이 있는 이스라엘이다. 미국이나 이스라엘 강경파들은 "이란의 핵무장을 막기 위해서는 공습을 마다할 이유가 없다"고 생각한다.

부시 행정부에서 영향력을 강화했던 유대인 네오콘들은 미국-이스라엘 유착 인맥의 주축을 구성한다. 폴 월포위츠 전 세계은행 총재를 비롯해 유대인 네오콘들은 이스라엘 정치 지형에서 극우 강경파로 분류되는 베냐민 네타냐후와 밀착되어 있다. 1996년 이스라엘 보수 우파 정당인 리쿠드당이 총선에서 이겨 네타냐후가 총리가 되자 미국 내 친이스라엘 강성 인맥들이 움직였다. 리처드 펄(2004년까지 부시 행정부 국방정책위원장), 더글러스 페이스(전 미국 국방부 차관), 데이비드 웜서(전 국무부 차관 존 볼턴의 보좌관)는 함께 '명백한 중단: 영역 확보를 위한 새로운 전략'이란 이름의 정책 보고서를 작성하여 네타냐후에게 건넸다. 보고서가 말하는 '중단'이란 노동당 정권이 서명했던 1993년의 오슬로 평화협정 문서를 휴지통에 버리고, 협정이 그리고 있는 팔레스타인 독립국가에 대한 밑그림을 완전히 지워버리라는 뜻이었다.

보고서는 상당히 공격적인 내용을 담고 있다. 이스라엘을 주축으로 동맹국들이 시리아를 봉쇄, 궁극적으로 점령한다는 내용을 담고 있다. 여기서 동맹국은 요르단, 터키, 이라크다. 보고서가 쓰인 1996년 시점에서 어떻게 이라크가 이스라엘의 동맹국이 될 수 있을까? 선제공격으로 사담 후세인 체제를 무너뜨리고, 바그다드에 친미 정권을 세운다면 가능하다. 그럴 경우 이라크 다수 종파인 시아파를 이용해 이스라엘의 또 다른 위협인 이란(역시 시아파가 다수인 국가)을 약화시킬 수 있다. 당시로서는 워낙 대담한 전망을 제시한 탓에 워싱턴의 정치 비평가들조차 "메시아적인 내용을 담고 있다"고 지적했다. 그 보고서가 작성된 지 7년 뒤인 2003년, 후세인 체제 붕괴는 현실로 나타났다.

미국, 하마스 정권을 무너뜨리다

2006년 1월 팔레스타인에서 선거 혁명이 일어남에 따라 하마스 지도부를 중심으로 새로운 팔레스타인 자치정부가 출범했다. 가자지구의 하마스 지도자 이스마일 하니야가 총리가 되어 자치정부를 실질적으로 이끌었다. 민주적인 선거 절차에 따라 이뤄졌던 하마스 정권의 출범은 오랫동안 하마스를 '테러 단체'로 낙인찍어온 미국과 이스라엘로서는 받아들이기 어려운 충격적인 사건이었다. 하마스가 집권하자, 미국과 이스라엘은 하마스 정권이 국제적으로 인정을 받기 위해서는 이스라엘을 인정하고, 지난날 체결된 모든 협정을 받아들이고, 폭력 행위를 그친다는 세 가지 조건을 받아들여야 한다고 요구했다. 그러나 하마스는 "이스라엘이 먼저 우리 팔레스타인 사람들의 생존권을 보장해야 한다"는 논리를 폈다.

미국과 이스라엘은 곧장 '하마스 정권 무너뜨리기'에 나섰다. 이스라엘은 오슬로 평화협정 뒤 팔레스타인과 맺은 파리의정서(1994년)에 따라 팔레스타인의 교역을 관장하면서 자치정부에 귀속되는 관세를 걷어 나중에 돌려주는 권한을 지녔다. 자치정부가 마음에 안 들면 관세를 압류하고 돌려주지 않으면 되므로, 자치정부의 목줄을 쥐고 있는 셈이었다. 이스라엘은 하마스 정권이 들어서자 통치 자금으로 쓰이지 못하도록 6억 달러 규모의 관세를 동결했다. 미국의 부시 행정부도 하마스의 돈줄을 옥죄었다. 유럽 국가들에게도 "하마스가 이스라엘을 인정할 때까지 원조를 중단"하라는 압력을 넣었다.

결국 일이 터졌다. 약 14만 명의 경찰과 일반 공무원들의 봉급이 밀려 항의 시위가 번지는 등 내부적으로 혼란이 일어났고, 2007년 6월 하마스 내각은 무너졌다. 2006년 1월 총선에서 승리해 내각을 출범시킨 지 1년 5개월 만의 일이었다. 하마스 출신의 이스마일 하니야 총리가 물러났고, 자치정부의 권력은 미국과 이스라엘이 선호하는 온건파 파타의 지도자 마흐무드 압바스 팔레스타인 자치정부 수반(아라파트의 후계자)에게 돌아갔다. 2007년 6월 하마스가 가자지구에서 총격전 끝에 500명쯤의 사망자를 내며 자치정부 쪽 인물들을 쫓아내고 가자지구를 접수한 것은 그에 대한 분노의 표출이었다.

이로써 가자지구는 하마스가 다스리는 이른바 '해방구'가 됐다. 온건파인 파타가 다스리는 영역은 서안지구다. 2007년 이래 지금까지 팔레스타인은 두 개의 정파가 각기 서안지구와 가자지구를 나눠 통치하는 구도이다. 이스라엘이 원하는 팔레스타인 내부의 분열 구도가 이뤄진 것인데, 여기에는 미국의 책임이 크다. 입만 열면 중동 민

성조기를 불태우며 미국의 친이스라엘
일방 정책을 비판하는 하마스 대원들.

주화를 말하면서 민주적 선거 절차에 따라 출범한 하마스 정권을 무
너뜨리고 혼란을 불러일으킨 데 대한 책임 말이다.

　하마스 정권을 무너뜨린 장본인의 한 사람인 조지 W. 부시는 이스
라엘이 '테러 단체'라고 부르는 하마스와는 대화를 하지 않겠다는 입
장을 재임 기간(2001~2008년) 내내 고집했다. 임기 말에 미국 메릴랜
드주 아나폴리스에서 중동 평화 회담이 열릴 때에도 온건파만을 협
상 테이블로 불렀다. 팔레스타인 온건파의 우두머리는 마흐무드 압
바스 자치정부 수반이다. 이스라엘 총리가 만나고 싶어했던 인물도
타협적 성향의 온건파이지, 하마스 지도자는 아니었다.

　미국과 이스라엘이 중동 평화 협상 테이블로 초대한 팔레스타인

대표는 대표성이 약하고, 따라서 대화다운 대화를 이끌어낼 수 없었다. 2007년 하마스 정권이 붕괴되자, 팔레스타인 사람들의 좌절감은 더욱 커졌다. 그런 좌절과 분노가 이스라엘에 대한 저항으로 이어져 급기야 2009년과 2014년 이스라엘의 가자 침공을 불렀다. 이에 따라 이슬람권의 반이스라엘, 반미 감정은 더욱 깊어졌다. 그런 사태 악화는 미국에도 도움이 되지 않을 것이다.

부시와 오바마의 한계

미국은 세계 역사에서 인류가 한 번도 경험해본 적 없는 강대국이다. 엄청난 생산력과 자본, 전 세계의 거의 절반을 차지하는 천문학적인 국방비로 뒷받침되는 강력한 군사력을 바탕으로 정치적·경제적·문화적으로 세계를 압도하는 나라다. 1990년대 초 옛 소련이 작은 공화국들로 나뉘고 동서 냉전 체제가 사라진 뒤 지구촌 사람들은 미국을 유일한 초강대국으로 인정하는 분위기다. 아직도 기계문명과는 거리가 먼 아프리카의 원시 부족은 예외겠지만, 지구의 거의 모든 사람들이 많든 적든 미국의 영향을 받으며 살아가고 있다. 따라서 어떤 성향의 사람이 미국 대통령이 되느냐에 관심이 쏠아질 수밖에 없다.

공화당 출신 조지 W. 부시 대통령 시절의 미국은 국제 관계에서 힘에 바탕한 밀어붙이기식 일방주의 정책을 폈다는 비판을 받았다. 전쟁에 관한 국제법을 어겨가며 이라크를 침공한 것은 두고두고 논란을 불러일으켰다. 부시의 중동 정책을 요약하자면 한마디로 친이스라엘 일방주의였다. 점령지인 서안지구에 유대인 정착촌을 마구 확대해도 미국은 비판은커녕 "유대인의 생존권을 존중한다"는 입장을 보여

아랍권의 분노를 샀다.

부시의 후임자인 민주당 출신 버락 오바마 대통령(재임 2009년 1월 20일~2017년 1월 20일)은 달랐다. 국제 관계에서 대화와 타협을 중시하는 다자주의를 부활시키고, 중동의 반미 감정을 누그러뜨리려 애쓴 흔적들이 곳곳에 보인다. 하지만 그런 오바마도 민주당 대통령 후보로 유세를 다니던 2008년 무렵엔 이스라엘에 대한 전폭적인 지지와 더불어 반미 노선을 걸어온 중동의 두 국가 이란과 시리아에 대해서는 강경책을 펴겠다는 입장을 밝혔다. 이는 *그가* 당선을 위해 미국 내 700만 유대인 집단의 표를 의식했기 때문이라고 풀이된다.

2008년 7월 민주당 대선 후보로서 이스라엘을 방문했을 때 그는 "이스라엘은 미국의 가장 강력한 동맹입니다. 이스라엘을 위협하는 것은 미국을 위협하는 것입니다. 이것이 내 중동 정책의 출발점입니다"라고 말했다. 안타깝게도, 오바마는 이스라엘이 미국의 군사원조로 받은 무기를 사용하여 팔레스타인 민간인들을 죽이고 억누르는 데 대해서는 한마디 비판도 하지 않았다. 또한 하마스가 2006년 팔레스타인 총선에서 승리를 거둬 민중으로부터 다수의 지지를 받고 있다는 사실이 드러났는데도 하마스에 대해서는 "이스라엘의 존재를 위협하는 하마스"라고만 언급했을 뿐이다.

오바마는 대통령에 뽑힌 뒤로, 하마스를 보는 눈길이 부드러워진 것은 아니지만 친이스라엘 일방주의를 걸었던 부시와는 다른 길을 걸었다. 이스라엘 정착촌 건설을 현 상태로 동결하고 더 이상의 확대는 막겠다고 나섰다. 오바마의 그런 입장은 이스라엘 강경파 총리인 베냐민 네타냐후와 충돌했고, 둘 사이엔 냉랭한 기류가 흘렀다. 워싱턴에서 AIPAC 연례 총회가 한창이던 2014년 3월 오바마 대통령은 블룸버그 통신과의 인터뷰에서 "이스라엘이 중동 평화협정을 지지하지 않으면 국제사회에서 더욱 고립되는 사태를 막지 못할 수도 있다"면서 네타냐후에게 돌직구를 날리기도 했다.

여기서 분명히 짚고 넘어갈 점 하나는 오바마가 전임자인 부시와 대외 정책에서 차이를 보였더라도, 미국의 국익과 전 세계적인 리더십을 지켜나간다는 점에서는 그다지 큰 차이가 없었다는 것이다. 미국 대통령의 대외 정책에서 제1의 목표는 미국의 국익을 지키고, 미국 주도의 세계 질서를 지켜나가는 것이다. 다시 말해 누가 백악관을 차지해도 미국 대외 정책의 본질은 크게 달라지지 않는다. 갈수록 중요해지는 석유를 비롯해 미국이 필요로 하는 자원을 안정적으로 확보하고, 미국이 전 지구적으로 지닌 패권 및 달러의 힘을 지켜내기 위해, 때에 따라 무리수와 강공책을 펴는 것은 역대 미국 대통령들에게 주어졌던 공통의 임무다.

트럼프의 노골적 친이스라엘 일방주의 버락 오바마에 이어 백악관을 차지한 도널드 트럼프는 무리수와 강공책으로 친이스라엘 일방주의를 펴는 인물이다. 그는 공화당 대선 후보 시절부터 이스라엘을 감싸고돌았다.

2016년 11월 8일 트럼프 공화당 후보가 대선에서 이기던 날, 평화를 사랑하는 지구촌 사람들의 표정은 어두워졌다. 특히나 중동 지역의 사람들은 깊은 한숨을 내쉬었다. 그의 극단적 정치 성향으로 미루어 미국이 친이스라엘 일방주의 정책을 앞으로 더욱 거칠게 밀어붙일 것이 불을 보듯 뻔했기 때문이다.

우려는 곧 현실로 나타나기 시작했다. 전임자인 오바마처럼 유대인 정착촌 확대를 막아서기는커녕 오히려 네타냐후 총리의 강공책에 박수를 쳐주었다. 유대인 정착촌 확대 움직임으로 안 그래도 휘발성 높은 중동 상황이 악화되는 것을 걱정하는 국제사회의 목소리엔 귀를 막았다.

트럼프의 친이스라엘 일방주의는 2017년 10월 유네스코 탈퇴 선언으로 다시금 전 세계 사람들의 눈총을 받았다. 미국이 유네스코를 떠나겠다고 한 배경엔 여러 가지가 얽혀 있지만, 직접적인 계기가 된 것은 인구 20만 가운데 팔레스타인 무슬림들이 절대 다수인 헤브론*의 구시가지가 세계문화유산에 등재된 사건이다.

서안지구 중남부의 오랜 역사를 지닌 헤브론 지역에는 아브라함 일가의 묘소가 있고, 기독교-유대교-이슬람교와 관련된 오랜 유적들이 있기에 3종교 모두 성지로 여기는 지역이다. 팔레스타인 자치정부가 헤브론을 행정적으로 다스리고 있지만, 사실상 헤브론을 점령하고 있는 이스라엘은 유네스코에 "헤브론을 이스라엘의 문화유산으로 등재해달라"고 요구했지만, 결과는 이스라엘이 아닌 '팔레스타인의 유산'이 됐다.

당연히 이스라엘의 거센 비난이 따랐고, 트럼프가 유네스코 탈퇴로 호응을 해준 모양새다.

네타냐후 총리는 미국의 유네스코 탈퇴를 가리켜 "용감하고 도덕적인 결정"이라며 박수를 보냈다. 미국은 해마다 유네스코 1년 예산의 22%가량인 8,000만 달러를 분담금으로 내왔다. 계산 빠른 사업

---

* 아랍어로는 '친구'라는 뜻의 '알할릴'이다.

가 출신답게 트럼프는 "그런 돈을 안 내고 굳게 됐으니 좋은 일"이라고 여길지도 모른다. 반미 감정이 지구촌으로 확산되는 더 큰 손해를 트럼프는 생각하지 못했을까. 트럼프의 친이스라엘 일방주의는 주이스라엘 미국 대사관을 예루살렘으로 옮기면서 더욱 뚜렷이 드러났다(이에 대해선 「2장 왜 예루살렘인가: 분쟁의 도시인가, 평화의 도시인가」 참조).

미국 유대인 유권자들은 2016년 대선에서 29%, 2020년 대선에선 24%가 트럼프 후보에게 표를 던졌다. 하지만 이들 소수 친트럼프 유대인들은 민주당 쪽에 투표한 다수의 유대인들보다 돈과 영향력, 조직력에서 훨씬 앞섰다. 막강한 이스라엘 로비 단체인 AIPAC이 대표적인 보기다. 70대 중반 나이에 대통령 재선을 꿈꾸던 트럼프에게 보수적인 기독교 조직들과 더불어 이스라엘의 이익을 대변하는 미국 유대인 조직들은 중요한 정치적 자산으로 꼽힌다. 미국 정치인들이 친이스라엘 일방주의를 버리지 않는 한, 중동 지역의 반미 감정은 누그러지기 어렵다. 죽음을 무릅쓴 팔레스타인 사람들의 저항과 그에 공감하는 중동 지역 이슬람 과격 단체들의 극한 행동은 그치지 않을 것이다.

중동 정책의 변수, 석유　　미국의 친이스라엘 일방주의를 바꿀 수 있는 변수가 있다. 다름 아닌 갈수록 고갈돼가는 석유다. 알다시피 미국은 "석유에 중독됐다"는 소리를 듣는 나라다. 인구는 세계 5%인데 석유 소비량은 20%에 이른다. 석유 자원의 안정적 확보는 미국에게 국가적 사활이 걸린 문제다. 2003년 이라크를 침공한 주요 인도 이스라엘에 위협적인 사담 후세인을 제거해 이스라엘의 안보 걱정을 덜어주는 것과 아울러, 세계 4위의 석유 매장량을 지닌 이라크에 친미 정권을 세워 미국의 안정적인 석유 공급선을 확보하기 위한 것이었다.

미국의 근본 입장은 어디까지나 미국의 국가이익에 바탕을 둔다. 여기서 이스라엘이 저지르는 전쟁범죄적 수준의 팔레스타인 압제를 어느 선까지 미국이 묵인하고 동맹 관계를 이어갈 수 있겠느냐는 물음을 던져보자. 미국의 중동 정책에 설정된 마지노선을 석유와 관련해서 생각해보자는 것이다.

미국의 전통적인 친이스라엘 정책은 미국의 정치, 경제(특히 금융), 언론에서 막강한 영향력을 지닌 유대인들의 압력도 큰 이유 가운데 하나로 꼽는다. 그렇지만 여러 중동 전문가들이 지적해온 것처럼 미국의 중동 정책의 실체를 들여다보면, 중동 지역에서 석유가 미국의 전략적 이해를 결정하는 변수에서 이스라엘(무조건적인 친이스라엘 정책)만큼이나 중요한 요소로 자리 잡고 있음을 알게 된다. 중동 지역에 대한 미국의 전략적 이해관계의 핵심은 석유인 것이다.

영국의 세계적인 석유 기업인 브리티시 페트롤륨(BP)이 해마다 연감 형식으로 펴내는『세계 에너지 통계』에 따르면, 중동 지역엔 전 세계 석유 매장량의 53%쯤이 묻혀 있고, 전 세계 석유 생산량의 35%쯤을 공급한다. 미국의 중동 석유 의존도는 20~25%에 이른다. 최근 들어 셰일 오일 개발 붐 덕에 미국은 2015년부터 사우디아라비아를 제치고 세계 1위의 석유 생산국에 올랐다. BP 연감 자료에 따르면, 2020년도 1일 생산량은 미국이 1,647만 배럴(18.6%)로 가장 많고, 2위 사우디아라비아 1,104만 배럴(12.5%), 3위 러시아 1,066만 배럴(12.1%), 4위 캐나다 513만 배럴(5.8%), 5위 이라크 411만 배럴(4.7%)

순이다. 셰일 오일 때문에 미국의 중동 석유 의존도가 떨어질 것이란 전망도 나오지만, 유가 안정과 원유의 안정적 수급이란 측면에서 중동 지역은 미국에게 여전히 중요한 곳이다.

이에 따라 미국이 친이스라엘 중동 정책에서 마지노선을 어디에 그어야 할지가 드러난다. 이스라엘-팔레스타인 유혈 사태가 악화되어 이슬람권의 반미 감정이 더욱 높아진다면, 이라크 석유를 포함한 미국의 중동 지배 전략이 위협을 받을 수도 있다. 이는 거꾸로 중동 상황이 안정되기만 한다면, 그래서 중동 석유에 대한 미국의 이해관계가 위협받지 않는다면, 이스라엘이 팔레스타인의 인권을 침해한다는 사실이 미국에게 부담을 끼치지는 않을 것이다.

그렇지만 언젠가 미국의 석유가 고갈되는 시점에서 중동 지역의 불안으로 석유의 안정적 공급이 위협받는 상황이 온다면, 미국의 대이스라엘 정책은 지금과 달라질 수밖에 없다. 유대인 신보수주의자들의 온갖 선전에도 미국 유권자들이 "미국이 살기 위해 이스라엘을 버려라" 하고 요구하고 나설 가능성도 없지 않다. 그럴 경우 이스라엘 정치권도 팔레스타인에 대한 군사적 강공책 대신 그동안 무시해왔던 '두 개의 국가 해법'에 따라 (속마음으론 정말로 내키지 않겠지만) 평화적 공존의 길을 모색하게 될 것이다.

브레진스키의 진단, 미국의 중동 정책은 실패했다   미국의 대외 정책은 힘의 우위를 바탕으로 한 일방주의라는 비판을 받아왔다. 전쟁에 대한 국제법을 무시하고 이라크를 침공한 것이 좋은 보기다. 미국에 대한 비판자들은 이를 강대국 미국의 '패권 전략'이라고

지적했고, 전 세계에 반미 감정을 높이는 결과를 낳았다. 한마디로 미국은 대외 정책 면에서 성공적이지 못했다. 지난 2017년에 눈을 감은 즈비그뉴 브레진스키는 1970년대 후반 지미 카터 대통령 시절 국가안보보좌관을 지낸 바 있다. 그는 미국 공영방송 PBS의 대담에 출연, 미국의 중동 정책이 실패했다며 다음과 같이 이스라엘을 비판했다.

"이스라엘 사람들은 (1990년대 초까지 악명 높은 인종차별 정책을 폈던) 남아프리카공화국의 백인 우월주의자들을 닮아가고 있습니다. 이스라엘 사람들은 팔레스타인 사람들을 멸시하고 죽이는 것을 서슴지 않습니다. 그리고 이를 테러리즘과의 전쟁이란 구실로 정당화하고 있습니다. 이는 매우 서글픈 일입니다. 궁극적으로는 미국의 대(對) 중동 정책이 실패했음을 뜻합니다. 팔레스타인 테러로 숨진 이스라엘 사람들의 수치로 인명 손실을 정의해서는 안 됩니다. 그보다 훨씬 많은 팔레스타인 사람들이 중동 유혈 사태로 죽었고, 그 가운데 진짜 무장 대원은 상대적으로 적은 수입니다. 대부분이 비전투원이고, 그 가운데 몇백 명은 어린이들입니다. 이스라엘은 이를 '부수적 피해'라고 부르지만, 이런 희생은 무시될 수 없습니다. 지금의 중동 유혈 사태는 정치적인 것이고, 따라서 한쪽이 일방적으로(군사력으로) 풀 수 있는 것이 아닙니다."

2000년 중동에서 인티파다가 일어난 뒤로 지금까지 미국은 이스라엘의 군사행동에 제동을 걸어 팔레스타인 사람들의 희생을 줄이려는 노력을 기울이지 않았다. F-16 전폭기를 비롯해 미국의 군사원조 덕에 이룩한 압도적 군사력으로 이스라엘이 팔레스타인 민중들의 저항을 억눌러도, 워싱턴의 정계 지도자들은 "이스라엘에게도 자위권이 있다"며 그저 팔짱을 끼곤 했다. 샌프란시스코 대학 스테판 주니스 교수와 같은 비판적 지식인들은 "미국이 중동 사태에 적극 개입하지 않아 유혈 사태를 더 키웠다"고 지적한다. 이스라엘의 강공 억압 정책에 좌절할 대로 좌절하고 인내심을 잃은 팔레스타인 사람들에게 '저항을 하지 말라'고 요구하는 것은 불가능하다는 것이다.

22장

이스라엘과 중동의
군사력 비교

이스라엘은 점령지인 팔레스타인 사람들은 물론 주변 아랍국들과도 끊임없이 긴장 관계를 이어왔다. 중동 분쟁의 핵이 이스라엘이라고 해도 지나친 말이 아니다. 스스로를 아랍이라는 거대한 바다에 둘러싸인 작은 섬이라고 여기는 이스라엘은 군사력을 꾸준히 키워왔다. 이스라엘은 신무기 개발에도 열심이다. 이스라엘 정부가 운영하는 예루살렘 프레스센터에서 만난 한 예비역 대령은 "우리나라에 적대적인 주변 이슬람 국가들에 대응하기 위해서라도 신무기 개발과 생산을 게을리할 수 없습니다"라고 말했다.

　이스라엘의 앞선 군사기술을 나타내는 것 가운데 하나가 바로 무인비행기Unmanned Aerial Vehicle(UAV)다. 주변 아랍국의 군사 동향을 캐내기 위한 도구로서 이스라엘은 UAV 개발에 힘써왔다. 2001년 9·11 테러 뒤에 미군이 아프가니스탄과 이라크에서 사용하는 UAV의 기술적 바탕도 이스라엘에서 건너온 것이다. 지금도 서안지구나 가자지구에서는 하늘 높이 무인비행기들이 날아다닌다. 가자지구에서 팔레스타인 무장 세력 가운데 하나인 알 아크사 순교여단의 훈련 장면을 취재한 적이 있는데, 하늘 위로 비행 물체가 떠다니는지 무척 신경쓰였다. 만일 이스라엘 UAV가 그 현장을 찾아냈다면, 곧바로 로켓탄이 날아들었을 것이다.

여기서 한 가지 진지한 물음이 생긴다. 이스라엘은 정말로 아랍이라는 거대한 바다에 둘러싸인 작은 섬이며, 주변 아랍국들의 군사적위협 앞에 심각한 국가 안보 위기를 느껴야 할 만큼 허약한 나라일까. 그래서 미국으로부터 해마다 30억 달러어치의 군사원조를 받는것일까.

이스라엘은 스스로를 '거인 골리앗(주변 아랍국)'에 맞서는 '다윗'이라고 말하지만, 실상은 이스라엘의 군사력이 주변 아랍국을 압도한다. "이스라엘은 위협당하고 있다"며 안보 위기를 강조하는 속내는 '21세기의 깡패 국가'라는 비난을 비껴가면서, '이스라엘은 정당방어를 위해 저렇게 행동할 수밖에 없겠구나' 하는 생각을 우리 모두에게불어넣으려는 것으로 보인다. 안보 위기 강조론은 아울러 이스라엘을 지지하고 있는 미국의 군사원조를 계속 받아내고, 미국과 서유럽국가들을 중심으로 이스라엘에 유리한 국제정치 환경을 만들어내기위한 목적을 지녔다고 볼 수 있다.

이스라엘군은 현역 17만 명, 예비역 45만 명으로 병력 규모는 작지만 효율적이고, 첨단기술과 정보력으로 무장했다. 또한 주변 국가들이 두려워할 만한 엄청난 군사력을 지니고 있다. 이스라엘의 군사력은 조사 기관에 따라 다르지만 대체로 세계 10위권 내외로 평가된다.

세계 최대의 군사 정보 컨설팅 업체인 영국 제인스 인포메이션 그룹 (JIG)은 이스라엘의 군사력을 세계 6위로 꼽았다. 그에 비해 군사력 평가 전문 기관인 글로벌 파이어파워(GFP)는 이스라엘의 군사력을 세계 11위로 평가한다.

군사력과 무기 수출, 세계 10위권

한 나라의 군사력이 얼마나 강한가를 재는 데는 실제 전투에 투입할 수 있는 병력의 수뿐만 아니라, 무기 생산과 무기 수출도 중요한 잣대가 될 수 있다. 이스라엘의 무기 수출은 세계 10위권이고, 국민 1인당 무기 수출액으로 보면 300달러로 세계 1위다(미국은 90달러). 스웨덴 스톡홀름국제평화문제연구소(SIPRI)가 해마다 발간하는 연감 『군비 군축 국제 안보』에 따르면, 주요 무기 수출국 순위에서 이스라엘은 10위권을 오르내린다(세계 무기 수출 총액의 3% 수준). 주요 무기 수출국 1위는 이스라엘의 최대 동맹국인 미국이다. SIPRI의 2021년 연감에 따르면 미국이 지난 5년 동안 세계 무기 수출 총액에서 차지하는 비율은 37%이다. 참고로, 미국에 이어 무기 수출 2위는 러시아, 3위 프랑스, 4위 독일, 5위 중국순이다.

이스라엘은 러시아, 중국, 북한과 마찬가지로 무기 수출액을 공식 발표하지 않는 국가들 가운데 하나다. 그런 점에서 SIPRI 자료는 어디까지나 추정일 뿐이지만, 2001년부터 지금까지 이스라엘의 무기 수출액은 2배 이상 늘어난 것으로 보인다. 우지 기관단총을 비롯한 재래식 무기는 물론이고 무인정찰기, 미사일, 레이더 시스템 등 고부가가치 첨단 무기들을 수출해 거액을 챙겨왔다. 무기는 방어용, 공격

팔레스타인의 대이스라엘 투쟁 의지는 강고하지만, 이스라엘과 팔레스타인의 군사력은 엄청난 차이를 보인다.

용의 구분이 없다. 기본적으로 살상 무기다.

무기 수출의 도덕성을 따지는 것은 의미가 없다고 말할 사람들도 있겠지만, 이스라엘은 무기 수출로 욕을 먹어온 나라다. 내전으로 몸살을 앓고 있는 분쟁 지역들이나 독재국가에 무기를 팔아 분쟁을 더 부채질하고 있다는 지적을 받아왔다. 인권 탄압 논란을 빚어온 아프리카 짐바브웨에 무기를 수출한 것이 그 보기다. 국제사면위원회에 따르면, 이스라엘이 짐바브웨로 보낸 무기는 로버트 무가베 대통령의 독재에 맞서 거리로 뛰쳐나온 시위대를 해산시키는 데 쓰였다.

이스라엘과는 달리 한국은 세계적인 무기 수입국이다. SIPRI 2018년 연감에 따르면, 최근 4년(2014~2017년) 동안 한국이 수입한 무기

총액은 세계 8위이다. 그런 가운데 한국이 오히려 이스라엘에는 무기를 수출하고, 그 무기들이 팔레스타인 억압에 쓰였을 가능성이 크다는 점이 눈길을 끈다. 유엔의 세관 통계 데이터베이스인 '유엔 컴트레이드UN Comtrade'자료를 보면, 한국은 2008~2013년 227억 원 상당의 무기, 탄약, 화기, 지뢰, 미사일 등을 수출했다. 이런 사실이 드러나자 한국의 많은 인권 평화 활동가들은 "이스라엘로의 무기 수출은 안 된다"고 입을 모았다. 앰네스티인터내셔널 한국 지부는 한국 정부에 대이스라엘 무기 수출 중단을 요구하는 탄원 캠페인을 벌이기도 했다. 이스라엘군의 가자 침공(2009년, 2014년)이 벌어졌을 때 한국산 무기들에 팔레스타인 현지 사람들이 얼마나 희생됐는지는 알 길이 없지만, 한국의 대이스라엘 무기 수출 기록을 자랑스럽게 내세울 일은 아닐 것이다.

지구상에서 가장 군사화된 지역

중동 지역은 세 가지 잣대로 볼 때 지구상에서 가장 군사화된 지역으로 꼽힌다. 세 가지 잣대란 국민총생산(GNP)에서 국방비 지출이 차지하는 비중, 정부 총예산(CGE)에서 국방비 지출이 차지하는 비중, 총 수입액에서 무기 수입이 차지하는 비중이다. 중동 지역 국가들 대부분은 그동안 엄청난 국방 예산을 쏟아부어왔다. 미국 워싱턴의 싱크탱크인 국제전략문제연구소 선임 연구원 앤서니 코데스먼이 펴낸 『중동의 군사적 균형 Military Balance in the Middle East』(2004년)에 따르면, 중동 지역 국가들의 국방비는 평균적으로 GNP의 6.8%, CGE의 21.4%이고, 총 수입액에서 무기 수입이 차지하는 비중은 7.9%에 이른다.

특히 사우디아라비아의 국방비는 CGE의 43.2%, GNP의 14.9%, 총 수입액에서 무기 수입이 차지하는 비중은 27.3%로 가장 높다. 이스라엘의 국방비도 만만치 않다. CGE의 18.5%, GNP의 8.8%가 국방비이고, 무기 수입액은 총 수입액의 7.2%이다. 이스라엘이 해마다 미국으로부터 무상으로 건네받는 30억 달러의 군사원조는 이 통계에 잡혀 있지 않다.

비교 단위를 GDP로 바꾸어도 이스라엘의 국방비 비중은 한국보다 훨씬 높다. 2018년 2월 영국 국제전략문제연구소(IISS)에서 펴낸『군사적 균형The Military Balance』에 따르면, 2017년 한국의 국방 예산이 GDP의 2.3%인 데 비해 이스라엘은 5.3%, 사우디아라비아는 8.92%로 한국보다 훨씬 높다. 1인당 국방비도 한국 678달러, 이스라엘 2,235달러로 3배 이상 차이가 난다.

SIPRI 2018년 연감에 따르면, 중동 지역을 뺀 나머지 지역의 2017년 국방비가 GDP 대비 1.8%를 넘기지 않은 데 비해, 중동 지역은 5.2%에 이른다. 또한 GDP에서 군사비 지출이 차지하는 비율이 큰 10개국 가운데 7개국이 중동 지역에 몰려 있다(오만 12%, 사우디아라비아 10%, 쿠웨이트 5.8%, 요르단 4.8%, 이스라엘 4.7%, 레바논 4.5%, 바레인 4.1%). SIPRI 2018년 연감 통계와 IISS의 통계가 같은 분석 대상을 놓고 조금씩 차이를 보이지만, 중동 지역의 국방비 지출 비중이 다른 지역 국가들에 견주어 매우 높다는 점을 확인할 수 있다.

세계적인 경기 침체의 영향으로 국방비 지출이 줄어드는 추세와는 달리 중동은 군비 증강을 서두르는 지역으로 꼽힌다. 특히 사우디아라비아와 아랍에미리트연합(UAE)은 세계 5위권 안에 들 만큼 무기 구입에 엄청난 예산을 쏟아붓는다. 이스라엘은 수출과 수입에서 언제나 상위권에서 빠지지 않는다. SIPRI는 중동 지역의 국방비 지출이 해마다 큰 폭으로 늘어나고 있음을 지적한다. 이 지역의 2017년 국방비 지출은 전년보다 6.2% 늘어났다.

특히 사우디아라비아는 9.2%나 늘었다. 사우디아라비아의 2017년 국방비는 694억 달러로, 중국에 이어 세계 3위이다. 수니파 종주국인 사우디아라비아에 맞서 중동 지역 패권을 놓고 사사건건 으르렁대는 시아파 종주국 이란의 국방비 지출도 전년보다 19% 늘어났다. 이라크의 증가율은 무려 22%에 이른다. SIPRI는 "저유가에도 (시리아 등의) 중동 지역 무장 분쟁과 (사우디아라비아와 이란의) 라이벌 의식으로 이 지역의 국방비 지출이 크게 늘어났다"고 분석한다.

중동 지역은 2013년부터 2017년까지 무기 구매액이 직전 조사 때인 2008년부터 2012년에 비해 103% 증가했고, 점유율은 세계 수입액의 약 32%를 차지했다. 예멘 내전에 군사개입하고 있는 사우디아라비아는 무기 구입에 엄청난 예산을 들여 세계 2위 무기 구매국으로 올라섰고, 점유율은 10분의 1을 차지했다. 사우디아라비아는 주로 미국과 영국에서 무기를 구매하고 있다.

피터 베즈먼Pieter Wezeman 스톡홀름국제평화문제연구소 수석 연구원은 "중동 지역의 무력 충돌과 인권 상황에 대한 우려가 서유럽과 북미에서 이들 지역으로 무기 수출을 규제하자는 정치적 논란을 불러일으키고 있다"면서 "하지만 미국과 유럽 국가는 여전히 중동에 무기를 수출하는 주요 판매국으로 사우디아라비아에 98%가 넘는 무기를 공급하고 있다"고 지적했다.

4차에 걸친 중동전쟁 걸핏하면 전쟁이 터지는 중동 지역, 그 갈등의 한복판에 이스라엘이 있다. 지금까지 이스라엘군은 이집트, 시리아, 레바논, 요르단, 이라크 등 주변 아랍국들의 연합군과 4차례 전쟁을 벌여왔다(1948~1949년 제1차, 1956~1957년 제2차, 1967년 제3차, 1973년 제4차). 특히 1967년 제3차 중동전쟁에서는 모세 다얀 국방부 장관의 전격전으로 6일 만에 승리했다. 이스라엘은 비록 병력 규모 면에서는 크게 밀렸지만, 지금껏 한 번도 아랍 연합 세력에게 패한 적이 없다.

하지만 1973년 제4차 중동전쟁(욤 키푸르 전쟁)에서는 시리아와 이집트군이 이스라엘에 대한 합동 기습 공격을 벌였고, 전쟁 초반 패전을 거듭한 이스라엘군은 붕괴 위기에 몰렸다. 이집트와 시리아를 주축으로 하는 아랍 연합군은 48시간 만에 이스라엘군 17개 여단을 전멸시키는 전과를 올렸다. 막판에 결국 이스라엘군이 승리하긴 했지만, 이스라엘이 지불한 대가는 결코 작지 않아서 전사자가 2,500명, 부상자가 7,500명에 이르렀다.

제4차 중동전쟁은 이슬람교의 금식 주간인 라마단 기간에 일어났다. 이집트군은 기습 공격 이틀을 앞두고 예하 부대에 "라마단 금식을 지키지 말라"는 전문을 내려보내기까지 했다. 6일전쟁, 즉 1967년 제3차 중동전쟁에서의 굴욕적인 패배를 앙갚음하기 위해 별러온 이집트와 시리아의 군 지휘부는 유대교 축일인 욤 키푸르(사죄의 날)가 시작되는 첫날 기습 선제공격을 가했다. "설마 욤 키푸르 날에 공격을 해오랴" 하던 이스라엘군의 허를 찌른 것이다.

당시 이스라엘 총리였던 골다 메이어는 군부의 핵무기 사용 검토안을 반대하면서, 비밀리에 워싱턴으로 가 리처드 닉슨 대통령과 헨

이스라엘이 중동 국가들과 여러 차례 전쟁을 하면서 버텨온 힘의 원천은 강한 군사력이다. 예루살렘-헤브론 간선도로를 돌무더기로 막고 봉쇄 작전을 펴는 이스라엘군 장갑차와 중무장한 병사들.

리 키신저 외교 안보보좌관에게 매달렸다. 1970년대 미국의 외교정책에 큰 영향을 미친 두 개의 전쟁(욤 키푸르 전쟁, 베트남 전쟁)에 얽힌 비화를 다룬 키신저의 회고록 『위기Crisis』(2003년)에 따르면, 예고도 없이 불쑥 워싱턴에 나타난 메이어 총리는 무려 한 시간 동안이나 닉슨 대통령을 붙들고 눈물로 군사 지원을 호소했다.

결국 미국은 이스라엘로 신형 무기들을 긴급 공수하고 첩보 위성기로 아랍군의 동태를 알려줘 전쟁의 흐름을 뒤집었다. 다 이긴 전쟁을 미국의 개입으로 또 졌다는 사실을 알게 된 아랍 국가들이 이른바 '석유 무기화'를 결정하고, 미국을 비롯한 서방 국가들에 원유 수출을 제한함으로써 석유 파동이 일어난 것은 제4차 중동전쟁의 후폭풍인 셈이었다.

오래전에 깨진 중동의 군사적 균형

그로부터 수십 년이 흐르는 동안, 이스라엘과 주변 아랍국들 사이에는 군사력 불균형이 커져갔다. 1973년 제4차 중동전쟁에서 큰 위기를 겪었던 이스라엘은 국방력 강화를 국가 최우선 과제로 삼고 미국의 신무기들을 들여왔다. 군비 증강과 아울러 이스라엘은 미국의 도움을 빌린 외교 전략으로 주변 적성 국가들을 중립화시켰다. 1979년 지미 카터 미국 대통령의 중재 아래 이집트와 맺은 평화협정은 이스라엘의 남서부 전선(시나이 사막)의 방어 부담을 줄여주었다. 1994년 요르단 후세인 국왕과 맺은 평화협정도 같은 맥락에서 이해된다.

이집트와 요르단은 이스라엘과 평화협정을 맺은 대가로 미국으로부터 해마다 엄청난 경제·군사 원조를 받는다. 이집트는 해마다 13~15억 달러, 요르단은 3억 달러 규모의 원소가 무상으로 수어졌다. 미국의 당근 덕택에 이스라엘과 국경을 맞댄 이집트와 요르단을 중립화시킨 것을 두고 당시 이스라엘 언론들은 "이스라엘 외교전의 승리"라며 기뻐했다. 이와 더불어 이스라엘의 안보 환경에 도움이 된 것이 아랍권의 분열과 전쟁이다. 1980년대에 8년 동안 치러졌던 이란-이라크 전쟁이 그 한 보기다. 1982년 이스라엘 국방부 장관 아리엘 샤론이 야세르 아라파트의 PLO 세력을 소탕한다는 명분 아래 레바논을 침공하여 수도 베이루트를 넘보았던 것도 이러한 아랍권의 분열로 "더 이상 1973년 욤 키푸르의 악몽은 없다"는 자신감에서 비롯됐던 것으로 보인다.

이스라엘과 아랍 국가 사이의 군사적 불균형은 이미 1990년대 초에 결정됐다. 여기에는 두 가지 큰 요인이 영향을 미쳤다. 그중 하나는 걸프전으로 이라크의 군사력이 약해진 것이고, 다른 하나는 아랍국의 주요 군사물자 공급원이던 소련의 붕괴였다. 소련은 1980년대까지만 해도 동서 냉전 구도 아래서 우방을 확보한다는 전략적 목표 아래 아랍국들에게 막대한 군사물자를 지원해주었다. 그러한 소련이 무너진 뒤 러시아와 아랍국의 군사적 관계는 일반적인 상거래(무기 수출입) 관계로 바뀌었다.

사담 후세인 정권의 몰락 뒤 이라크에 친미 정권이 들어서면서, 이스라엘의 위협 국가 명단에서 이라크는 사라졌다. 이로써 중동의 군사적 균형은 이스라엘에게 매우 유리한 환경으로 바뀌었다. 한마디로 이스라엘 우위의 군사적 불균형이 생겨났다. 2003년 3월 미국의 이라크 침공이 있기 전 이스라엘의 동부 전선에 자리 잡은 시리아와 요르단, 그리고 이라크의 병력 규모를 합치면 이스라엘보다 훨씬 많았다. 1990년대 이스라엘 군부는 동부 전선에서 아랍 연합군과 이스라엘군이 정규전을 벌일 경우, 군사력의 양적인 측면에서 이스라엘이 열세에 있다고 판단했다. 아랍 연합군이 39개 사단을 동원할 수 있는 데 비해 이스라엘군은 16개 사단을 동원할 수 있을 뿐이었다. 대포에서는 아랍 연합군이 3배, 탱크에선 2배 앞섰다. 전투기, 전투 헬기도 아랍 연합군이 이스라엘군을 압도했다. 이런 양적인 열세를 극복하기 위해 이스라엘군은 전투력의 질적인 우세를 지킨다는 전략을 세워왔다.

이라크는 1973년 아랍국들이 이스라엘을 기습적으로 공격해서 벌어졌던 제4차 중동전쟁 때 병력을 파견했고, 1980년대까지만 해도 이스라엘을 사정권에 두는 미사일을 보유했던 유일한 중동 국가였다. 실제로 1991년 걸프 전쟁 때는 이스라엘을 향해 스커드 미사일을 쏘아올리기도 했다. 2003년 미국의 이라크 침공으로 후세인 정권이 몰락한 지금, 양적인 면에서도 이스라엘은 동부 전선을 그리 걱정하지 않게 됐다. 시리아와 요르단이 동원 가능한 규모는 16개 사단으로, 이스라엘군의 동원 규모와 비슷하다. 대포 수는 시리아-요르단을 합쳐 이스라엘보다 많지만 탱크·전투기·전투 헬기의 규모는 엇비슷하다.

군사력 측면에서 이스라엘은 주변 중동 국가들과 양적인 면에서도 균형을 이루며, 질적으로는 우세를 지키고 있다는 평가를 받는다. 이를테면 이스라엘의 주력 탱크인 머카바스는 중동의 지형에 알맞게 적응하도록 설계되었고, 현재 중동 국가들이 보유하고 있는 어떤 탱크와 맞서도 깨뜨릴 수 있는 위력을 지녔다. 한 가지 예외가 있다면 이집트가 미국으로부터 사들여 보유하고 있는 미국산 에이브럼스 M1A1 탱크이다. 이스라엘 군부는 장기적으로 머카바스의 의존도를 크게 줄인다는 계획 아래, 에이브럼스 M1A1의 다음 모델인 M1A2를 미국으로부터 무상으로 들여오는 중이다.

이스라엘의 적수가 될 수 없는 시리아

후세인 정권의 몰락으로 40만 이라크군이 해체된 뒤 그나마 아랍 쪽 균형을 메우던 국가가 시리아였다. 그러나 시리아는 민주화 진통을 겪으며 내전을 치르느라 이제 이스라엘에 위협이 안 된다. 내전이 끝난 뒤 시리아가 안정을 되찾고 만의 하나 시리아와 이스라엘이 정규전을 펼친다 해도 시리아가 이기기는 어렵다. 병력 수에서는 시리아(32만 명)가 이스라엘(18만 명)보다 앞서지만, 시리아의 무기 체계는 지난 1980년대 옛 소련과 바르샤바조약기구에 속했던 동유럽 공산권 국가들로부터 들여온 것이 대부분이라 낡았다.

이스라엘 텔아비브 대학 부설 야페전략문제센터가 펴낸『중동의 군사력 균형』에 따르면, 시리아는 1987년 옛 소련으로부터 20대의 미그-29와 55대의 MI-25 전투 헬기를 구입한 뒤부터는 보다 성능이 향상된 전투기들을 전혀 사들이지 못했다. 오래된 구식 전투기들뿐이다. 그에 반해 이스라엘은 전체 전투기 가운데 미국에서 들여온 최신예 전투기의 비중이 절반에 이른다. 제공권에서 시리아는 이스라엘의 적수가 되지 못한다. 게다가 제3차 중동전쟁 뒤로 줄곧 이스라엘이 점령해온 시리아 골란 고원이 두 나라 사이의 뜨거운 감자인 것은 분명하지만, 시리아는 2011년부터 내전 중인 상황이라 밖을 돌아볼 여유가 없다. 2018년까지 50만 명이 사망한 것으로 알려진 시리아 내전의 참극이 이스라엘에겐 호재로 작용해 안보 부담을 크게 덜어주고 있는 것이다.

이스라엘은 만의 하나 시리아와 전쟁이 벌어질 경우 이집트와 요르단이 중립을 지킬 것인가에 대해 확신하지 못한다. 두 나라가 이스라엘과 평화협정을 맺고 있다 해도, 이스라엘을 곱지 않게 보는 국민들의 눈길을 정치권에서 무시할 수 없기 때문이다. 국민의 절반이 팔레스타인 난민들로 채워진 요르단의 반이스라엘 정서는 매우 높다.

이스라엘이 특히 부담스럽게 여기는 국가가 아랍권의 군사 강국 이집트다. 이집트는 미국의 군사원조 덕에 상대적으로 다른 아랍 국가들에 비해 군사력이 강하다. 이집트는 지난 1980년대 옛 소련으로부터 들여온 낡은 무기 체계를 그대로 지니고 있다. 비율은 이집트 전력의 3분의 1쯤 된다. 3분의 2는 미국의 도움으로 현대화되었다. 이스라엘이 걱정하는 것도 그 점이다. 현재 이집트는 오래전에 만들어진 소량의 화학무기도 갖고 있는 것으로 알려져 있다.

요르단은 미국의 군사원조를 바탕으로 군의 현대화를 추진하면서 병력을 줄이고 양보다는 질을 추구해왔다. 그렇지만 첨단 군사력 부분에서는 이스라엘이나 이집트를 전혀 따라가지 못하고 있다. 따라서 이스라엘의 적수가 되지는 못한다. 지난날 시리아의 속국 소리를 들었던 레바논도 정규전이란 잣대로 보면, 이스라엘에 그다지 위협이 되지 않는다. 국내의 비정규군인 헤즈볼라에 비해서도 전투력이 떨어지는 레바논 정부군은 타국과의 정규전보다는 국내 치안 확보 쪽에 무게중심을 두고 있다.

하지만 레바논은 '결정적 위협'은 아니더라도 이스라엘에게 골칫거리다. 헤즈볼라를 비롯한 반이스라엘-반미 무장 조직들은 레바논 남부 국경을 따라 7킬로미터 정도로 길게 펼쳐진 사바 평원에서 줄기차게 이스라엘을 공격해왔다. 2006년 여름 이스라엘이 "이스라엘 병사 2명을 납치해간 헤즈볼라를 응징하겠다"며 레바논을 침공했지만, 헤즈볼라를 격멸하기는커녕 오히려 그 세력을 키워준 결과를 낳았다. 그리고 국제사회로부터 "이스라엘은 레바논에서 또다시 전쟁범죄를 저질렀다"는 비난을 들었을 뿐이다. 그 뒤로 이스라엘군과 헤즈볼라 사이에 레바논 유엔 평화유지군(UNIFIL)이 파병돼 완충지대를 형성하고 있지만, 늘 긴장 상태다.

이란의 핵 보유 야망을 둘러싼 신경전

이스라엘과 주변 아랍국들 사이의 군사적 불균형을 나타내는 지표는 여러 가지가 있지만, 이스라엘이 지닌 핵무기는 불균형의 단적인 보기다. 이스라엘은 미국제 순항미사일을 개조하여 핵탄두를 장착한 미사일을 잠수함에서 발사하는 능력까지 갖추었다. 육·해·공에서 중거리 핵미사일을 발사할 수 있는 몇 안 되는 나라가 바로 이스라엘이다. 이스라엘의 핵 보유 사실은 중동 지역 이슬람 국가들에게 핵 개발 야망을 부추기는 결정적 요인이다.

사우디아라비아는 핵확산금지조약(NPT)에는 서명했지만, 국제원자력기구(IAEA)에는 가입하지 않았다. NPT 비준국은 당연히 IAEA 회원국이 되어야 하는데도 사우디아라비아는 이를 미루고 있다. 이스라엘은 사우디아라비아가 풍부한 재정을 바탕으로 핵무기를 사들일 수도 있다고 의심의 눈길을 보낸다. 사우디아라비아는 이미 1980년대에 중국으로부터 CSS-2 미사일을 사들였다. 이 미사일은 이스라엘을 포함한 주변국들을 사정권에 둔다.

국가 안보와 관련해 이스라엘이 가장 신경을 쓰는 중동 국가는 이란이다. 세계 석유 매장량 3위의 석유 대국이자 8,100만 명의 인구를 보유한 이란은 미국으로부터 북한-이라크(사담 후세인 시절)와 더불어 '악의 축'이라고 손가락질받아온 반미 국가다. 그런 이란이 2009년 친미 독재 왕조를 무너뜨렸던 이슬람 혁명 30주년을 맞아 보란 듯이 우주 공간에 인공위성 '오미드'*를 띄워올렸다. 이란이 자체 개발한 위성 운반용 로켓 사피르-2호로 오미드를 쏘아올리자, 이란의 군

---

* 우리말로 '희망'을 뜻한다.

이란은 이스라엘을 사정권에 둔 장거리미사일을 보유하고 있다. 2009년 2월 이슬람 혁명 30주년을 맞아 자체 기술로 인공위성을 쏘아올리자 이란 국민들은 열광했다.

사 능력을 확인한 이스라엘은 긴장할 수밖에 없었다. 이미 이란은 이스라엘을 사정권에 둔 샤하브-3(최대 사정거리 2,000킬로미터) 장거리 미사일을 보유 중이다.

이란은 핵무기 개발 의혹을 둘러싸고 몇 년째 미국-이스라엘과 신경전을 펼치는 중이다. 21세기 들어 이란의 핵무기 보유 야망은 매우 커졌다. 2001년 9·11 테러가 일어난 뒤 국가 안보에 커다란 위기를 느꼈기 때문이다. 동쪽에 자리한 아프가니스탄이 미국에 점령당한 데 이어 서쪽의 이라크마저 미국이 점령, 동서 양쪽에서 협공당하는 처지에 놓였다. 그런 안보 위기를 핵무기 개발로 돌파한다는 판단을 내리고 이란 곳곳에 핵 발전소를 세운 것으로 알려져 있다. 이란의 일부 정치 지도자와 종교 지도자들은 미국이 경제제재를 가하겠다는 위협에 맞서 "외부의 압력으로 인해 어떤 희생을 치르더라도 핵무기 보유라는 결과만 얻을 수 있다면 좋다"는 입장을 보였다. 일단 핵무기 개발에 성공하면, 손익계산에서 실보다 득이 많다고 판단하기 때문이다. 이란을 '악의 축'으로 꼽아온 미국이나 이스라엘이 이란을 만만하게 볼 수 없다는 점, 중동 지역에서 군사적 균형을 이룰 수 있다는 점에서다.

테헤란 거리에서 만난 몇몇 이란 시민들은 미국과 이스라엘의 안보 위협으로부터 이란을 지키려면 핵무기를 개발할 수도 있다는 생각을 내비쳤다. 국제 문제를 다루는 테헤란 전략조사센터(CSR)에서 군비축소 분야를 맡고 있는 라만 가흐레만포르 박사를 만났다. 그는 미국과 이스라엘이야말로 중동의 평화를 위협하는 국가들이라고 주장하면서 미국의 이중 잣대를 다음과 같이 비판했다.

"이스라엘은 미국의 보호막 아래 핵확산금지조약(NPT)에도 가입하지 않고 국제원자력기구(IAEA)의 사찰도 받지 않았습니다. 그러면서 적어도 200개가 넘는 핵무기를 보유하고 있습니다. NPT가 기존 핵보유국들의 핵 독점을 위한 불평등조약임을 잘 알고 있지만, 그럼에도 우리 이란은 NPT에도 가입하고, IAEA의 사찰 규정에도 성실히 따르려고 노력해왔습니다. 그러니 어느 나라가 국제법을 어기고 중동 평화를 위협하는 존재입니까? 미국은 이중 잣대를 거두어야 합니다."

2015년 5월 'P5+1' 6개국(유엔 안보리 상임이사국 5개국과 독일)과 '공동포괄행동계획(JCPOA)'이란 이름의 핵 협상을 통해 핵 개발 움직임을 멈추기 전까지 이란은 실제로 핵무기 개발을 추진해왔다

(JCPOA에 대해선 「23장 이스라엘에만 허용된 핵무기」에서 좀 더 자세히 살펴본다). 이란의 싱크탱크 CSR 관계자는 이란 정부가 핵 관련 기술은 개발하되 핵무기 자체를 보유하진 않을 것이라고 밝혔지만, 핵무기가 외부의 군사적 위협을 막는 억지력을 지닌다는 고전적인 등식이 이란에서도 성립할 듯하다. 벨기에 브뤼셀에 본부를 둔 분쟁 관련 국제적 싱크탱크인 국제위기그룹International Crisis Group(ICG)의 로브 말리 소장을 비롯한 국제 문제 전문가들이 "이란의 핵 위기를 해결하는 길은 미국이 이란에 안보 위협이 없다는 점을 확인시켜주는 것"이라고 제안하는 것도 이란의 안보 위기의식에 초점을 맞춘 얘기다.

지금까지 살펴보았듯이, 지구촌의 화약고 중동은 국력을 쏟아붓는 군비경쟁 속에 언제 터질지 모르는 휴화산 같다. 큰 그림으로 보면, 그 긴장 상황의 중심에는 이스라엘의 핵무기가 있고, 이에 맞서 중동 이슬람 국가들의 군비 확충을 통한 군사 대국 야망이 이글거리는 모습이다. 지구상에서 가장 군사화된 중동의 불안정한 상황을 은근히 즐기는 쪽은 미국을 비롯한 강대국들의 군수산업체이다. 군수업자들은 중동 지역 어디선가에서 유혈 분쟁이 터지길 바라고, 한번 터진 전쟁은 금세 끝나기보다는 오래오래 이어지길 바라며, 평화 협상은 흐지부지 깨지길 바라는 '어둠의 세력'이다. 결국 논란의 초점은 이스라엘이다. 주변 이슬람 국가들의 군비 확장 움직임을 누그러뜨리려면, 이스라엘이 핵을 폐기하는 것이 바람직한 해결책의 하나다. 하지만 어디까지나 이는 이상론에 지나지 않는다. 이스라엘이 핵을 포기할 확률은 0%다.

23장

이스라엘에만 허용된
핵무기

2004년 봄 이라크 취재를 마치고 팔레스타인으로 돌아가는 길에 요르단 암만에서 압둘라티프 아라비야트(요르단 전 국회의장)를 만났다. 그는 미국의 이라크 침공과 이스라엘 지원을 못마땅하게 여기면서 불편한 심기를 감추지 않았다. 요르단은 이스라엘과 1994년부터 외교관계를 맺은 덕분에 해마다 미국으로부터 원조를 받는다. 미국과 요르단 왕정의 입장을 고려해야 하는 요르단의 중량급 정치인답게 그는 "우리 요르단은 미국과 사이가 나쁘지 않습니다"라는 말을 거듭 강조했다. 그러면서도 그는 미국의 이라크 침공 명분의 허구성과 이스라엘을 감싸고도는 미국의 이중 잣대, 그리고 핵무기를 보유한 채로 중동 평화를 위협하는 이스라엘에 대해 매우 비판적이었다.

"이스라엘은 중동 지역에서 유일하게 핵무기를 보유한 나라입니다. 이스라엘의 핵무기는 이 지역의 안보를 지켜주고 다른 나라의 핵무기는 그 지역을 파괴할 것이라니, 도대체 이게 어떤 논리입니까? 이것이 말이 된다고 생각합니까? 왜 미국은 이스라엘의 핵무기를 내버려둘까요? 이스라엘이 팔레스타인의 모든 것을 파괴하고 있는데도 말입니다. 이것은 논리에도 맞지 않고, 옳지도 않은 태도입니다. 이스라엘은 각종 핵무기를 보유하고 있는데도 내버려두고, 이라크의 경우에는 있지도 않은 대량 살상 무기를 보유하고 있다는 잘못된 주장을 하며 이라크를 침공했습니다. 이는 이중적인 잣대라고밖에 말할 수 없습니다."

미국이 2003년 3월 이라크를 침공하면서 내걸었던 구실 가운데 하나가 사담 후세인의 대량 살상 무기였다. 그러나 그 뒤 숱한 인력과 예산을 들이고도 대량 살상 무기는 찾아내지 못했다. 2004년 이라크에 갔을 때 그곳 사람들은 "이스라엘에 가서 찾았으면 벌써 찾아냈을 텐데……"라며 혀를 찼다. 맞는 말이다. 이스라엘은 이미 1960년대 말 핵무기 개발에 성공, 세계에서 여섯 번째로 많은 핵무기를 갖고 있다. 1999년 500쪽가량의 두꺼운 책 『이스라엘과 핵폭탄Israel and The Bomb』을 쓴 애브너 코언(미국 국제안보연구소 연구원)에 따르면, 이스라엘은 최대 300개의 핵탄두를 보유하고 있다.

이스라엘 정부는 핵무기 보유를 공식적으로 확인한 적이 없다. 이런 애매모호한 태도를 가리켜 '확인도 부인도 않는다'는 뜻의 NCND(Neither Confirm Nor Deny) 또는 '전략적 애매모호strategic ambiguity'라고 일컫는다. 이스라엘은 국제원자력기구의 핵 사찰을 피하려고 1970년부터 발효된 핵확산금지조약에도 가입하지 않았다. 다만 포괄적 핵실험금지조약(CTBT)에만 가입했을 뿐이다. 이스라엘 텔아비브 대학의 야페전략문제센터 에프라임 캄 정치학 교수에게 "이스라엘 정부는 무슨 이유로 핵무기 보유 사실을 공식적으로 시인하지 않느냐"고 물었다. 대답은 아주 간단했다. "이스라엘의 국가이익을 위해서"라는 것이다.

이스라엘은 핵무기 시비가 나올 때마다 "이웃 이슬람 국가들은 핵무기는 아니지만 생화학무기를 보유하고 있다. 대량 살상 무기라는 점에서 무슨 차이가 있느냐"며 반론을 폈다. 예루살렘에서 만났던 극우파 지식인 제럴드 스타인버그 교수의 핵무기 보유 논리는 이러했다.

"이스라엘은 매우 작은 국가입니다. 비행기로 2분, 차로는 1시간 이내에 이스라엘을 가로지를 수 있습니다. 이스라엘 주변에는 인구가 수천만 명에 이르는 거대한 국가들이 있습니다. 엄청난 땅덩이에 수십억 달러의 석유 매출을 자랑하는 나라들입니다. 어떻게 이스라엘 같은 작은 나라가 그렇게 큰 국가들을 위협할 수 있겠습니까. 억지력deterrence이라고 말할 수 있는 정도의 무기(핵무기)를 지니고 있지 않으면, 이스라엘은 주변 국가들에게 파괴되고 말 것입니다. 한국 국민이라면 서울이 북한의 공격에 얼마나 큰 위협을 받는지 잘 알 것입니다. 우리는 그보다 더욱 취약합니다. 남한은 북한의 공격을 미국의 억지력을 통해 막고 있습니다. 그러나 이스라엘에는 미군이 주둔하고 있지도 않고, 국토도 더 좁으며, 인구도 더 적습니다. 따라서 우리의 핵무기 보유에는 설득력이 있습니다. 이스라엘의 핵무기는 선택 사항이 아닙니다. 그렇다고 위협용으로 제시된 일도 없습니다. 다만 최후의 수단이자 보험으로써 보유하고 있을 뿐입니다. 아랍 국가들이 평화를 원한다면, 이를 계속 보유할 이유는 없습니다."

삼엄한 이중 철조망 속의 거대한 돔

이스라엘 핵 개발의 산실은 150메가와트 규모의 디모나^{Dimona} 핵개발센터다. 디모나는 1965년 프랑스로부터 비밀리에 사들인 장비로 이스라엘 남부 네게브 사막 한가운데에 세워져 섬유 공장으로 위장해 플루토늄을 만들었다. 오늘날 이스라엘을 세계 6대 핵 강국으로 발돋움시킨 터전이다.

'중동 평화'를 주제로 특집을 준비하던 KBS 〈일요 스페셜〉 팀과 함께 디모나로 출발했다. 그곳으로 가는 길은 멀고도 조심스러웠다. 유대인 운전기사에게 디모나로 가자고 하면, 말썽이 생길 수도 있었다. 다행히도 운전기사는 이스라엘 시민권을 가진 팔레스타인 출신의 아랍인이었다. 그래도 조심스러워 디모나 얘기는 꺼내지도 못하고 먼저 그곳에 가까운 도시인 이스라엘 남부 베르세바 쪽으로 가자고 했다. 그리고 다시 디모나 마을로 들어섰다. 자료를 보니 '디모나'는 1955년 이스라엘 정부가 구약성서 「여호수아」에서 따온 이름이라고 한다.

운전기사는 나의 취재 의도를 짐작했는지 매우 불안해했다. "그냥 구경만 하고 가자"고 달래며 차를 몰도록 했다. 문제의 디모나 핵개발센터는 디모나 동남쪽으로 25킬로미터 정도 떨어진 네게브 사막에 자리하고 있었다. 멀리 햇볕에 빛나는 둥글고 하얀 돔이 보였다. 시계를 보니 예루살렘을 떠난 지 4시간쯤 뒤였다. 주변은 이중으로 철조망이 둘러싸고 있고, 곳곳에 감시 카메라가 작동 중이었다. 촬영 금지, 정차 금지 팻말들이 곳곳에 눈에 띄었다. 아울러 주변 언덕에는 감시초소들이 있었다. 이스라엘 정부가 그곳을 특급 보안 지역으로 정해놓았음을 한눈에도 알 수 있었다.

넓을 것이라고 예상은 했지만, 핵개발센터 부지는 매우 넓었다. 주변 도로를 차를 타고 10분쯤 달려야 끝이 보일 정도였다. 운전기사는

네게브 사막 한가운데 자리 잡은 디모나 핵개발센터. 철저한 보안 때문에 사진 촬영은 물론 접근 조차 어렵다.

불안해하는 표정을 지우지 못했다. 사진을 찍기 위해 차를 천천히 몰아달라고 부탁하면, "감시 카메라가 우리를 보고 있어요"라고 대꾸했다. 그러면서도 참으로 고맙게도 브레이크를 밟아 속도를 늦춰주었다. 만약 그가 유대인이었다면 어떤 일이 벌어졌을까? 아마도 당국에 신고를 했을 것이고, 이스라엘 정보기관 건물로 끌려가 문초를 받은 다음 카메라 필름을 빼앗기고 이스라엘에서 쫓겨났을 것이다.

바누누와의 짧은 만남

모르데차이 바누누는 이스라엘의 핵 개발 사실을 폭로하여, 그동안 소문으로만 떠돌던 핵 베일을 벗긴

인물이다. 1985년까지 디모나에서 9년 동안 기술자로 일했던 바누누
(당시 32세)는 이스라엘 정보기관의 신원 조회에서 대학생 때 좌파 운
동에 가담했던 전력이 드러난 데다, 직장 동료들과 토론을 벌이면서
"팔레스타인 사람들도 독립국가를 이룰 권리가 있다"는 주장을 편 것
이 빌미가 돼 해고됐다. 그러나 이미 그는 비밀스런 작업을 끝낸 뒤
였다. 디모나 지하에 있는 제2작업장에서 핵무기 원료인 플루토늄과
리튬, 그리고 베릴륨 생산라인에서 일하면서 그곳을 비밀리에 촬영
한 필름 두 통을 갖고 있었다. 1986년 그는 영국의 『선데이 타임스』
기자에게 이스라엘이 핵무기를 갖고 있음을 보여주는 사진들을 건네
고 인터뷰를 했다. 그의 폭로로 디모나 핵개발센터가 그동안 섬유 공
장으로 위장한 채 핵무기를 만들어왔음이 분명해졌다.

그 일로 바누누는 혹독한 희생을 치러야 했다. 『선데이 타임스』에
제보하러 영국으로 갔던 바누누는 런던에서 한 미녀의 꾐에 빠졌다.
그녀는 바누누에게 "오빠가 살고 있는 이탈리아 로마로 여행을 떠나
요"라고 속삭였고, 로마에 닿자마자 바누누는 모사드 요원들에게 붙
잡혔다. 그녀 역시 모사드 요원이었다. 비밀리에 이스라엘로 압송된
바누누는 18년 징역형을 선고받았다. 18년 가운데 12년은 독방에서
가혹한 옥살이를 치러야 했다. 그 흔한 감형도 없이 형기를 다 채운
바누누는 2004년 4월 22일 이스라엘 남부 애쉬켈론 쉬크마 교도소에
서 풀려났다. 팔레스타인 정치범들이 많아 규율이 삼엄하기로 악명
높은 곳이었다. 우리로 치면 일제 강점기 치하의 대전형무소 같은 곳
이다.

옥중에서 바누누는 유대교를 버리고 가톨릭으로 종교를 바꾸었다.
출옥 후에도 그의 생활은 자유롭지 못했다. 이스라엘 정보 당국은 현

이스라엘이 핵무기를 개발, 보유하고 있다는 사실을 폭로한 영국『선데이 타임스』기사(1986년 10월 5일).

재 예루살렘의 성 조지 성공회 성당에 몸을 맡기고 있는 바누누의 전화와 인터넷을 도청하고 감시한다고 한다. 그는 외국인들을 만나는 것, 특히 외국 언론과의 인터뷰를 금지당했다. 이를 어길 경우 체포될 것이란 경고도 받았다. 18년 전 바누누를 인터뷰했던 영국『선데이 타임스』의 피터 후남 기자는 풀려난 바누누를 교도소 앞에서 다시 만난 뒤 곧 추방당했다.

KBS〈일요 스페셜〉팀과 함께 디모나를 다녀오던 날 오후, 바누누를 만나 짧은 인터뷰를 할 수 있었던 것은 참으로 우연이었다. 그가 외국 기자들과 만나는 것이 자유롭지 못하다는 것을 알면서도, 혹시나 하는 마음에서 그가 머물고 있는 성 조지 성공회 성당으로 갔다. 그곳에 닿은 지 얼마 안 돼 그가 성당 마당을 산책하며 휴대전화로 누군가와 통화하는 모습을 목격했다. "미스터 바누누!" 하고 그를 불렀다. 그가 다가왔다. 성당 경비가 "이러면 곤란합니다" 하며 중간에서 막았다. 일단 그는 뒤로 물러서더니, 성당 부속 건물 안으로 들어갔다. 바누누가 다시 나올 것이란 생각이 들었다. 과연 그는 5분쯤 뒤에 다시 나왔다. 다음은 굳게 잠긴 성당 쇠창살문을 사이에 두고 주고받은 짧은 대화다.

18년간의 옥살이에서 풀려난 뒤에도 이스라엘 당국의 감시를 받고 있다고 들었습니다. 상황이 어떻습니까?

나는 이스라엘 감옥에서 18년간 야만스럽고 잔인한 학대와 고통을 받았습니다. 게다가 18년 중 12년은 독방에서 지냈습니다. 나는 아직 자유의 몸이 아닙니다. 이스라엘 정부는 내가 외국인들과 이야기 나누는 걸 금지하고 있습니다. 이는 부적절하며 민주주의와 인권에 어긋나는 조치입니다. 이렇게 외부와의 접촉을 금지하는 이유는 오로지 이스라엘의 핵무기에 대한 진실을 외부에 알리지 못하게 하기 위해서입니다. 이스라엘은 민주주의국가가 아닙니다.

미국이 단지 대량 살상 무기 때문에 2003년 이라크를 침공했다고 생각하십니까? 이스라엘도 대량 살상 무기를 가지고 있는데, 이라크만 침공하는 건 불공정하다고 보지 않습니까?

그렇습니다. 미국은 이라크를 공격하기 전에 이스라엘 문제를 먼저 해결해야 했습니다. 중동의 이슬람 국가인 이라크, 리비아, 이집트, 시리아, 레바논 등에는 모두 핵무기가 없는데 오직 이스라엘만 비밀 핵무기를 보유하고 있습니다. 미국은 이스라엘의 핵무기 문제를 먼저 해결해야 합니다. 미국뿐 아니라 중국이나 러시아, 유럽 국가들도 이스라엘 핵 문제에 보다 큰 관심을 기울여야 합니다.

이 문제를 어떻게 해결해야 한다고 보십니까?

국제사회가 유엔, 유럽연합, 미국을 통해 이스라엘에 압력을 가해야 한다고 생각합니다.

그렇다면 국제원자력기구(IAEA)가 이스라엘에 대한 사찰 활동을 강화해야 한다고 보십니까?

당연한 얘기입니다. IAEA 실무자들이 이스라엘을 방문해서 이 문제를 해결하기를 바랍니다. IAEA 사무총장은 다른 무엇보다 이스라엘 핵 사찰에 보다 큰 노력을 기울여야 합니다. 그들에게 내가 말한 이스라엘 문제 해결책을 따르라고 전해주십시오.

이스라엘 극우파들은 당신을 배신자라고 비난하고 있습니다. 생명의 위협을 느끼지 않습니까?

앞으로 내 신상에 어떤 일이 일어날지는 나도 모릅니다. 한 가지 분명히 말하고 싶은 점은 이스라엘 핵무기가 중동 지역에 또 다른 대학살 holocaust을 낳아서는 안 된다는 겁니다. 18년 전에 디모나의 비밀을 폭로한 것도 그런 생각에서였습니다.

바누누는 (1981년 이라크의 오시라크 핵 발전소가 이스라엘 공습에 파

이스라엘의 핵무기 개발과 보유 사실을 처음으로 폭로, 18년을 감옥에서 지냈던 모르데차이 바누누.

괴된 것처럼) 디모나 핵개발센터를 없애야 한다고 여겼다. 하지만 이스라엘의 핵무기 보유 사실을 처음 폭로한 대가는 컸다. 보수적인 유대교 신자인 바누누의 부모는 그에게 "조국을 배신한 자는 내 자식이 아니다"라며 의절을 선언했다. 바누누를 보는 이스라엘 사회의 분위기는 극명하게 갈린다. 그에게는 '배신자' 또는 '양심의 목소리'란 극단적으로 다른 평가가 내려졌다. 이스라엘의 좌파 정당인 노동당의 지도자이자 1994년 노벨 평화상 공동 수상자인 시몬 페레스조차 그를 배신자라고 낙인찍었다. 바누누는 이스라엘을 떠나 유럽이나 다른 나라에서 새로운 인생을 시작하고 싶어한다. 그러나 이스라엘 당국은 바누누가 여권을 가질 수 없도록 했다. 따라서 그는 출국 자체가 금지된 상태다. 언젠가 그에게 노벨 평화상이 주어진다 해도 그리 놀랄 일은 아니다. 그가 석방 뒤 인터뷰에서 "영웅심에서 한 것이 아닙니다. 아무도 안 했기에 내가 한 것입니다"라고 한 것은 중동 평화를 위한 그의 순수한 열망을 잘 말해준다.

미국의 이중 잣대

바누누의 폭로 뒤로도 이스라엘 정부는 핵무기 보유 사실에 대해 입을 다물었다. 그렇다고 이스라엘 주변 아랍국들이 이스라엘 핵 보유 자체를 무시하고 이스라엘을 넘보거나 하지는 않는다. 이스라엘 핵 보유를 둘러싼 진실 게임은 이미 끝났다. 이스라엘은 최대 300개에 이르는 핵무기를 가진 것으로 알려져 있다. 그럼에도 유엔을 비롯한 국제사회에서 아무런 제재도 받지 않는다. 이스라엘은 NPT에도 가입하지 않았고 IAEA의 사찰도 받은 적이 없다. 무슨 까닭에 이스라엘만이 핵 문제에 관한 한 특례이고 열외인 것일까?

이런 물음에 대한 답을 푸는 열쇠는 다름 아닌 친미 국가냐, 반미 국가냐이다. 미국 700만 유대인의 힘을 근거로 하고 있는 미국 역대 행정부의 친이스라엘 일방주의는 이스라엘에게 핵 보유의 문을 활짝 열어주었다. 이스라엘 남부 네게브 사막 한가운데 있는 디모나 핵개발센터는 한 번도 IAEA의 사찰을 받은 적이 없다. 이란을 비롯한 중동 국가들이 "이스라엘은 놔두고 왜 우리만……"이라며 미국과 IAEA를 향해 이중 잣대라고 비판하는 것도 그런 까닭이다.

따지고 보면, 이스라엘의 핵무기 개발과 보유는 서구 강대국들의 합작품이다. 영국과 프랑스의 적극적인 도움이 있었고, 그 뒤로는 미국의 묵인이 따랐다. 일찍이 1917년의 밸푸어 선언으로 유럽 유대인들의 팔레스타인 이민길을 터주었던 영국은 이스라엘에게 핵무장의 길도 터주었다. 1959년과 1960년 두 번에 걸쳐 영국은 플루토늄을 생산하는 데 필요한 20톤의 중수重水를 비밀리에 이스라엘에 팔아넘겼다. 프랑스도 이스라엘 핵무장을 도왔다. 디모나의 기본 설비인 150메가와트 규모의 중수로는 프랑스로부터 들여왔다.

그렇다면 미국은 그런 사실들을 몰랐을까. 1960년대 초 케네디 행정부의 국방부 장관 로버트 맥나마라는 훗날 "미국은 영국과 핵폭탄 정보를 공유했기 때문에 영국이 이스라엘에 중수를 팔았다는 것은 매우 놀라운 일"이라고 발뺌했다. 하지만 이스라엘이 핵무기 제조에 이르기까지 미국이 몰랐다는 것은 믿기 어렵다. 그 뒤가 더 중요하다. 미국은 이미 1968년 이스라엘의 핵무기 개발 움직임을 알고 있었고, 1969년 이스라엘과 비밀 협약을 맺은 이래 40년간 이스라엘에 핵 투명성 검증을 요구하지 않는 방식으로 묵인해왔다. 미국과 이스라엘의 동맹은 깨뜨릴 수 없는 옹벽이다. 이스라엘이 NPT에도 가입하지 않고 IAEA의 핵 사찰을 피해온 것도 다 미국 덕이다.

나아가 이스라엘은 핵 물질을 합법적으로 수입할 수 있도록 은밀히 로비를 펼치는 중이다. 핵 물질의 확산이나 밀매 가능성을 막고 엄격한 규정에 따라 핵연료와 기술을 수출하는 45개 국가들로 구성된 모임이 핵공급그룹(NSG)이다. 말은 그룹이지만 사실상 미국의 강한 입김 아래 움직인다. 이스라엘의 모델은 미국과 인도 사이에 맺은 핵 협정이다. 미국은 인도와의 핵 협정 체결에 따라 NSG의 규정에 관계없이 인도에 핵연료를 공급할 수 있다. 인도도 이스라엘과 마찬가지로 NPT에 가입하지 않았고, IAEA의 사찰을 받을 의무도 없다.

유대인의 손에 놀아난 한미 대외 정책

이스라엘의 핵 확산 정책은 중동 지역 국가들에게 핵 개발의 유혹을 부추기고 있다. 이란의 핵 개발 움직임이 그러하다. 이란의 핵 보유가 국가 안보에 엄청난 위협이 될 것이라는 이스라엘의 입장을 챙겨주려 머리를 싸매던 미국이 돌파구로 마련한 묘수가 유엔 경제제재였다. 미국은 어렵사리 중국과 러시아를 설득해 2006년부터 2010년까지 모두 4차례에 걸쳐 유엔 경제제재를 이끌어왔다. 그 내용은 여행 금지, 자산 동결, 무기 금수, 원유 수출을 포함한 무역 제재 등의 조치다. 특히 마지막 4차 제재안에는 금지 대상 물품을 이란에 운송하는 것으로 의심되는 선박에 대한 공해상의 조사와 압류 조치 등이 포함됐다.

미국은 이란에 우호적인 입장을 보여온 중국과 러시아를 어떻게 설득했을까. 워싱턴 정가에서는 러시아-미국, 중국-미국 사이의 빅딜설이 입소문으로 나돌았다. 미국과의 전략핵무기 감축 협상, 우크라이나와 조지아의 북대서양조약기구(NATO) 가입 문제, 특히 2009년 9월 미국이 동유럽 미사일방어망(MD) 구축을 포기한 것이 러시아로 하여금 이란 제재 쪽으로 돌아서도록 이끌었다고 한다. 러시아의 입장에서는 미국이 그토록 바라는 이란 제재에 동참하면서 전략무기 감축협정(START-1)의 후속 협정과 세계무역기구(WTO) 가입 등에서 실익을 챙기려 들었다고 볼 수도 있다.

그렇다면 중국의 변화는 어떻게 설명할 수 있을까. 미 워싱턴 국제전략문제연구소(CSIS)의 중국 전문가 찰스 프리먼은 CSIS 홈페이지에 실은 '이란 핵전략에서의 중국 요소factor'라는 글에서 "중국은 이란이 핵무기 개발에 성공해 핵보유국 반열에 든다 해도 그것이 중국의 안보에 반드시 직접적인 위협이 되지는 않을 것으로 보고 있다"고 분석했다. 이란이 군사 강국이 된다면 중동과 서아시아 지역에서 미국의 패권을 견제하는 역할을 맡는다는 점에서 중국으로선 나쁘지 않은 구도다. 더구나 당시 중국은 이란 원유의 최대 수입국으로, 하루 40만 배럴을 이란으로부터 들여오고 있었다.

그런 중국이 유엔에서 입장을 바꾼 데엔 미국의 외교적 노력이 작용했다. 힐러리 클린턴 국무부 장관은 2015년 4월 워싱턴에서 열렸던 핵안보정상회의, 같은 해 5월 베이징에서 열렸던 미·중 전략경제대화 등을 통해 중국 지도자들에게 "유엔 제재 결의안에 중국이 반대만 하지 않는다면 대이란 제재에 동참하지 않아도(제재 규정을 지키지 않아도) 된다"는 식으로 중국을 설득한 것으로 알려져 있다.

여기서 짚고 넘어갈 대목이 있다. 미국이 중국에게는 예외를 두면서도 다른 국가들은 대이란 제재 결의안을 엄격히 지켜주길 요구했다는 점이다. 이란과의 교역 관계가 많은 우리 한국을 향해서 미국은 특히 강력한 요구를 해왔다. 그런 요구 가운데 하나가 이란 멜라트 은행 서울 지점의 자산 동결 혹은 폐쇄였다. 나아가 미국은 한국 기업들의 동참을 강력히 촉구하면서 "이란 제재를 제대로 이행하지 않는 기업은 미국과의 경제 관계에서 악영향을 받을 것"이라고 경고했다. 중국에 대한 공손한 태도와는 너무도 다른 어투였다. 미국에게 한국은 그때나 지금이나 쉽고 만만한 국가다. 당시 이명박 정부가 이란 은행의 문을 닫게 하는 등 미국의 요구대로 따랐음은 이미 알려진 사실이다.

한국이 미국의 압력을 받고 있다는 사정을 잘 꿰고 있는 이란의 고위 관리들은 "만일 한국이 이란 제재에 동참한다면 한국의 기업들은 이란 시장을 잃게 될 것"이라고 으름장을 놓았다. 중동의 석유 대국 이란과의 좋은 관계는 한국이 절실하게 바라는 유가 안정과도 맞물

린다. 한국 정부의 바람직한 선택 기준은 무엇이었어야 할까. 당연히 '국가이익'이 기준이 돼야 했다. 그러나 한미 동맹이란 이름 아래 한국은 국가이익을 팽개치고 미국-이스라엘 동맹의 장단에 따라 춤을 추었다. 따지고 보면, 유대인들의 손에 한국의 대외 정책이 놀아났던 셈이다.

유대인들의 손에 놀아나기는 미국도 마찬가지다. 워싱턴의 정치 군사 지도자들은 이란의 핵 보유가 자국의 안보에 매우 위협적이라고 말해왔다. 여기서 한 가지 물음이 나온다. 지리적으로 이란은 미국과 너무나 먼 거리에 있다. 사정거리 2,000킬로미터의 샤하브 장거리 미사일을 보유 중인 이란이지만, 미국의 본토를 위협할 만한 능력은 안된다. 그런데도 미국은 왜 이란 핵 개발 저지에 그토록 집착하는가.

이 물음에 미국의 현실주의 정치학자 존 미어샤이머와 스티븐 월트는 그들의 책 『이스라엘 로비와 미국의 외교정책』에서 설득력 있는 답을 내놓았다. "미국이 이란 핵 개발 문제에 그렇게 신경 써야 할 절실한 이유가 없는데도 그 문제에 매달리는 것은 다름 아닌 이스라엘 로비 때문이다." 미국의 대외 정책을 주무르는 미국 내 유대인 파워를 새삼 확인시키는 이 분석이 맞다면, 미국이 이란에 대한 제재 결의안을 유엔 안보리에서 통과시키려고 그렇게 애쓴 것은 다름 아닌 이스라엘 안보를 챙겨주려고 했기 때문이다.

이란 핵 협상에 반대한 이스라엘 미국이 앞장선 유엔의 경제제재 결의안에 이란은 당연히 반발하고 나섰지만 현실은 녹록지 않았다. 이란 국가 재정의 3분의 1을 충당하며 이란 경제의 버팀목 역할을 해온 원유의 수출길이 경제제재로 막히면 심각한 문제가 생긴다. 한편으로 이란 제재에 앞장선 미국 오바마 행정부도 편치 못했다. 이란과의 갈등이 이어지면 유가 불안정 등으로 미국 경제에 타격을 줄 수도 있기 때문이다. 그런 점에서 2015년 5월 이른바 'P5+1' 6개국과 이란이 스위스 로잔에서 '공동포괄행동계획(JCPOA)'이란 이름으로 핵 협상을 마무리한 것은 서로의 셈법이 맞아 떨어진 결과물이다. 이 합의에 따라 이란이 핵 개발을 포기하면 미국을 비롯한 서방 국가들은 경제제재를 하지 않기로 했다. 이란은 핵 개발을 하지 않는다는 것을 보여주기 위해 IAEA의 사찰을 받게 됐다.

하지만 이스라엘은 JCPOA를 반기지 않았다. 네타냐후 이스라엘 총리는 "이란이 핵 협상 과정에서 핵 개발 프로그램을 운용한 사실을 철저히 감췄다"고 주장했다. 이스라엘의 속내는 협상보다는 국제사회로부터 고립시키고 원유 수출을 막아 경제를 망가뜨림으로써 이스라엘에 더 이상 위협이 되지 못하는 불구 상태의 이란을 바랐다. 오바마는 이스라엘의 의도를 눈치채고 귀를 기울이지 않는 모습으로 임기를 마쳤다.

문제는 또 트럼프다. 공화당 대선 후보 때부터 "이란 핵 협상은 잘못됐다"며 시비를 걸었던 트럼프는 2017년 초 대통령에 취임하자마자 합의 파기를 입에 올렸고, 결국 2018년 5월 이란 핵 협상 합의의 무효화를 공식 선언했다. 함께 JCPOA에 서명했던 유럽 국가들이 반대했지만 트럼프의 고집을 꺾진 못했다. 미국이 다시 이란을 압박해오자, 이란 내부에선 "핵무기 개발을 하느냐 안 하느냐의 결정은 이란의 주권 문제다. 이참에 아예 핵무기를 만들자"는 볼멘소리들이 지식인, 시민 가릴 것 없이 여기저기서 튀어나왔다. 이란 핵을 둘러싼 미국-이스라엘-이란의 긴장 상황은 현재진행형이다. 2021년 바이든 행정부 출범 뒤 이스라엘의 반대 속에 JCPOA를 복원하려는 회담이 열렸지만 최종 합의까지는 시일이 걸릴 것으로 보인다.

이스라엘이 이란을 공습한다면

이란의 핵 개발 의혹과 관련해 이스라엘과 미국 내 유대인들은 오래전부터 이란 침공론의 나팔을 불어댔다. 미국의 대외 정책에 막강한 영향을 미치는 유대인 압력단체인 AIPAC도 이란 침공론의 선두에 서 있다. AIPAC은 해마다 3월에 워싱턴에서 연례 총회를 연다. 대체로 총회 주제는 이스라엘-팔레스타인 관련 주제들이지만, 최근의 총회는 이란과의 전쟁을 촉구하는 데에 초점이 모아졌다. 총회장은 이란에 대한 전쟁의 북소리로 가득하다. 일부 참석자들은 "이란이 이미 핵무기 개발에 성공해 보유하고 있으므로 중동 평화를 위해선 이란 핵무기를 제거해야 한다"고 목청을 높인다. 이들은 오바마 대통령의 이란 봉쇄containment정책에는 한계가 있었다며 군사적 강공책만이 이란의 핵무장을 막을 수 있다고 주장한다.

미국은 지난 20년 동안 아프가니스탄과 이라크에서 동시에 전쟁을 치르면서 엄청난 대가를 치렀다. 7,000명이 넘는 미군 전사자(2021년 말 기준으로 이라크 4,570명, 아프가니스탄 2,440명)와 8조 달러의 천문학적인 전쟁 비용, 나빠진 미국의 대외 이미지 등은 큰 부담이 됐다. 여기에 이란과 군사적 충돌을 벌인다는 것은 가뜩이나 어려운 경제를 더 어렵게 만들 가능성이 크다. 그렇기에 미국의 이란 공습에 찬성하는 미국인들은 소수이다. 그럼에도 미국의 유대인들은 나중에 더 어려운 고통을 당하지 말고 지금 골칫거리를 잘라야 한다고 주장한다. '지금 공격할 거냐, 아니면 나중에 고통을 당할 거냐strike now or suffer later'는 식이다.

이란 핵 시설물을 겨눈 공습이 이뤄진다면 미국보다는 이스라엘이 벌일 가능성이 크다. 이스라엘은 이미 핵 시설을 공습해본 경험이 있다. 1981년 F-15, F-16 전투기를 동원하여 이라크 오시라크 원자로를 공습했다. 1970년대 후세인은 프랑스 정부를 설득해 프랑스 핵 개발 모델을 따라 바그다드 가까운 곳에 수십억 달러를 들여 40메가와트 규모의 오시라크 원자로를 세웠다. 그러나 레이더를 피해 낮은 고도로 1,100킬로미터를 날아온 이스라엘 F-15, F-16 전투기들의 기습 공격으로 불과 80초 만에 오시라크 원자로는 파괴되고 말았다. 이라크군은 대공포도 제대로 못 쏘고 당했다.

오시라크 원자로는 바그다드 시내에서 남쪽으로 30킬로미터 떨어진 곳에 있다. 이라크 현지 취재 때 그곳에 가보니, 황량한 들판에서 농사를 짓는 가난한 이라크 농부들이 살고 있었다. 바로 그곳에서 1981년 이스라엘 공습 상황을 봤다는 살렘 무신 노인을 만났다. "당시 나는 이라크 산업부 소속 운전기사로 일했는데, 이른 저녁 시간에 (기록에 따르면 오후 5시 35분) 하늘에서 전투기 4대가 갑자기 나타나더니, 곧 굉장한 폭음이 일어났습니다. 그야말로 눈 깜짝할 사이의 일이었습니다."

그때 사담 후세인은 막 벌어진 이란과의 전쟁(1980~1988년)으로 정신이 없을 때였으나, 이스라엘 공습 문제를 유엔으로 끌고 갔다. 이스라엘은 국제사회의 비난을 받았다. 미국마저도 이스라엘의 불법적인 공습 행위를 비난하는 유엔 결의안에 찬성표를 던졌을 정도다. 그래도 이스라엘 정치 군사 지도자들은 만족스러운 웃음을 지었다. 그들은 "국제 비난은 짧고 국가 안보는 영원하다"는 말을 주고받았을 것이다.

하지만 이란 핵 시설 공습에 이스라엘이 나설 경우 어려운 점이 없지 않다. 이란은 이라크보다 거리가 멀고 핵 개발 장소로 의심되는 원자력발전소도 10개가 넘는다. 원거리에 동시다발 타격을 성공시키는 것이 쉽지는 않다. 뿐만 아니라 그 뒤의 후폭풍도 문제다. 중동 정세 불안이 유가 폭등으로 이어지는 사태를 염려하는 미국이 이스라엘의 공습을 말릴 가능성이 크다. 이란 정부는 만의 하나 이스라엘로부터 공습을 받을 경우 보복에 나설 것임을 여러 차례 밝혀왔다. 미국이 "공습은 외과 수술적인 것이고, 이란 정권의 붕괴를 노린 게 아니다"라며 긴장 상황을 수습하려 든다 해도 이란 지도부가 선선히 받아들이지 않을 것이다.

이란이 공습당한다면 전쟁의 불길이 중동 지역 전체로 옮겨갈 가능성이 크다. 이란은 사정거리 2,000킬로미터의 샤하브-3 미사일로 보복 공격에 나설 것이다. 아울러 같은 시아파로 친이란 세력인 레바논의 헤즈볼라가 이스라엘을 향해 로켓을 쏘아올릴 것이다. 그럴 경우 이스라엘도 반격할 것이고, 레바논을 다시금 침공할 것이다. 또 이란이 국경을 맞댄 아프가니스탄의 탈레반 반미 정권에게 로켓포와 대공미사일을 지원할 경우 미군은 더 많은 사상자를 내면서 전쟁의 수렁에서 헤어나오기 어려울 가능성도 있다. 반미-반이스라엘 투쟁의 이슬람 무장 조직들, 이를테면 레바논의 헤즈볼라, 팔레스타인의 하마스, 아프가니스탄의 탈레반, 알카에다, 이슬람국가(IS) 등도 나름의 판단에 따라 군사작전을 활발하게 펼쳐 미국과 이스라엘에게 타격을 가하려 들 것이다. 그 뒤 벌어질 사태는 미국이나 이스라엘도 통제하기 어려운 상황으로 발전할지 모른다. 제3차 세계대전의 서막을 여는 악몽의 시나리오조차 떠오른다.

월츠, "이란 핵무장으로 중동 안정"

2012년 여름 미국의 정치학자가 이스라엘 유대인들의 눈살을 찌푸리게 만드는 글을 발표해 눈길을 끌었다. 미국 정치학계에서 신현실주의neorealism 학파의 거목이라고 할 케네스 월츠(전 컬럼비아 대학 교수)가 미 외교 전문지 『포린 어페어스』에 '왜 이란이 폭탄을 지녀야 하는가'라는 제목의 글을 실은 것이다. 월츠는 "이란이 핵 개발에 성공해서 핵무기 보유 국가로 이름을 올릴 경우 중동의 안정을 가져오는 긍정적인 변화가 될 것"이라고 주장해 논란을 불러일으켰다.

월츠는 미국과 이스라엘의 정치 군사 지도자들이 이란의 지도자들을 잘못 판단하고 있다고 비판했다. "이란 지도자들이 비합리적인 인물들이라서 만일 핵무기 개발에 성공할 경우 공세 일변도로 나올지도 모른다"고 의심하고 있다는 것이다. 월츠에 따르면, 미국이나 이스라엘이 이란의 핵 공격을 받을 것이란 주장은 이란 지도부가 비합리적이라는 인식에 바탕을 두고 있다. 하지만 이란 지도부는 자기 파괴적인 '미친 성직자들'이 아니라, 다른 국가의 지도자들처럼 자국의 안보를 걱정하는 정상적인 사람들이며, 때때로 쏟아내는 증오에 찬 공격적인 발언은 어디까지나 수사적인 표현일 뿐이라는 얘기다. 이란이 핵 개발에 성공할 경우 중동의 다른 국가들을 자극해 핵무기 개발 경쟁 바람이 불 가능성에 대해서도 월츠는 부인한다. 핵 개발 역사가 이미 70년을 넘긴 상황에서 이란 핵 개발로 말미암아 중동 지역에 핵무기가 확산될 가능성은 거의 없다는 것이다. 미국과 이스라엘의 지도부를 불편하게 만든 이 현실주의 학자의 주장은 "왜 이스라엘은 되고 이란은 안 되느냐"며 미국의 이중 잣대를 비판하던 중동 지역 사람들에게 큰 박수를 받았다.

월츠는 이란 핵 개발을 둘러싼 긴장 상황이 마무리될 세 가지 다른 방식을 따져본다. 첫째, 외교적 노력과 아울러 제재 강화가 이란의 핵 개발 의사를 포기하도록 이끄는 방식이다. 그러나 월츠는 그럴 가능성은 거의 없다고 본다. 핵무기가 안보에 절대적이라는 판단 아래 핵 개발에 뛰어든 국가가 국제사회의 제재 압력에 굴복하는 경우는 드물기 때문이다. 월츠는 그 보기로 북한을 꼽는다. 북한은 미국의 압력과 제재, 유엔 안보리의 제재 결의안에도 핵 개발에 나섰고, 결국 목적을 이루었다. 안보 위협을 물리치기 위해 핵 개발에 나선 이란에게 제재를 강화하는 것은 이란으로 하여금 더욱 안보 위협을 느끼도록 만들고, 궁극적인 안보 수단으로서 핵 개발에 매달리도록 만들 것이란 분석이다.

둘째, 이란이 사실상 핵무기 제조 능력을 갖춘 상황에서 핵실험을 하지 않는 방식이다. 이는 흔히 '일본 모델'로 알려져 있다. 실제로 핵무기를 만들어내지 않더라도 언제라도 마음만 먹으면 핵무기를 단시간에 만들어낼 수 있는 정교한 핵 기술을 보유하고 있는 상태를 가리킨다. 이런 방식은 이란의 강경파 지도자들에게 안보에 대한 자신감을 불어넣어주는 효과를 지니면서도 실제 핵실험에 따른 국제사회(특히 미국과 유럽연합)의 압력과 비난을 비껴갈 수 있다. 문제는 이스라엘이다. 이란의 핵 개발 의도 자체가 위협이라는 인식을 지닌 이스라엘로선 이 두 번째 방식조차 용납하기 어렵다. 이스라엘은 이란 핵 기술자에 대한 암살 시도를 멈추지 않을 것이고, 이란도 어중간한 방식으로는 안보 위협을 확실히 막아낼 수 없다고 판단할 것이다.

셋째, 이란이 핵 개발을 밀어붙여 공개적인 핵실험을 통해 핵무기 보유국임을 선언하는 방식이다. 문제는 그 과정에 따른 군사적 긴장과 불어닥칠 후폭풍이다. 미국과 이스라엘은 이란이 '레드 라인'을 넘어서는 상황을 용납할 수 없다는 점을 분명히 해왔다. 그럼에도 월츠는 주장한다. "핵 균형은 중동에서의 안정을 뜻한다." 미국이나 이스라엘은 물론 유럽의 정치 지도자들이나 많은 시사평론가들이 한결같이 이란의 핵무장은 지금의 대치 국면이 낳을 최악의 결과라고 여기지만, 그는 이란 핵무장이 오히려 중동의 불안한 정세를 가라앉힐 것이라고 본다.

미국과 이스라엘은 이란이 핵무기를 보유할 경우 핵 군사력에 바탕해 더욱 공격적인 대외 정책을 펴면서 극단적으로는 테러분자들에게 핵무기를 제공할 염려가 있다고 주장한다. 그럴 가능성에 대해서 월츠는 고개를 가로젓는다. 1945년 이후 역사는 어떤 국가가 핵무기를 보유하게 되었을 경우 기존 핵보유국들의 눈길을 의식해 더욱 신중하고 조심스런 모습을 보여왔다고 지적한다. 1964년 중국, 1974년 인도, 1998년 파키스탄이 핵 개발에 성공했을 때, 이들 국가들은 기존 핵 강국들의 눈총을 받지 않으려는 신중한 모습을 보였다는 것이다.

지금껏 핵보유국들 사이에서 전면전이 벌어진 적이 없다. 1991년 인도와 파키스탄은 상대국의 핵 시설물에 대해 공격하지 않기로 합의했다. 그 뒤로 양국 사이에 간헐적인 긴장이 터지긴 했지만 큰 전쟁 없이 평화를 유지해왔다. 월츠에 따르면, 이란이 핵 개발에 성공할 경우 이스라엘-이란 사이에도 그러한 협약이 맺어져야 한다. 그럴 경우 중동 지역의 군사적 긴장은 누그러질 것이고, 군사적 균형 아래 중동 지역은 전보다 훨씬 더 안정될 수 있다. 이런 논리 아래 월츠는 "미국이나 이스라엘은 이란의 핵 개발을 막기 위해 전쟁과 같은 무리수를 두지 말아야 한다"고 주장한다.

중동 평화 위해 이스라엘 핵 폐기해야

보다 중요한 사실은 그 어떤 중동 전쟁이든 세계경제에 먹구름을 드리울 것이란 점이다. 이란 남부에 위치한 폭 32킬로미터의 호르무즈해협은 전 세계 석유 거래량의 20%가 오가는 곳이다. 전쟁이 터질 경우 전 세계 유가는 요동을 칠 것이 분명하고, 중동 석유의 수입의존도가 85%인 한국 경제에도 타격을 입히는 사태가 일어날 것이다. 따라서 이란에 대한 군사적 강공책에 반대하는 사람들은 이렇게 말한다. "이란의 핵 위협이 커지기는 하지만 급박한 것은 아니다. 이란 공습이 가져올 비용과 불확실성, 그리고 세계경제에 미칠 악영향을 고려한다면, 다른 모든 외교적 수단들을 동원해야 한다. 무력은 마지막 수단이지 첫 선택이 돼서는 안 된다. 더 신경 써야 할 큰 문제는 이스라엘 핵무기 사찰과 폐기다."

전쟁 시나리오가 중동에서부터 시작되는 것을 막으려면 무엇보다 논란의 핵심인 이스라엘 핵을 사찰하고 궁극적으로는 폐기해야 한다. 해법이 없지는 않다. 미국·이스라엘·시리아·이란·유럽연합·러시아가 참여하는 '중동판 6자 회담'을 통해 북한 핵 불능화 해법과 비슷한 방안을 이스라엘에 적용하는 것이다. 이스라엘 핵 폐기는 21세기 세계의 화약고인 중동 지역에서 군비경쟁을 없애는 계기로 이어 질 것이고, 지역 긴장도 그만큼 줄어들 것이다.

2009년 5월 뉴욕 유엔 본부에서 열린 '2010년 핵확산금지조약 평가 회의를 위한 제3차 준비 회의'에서 로즈 고테뮐러 미국 국무부 차관보는 "인도, 이스라엘, 파키스탄, 북한을 포함한 모든 나라가 NPT를 보편적으로 지켜야 한다는 것은 여전히 미국의 기본적인 목표"라고 말했다. 아울러 그는 "핵 확산 금지에 예외가 있어서는 안 된다"는 원칙을 강조함으로써 이스라엘을 감싸고돌던 역대 미국 행정부의 관례를 깨뜨렸다. 그 발언의 속뜻을 헤아리느라 이스라엘 정치권과 미디어들은 한동안 바삐 움직였다.

미국이 오랫동안 이스라엘에 제공해온 '핵 연막'을 사실상 거둬들이는 것이라면, 이는 지금껏 '중동 비핵화'를 외쳐온 평화주의자들에게 반가운 소식이 아닐 수 없다. 하지만 핵 확산 금지에 예외가 없다는 발언은 구체적으로 이스라엘을 가리킨 것이 아니었다. 그저 원론적인 수준에서 나온 발언이었음이 곧 밝혀졌다. 유감스럽게도 그 뒤로 지금껏 이스라엘이 핵 사찰을 받게 될 것이라는 뉴스를 듣지 못하고 있다.

24장

이스라엘의
병역거부자들

동예루살렘에서 팔레스타인 자치정부 청사가 있는 북쪽의 라말라로
가는 길은 서울 도심에서 의정부쯤까지의 비교적 가까운 거리다. 그
러나 동예루살렘-라말라 중간쯤에서 언제나 막힌다. 교통량이 많아
서가 아니다. 이스라엘군의 검문으로 병목현상이 일어나기 때문이다.
팔레스타인 사람들은 지역 이름을 따 그곳을 칸달리야 검문소라고
일컫는다. 이 검문소에 배치된 이스라엘 병사들은 30도가 넘는 더위
에도 방탄복을 껴입고 중무장하고 있다. 이따금씩 일어나는 자살 폭
탄 공격에 대비해서다. 예루살렘으로 들어가 이른바 순교 작전을 펼
치려는 팔레스타인 젊은이가 이 칸달리야 검문소에서 몸수색을 당할
경우, 공격 목표 지점을 바꿔 그곳에서 폭탄 연결 고리를 잡아당길
수밖에 없을 테니 말이다.

이렇듯 칸달리야 검문소는 이스라엘-팔레스타인의 유혈 충돌이

일어나는 최전선 가운데 하나다. 멀리서 온 외래 방문객을 마땅찮은 눈길로 바라보던 20대 초반 이스라엘 병사의 메마른 얼굴을 떠올리며, 그 젊은이도 근무가 끝나면 힙합 음악을 들으며 어깨를 흔들겠거니 상상을 하는 동안, 내가 탄 차량이 낯익은 라말라 중심가로 들어섰다. 검문소에서 15분 남짓 되는 거리다. 그만큼 이스라엘군은 팔레스타인 사람들의 삶의 터전을 언제라도 위협할 수 있는 가까운 거리에 자리 잡고 있다는 얘기다.

팔레스타인 사람들을 피억압자로 만드는 주체는 극우파들이 득실대는 이스라엘 정권이다. 그들 중에는 물론 이스라엘 국방부 수뇌부가 있다. 이스라엘군 병력 규모는 현역이 약 17만 명, 예비역이 45만 명이다. 팔레스타인 곳곳에 세워진 검문소를 비롯해 현장에서 팔레스타인 사람들과 맞닥뜨리는 '억압의 선봉'은 이스라엘 병사들이다. 이들 가운데는 전쟁광 기질을 지닌, 그래서 동물 사냥하듯 팔레스타인 사람들에게 함부로 총을 쏴대며 낄낄거리는 병사들도 적지 않다.

가자지구 중부에 자리 잡은 칸 유니스 난민촌에 갔을 때다. 그곳에는 8만 5,000명의 난민들이 모여 살고 있는데, 이스라엘군과의 충돌 과정에서 많은 희생자가 생긴 곳이다. 나를 그곳으로 안내한 유엔 팔레스타인 난민구호기구(UNRWA) 소속 이동병원 관계자는 "이스라엘군이 청소를 한다는 이유로 수용소 입구 건물들을 탱크 포격과 대형 불도저로 마구 부수었는데, 그 과정에서 더욱 희생이 컸습니다"라고 했다. 집을 잃은 난민들은 오스트리아 국제 구호 기관들이 보내준 천막에서 지내고 있었다. 이스라엘이 독립하면서 벌인 전쟁으로 난민이 된 1948년의 상황으로 다시 돌아간 셈이었다.

이스라엘군의 총격으로 남편 술라만 아부 알바이다(70세)를 2개월

진에 잃은 마유다 부인(65세)은 시름에 잠긴 채 텐트 안에 앉아 있었다. 그녀에게 파괴된 그녀의 집으로 가서 사진을 찍고 싶다고 했다. 일반적으로 중동 지역 이슬람 여성들은 카메라 앞에 서는 걸 되도록이면 피하려 한다. 동행한 UNRWA 관계자의 거듭된 설득에 그녀는 고개를 끄덕였다. 그녀가 살던 집은 완전히 무너져 형체를 찾아볼 수 없었고, 주변은 온통 시멘트 덩어리들뿐이었다. 파괴된 집을 배경으로 그녀의 사진을 몇 장 찍으려는 순간 사격 소리가 들렸다. 100미터쯤 떨어진 곳에 전진 배치된 이스라엘 초소에서 우리를 향해 쏜 것이었다. 소리로 미루어 적어도 5발은 되는 듯했다.

이스라엘 병사들은 그들의 우수한 망원경으로, 우리가 뭘 하고 있는지를 훤히 보고 있었을 것이다. 우리는 황급히 피할 수밖에 없었다. 그런 모습을 지켜보며 싱긋 웃었을 이스라엘 병사의 얼굴이 떠올랐다. 그곳 난민촌의 장로인 유세프 모우사(72세)는 "저들은 툭하면 우리 쪽으로 총을 쏴댑니다. 우리가 덤불 속에 숨은 토끼로 보이나봅니다"라며 분개했다. 그런 황당한 일을 겪은 지 꼭 2년 뒤, KBS의 〈일요스페셜〉 팀과 함께 다시 그곳 칸 유니스 난민촌에 갔을 때도 똑같은 장소에서 마찬가지로 위협사격을 당했다. KBS 카메라맨은 카메라를 놔두고 급히 현장을 피해야 했다. 나중에 다시 돌아와 챙긴 카메라에는 4발의 총소리가 고스란히 녹음되어 있었고, 한국 시청자들에게 그 소리를 생생히 들려줄 수 있었다.

가자 지역 취재를 마치고 예루살렘으로 돌아가기 위해 가자-이스라엘 경계선에 있는 에레즈 검문소에 갔을 때 그곳 검문소의 한 장교에게 칸 유니스에서 겪은 일을 항의 섞어 전했다. 장교는 "솔직히 말해 우리 병사들의 신경이 날카로워져 있는 게 사실"이라며 변명을 섞

팔레스타인 지역 곳곳에 자리 잡은 이스라엘군 검문소의 병사들. 일부 이스라엘 군인들은 "점령지에서는 근무하지 않겠다"고 공개적으로 항명하고 있다.

어 사과했다. 이스라엘-팔레스타인 유혈 분쟁의 소용돌이 속에서 병사들이 휴가도 제대로 가지 못한 채 날마다 긴장 속에 지내다보니, 작은 일에도 예민하게 반응한다는 것이었다. 휴가를 못 가는 것은 군인들만이 아니다. 예루살렘에서 만난 한 나이 든 이스라엘 경찰 간부는 "지난 몇 달 동안 한 번도 휴가를 제대로 즐긴 적이 없다"며 어깨를 으쓱했다.

시오니스트 병사들의 마구잡이 총격

현재 이스라엘군은 30~40%가량이 종교적 보수주의자들인 시오니스트들로 채워져 있다. 이들은 시오니즘이 말하는 '유대인은 신으로부터 약속받은 땅에 살도록 선택된 민족'이란 생각으로 가득 찬 젊은이들이다. 따라서 팔레스타인 사람들에게 매우 공격적이다. 정치 지도부와 군사령관들이 팔레스타인과의 평화 협상 때문에 군 작전의 강도를 낮게 조절하려는 시점에서도, 시오니스트 병사들이 지휘관의 명령에 따르지 않고 제멋대로 총기를 사용해 문제를 일으키곤 했다.

이스라엘군의 과잉 폭력에 희생되는 것은 팔레스타인 어린이를 포함한 비전투원들이다. 가자 시내에서 제일 큰 병원인 시파 병원에 가 보니, 이스라엘군의 총격에 부상을 입고 장기 입원 중인 환자들이 각 층마다 가득했다. 그곳의 외과 의사는 "총상으로 몸이 망가지는 것도 장기적으로 심각한 문제지만, 당장 하루 벌어 하루 먹고 사는 가난한 이들이 몸을 다치면 굶어 죽느냐 살아남느냐의 생존 문제로 이어집니다"라며 안타까워했다. 이스라엘 평화운동 단체들은 이스라엘 가정에 전화를 걸어 "예비역으로 소집되면 팔레스타인 쪽에 과잉 사격을 하지 말자"는 캠페인을 펴고 있다. 그러나 현실에서는 잘 지켜지지 않는 게 문제다.

이스라엘-팔레스타인 유혈 충돌 과정에서 이스라엘 병사들이 비무장 민간인들을 겨냥해 마구잡이로 실탄을 사용하는 모습이 국제적인 비난의 표적이 된 것은 어제오늘의 일이 아니다. 조지 미첼(전 상원의원)은 클린턴 행정부에서 중동 특사로 활약했고, 2009년 다시 오바마 대통령으로부터 중동 특사로 임명됐다. 그는 1995년 북아일랜드의 유혈 분쟁을 끝장내는 데 힘썼고 좋은 성과를 거두었기에 '평화협상의 달인'으로 통했다. 2001년 이스라엘-팔레스타인 유혈 분쟁의 원인과 해결책을 찾기 위해 중동 현지에서 활동한 뒤 미첼은 보고서를 냈다. 보고서의 결론은 "이스라엘은 팔레스타인 서안지구의 유대인 정착촌 건설을 중지하고, 팔레스타인은 이스라엘에 대한 테러 행위를 그쳐야 한다"는 것이었다. 미첼의 이름을 따서 『미첼 보고서』로 일컬어지는 이 중립적인 보고서는 이스라엘 젊은 병사들의 거친 행동에 대한 이스라엘 군부의 통제가 제대로 되고 있지 않았다는 점을 이렇게 한 문장으로 비판했다. "상관의 지도력이 제대로 발휘되지 않는다는 것은 놀라운 일이다."

그런 놀라운 일의 구체적인 보기들은 너무나 많다. 2009년 3월 군사훈련을 마친 이스라엘 병사들이 이를 자축하기 위해 텔아비브의 한 용품점에서 단체로 맞춘 티셔츠를 입고 찍은 사진들이 화제를 모았다. 커다란 과녁 한가운데에 차도르를 입은 팔레스타인 임신부를 그려놓고 '1발로 2명을 죽인다'는 글귀를 새겨넣은 티셔츠였다. 이스라엘군 포격에 죽은 아기의 시신 옆에서 흐느끼는 팔레스타인 여인을 그려놓고는 "콘돔을 사용했어야지"라거나, 얼굴에 멍이 시퍼런 젊은 팔레스타인 여인을 그려놓고 "너 성폭행당했지!"라고 조롱하는 글도 있었다. 그 모두가 팔레스타인 사람들에게 모욕감과 분노를 안겨주는 것들이다. 한마디로 인간성을 상실했다고밖에는 달리 보기 어렵다. 문제의 티셔츠들이 인터넷을 통해 알려지며 비난 여론이 높아지자 이스라엘 국방부는 "우리 군의 가치관에 부합하지 않는다"는 성명을 발표했지만, 이스라엘 병사들의 도덕성은 이미 나락으로 떨어진 뒤였다.

'더러운 전쟁'의 희생양　　이스라엘 병사들은 18세를 갓 넘겼거나 20대 초반이 대부분이다. 이스라엘 병사들의 난폭성과 무딘 전쟁 윤리는 심리적 스트레스와 무관하지 않다. 전선이 따로 없는 점령지에서 언제 나타날지 모르는 팔레스타인 무장 세력과 얼굴을 맞대다시피 하며 싸워야 할 뿐 아니라, 폭발물이 언제 어디서 터질지 모르는 형편이니 병사들의 태도는 거칠어지고, 그런 일이 거듭될수록 정신 건강도 엉망이 되어 자살 충동으로 이어진다. 이라크 주둔 미군 병사들의 자살률이 높다고 하지만, 이스라엘 국방부가 그런 통계를 대외적으로 내놓지 않았을 뿐 그들 역시 유사한 문제를 겪고 있을 것이다. 자살이건 타살이건 짧은 삶으로 마감하거나 '외상 후 스트레스 장애(PTSD)'로 괴로움을 겪는 이스라엘 병사들, 그런 그들의 화풀이 총질과 군홧발의 표적이 된 팔레스타인 민초들, 이들은 모두 '문명의 세기'라는 21세기에 자칭 '민주주의국가' 이스라엘이 벌이는 '더러운 전쟁'의 희생양들이 아닐까 싶다.

이스라엘의 강경파 정치인들이 벌이는 중동 유혈 분쟁에 동원된 병사들이 전쟁의 희생양이 될 수 있음을 보여주는 영화가 〈바시르와 왈츠를〉(2008년)이다. 이스라엘 출신의 영화감독 아리 폴만이 만든 애니메이션 기법의 〈바시르와 왈츠를〉은 팔레스타인 난민촌 사브라와 샤틸라에서 일어난 학살 사건에 초점을 맞추고 있다. 영화 속 주인공 '나'의 전우는 26마리의 사나운 개들에게 쫓기는 악몽을 꾼다. 하지만 '나'는 그때의 일을 기억하지 못해 답답해한다. 그래서 친구인 정신과 의사를 만났고, 그의 충고에 따라 지난날의 전우들을 찾아다니며 기억의 파편을 맞춰나간다.

'나'는 베이루트 시가를 순찰하다가 적군의 기습 사격을 받자, 길거리에서 춤추듯 기관총 반동에 몸을 뒤틀며 마구잡이로 사격을 해댔던 전우도 만난다. 차츰 '나'의 기억 속에서 잊혔던 그날 밤의 악몽이 되살아난다. 상관의 명령에 따라 난민촌 밤하늘을 향해 조명탄을 쏘아올렸던 사실, 그리고 살아남은 팔레스타인 여인들의 서글픈 행렬과 마주쳤던 사실이 떠오른다. 그 사실들은 잊혔던 것이 아니라 악몽 같았기에 잊고자 애썼던, 기억의 창고에서 영원히 닫아버리고 싶었던 기억들이었다.

분명한 것은 1982년 베이루트에서 실제로 일어났고, 많게는 3,000명의 주민들이 학살당했던 그 사건의 배후에 이스라엘군이 있었다는 사실이다. 레바논 기독교 민병대원들이 팔레스타인 난민촌으로 들어가 학살극을 벌이는 동안, 이스라엘 군대는 난민촌 외곽을 탱크로 둘러싸고는 밤새도록 조명탄을 쏘아올려 난민촌 주변을 밝혔다. 가해자로 나서든 피해자가 되든, 전쟁이란 기본적으로 병사들에게 스트레스다. 베트남 전쟁에 참전한 미군의 PTSD 발병률은 30%로 추정된다. 학살의 기억을 잃은 이스라엘 예비역 '나'는 또 다른 의미의 PTSD 환자다. 2009년 가자지구의 시파 병원에서 만났던 한 정신과 의사는 "지금 이스라엘에는 장기간 유혈 분쟁이 이어지면서 영화 속 '나'처럼 자신의 뜻과는 달리 전쟁범죄의 현장을 목격한 뒤 PTSD 증상으로 힘겨워하는 이들이 적지 않은 것으로 알고 있습니다"라고 귀띔했다.

징집 피하려 꼼수 동원

이스라엘은 징병제이다. 18세 이상 이스라엘 시민권을 지닌 남녀는 모두 의무적으로 군대에 가야 한다. 다만 몇 가지 예외는 있다. 일단 다른 나라와 마찬가지로 건강상의 이유로 군대 면제를 받는 사람들이 있다. 또 '하레디Haredi 유대인'

이라고 알려진 정통파 유대교 신학생과 아랍인(팔레스타인계)은 병역 의무를 면제받는다. 신학생은 유대교 율법을 공부할 수 있도록 해야 한다는 명분이지만, 팔레스타인계는 믿고 총을 맡길 수 없다는 불신 감이 깔려 있다.

2010년까지 남성은 3년, 여성은 1년 9개월 복무했으나, 2011년부터 여성은 1년 6개월까지 줄었고, 남성은 32개월로 줄이는 쪽으로 가고 있다. 전체 이스라엘군에서 여군이 차지하는 비율은 30%에 이른다. 군 복무를 마친 뒤에는 남성은 51세까지, 여성은 24세까지 연간 39일을 소집에 따라야 하고, 비상시에는 그 기간이 늘어날 수도 있다.

문제는 최근 많은 이스라엘 젊은이들이 어떤 핑계를 대서든 군대에 가지 않으려는 분위기라는 것이다. 이스라엘 당국의 조사에 따르면, 18세 이상 남성이나 여성 모두 절반을 겨우 웃도는 정도만 입대했다(남성 54%, 여성 35%). 최근 몇 년 동안 18세 이상 징집 대상 남성의 25%가 해외 거주나 전과 기록, 건강 이상 등의 이유로 병역면제 판정을 받아냈다. 1980년대의 병역면제율이 12%였던 데 비하면 2배 이상 높아진 수치다. 이스라엘군 당국은 신체검사 기준이 더 엄격해져서 '현역 부적격(병역면제)' 판정을 내리는 비율이 올라간 게 아니라, 군대에 가지 않으려는 젊은이들이 이런저런 요령을 피우는 경우가 많아졌기 때문이라고 보고 있다. 여성들도 군대에 가지 않으려고 17세에 서둘러 결혼하거나 종교적 이유 등을 내세워 병역 의무를 피하는 비율이 3명에 1명꼴이다. 그 과정에서 온갖 꼼수가 동원되는 것으로 알려져 있다. 위장 결혼을 한 뒤 병역면제 판정을 받고 슬그머니 이혼하는 여성들도 생겨났다. 세계적인 슈퍼모델이자 한때 영화

미국산 M-16 소총과 곤봉으로 무장한 채 순찰 중인 이스라엘 병사들. 위장 결혼 등 여러 꼼수로 병역을 기피하려는 사람들이 늘어나고 있어 이스라엘 정부는 골치가 아프다.

배우 레오나르도 디카프리오의 연인으로 알려졌던 바르 라파엘리도 그랬다. 그녀는 군 복무를 피하려고 2003년에 결혼한 다음 얼마 지나지 않아 이혼 수속을 밟아 구설수에 올랐다.

이스라엘 국방부는 고의적인 병역기피자를 잡아내려고 애쓰지만 쉽지 않은 상황이다. 병역기피 풍조가 널리 퍼진 탓에 이스라엘군의 징집 비율이 갈수록 낮아지자 국가적인 문제로 떠올랐다. 베냐민 네타냐후 총리가 '병역특례폐지법안'을 크네세트에서 밀어붙이려고 했던 것도 그런 사정에서였다. 이 법안에 따르면, 모든 이스라엘인은 징집 대상이라는 짐을 분명히 밝히면서 그동안 징집에서 면제돼왔던 정통파 유대교 신학생들을 모두 군대에 입대시키겠다는 내용을 담았다. 또한 이스라엘 시민권을 지닌 아랍계(팔레스타인계) 시민도 지원자들에 한해서 입대시키겠다고 했다. 하지만 이 법안은 정통파 유대교 신학생들은 물론 종교 지도자들의 강한 반발을 불렀고, 흐지부지 된 상태이다.

눈 가리고 아웅 하는 격이지만, 이스라엘은 1995년 병역거부권이 법적으로 인정된 나라다. 법에 따라 병역을 거부할 수 있는 권리가 있다. 이스라엘 젊은이들 가운데는 "내 양심에 비추어 징집을 거부하겠다"는 젊은이들도 10%에 이른다. 병역거부위원회의 심사를 거쳐 당사자의 설명을 듣고 그 이유가 옳다고 받아들여지면 병역을 면제받는다. 문제는 병역거부권이 인정되는 사례가 10%에도 못 미친다는 점이다. 병역거부 신청자 10명 가운데 1명만이 병역을 면제받는 셈이다.

팔레스타인에서는 복무하지 않겠다   이스라엘 젊은이들의 양심적 병역거부는 크게 두 가지 형태로 나뉜다. 첫째는 징집 거부다. 젊은 평화주의자들은 군대 대신에 감옥을 택한다. 7~8개월 복역을 하면 그걸로 끝이다. 두 번째 형태의 병역거부는 병역 자체를 거부하기보다는 "1967년 6일전쟁 뒤 이스라엘이 점령 중인 지역에서 근무하지 않겠다"는 것이다. 팔레스타인 지역에서 근무한다는 것은 곧 점령군으로서 총과 탱크로 현지 사람들을 억눌러야 하는 일이다.

팔레스타인과의 유혈 충돌이 길어지면서, 양심적 병역거부는 이스라엘에서 큰 논란거리로 떠올랐다. 이스라엘 평화운동 단체 가운데 하나인 '병역거부자 연대 네트워크' 웹사이트(www.refusersolidarity. net)에 따르면, 2000년에서 2005년 사이에 현역과 예비역을 합쳐 약 1,700명이 병역거부를 선언했다. 이스라엘 어디를 가나 옅은 오렌지 색 군복을 입고 소총과 배낭을 둘러멘 채 소집처로 떠나는 이들을 만 날 수 있다. 예루살렘에서 가자지구로 가는 길에서 내가 전세 낸 차 에 잠시 무임승차했던 한 예비역에게 일부 사람들의 소집 거부를 어 떻게 생각하느냐고 묻자, "아무리 양심에 따른다 해도 소집 거부란 나로선 상상도 하기 어려운 일"이라며 어깨를 으쓱했다.

병역거부는 대부분 개인적으로 이루어지지만, 집단적으로 병역을 거부하는 경우도 있다. 2003년 9월에는 이스라엘 공군 조종사 27명 이 "팔레스타인 점령 지역을 폭격하지 못하겠다"며 집단 항명에 나선 일도 있다. 이 사건으로 현역 9명이 '불명예제대'했다. 2003년 12월 에는 이스라엘 특공대 소속 13명의 예비역이 이스라엘 총리에게 편 지를 보내 점령지 복무를 거부했다. 이 편지에는 "우리는 수백만 팔 레스타인 사람들의 인권을 탄압하는 데 더 이상 가담하지 않겠으며, 유대인 정착촌에서도 근무하지 않겠다"는 내용이 담겨 있다.

2014년 7~8월의 가자 침공으로 2,100명의 희생자를 낸 기억이 생 생하던 그해 9월 12일, 이스라엘 정보부대인 '유닛 8200' 소속으로 근무했던 예비역 43명(사병 33명, 소령 1명을 포함한 장교 10명)이 "팔레 스타인인들을 학대하는 군 복무를 더 이상 하지 않겠다"고 선언하는 일도 생겨났다. 이들은 이스라엘군의 군사작전을 가리켜 '팔레스타 인 주민들에게 가하는 집단적 징벌collective punishment'이라고 비판하 면서 네타냐후 총리, 베니 간츠 참모총장, 아비브 코차비 군 정보기관장 등 3인에게 공개서한을 보냈다.

수백만의 팔레스타인 사람들이 이스라엘의 군사 통제 속에서 살아가고 있습니다. 이스라엘군은 팔레스타인 사람들의 삶의 모든 영역을 통제하고 있으며, 수백만의 사람들을 감시하는 것을 당연하게 생각합니다. 사람들이 정상적인 삶을 살아가는 것을 허용하지 않으며 갈등에서 멀어지게 하는 게 아닌, 오히려 폭력에 기름을 붓습니다.

이스라엘은 유대인 정착촌 건설을 위해 광대한 팔레스타인 토지를 강제 점령합니다. 정착촌 확대는 국가 안보와 아무 상관이 없습니다. 건설 및 개발을 제한하는 팔레스타인 서안지구에서의 경제적 착취, 가자지구 주민들에 대한 집단적 징벌, 그리고 분리 장벽 건설 또한 같은 선상에 있습니다.

우리는 수백만의 사람들의 권리를 부정하는 임무를 따를 수 없으며, 이제 폭력의 시스템이 아닌, 양심의 시스템을 작동시킬 것입니다. 따라서 팔레스타인에 대한 국가 행동에 참여하는 것을 거부합니다.

병역거부 움직임이 나올 때마다 이스라엘의 보수 언론 매체들은 '비겁자', '반역자', '배신자'라는 용어를 쏟아붓는다. 그에 비해 이스라엘 국방부의 반응은 겉으로는 조용한 편이다. 그들을 감옥에 보내기보다는 근무지를 바꿔 조용히 마무리하는 쪽으로 움직여왔다. 이스라엘 국방부가 평화주의들에게 너그러워서가 아니다. 그런 요구를 들어주지 않을 경우 생겨날 나라 안팎의 비판적 목소리들을 잠재우려는 계산에서다.

양심적 병역거부는 곧 평화운동

지구촌 평화주의자들로부터 '중동의 깡패 국가'라고 욕을 먹는 이스라엘이 "점령지인 팔레스타인에선 복무하지 않겠다"는 병사에게 선선히 근무지를 바꿔주는 데 비해 우리 한국 정부는 너무도 경직된 모습을 보여왔다. 2008년 이명박 정부 시절 광우병이 의심되는 미국산 쇠고기 수입을 반대하면서 촛불 시위가 벌어졌을 때다. 몇몇 젊은 의경들이 "시위대를 막기 위해 최루탄을 쏘기보다는 국방에 힘쓰겠다. 차라리 나라를 지키기 위해 나를 전방으로 보내달라"고 요청했다. 이명박 정부는 젊은 의경들의 요청을 선뜻 받아주기는커녕 그들을 영창으로 보냈다. 양심적 병역거부 대응에 관한 한 이스라엘 정부가 한국 정부보다 몇 수 위라고 말해야 할까.

이명박 정부는 노무현 정부가 양심적 병역거부자들에게 대체 복무의 길을 열어주기 위해 짜놓았던 일정(2008년 말까지 관련 병역법 개정을 마치고, 2009년 초에 시행)조차 뒤로 미루었다. 문재인 정부 들어 양심적 병역거부 논의가 다시 살아나고, 대법원에서 병역거부자들에게 무죄를 선고한 것은 나행스런 일이나. 하시만 논란거리는 남아 있나. 국방부가 '양심적 병역거부'라는 용어 말고 '종교적 신앙 등에 따른 병역거부'라는 용어를 쓰기로 결정하고, 교도소에서 여러 해 지내야 하는 징벌적 성격의 대체 복무를 밀어붙이는 것이 논란의 핵심이다.

"내 양심에 거스르는 일을 하지 않겠다"는 것은 다름 아닌 평화주의에 바탕을 둔 행동이다. 영국 케임브리지 대학의 이름난 철학 교수 제니 타이히만은 '평화주의'를 한마디로 '반전주의'라고 규정했다. 평화주의자들은 폭력 사용에 반대하지만, 특히 정치적인 갈등에서 비롯된 폭력과 전쟁에 반대하는 사람들이다. 평화주의자의 눈으로 세

상을 바라보면, 사람의 생목숨을 앗아가는 전쟁은 물론이고 우리 인
간의 타고난 권리와 자유를 억누르는 국가 폭력은 어떤 논리로든 합
리화될 수 없다. 평화주의는 공권력이란 이름 아래 국가 폭력이 마구
휘둘러질 때 그 폭력의 앞잡이가 되길 거부하고 무기를 내려놓는 것
을 당연하게 여긴다. 양심적 병역거부는 곧 평화운동이라는 점에서
이스라엘과 한국은 맞닿아 있다.

25장

이스라엘의
평화주의자들

전쟁은 우리 인간의 정서를 메마르게 만든다. 2001년 미국은 9·11 테러를 당한 뒤 아프가니스탄을 침공해 탈레반 정권을 무너뜨렸다. 1979년 옛 소련군이 아프가니스탄을 침공한 뒤 잇단 내전과 국제전으로 말미암아 아프가니스탄 민심은 메마를 대로 메말라 있었다. 2002년 초 취재를 하러 그곳에 갔다가 이런 말을 들었다. "이곳에서는 아들이 죽어도 어미가 울지 않는다." 아프가니스탄은 지금도 전쟁 중이다. 아프가니스탄 주둔 미군을 철수시키질 못해 머리가 아픈 미국 워싱턴의 정치 군사 지도자들은 '아프가니스탄 수렁에 빠졌다'는 말을 들을 정도다.

살벌한 사회 환경에서는 정치적 극단주의가 힘을 얻기 마련이다. 나와 내가 속한 민족의 생존만 중요하지 남을 살필 여유가 없어진다. 정치권에서는 대외 강경파들이 목청을 높이고, 유권자들도 그런 이들에게 표를 던진다. 9·11 테러 뒤 미국 정치권이 그랬고, 2000년 인티파다가 일어난 뒤 총선에서 극우파들이 잇달아 승리를 거둔 이스라엘이 바로 그런 모습이었다.

피가 피를 부르는 거듭된 이스라엘-팔레스타인 충돌은 이스라엘 정치권을 강경 우파 일색으로 만들었다. "팔레스타인과 더불어 사는 길을 찾아야 한다", "팔레스타인에게 땅을 돌려주고 이스라엘은 평화를 얻어야 한다"면서 이른바 '땅과 평화의 교환 원칙'을 말하는 좌파와 중도파는 갈수록 정치적 입지가 줄어들었고, 줄줄이 낙선의 쓴잔을 마셨다. 1993년 오슬로 평화협정을 통해 팔레스타인과의 공존을 모색할 무렵만 해도 이스라엘 정치권에서는 중도파와 좌파가 유권자들의 지지를 받았다. 그러나 지난 26년 사이에 이스라엘 전체 사회가 대팔레스타인 강경 노선이 옳다고 여기는 극우 보수 성향을 띠게 됐다.

어떤 경우든 전쟁이 터지면 처음 얼마 동안 언론은 매우 애국적인 경향을 띠게 되고 여론을 그런 쪽으로 몰아간다. 2009년 이스라엘의 가자지구 침공에 대해 이스라엘 언론들은 '여론이 압도적으로 전쟁을 지지하고 있다'고 보도했다.

여러 설문 조사 결과는 80% 이상의 이스라엘 국민이 전쟁을 찬성한다는 사실을 보여주었다. 그 결과 가자지구 침공 바로 뒤에 치러졌던 총선에서 강경 우파들이 이겼고, 대표적인 강경 우파 베냐민 네타냐후가 다시 이스라엘 총리가 되었다. 무려 2,100명의 희생자를 낳았던 2014년 가자 침공 때도 이스라엘 여론은 네타냐후를 지지하는 쪽이었다. 거듭된 유혈 충돌에 지친 이스라엘 유권자들은 팔레스타인 강경론을 펴는 전투적 매파들이 자신들의 안전을 지켜주리라는 믿음을 품고 있다.

9명의 매파와 1명의 비둘기파

1948년 독립국가를 세울 때부터 이스라엘은 세계 곳곳에서 모인 유대인들이 만든 나라였다. 그 뒤로도 이스라엘은 꾸준히 유대인 이민자들을 받아들였다. 이스라엘에서 피부색이 까무잡잡한 유대인들을 만났을 때는 '저들이 유대인 맞나?' 하는 생각이 들었다. 인도나 아프리카에서 건너온 유대인들이었다. 유대인의 혈통은 어머니가 누구냐로 따진다. 2,000년이란 세월을 지나며 아프리카나 인도의 유대인은 비록 피부색은 바뀌었지만 그들 나름대로 히브리 문화와 전통을 지켜왔다는 얘기다.

그런데 같은 유대인 사회에서도 출신지가 어디냐에 따라 경제 사회적 처지가 완전히 다르고 계층도 다르다. 이른바 '사회 피라미드'의 상층부는 서유럽과 미국에서 건너온 유대인들이 차지하고 있다. 유대인 사이에서 이들은 '아쉬케나짐'이라고 불린다. 하류층은 동유럽이나 북아프리카, 중동의 이슬람 국가들에서 넘어온 사람들이 대부분이다. 특히 중동 지역에서 살다가 이스라엘로 넘어온 유대인을 '미즈라히'라고 부르는데, 이스라엘 사회에서 대체로 중하층민을 이룬다. 물론 이스라엘 시민권을 지닌 아랍인들보다는 상대적으로 상층이다. 그래도 예외는 있기 마련이어서, 최근에 러시아와 동유럽에서 건너온 이민자들 가운데는 치과 의사 등 전문직이 포함되어 있어서 짧은 시간 안에 유대인 주류 사회로 진입하고 있다는 소식이다.

여기서 짚고 넘어갈 점은 이스라엘 극우 강경파 정당들의 지지 기반이 저소득층과 뒤늦게 이민 온 사람들, 특히 중동 지역 출신의 유대인인 미즈라히라는 점이다. 이들은 팔레스타인과 화해 무드가 이루어지면 팔레스타인 저임금 노동자들이 이스라엘로 몰려들어 자신들의 생존권을 위협할 것이라고 생각한다. 이스라엘 극우 정당들은 그런 불안 심리를 파고들어 팔레스타인에 대한 강공책을 부추겨온 셈이다.

이스라엘 사람들이 모두 전투적 매파인 것은 물론 아니다. 정치 지형으로 보면 9명은 매파, 1명은 비둘기파다. 비둘기파는 팔레스타인 사람들의 생존권을 인정하고, 유대인들과의 공존을 통해 잃어버린 평화를 되찾아야 한다는 생각을 가지고 있다. 중동 현지에서 만난 젊은 평화주의자들은 날마다 긴장 속에 지내던 나를 잠시나마 편안하게 해주었다. 예루살렘 시내 한복판, 하얏트 호텔 건너편에서 한 무리의 젊은이들이 피켓을 들고 구호를 외치고 있었다. "유대인 정착촌 건설을 중지하라", "난민촌 파괴를 중지하라", "팔레스타인 점령지에서 이스라엘이 물러나야 평화가 온다". 그들은 팔레스타인계 아랍인들이 아니라 유대인들이었다. 히브리 대학 재학생들이 주축이 된 이들 50여 명의 작은 시위대는 자신들을 '중동의 평화주의자들'이라고 부른다.

이스라엘 언론은 이들을 좌파로 분류한다. 거리에서 그들의 정치 집회가 열릴 때면 으레 입씨름이나 몸싸움이 벌어진다. 한 50대 여성이 지나가면서 이들을 향해 큰 소리로 "배신자들"이라고 욕한다. "차라리 이슬람으로 종교를 바꿔라" 하고 비아냥거리는 소리도 들렸다. 이런 마찰이 몸싸움으로 불거질 것을 대비해서인지, 길 건너편에 한 무리의 경찰이 경계 근무를 서고 있었다.

이스라엘 평화운동가들은 팔레스타인 평화운동가들과 손을 잡고 이스라엘군의 팔레스타인 점령을 규탄하는 집회를 함께 열기도 한다. 2002년 봄 텔아비브에서는 이들 평화운동가들의 조직 아래 이스라엘 정부를 규탄하는 집회가 열려, 10만 명 정도 되는 시민들이 "팔레스타인 점령 지역에서 이스라엘군과 정착민들은 즉각 철수하라",

유대인 정착촌 철거를 주장하고, 팔레스타인과의 평화적 공존을 외치는 이스라엘 평화운동가들(예루살렘).

"아리엘 샤론은 진실이 빠진 평화를 말하고 있다", "샤론은 우리 모두를 대재앙에 빠뜨리고 있다" 등의 이스라엘 정부를 비판하는 구호를 외쳐대기도 했다.

그러나 그뿐이었다. 이스라엘 정부는 비판에 귀를 기울이지 않았고, 유혈 투쟁의 상황은 갈수록 격해지면서 이스라엘 대중의 호응도 떨어져 그런 대규모 집회를 열기 어려운 형편이 됐다. 이런 현실이 이스라엘 평화운동가들의 마음을 아프게 한다. 하지만 그들은 이스라엘의 분리 장벽 건설 현장이나 주거지역과 농경지 파괴 현장에 팔레스타인 활동가들과 함께 나아가 여전히 "우리에게 자유와 평화를 달라"고 외친다.

팔레스타인과 공존의 길을 찾는 사람들 서안지구에서

이스라엘의 정착촌 건설에 반대하는 격렬한 시위가 벌어지는 현장에서 이스라엘 평화운동가를 만났다. 서안지구 정치 중심 도시 라말라에서 자동차로 30분 거리에 있는 벨린 마을 가까운 곳에는 '무다인'이란 이름의 대규모 유대인 정착촌이 있다. 벨린 마을과 무다인 정착촌 사이엔 8미터 높이의 분리 장벽이 세워졌다. 바로 그곳에서 팔레스타인 시위대는 분리 장벽을 사이에 두고 이스라엘군과 대치했다. 곧 최루탄이 터졌다. 한국에서 쇠고기 수입 반대로 시위가 한창일 무렵 서울시청 앞에서 맡았던 최루탄 가스는 싱겁게 느껴질 정도로 독했다.

이어 고무 총탄이 날아들었다. 시위대는 몸을 웅크리며 뒤로 물러서야 했다. 나도 시위대와 함께 언덕 위로 뛰었다. 돌무더기에 무릎을 부딪히면서도 아픈 줄 모르고 뛰다가 한숨 돌리려는데, 바로 가까이에서 히브리어로 말하는 소리가 들렸다. 시위 현장에서 팔레스타인 사람들과 함께 "정착촌 철거하라", "분리 장벽 철거하라"를 외쳤던 이스라엘 평화운동가들이었다. 최루탄 가스를 피해 언덕 위로 달려오느라 얼굴들이 벌겋게 달아올랐지만 하나같이 맑은 영혼을 지닌 사람들로 보였다.

'이스라엘은 팔레스타인 사람들과 공존하는 길을 찾아야 한다'는 생각을 지닌 이스라엘 평화주의자들은 이스라엘 정치 지형에선 소수자에 속한다. 입을 모아 평화를 말한다 하더라도 성향도 여러 갈래다. '지금 평화' 같은 중도적 성향의 단체도 있고, 구쉬 샬롬, 배트 샬롬Bat Shalom 같은 급진적 단체도 있다. 하지만 1967년 이전의 경계선(그린라인)으로 이스라엘이 물러나야 중동 땅에 평화가 온다는 신념만큼은 공통적으로 지녔다.

이들 평화운동 단체들은 이스라엘 정부가 유대인 정착촌을 확대할 움직임을 펴는 것을 강력히 비판해왔다. 이스라엘 정부가 그동안 밀어붙여온 정착촌 건설로 피해를 입은 팔레스타인 사람들의 권익 보호를 위한 법정투쟁에도 열심이다. 아울러 팔레스타인 사람들과 손을 잡고 합동 대중 집회와 평화 네트워크를 짜는 등 여러 종류의 평화 활동을 펴오는 중이다. 이들의 사무소를 찾아가보면 좁은 공간에 전화기와 컴퓨터 한두 대가 전부다. 이들의 파워는 다름 아닌 도덕성과 정보력에서 나온다. 인터넷과 SNS로 퍼날라지는 이들의 투쟁 대의는 전 세계 평화를 사랑하는 이들의 가슴에 가닿는다.

이들 활동가들이 부담스럽게 여기는 것은 이스라엘 대중의 몰이해와 싸늘한 눈길이다. 이스라엘 정부가 2009년과 2014년의 팔레스타인 가자 침공을 정당화하는 논리에는 '하마스는 테러 조직'이라는 기본적인 전제 아래, 하마스가 이스라엘과의 휴전협정을 깬 당사자이며, 이스라엘은 일반 주민들이 아닌 하마스에 대항해 '조국 방어 전쟁'을 수행하고 있다는 시각이 자리하고 있다. 하지만 팔레스타인 사람들의 논리는 전혀 다르다. 그들은 이스라엘이야말로 국제법을 어기며 팔레스타인을 불법 강점하면서 자유와 독립을 외치는 팔레스타인 사람들의 저항을 무력으로 내리누르고 있다고 여긴다. 가자지구에서 만난 하마스 대변인 파우지 바르훔은 이렇게 말했다. "하마스의 저항은 자유를 쟁취하기 위한 처절한 투쟁입니다."

평화활동가들은 이스라엘 정부가 가자 침공을 정당화하려고 내세우는 논리에 비판적이다. 이스라엘 평화운동 단체 구쉬 샬롬에서 일하는 테디 카츠는 "하지만 진실은 정부가 (나이 어린 이스라엘 병사들

팔레스타인 시위 현장에서 만난 이스라엘 평화운동가들. 이스라엘의 정착촌 건설에 반대하는 이들은 이스라엘 정치 지형에선 소수자에 속한다.

로 하여금) 전쟁범죄를 저지르게 했다는 것입니다"라며 안타까워했다. 그는 "국제법상으로도 이스라엘의 팔레스타인 강점은 불법"이라며 이렇게 강조했다. "지금껏 여러 번 나왔던 유엔 결의안들에 따라 이스라엘군이 팔레스타인에서 물러나야 평화가 옵니다. 지난 2000년 남부 레바논에서, 그리고 2005년 가자지구에서 이스라엘군이 철수했듯이, 점령지인 서안지구에서 군대를 철수시키면서 아울러 서안지구 곳곳에 점처럼 박혀 있는 유대인 정착촌들을 모두 철거해야 합니다. 이스라엘이 팔레스타인 사람들의 생존권을 인정하고 독립국가를 세우도록 돕는 것만이 중동에 평화를 심는 유일한 해결책입니다. 그래야만 이 땅이 피로 적셔지는 일이 그칠 것입니다."

어느 여성 평화운동가의 죽음

이스라엘군이 작전상 필요에 따라 탁 트인 시야를 확보한답시고 팔레스타인 민간인들의 주거지를 마구 파괴하고 올리브나 레몬 나무들을 불도저로 밀어버리는 행위는 팔레스타인에서는 너무나 흔한 일이다. 이런 만행을 중단시키기 위해 노력하는 사람들 가운데는 외국의 젊은 평화주의자들도 적지 않다. 이들은 이스라엘군의 불도저를 온몸으로 막다가 깔려 죽거나 중상을 입는 등의 끔찍한 비극을 겪기도 한다. 2003년 3월 '국제연대운동'이라는 평화운동 단체 소속으로 팔레스타인 난민을 돕던 미국인 여대생 레이철 코리(당시 23세)도 그 가운데 한 명이다. 그녀는 가자지구 남쪽 라파 난민촌에서 이스라엘군이 가옥들을 파괴하는 것을 보고 불도저 앞에서 항의하다 불도저에 깔렸다. 사고 직후 그녀는 난민촌 병원으로 실려갔으나 양팔과 다리, 두개골이 부서져 결국 숨을 거두었다.

당시 레이철과 그녀의 동료 활동가 7명은 2시간 동안 이스라엘군과 대치하고 있었다. 그 과정에서 레이철은 이스라엘 군인들에게 "우리는 비무장 국제 평화운동가들"이라고 명확히 신분을 밝혔다. 레이철의 동료인 조셉 스미스를 비롯한 목격자들에 따르면, 불도저는 진입을 가로막고 앉아 있는 레이철을 향해 돌진했다. 불도저가 멈추거나 방향을 바꾸려고 하지 않자, 레이철은 돌과 파편 무더기 위로 올라가서 돌진하는 불도저 운전자를 정면으로 바라보았다.

레이철은 형광색 재킷을 입고 있었다. 하지만 불도저는 멈추질 않고 돌진해 레이철이 돌무더기 위에서 떨어지게 만들었고, 그녀가 시야에서 사라지자 그녀의 몸 위로 밀고 지나갔다. 운전자는 불도저 블레이드를 들어올려 혹시나 레이철이 밑에 깔리는 사고를 막으려고도

하지 않았다. 이 끔찍한 사건에 대해 이스라엘군 대변인은 "시위대가 무책임하게 행동해 모든 이들을 위험에 빠뜨리고 있다"는 주장을 폈을 뿐이다.

한반도 평화를 바란다면 중동에도 관심을   제프 하퍼*

는 이스라엘 평화운동가이다. 그는 이스라엘군이 불도저로 팔레스타인 주거지역의 집들을 마구 부술 때 불도저 앞에 누워 있거나 플래카드를 들고 서 있는 등의 '비폭력 직접 행동'으로 맞서왔다. 그 때문에 여덟 차례나 체포·구금되었다. 하퍼에 따르면, 6일전쟁으로 이스라엘이 서안지구와 가자지구를 점령한 뒤 2만 4,000여 가구가 이스라엘군의 폭격으로 파괴됐다. 2014년 이스라엘군의 가자 침공으로는 4,000가구가 무너졌다. 그는 "우리는 지난 몇 년 동안 160곳의 파괴된 집들을 다시 세웠다. 생각보다 더디고 쉽지 않은 일이지만, 평화를 사랑하는 이스라엘 주민과 교회의 지원을 통해 함께 이뤄가고 있다는 데 의미가 크다"면서 평화운동의 의미를 강조했다. 그는 이런 활동으로 노벨 평화상 후보에 오르기도 했다.

하퍼는 2009년 봄 서울에 와서 '이스라엘과 팔레스타인의 갈등과 평화운동'이란 주제로 강연을 했다. 이 강연에서 하퍼는 "진정으로 한반도의 평화를 원하십니까? 그렇다면 이스라엘과 팔레스타인의 갈등 관계에 먼저 관심을 갖기 바랍니다"라고 입을 열었다. '남북 분단 국가인 한국도 중동 유혈 분쟁에 적극적인 관심을 갖고 그런 바탕에

---

* '팔레스타인 가옥 파괴에 반대하는 이스라엘 위원회' 대표. 전 벤구리온 대학 인류학 교수.

서 한반도의 평화 구축 방안을 고민해야 한다'는 얘기다. 그의 말대로 한반도 평화와 중동 평화는 오늘날 전 세계에 크고 작은 영향을 미치는 중대한 사안이라는 점에서 동전의 양면과 같다.

하퍼는 기본적으로 팔레스타인 지역을 부당하게 점령한 이스라엘이 철수해야 한다는 입장이다. 이스라엘의 팔레스타인 점령을 끝장내는 것을 중동 평화, 나아가 세계 평화를 위해 시급한 일이라고 여긴다. 그는 "팔레스타인에 사는 사람들은 어쩌라고 집을 무너뜨립니까? 지난 2,000년 가까이 유랑하며 고난받았던 이스라엘 사람들이 옛 처지를 생각하지 않고 자신을 박해했던 이들과 같은 방법으로 팔레스타인 주민들을 못살게 굴고 있습니다" 하고 한탄했다. 이스라엘이 세운 분리 장벽에도 그는 매우 비판적이다.

"1997년부터 팔레스타인 지역과 이스라엘을 나누는 높이 8미터의 장벽이 설치돼 있는데, 그 길이가 베를린 장벽의 5배에 이릅니다. 중동 평화를 위해서는 팔레스타인 사람들의 집을 부술 것이 아니라 이것부터 철거해야 합니다. 이스라엘의 점령은 '거품'이나 마찬가지입니다. 이스라엘은 팔레스타인을 영원히 점령할 수 없습니다. 1980년대 말까지 인종차별 정책을 폈던 남아프리카공화국 정부나 베트남에서의 미국 정부, 아시아의 평화를 어지럽혔던 일본 제국주의 군벌들도 모두 영원할 것처럼 보였으나 결국은 모두 꺾였습니다."

이 이스라엘 평화운동가는 한국인들이 20세기 초 일본에 침략당해 고난을 받았다는 사실을 잘 알고 있다. "일본 강점기 때 한국의 독립을 위해 일한 일본인이 있다면, 내가 바로 그와 비슷한 처지"라는 말도 덧붙였다. 그러면서 한국인들이 중동 문제에 더 많은 관심을 가져달라고 주문했다. "많은 팔레스타인 사람들은 한국을 미국과 유럽 등 서방 세력의 일원으로 여기고 있습니다. 일제 강점기를 겪은 한국이 지난날을 생각해서라도 팔레스타인 사람들의 처지를 이해해준다면 그걸로 좋은 일"이라고 말했다. 미국 태생인 그는 1973년 이스라엘로 이주한 유대교도이다. 그는 미국, 이스라엘, 팔레스타인 3개국의 시민권을 갖고 있다. 이스라엘의 팔레스타인 점령과 강공책을 비판해온 지휘자이자 피아니스트인 다니엘 바렌보임과 함께 유대인으로서 팔레스타인 시민권을 지닌 2명 가운데 1명이다.

바렌보임, "평화를 위한 연주 멈추지 않겠다"　다니엘 바렌보임은 음악을 통해 '총부리를 겨누던 이들이 서로 이해할 수 있도록 이끌어야 한다'는 생각을 지닌 사람이다. 그는 이스라엘과 팔레스타인 등 중동 국가들의 청소년 단원들로 '웨스트이스턴 디반 오케스트라West-Eastern Divan Orchestra'를 구성, 2005년 팔레스타인 자치정부가 자리한 서안지구 라말라에서 공연을 해 큰 화제를 낳았다. 베토벤 교향곡 5번 〈운명〉의 연주가 끝나자 관객은 모두 일어나 박수를 쳤으며, 이스라엘과 팔레스타인 청소년 단원들은 서로를 끌어안으며 눈물을 흘렸다. 물론 이 연주회가 쉽게 이루어진 것은 아니었다. 이스라엘 정부의 반대로 몇 년 동안 공연 계획이 잡혔다가 취소되곤 했다. 바렌보임은 "평화를 위한 연주를 멈추지 않겠다"며 2008년에도 라말라에서 베토벤의 피아노 소나타를 연주했다. 두 번 모두 베토벤의 곡을 고른 까닭을 묻는 기자들에게 그는 이렇게 말했다. "베토벤을 연주할 권리가 독일인에게만 있는 것이 아니듯, 음악이 인종과 분쟁을 모두 초월한다는 것을 보여주고 싶었습니다."

이스라엘의 팔레스타인 점령과 인권침해를 규탄하는 활동가들(서안지구 빌린 마을).

바렌보임과 그의 오케스트라는 2011년 8월 15일 임진각 평화누리 야외 대공연장에서 베토벤 교향곡 9번 〈합창〉을 연주하는 평화 콘서트를 펼치기도 했다. 그는 서울에서의 기자회견에서 "남한과 북한의 모든 한국인들이 참석할 수 있는 콘서트였다면 좋았겠지만, 그래도 임진각이라는 상징적인 곳에서 연주할 수 있게 돼 행복합니다"라고 소감을 밝혔다. 이어 그는 "세계에는 많은 갈등과 전쟁이 있고, 음악이 그 문제를 해결할 수 있는 것은 아닙니다. 그렇지만 음악은 사람들끼리 대화할 수 있는 가능성을 열어줍니다"라고 말했다.

안타까운 사실은 일부 이스라엘 사람들은 팔레스타인과의 공존을 생각하는 바렌보임 같은 평화주의자들을 못마땅하게 본다는 점이다. 예루살렘의 한 레스토랑에서 가족과 식사를 하던 바렌보임을 향해 '반역자'라고 욕을 하는 사람도 있었다. 바렌보임의 아내 엘레나는 그들에게 샐러드를 던지며 맞섰다고 한다. 이스라엘 땅에서 평화주의자로 살아가는 것이 얼마나 힘든 일인지를 보여주는 이야기다.

모든 유대인이 '유대 민족은 유일신으로부터 선택받은 민족'이고 지금의 이스라엘 땅이 '약속의 땅'이라고 믿는 것은 아니다. 무신론자들도 섞여 있다. 유신론자든 무신론자든 유대인 강경파들이 같은 하늘 아래서 살기 싫어하는 사람은 아랍 사람들만이 아니다. 이스라엘 평화주의자들도 증오의 대상이다. 그들의 눈에 유대인 평화주의자들은 '유대 민족을 배신한 인간들', 한마디로 눈엣가시다.

평화주의의 얼굴을 한 테러리스트?   이스라엘에서 힘들게 "팔레스타인 사람들과 더불어 살아가는 길을 열어야 한다"고 외치는 평화주의자들에게 가끔씩 나라 바깥에서 좋은 소식이 들려오기도 한다. 네덜란드의 괴젠 재단은 이스라엘 인권 단체 베첼렘을 팔레스타인 인권 단체 알하크와 함께 2009년 인권상 공동 수상자로 선정했다. 알하크는 1979년에 만들어진 이래 지금까지 이스라엘군이 팔레스타인 땅에서 저지른 인권 탄압과 전쟁범죄 행위를 추적 고발해온 단체다. 기본적으로 베첼렘과 같은 성격의 일을 해왔다. 괴젠 재단은 알하크와 베첼렘이 2009년 이스라엘군이 가자지구를 침공하면서 저지른 민간인 살상을 국제사회에 알리는 데 앞장선 것에 후한 점수를 주었다.

팔레스타인 인권 단체 간부가 네덜란드로 인권상을 받으러 출국하려면 점령자인 이스라엘 정부로부터 허가를 받아야 하는데 가능할까. 물론 불가능하다. 이스라엘 정부는 시상식에 참석하기 위해 네덜란드로 떠나려던 알하크 사무총장 샤완 자비린에게 출국 금지령을 내렸다. 자비린이 "인간의 기본권인 이동의 자유를 달라"며 이스라엘 법원에 탄원서를 냈지만, 법원은 기각 결정을 내리면서 이렇게 설명했다. "(자비린은) 소설 속 인물인 '지킬 박사와 하이드 씨'처럼 인권 운동가와 테러 단체 지도자란 두 개의 상반된 얼굴을 갖고 있다. 그가 테러 조직인 팔레스타인 인민해방전선의 지도급 인물로 활동하고 있다는 믿을 만한 정보를 제출받았다. 따라서 자비린의 탄원을 기각한다."

법원은 자비린이 팔레스타인 '테러 단체' 간부임을 증명하는 구체적인 증거를 제시하지 않았다. 한국에서 한때 '반공'이라고 하면 모든 것이 통했던 것과 마찬가지로 이스라엘에서 '반테러'라고 하면 더 이상 긴 얘기가 필요 없다. 이것이 오늘날 팔레스타인의 인권 상황이다. 팔레스타인에서는 인간의 가장 기본적인 인권인 '이동의 자유'가 없다. 그리고 그 문제점을 지적하는 이스라엘 평화주의자들은 '배신자', '민족 반역자'란 낙인이 찍힌다. 팔레스타인 사람들의 분노와 좌절감은 커져만 간다. 아울러 이스라엘 평화주의자들의 시름도 깊어간다.

5부

팔레스타인의 눈물은
여전히 현재진행형이다

26장

작은 변화 속에 비치는
희망의 빛

바람이 세차게 불고 비가 오락가락하다 진눈깨비마저 내리는 궂은 아침, 예루살렘에서 서안지구 라말라로 향했다. 예루살렘 북쪽의 라말라는 버스로 40분, 한국으로 치면 서울 도심에서 의정부쯤까지의 거리이다. 팔레스타인 자치정부 청사가 자리 잡은 팔레스타인의 정치 중심 도시라고 말할 수 있다. 라말라 시내의 중심은 그곳 사람들이 아랍어로 '마나라'라고 일컫는 원형 로터리다. 한가운데에 대리석 돌기둥이 있고 주변을 돌사자들이 둘러싼 마나라는 우리말로 '등대'를 뜻한다. 이스라엘의 식민 지배 아래 놓인 팔레스타인 사람들에겐 거친 풍랑에서 민족의 앞길을 밝혀줄 '등대'가 절실히 필요하다.

그곳에는 특이한 조형물이 눈길을 끈다. 어른 키 3배쯤 되는 높이의 의자가 하나 놓여 있다. 팔레스타인이 2011년 가을 뉴욕에 본부를 둔 유엔의 회원국 가입을 꾀하면서 만든 대형 의자 조형물이다. 의자의 아래쪽에는 영어와 아랍어로 '유엔 정식 회원국은 팔레스타인의 권리'라는 글이 새겨져 있다. 의자 색깔도 유엔을 상징하는 푸른색이다. 팔레스타인 자치정부는 유엔의 194번째 회원국이 되려는 희망으로 '팔레스타인 국가 194' 캠페인을 펼치면서 예루살렘의 올리브나무로 만든 실제 크기의 의자를 뉴욕의 유엔 본부 건물로 들고 갔다. 하지만 이스라엘과 강력한 후원국인 미국의 반대로 회원국 가입 뜻을 이루지 못했다. 마흐무드 압바스 팔레스타인 자치정부 대통령의 통신 기술 부문 보좌역인 사브리 사이담(전 통신부장관)에게 의자 조형물에 대해 물어봤다.

"팔레스타인의 유엔 가입이 미국과 이스라엘의 반대에 부딪혀 실패한 뒤 우리 팔레스타인 사람들은 다시 좌절감을 느껴야 했습니다. 마흐무드 압바스 팔레스타인 자치정부 대통령이 대형 의자를 마나라에 설치하도록 한 것은 그 나름으로 이유가 있습니다. 그곳을 오가는 사람들이 그 의자를 보고, 하루라도 빨리 팔레스타인의 유엔 가입을 실현시켜 독립국가를 이루겠다는 팔레스타인의 의지를 되새기도록 하자는 뜻에서입니다."

유엔 가입을 위한 팔레스타인의 도전

한 국가가 독립국가인가 아닌가는 여러 잣대가 있지만, 무엇보다 그 국가가 유엔 회원국인가 아닌가로 가름된다. 유엔 헌장에 따르면 유엔 안보리의 추천을 받아 총회에서 3분의 2 이상의 찬성을 얻으면 유엔 가입이 가능하다. 문제는 5개 안보리 상임이사국 가운데 한 국가라도 거부권을 행사하면 유엔 가입이 원천 봉쇄된다는 것이다. 유엔 안보리에서 팔레스타인 가입 문제가 나오면 거부권을 쥔 미국은 이스라엘의 뜻대로 반대표를 던진다. 결국 팔레스타인 독립의 문을 여는 열쇠는 이스라엘과 미국이 쥐고 있다. 하지만 미 워싱턴의 정치 지도자들은 "팔레스타인의 독립국가 선포와 유엔 가입 추진 움직임은 중동 정세를 불안하게 만들 뿐 실효성이 없다"고 주장한다.

팔레스타인 사람들은 지칠 대로 지쳐 있다. 그래서 나온 것이 유엔 총회에서 독립을 승인받는다는 방안이다. 팔레스타인의 고난에 동정적인 국제사회의 힘을 빌린다면 어려운 일은 아니다. 하지만 유엔을 실질적으로 지배하는 것은 유엔 총회가 아니라 유엔 안보리다. 팔레스타인 독립국가를 인정한다는 유엔 총회의 표결은 상징적인 의미를 지녔을 뿐, 유엔 회원국이 되느냐 못 되느냐를 결정하는 권한은 유엔 안보리에 있다. 발칸반도의 마지막 분쟁 지역인 코소보가 좋은 보기다. 코소보 인구의 절대다수인 알바니아계 주민들이 지난 2008년 세르비아로부터 벗어나 독립국가를 선포했어도, 그리고 미국과 서유럽 국가들이 코소보의 독립을 인정하고 있어도, 코소보는 유엔 회원국이 되지 못한 상태이다. 세르비아의 정치적 후원국이자 유엔 안보리 상임이사국인 러시아가 반대하고 있기 때문이다. 그런 점을 잘 아는 이스라엘은 "유엔 총회에서의 표결로 팔레스타인 독립국가를 승인한다 해도 우리는 그것을 인정하지 않겠다"는 느긋한 표정이다.

독일도 "이스라엘과의 평화 협상이 잘 마무리된다면 몰라도……" 하며 독립국가 승인에 소극적이다. 나치 독일의 유대인 학살이란 어두운 과거사를 엄청난 채무로 여기는 까닭에 독일은 이스라엘의 '깡패 국가' 이미지를 애써 외면한다는 비판을 받아왔다. 하지만 독일 안에서도 "과거사는 과거사이고, 현실은 현실"이라며 지난날의 멍에

팔레스타인이 유엔의 194번째 회원국이 되려는 희망을 품으면서 설치한 대형 의자 조형물(서안 지구 라말라).

를 털어내고 팔레스타인 문제에 좀 더 전향적인 입장으로 나아가야 한다는 목소리들이 높다.

옵서버 단체에서 옵서버 국가로

유엔 회원국이 되는 데는 실패했지만 팔레스타인 사람들에게 위안이 되는 몇몇 변화들이 있었 다. 2011년 유네스코 정회원국 자격을 얻었고, 2012년 가을 유엔 총 회에서 팔레스타인의 지위가 옵서버 단체observer entity에서 옵서버 국 가observer state로 격상됐다. 미국-이스라엘의 반발을 딛고 팔레스타 인의 지위가 바뀐 것은 두 가지 의미를 지닌다. 첫째, 팔레스타인이 국제사회로부터 '국가'로서의 위상을 사실상 인정받았고, 둘째, 이스 라엘이 저지르는 전쟁범죄 행위를 네덜란드 헤이그에 있는 국제형사

재판소(ICC)에 제소할 권리가 주어졌음을 뜻한다.

그런 변화들이 사뭇 부드럽게 이뤄진 것은 아니다. 팔레스타인이 유네스코 정회원국이 되자 이스라엘 정부는 "유네스코에 이스라엘이 해마다 내온 200만 달러를 내지 않겠다"며 반발했다. 당시 미국의 오바마 대통령도 유네스코에 대한 재정 지원을 끊겠다며 이스라엘을 감쌌다. 트럼프 대통령은 전임자인 오바마보다 한 걸음 더 나아가 2017년 유네스코를 아예 탈퇴해버렸다.

미국의 반대에도 팔레스타인을 독립국가로 인정한 국가들이 갈수록 늘어나는 것도 좋은 소식이다. 현재 130개국을 넘어섰다. 중동 이슬람 국가들과 체코, 헝가리, 폴란드, 루마니아, 불가리아, 키프로스 등 일부 유럽연합 회원국들은 이미 오래전에 팔레스타인을 국가로 인정했다. 2014년 스웨덴의 합류를 시작으로 영국, 프랑스, 아일랜드, 스페인 등 유럽연합 국가들의 승인이 뒤따를 전망이다. 이들 국가들의 의회는 팔레스타인의 국가 승인 결의안을 이미 통과시켰다.

팔레스타인은 아직은 어둡고 긴 터널을 걸어가는 모습이지만, 언젠가 국제사회의 박수 속에 유엔 회원국이 된다면 팔레스타인 사람들의 오랜 꿈인 독립국가를 확실하게 이루는 것이다. 유엔의 194번째 회원국이 되려는 '팔레스타인 국가 194' 캠페인이 성공적으로 마무리되는 날, 지구촌의 평화를 사랑하는 사람들은 "오늘 중동 평화는 한 걸음 더 나아갔다"고 말할 것이다.

이스라엘을 압박하는 BDS 운동

전 세계적으로 이스라엘을 '깡패 국가'로 여기는 분위기가 확산되면서 이스라엘 강경파들이 긴장하지 않을 수 없는 흐름들이 있다. 이스라엘 상품 불매, 이스라엘 투자 거부 등의 압박이다. 이스라엘의 완고한 유대인들은 이런 흐름을 가리켜 '이스라엘을 악마화demonization'하려는 움직임이라고 반발하지만, 현실은 그런 방향으로 움직이고 있다. 지난날 흑백 차별 정책으로 악명을 얻었던 남아프리카공화국의 백인 정권에 대해 국제사회는 올림픽 참여를 금지하는 등 제재를 가했고, 효과를 보았다. 국제사회는 지금 이스라엘의 강경파 정권이 남아프리카공화국의 백인 정권에 못지않은 인권침해를 저지르고 있다고 여긴다.

이스라엘을 압박하는 국제적 움직임 가운데 BDS 운동을 빼놓을 수 없다. BDS는 이스라엘 제품에 대한 보이콧Boycott, 투자 철회Divestment, 제재Sanction를 뜻하는 약자이다. 2005년 7월 팔레스타인 비정부기구(NGO)들이 '이스라엘에 대한 비폭력적 제재 조치'를 국제사회에 호소함으로써 시작됐다. 이들이 말하는 제재 조치에는 이 세 가지 외에 이스라엘 기관-단체와의 접촉 단절 등도 포함돼 있다. BDS는 이스라엘의 팔레스타인에 대한 군사점령 및 인종차별 등을 불법행위로 규정하면서, 이스라엘에서 생산되는 제품뿐만 아니라 친이스라엘 성향의 기업까지 제재 대상에 포함시켜 전방위적 압박에 나서고 있다. 팔레스타인 시민 사회의 움직임에서 시작된 BDS 운동은 삽시간에 아랍연맹 회원국들로 퍼져나갔고, 유럽에서도 점차 그 기세가 거세지고 있다. 해를 거듭하면서 BDS 운동은 이스라엘 정부조차 놀라고 당황해서 신경질적인 반응을 나타낼 정도로 성과를 거두는 중이다.

2014년 투자자산 6,290억 유로의 세계적인 대형 펀드 가운데 하나인 노르웨이 국부펀드가 내린 결정도 BDS 운동의 성과로 꼽힌다. 노르웨이 국부펀드는 "아프리카-이스라엘 투자회사Africa Israel Investments와 아프리카-이스라엘 합자회사인 다냐 세보스$^{Danya\ Cebus}$가 예루살렘 정착촌 건설에 관련이 있다"는 이유로 투자 보이콧 목록에 올렸다. 투자자산이 1,500억 유로에 이르는 네덜란드의 대형 투자 기금 PGGM도 노르웨이 국부펀드와 같은 이유를 내세워 5개 이스라엘 은행에서 수천만 유로 규모의 투자금을 회수했다.

전 세계 지식인과 대중예술가들도 BDS에 호응하는 분위기다. 2012년 미국 흑인 가수 스티비 원더는 이스라엘군을 후원하는 한 단체로부터 미국 로스앤젤레스에서 열리는 공연에 참가해달라는 요청을 받았다. 하지만 그 공연이 이스라엘군과 그 가족들을 위한 기금 모금 행사인 것을 알고 불참하기로 결정했다. 그는 성명서에서 "나는 어디에서 벌어지는 것이든, 모든 전쟁에 항상 반대해왔습니다. 중동 지역의 매우 민감한 상황을 고려해, 항상 세계 통합을 외쳐온 마음을 따라 공연을 하지 않기로 했습니다"라고 말했다.

2018년에 숨을 거둔 천체물리학자 스티븐 호킹도 BDS에 호응한 인물이다. 루게릭병을 앓고 있음에도 '블랙홀' 연구로 세계적으로 잘 알려진 그는 2013년 이스라엘 시몬 페레스 대통령이 주최한 한 국제 회의의 초청을 거부했다. 건강상의 이유로 거부한 것이 아니었다. 영국의 '팔레스타인 대학 지지 영국협의회(BRICUP)'는 인터넷 홈페이지에 호킹이 이스라엘 주최 측에 보낸 서한 내용을 공개했다.

"대통령이 주최하는 자리에 참석할 경우 평화 정착에 대한 제 견해를 발표할 수 있을 뿐 아니라 서안지구에서 강연을 할 수 있기 때문에 회의 참석을 수락했었습니다. 하지만 팔레스타인 학계로부터 수많은 이메일을 받았습니다. 그들은 하나같이 보이콧해야 한다고 말했습니다. 이를 고려해 회의 참석을 거절하기로 했습니다. 제가 참석했다면, 현 이스라엘 정부의 정책은 재앙이나 다름없다는 제 의견을 말했을 것입니다."

호킹은 전에 이스라엘을 4차례 방문했고, 유대인 학계와 교류도 잦은 편이었다. 하지만 2009년 이스라엘의 가자지구 침공을 계기로 이스라엘에 비판적인 생각을 나타내기 시작했다. 2009년 당시 호킹은 알자지라와의 인터뷰에서 자신의 견해를 이렇게 밝혔다. "가자지구 로켓탄 공격에 대한 이스라엘의 대응은 분명히 균형이 맞지 않습니다. 이스라엘의 팔레스타인 지배는 1990년대 이전의 남아프리카공화국과 같은 상황이며, 이는 계속되어서는 안 됩니다."

이스라엘과의 접촉 단절을 선언하는 사례도 늘고 있다. 회원 수가 1만 4,000명에 이르는 아일랜드 교원연합(TUI)은 2013년 이스라엘을 '아파르트헤이트 국가'라고 비난하며 전 세계를 향해 BDS 운동을 지지한다는 뜻을 분명히 했다. 미국의 대학교수와 지식인 회원 5,000명으로 구성된 아메리카학회American Studies Association(ASA)도 2014년 일부 유대인 학자들의 반대를 무릅쓰고 이스라엘 학계와의 교류를 끊겠다는 결의문을 채택했다(찬성률 66%).

정착촌과 거래 끊은 에어비앤비   지구촌 여행객들이 널리 이용하는 숙박 공유 사이트인 에어비앤비airbnb도 BDS 운동에 동참했다. 2008년 미국 샌프란시스코에서 처음 선을 보인 에어비앤비는 지난 10년 사이에 이용객이 3억 명, 직원만도 3,000명에 이르는 세계적인 숙박 공유 사이트이다. 남에게 방을 빌려줄 여유가 있는 일반인 호스트가 자기 집을 숙박업소로 등록한 뒤 여행객에게 방을 빌려

주고, 에어비앤비는 호스트로부터 수수료를 챙기는 방식으로 인기를 끌어왔다. 2017년 11월 에어비앤비 본사는 서안지구의 정착촌을 에어비앤비의 숙박 서비스 제공 목록에서 지우겠다고 선언했다. 에어비앤비에 등록된 약 200개의 유대인 정착민 숙박업소와 거래 관계를 끊겠다는 내용이었다. 그런 조치를 내놓게 된 배경에 대해 에어비앤비는 홈페이지에서 다음과 같이 밝혔다(괄호 안의 설명은 이해를 돕기 위해 내가 덧붙인 것이다).

"이스라엘과 팔레스타인 사이에서 역사적 분쟁거리가 돼온 점령지에서 (정착민들이) 사업을 하는 것을 놓고 논란이 많다. 미국의 법은 (캘리포니아에 본사를 둔) 에어비앤비 같은 기업들이 그 영토(이스라엘이 점령한 서안지구)에서 사업하는 것을 용인하고 있지만, 다른 한편으로 국제사회에선 사람들(팔레스타인 원주민들)이 쫓겨나야 했던 곳에서 기업들이 수익성 활동을 해선 안 된다는 비판적인 목소리가 나온다. 전 세계 191개국에서 영업하는 글로벌 플랫폼 기업인 에어비앤비로서는 이에 대한 책임을 생각하지 않을 수 없다. 따라서 이스라엘-팔레스타인 분쟁의 핵심인 서안지구 정착촌에 있는 숙박 시설 명단을 에어비앤비에서 지우기로 결정했다."

한마디로 유대인 정착민들에 대한 세계의 따가운 민심을 에어비앤비가 헤아렸기에 그런 조치를 내렸다는 얘기다. 실제로 팔레스타인 자치정부와 인권 단체들은 오랫동안 서안지구에서 돈벌이를 하는 숙박업소들의 도덕적인 문제점을 꼽으면서 공유 서비스 목록에서 삭제해줄 것을 촉구해왔다. 에어비앤비는 미국 법에 따라 운영되는 미국 기업이긴 하지만 유엔을 비롯한 국제사회가 불법 점령으로 지적해온 이스라엘 정착촌과 얽혀 수익 사업을 벌인다는 지적에 부담을 느꼈던 것으로 풀이된다.

　이스라엘 동쪽, 요르단강 서쪽의 유대인 정착촌들은 1967년 제3차 중동전쟁에서 이스라엘이 요르단으로부터 빼앗은 뒤 하나둘씩 들어섰다. 그곳에 사는 39만 명의 정착민은 그곳에서 오랫동안 살아온 팔레스타인 원주민들과 걸핏하면 유혈 충돌을 벌여왔고, 언젠가 팔레스타인 독립국가가 들어서더라도 이스라엘 쪽으로 돌아가지 않겠다는 분위기가 강한 탓에 이스라엘 정부조차도 함부로 다루기 어려운 강력한 이익집단이다.

　에어비앤비는 앞으로 전 세계 공동체가 인정하는 곳에서만 숙박 서비스를 제공할 것이며, 불법 점령지의 숙박업소와는 더 이상 거래하지 않을 방침이라고 밝혔다. 유대인 정착민 가운데 숙박업으로 돈을 챙기겠다는 사람들을 겨냥해 에어비앤비가 제동을 걸고 나서자, 평화를 사랑하는 지구촌 여행객들은 박수를 쳤다. 하지만 이스라엘은 얼굴을 붉히며 발끈했다. 지중해 변에 있는 이스라엘 제1의 도시 텔아비브 시의회에선 "에어비앤비에 등록한 8,000개 텔아비브 시내 숙박업소들에 매기는 세금을 높여야 한다"는 볼멘소리가 나왔지만, 숙박업소를 운영하는 유대인들은 "그럼 우린 어떻게 먹고살란 말이냐"며 반발했다.

　유대인 정착민 가운데 일부는 에어비앤비를 상대로 이스라엘 법원에 손해배상을 요구하는 집단소송을 제기했다. 이스라엘 법에는 '서비스 및 제품의 차별 금지법'이란 게 있다. 인종이나 종교, 나이, 정치적 성향에 따라 서비스 또는 제품의 운영자가 차별을 두어선 안 된다는 법안이다. '가재는 게 편'이라는 말이 있듯이, 이스라엘 법원이 유대인 정착민들에게 유리한 판결을 내릴 건 불을 보듯 뻔하다. 이 글을 쓰는 시점에서 아직 판결이 내려진 것은 아니지만 실제로 손해배상을 하라는 판결이 내려진다 해도 에어비앤비가 고분고분 배상금을 물 것으로는 보이지 않는다.

'메이드 인 정착촌'은 안 돼! 농산물을 비롯해 유대인 정착촌에서 생산되는 제품을 쓰지 말자는 보이콧 운동도 벌어지고 있다. 2015년 11월 유럽연합은 서안지구의 유대인 정착민들이 만들어 수출하는 물품에 대해 생산지 표시를 반드시 붙이도록 했다. 유럽연합이 발표한 이스라엘 제품의 원산지 표기 의무화 지침에 따르면, 서안지구의 유대인 정착촌에서 만든 제품에 '이스라엘 생산made in Israel'이 아닌 '정착촌 생산made in settlement'이라는 라벨을 의무적으로 붙이도록 했다. '메이드 인 정착촌' 딱지를 붙여 이스라엘의 다른 지역에서 유럽으로 들여오는 물품과의 차별을 분명히 함으로써 유대인 정착촌은 물론 이스라엘 정부를 압박하겠다는 뜻이 담겨 있다.

영국이 유럽연합에서 떨어져나가는 문제로 어수선하던 2018년 7월엔 아일랜드가 이스라엘 정착민들을 압박하는 조치를 내놓았다. 서안지구의 유대인 정착촌에서 만든 물품의 수입을 아예 금지하는 법이 의회에서 통과된 것이다. 이 법안은 유대인 정착촌에서 만든 생산품을 아일랜드로 수입하는 행위를 형사 범죄로 규정했다. 누군가 이를 어길 경우 최대 징역 5년 또는 25만 유로(약 3억 원)의 벌금형을 각오해야 한다.

이스라엘은 아일랜드 더블린에 머무는 자국 대사를 본국으로 소환하고, 아일랜드와의 경제 협력을 취소하겠다는 등 반발하고 나섰다.

미국의 트럼프 행정부도 "우리나라의 반보이콧 법에 따라 아일랜드를 비롯해 보이콧에 앞장서는 나라의 기업과 미국 기업 사이의 교역을 막겠다"며 이스라엘 편을 거들었다. 하지만 미국의 지원 사격에도 이스라엘은 당황하는 모습이다. 문제는 아일랜드뿐 아니라 다른 나라들에도 BDS 운동이 들불처럼은 아니더라도 조금씩 그 불씨가 퍼져나가고 있기 때문이다. 실제로 이스라엘 통계청 자료에 따르면, 생산지 표시 의무화가 이뤄진 2015년 이후 유럽 수출은 한동안 하락 곡선을 그었다.

　BDS 운동으로 이스라엘이 입는 경제적 손실보다 심각하게 여겨야 할 사항은 다름 아닌 '이스라엘은 깡패 국가'라는 이미지가 굳어진다는 점이다. 셈에 빠른 유대인들이 BDS 운동을 금전적 손실로만 따지려 들고 이스라엘을 바라보는 지구촌 사람들의 싸늘한 눈길을 못 본 척 고개를 돌린다면, 상황은 더 어렵게 꼬여갈 것이 틀림없다. 이스라엘은 BDS 운동과 관련된 움직임에 신경질적인 반응을 보여왔다. "BDS 운동이란 우리 이스라엘을 악마로 만들고, 피땀 흘려 만들어온 유대인 공동체를 무너뜨리려는 반유대주의 활동에 지나지 않는다"며 목청을 높이곤 한다. 하지만 그럴수록 거세질 BDS 운동의 도도한 흐름을 거스르기는 어려워 보인다. 이래저래 이스라엘의 시름이 조금씩이나마 깊어지는 모습이다.

　두 개의 독립국가가 들어설 날은　현재로서는 팔레스타인 땅에 두 개의 독립국가가 들어서고 평화롭게 공존하는 구도가 이뤄지기까지는 많은 인내가 필요할 것으로 보인다. 팔레스타인 사람들에게 평화적 공존은 어디까지나 희망적인 전망일 뿐이다. 일본 제국 주의 35년의 지배보다 더 긴 세월을 이스라엘의 군사적 억압 아래 살 아온 그들에게 현실은 너무도 답답하고 끔찍하기만 하다. 미국의 일 부 중동 전문가들은 이스라엘이 팔레스타인에게 가하는 집단적 징벌 과 정착촌 확대를 그치지 않는다면, 팔레스타인 사람들은 그들의 막 연한 희망과 낙관이 잘못됐음을 알고 더 큰 분노를 느껴 자폭 테러 같은 극한 수단을 더 많이 동원할 것이라고 걱정한다.

그나마 최근 몇 년 사이에는 바람직한 변화가 일어난 것도 사실이 다. 2006년 하마스가 자살 폭탄 테러를 공식적으로 그만하겠다고 선 언한 뒤 실제로 자폭 테러 사건은 거의 일어나지 않는다. 그렇지만 이스라엘의 2009년과 2014년의 가자지구 침공이 있은 뒤 현지에 가 보니, 다시금 자살 폭탄 공격이란 극한 수단을 감행할 수밖에 없다고 여기는 분위기였다. 미국의 군사원조로 막강 화력을 갖춘 이스라엘 군에 저항하려면 '약자의 무기'인 테러로 맞서는 것 외에는 다른 선 택의 수단이 없다고 생각하는 것 같았다.

최근 들어 팔레스타인 양대 세력인 파타와 하마스는 그동안의 갈 등을 지우고 협력적인 경쟁 관계 속에 연립정부를 구성하자는 논의 를 하고 있다. 이스라엘은 온건파 파타가 강경파인 하마스와 손을 잡 는 것을 극도로 싫어했다. 팔레스타인의 양대 정치 세력이 손을 잡고 공동 정권을 끌어가는 것은 이스라엘로서는 악몽의 시나리오다. 연 립정부든 임시정부든 팔레스타인 정부를 새로 구성하려면 총선을 치 러야 한다. 팔레스타인에서 마지막으로 총선이 치러진 것은 2006년 이다. 그로부터 십수 년이 지나도록 한 번도 총선을 치른 적이 없다. 파타와 하마스는 지금껏 여러 번 총선을 치르기로 합의했지만 실행에 옮기지 못했다. 여기에는 이스라엘의 방해 공작이 영향을 미쳤을 것으로 보인다. 2009년과 2014년 이스라엘의 가자지구 침공도 바로 그에 앞서 하마스와 파타가 임시정부를 구성하고 총선을 치르자는 얘기가 무르익을 때였다. 팔레스타인 자치정부 대변인인 가산 카티브를 만나 팔레스타인 총선을 통해 새로운 민주정부가 들어설 수 있을지에 대해 묻자 그는 이렇게 말했다.

"이스라엘이 하마스를 반대한다 하더라도, 팔레스타인 사람들의 자주적인 정치 행사를 막을 권리는 없습니다. 미국도 중동 민주화를 말하면서 우리가 민주적으로 치르는 총선을 반대할 명분은 약하다고 봅니다. 총선을 통해 그동안 나뉘었던 팔레스타인은 하나가 될 것입니다. 이스라엘이 이를 방해하고 막아선다면, 우리는 단호하게 맞서면서 다시금 국제사회의 비판 여론과 도움을 호소할 것입니다."

잊을 만하면 되풀이되는 이스라엘의 군사적 강공책으로 유혈 사태가 끊이질 않고, 팔레스타인 사람들의 생존을 위협하는 경제봉쇄가 이어지면서 중동 현지 분위기는 흉흉하기만 하다. 역사적으로 20세기 전반기 일본 제국주의의 악랄한 군사통치가 얼마만큼이나 커다란 희생을 강요했는지 우리는 똑똑히 기억하고 있다. 따라서 21세기 오늘의 팔레스타인 사람들이 벌이는 저항을 이스라엘과 미국의 시각처럼 '테러'라고 보는 데서 한 발 물러나, 그들의 분노와 좌절이 어디서 비롯됐는지를 살펴보는 자세가 바람직할 것이다.

27장

팔레스타인의 눈물이
그칠 날은

제2차 세계대전 무렵 나치 독일이 벌였던 유대인 대량 학살과 인종 청소는 끔찍한 전쟁범죄이자 인류사의 부끄러운 기록이다. 역사가들은 그때의 유대인 학살을 '홀로코스트holocaust'라고 기록한다. 원래 이 낱말은 유대교에서 나온 것으로, 유대인들이 믿는 유일신(야훼)에게 제사를 지낼 때 짐승을 통째로 구워 바치는 전번제全燔祭 의식을 뜻했다.

나치가 '열등 인간'인 유대인들을 청소한답시고 가스실로 몰아넣어 죽이고 태워 재로 날려보낸 것은 20세기의 정치적 홀로코스트다. 21세기를 사는 우리 인류가 20세기 나치의 홀로코스트에서 얻은 교훈은, "힘이 세다고 다른 민족을 마구 눌러서는 안 되며, 그런 악독한 짓을 저지르면 역사는 반드시 정의로운 심판을 내릴 것이다"로 요약될 것이다. 그런 점에서 나치 독일의 지도자 히틀러는 우리 인류에게

역설적인 의미에서 한 수 가르쳐주는 스승이다. 우리가 나치를 반면
교사의 거울로 삼아 끌어낼 수 있는 가르침은 "폭력을 멀리하고 이웃
의 타민족과 더불어 조화롭게 살아가도록 힘써야 한다"는 평화적 공
존의 메시지다.

흥청대는 홀로코스트 산업

이스라엘 유대인들의 마음속
에는 묘한 논리가 배어 있다. 다름 아닌 "유대인은 홀로코스트의 희
생자다. 그러므로 유대인들은 생존을 위해서는 어떤 짓을 저지르더
라도 면죄부를 받을 수 있다"는 것이다. 이런 논리를 바탕으로 하여,
이스라엘의 행위를 정당화하는 데 홀로코스트를 이용한다.

그 한 보기가 1981년 이스라엘의 이라크 공습이다. 이미 그 무렵
비밀리에 핵무기를 개발해놓은 이스라엘이었지만, 이라크의 핵 개발
을 막는다는 명분을 내세워 바그다드 교외의 오시라크 원자력발전소
를 폭격했다. 이유야 어떻든 이스라엘군 F-15, F-16 전폭기들이 이
라크 영공을 침범한 것은 국제법 위반이었다. 이를 둘러싸고 비난이
쏟아지자, 이스라엘 총리 메나헴 베긴은 당시 미국 대통령 로널드 레
이건에게 다음과 같은 편지를 보냈다.

"제2차 세계대전에서 홀로코스트를 겪던 기간 중에 150만 명의 어
린이들이 사이클론 가스로 죽음을 당했습니다. 이제 이스라엘의 어
린이들은 방사능 위험에 노출되어 있습니다. 그런 비극이 다시는 일
어나지 않도록 (우리가 나서서) 막아야지요."

이스라엘은 해마다 건국 기념일(5월 14일)이나 제2차 세계대전 당
시 소련군이 독일군으로부터 폴란드 아우슈비츠 수용소를 접수하고

유대인 수감자들을 풀어준 이른바 '해방일'(1월 27일)에 홀로코스트 희생자들을 기리는 추모 행사를 대대적으로 열어왔다. 1998년 이스라엘 건국 50주년을 맞았을 때는 베냐민 네타냐후 총리가 폴란드 아우슈비츠 수용소를 방문, 약 3킬로미터를 천천히 걸으면서 '죽은 유대인들을 추모하는 산 자들의 행진'을 벌였다. 이스라엘과 미국의 주요 언론들은 특파원을 보내 현장의 상황을 특집으로 크게 다뤘고, 다시 전 세계 군소 언론들이 이 기사들을 퍼 날랐다. 2005년 아우슈비츠 수용소 해방 60주년을 맞았을 때엔 모셰 카차브 이스라엘 대통령, 딕 체니 미국 부통령, 토니 블레어 영국 총리, 자크 시라크 프랑스 대통령, 블라디미르 푸틴 러시아 대통령 등 20개국 정상들과 37개국 정부 대표단이 참석했고, 역시 대대적인 보도가 이어졌다. 2015년 아우슈비츠 수용소 해방 70주년을 맞았을 때도 상황은 비슷했다.

여기서 질문 하나를 던져본다. 유대인이 홀로코스트의 희생자였다는 과거사를 되풀이해 보여줌으로써 이스라엘이 팔레스타인에서 저지르는 전쟁범죄적 이미지를 얼마만큼 씻어낼 수 있을까. 아주 크게 씻어낸다고 말하긴 어렵겠지만 그런대로 효과는 있어 보인다. 홀로코스트를 기념하는 여러 종류의 행사(행진, 기념식, 강연, 책자 발행, 기념관 설립, 장학 재단 등)를 자주 벌이는 것이나, 할리우드의 유대인 자본이 사실과는 거리가 먼 허구의 줄거리를 동원해서라도 영화 속 독일군 병사를 '피에 굶주린 냉혈한'으로, 유대인을 '순한 희생양'으로 그려내는 것이나 같은 맥락이다. 나치 독일에서 겪었던 유대인의 고난을 교묘하게 상품화함으로써 이스라엘이 유형무형의 이득을 챙긴다는 뜻에서 '홀로코스트 산업'이란 용어가 만들어졌을 정도다.

미국 영화의 심장부인 할리우드는 홀로코스트 산업의 좋은 보기

이스라엘이 철저히 파괴한 마을 집터에 앉아 있는 소년은 무슨 생각을 할까(서안지구 제닌).

다. 유대인 없는 할리우드는 생각하기 어렵다. 20세기 초 할리우드를 세계 영화 산업의 중심으로 자리매김한 MGM, 유니버설, 워너브라더스, 월트 디즈니, 20세기폭스, 콜롬비아, 파라마운트를 가리켜 7대 메이저 영화사라고 했다. 이 가운데 월트 디즈니를 뺀 나머지 6개 영화사가 유대인 자본의 힘으로 문을 열었다. 20세기 후반에 새로 메이저 영화사로 떠오른 드림웍스의 창립자 3인(스티븐 스필버그, 데이비드 게펜, 제프리 카첸버그)도 유대인이다.

유대인 자본은 유대인 감독을 고용하고(스필버그처럼 자본과 감독을 겸업하기도 한다), 그 유대인 감독은 유대인 시나리오 작가가 쓴 대본을 바탕으로 유대인 배우를 주인공으로 삼아, 유대인의 고난을 다룬 영화를 만든다. 언젠가 CNN의 〈래리 킹 라이브〉에 나온 명배우 말론 브란도는 "할리우드 영화계를 유대인이 독점하고 있다"고 한탄했다. 유대인들이 지배하는 할리우드 영화사들은 당연히 아카데미 영화제에도 강한 영향력을 행사한다. 〈쉰들러 리스트〉(1994년), 〈인생은 아름다워〉(1999년), 〈피아니스트〉(2003년) 등 유대인의 고난을 다룬 영화들이 아카데미 영화제를 휩쓰는 것도 이런 속사정과 관련이 있다.

전쟁과 정복으로 얼룩진 폭력의 세계사를 살펴보면, 유대인들만큼 고난의 역사를 지닌 민족은 많다. 이를테면 제1차 세계대전 뒤 터키의 강제 이동과 학살로 큰 희생을 치렀던 아르메니아 민족, 이스라엘의 점령 아래 놓인 팔레스타인 민족, 이라크 사담 후세인에게 핍박받아온 쿠르드족 등이 그러하다. 그러나 이 비운의 민족들을 다룬 영화는 손가락으로 꼽을 정도다. 할리우드 영화사를 쿠르드 출신 자본가들이 장악하고 있다면, 아마도 우리는 쿠르드족이 겪어온 고난을 다루고 아카데미상을 받은 영화들을 해마다 스크린에서 만날 것이다. 결국 중요한 것은 세계 영화 산업을 누가 지배하느냐다.

팔레스타인과의 학문 교류가 끊어졌다

잇단 유혈 사태는 중동 하늘에 먹구름을 드리우며 이스라엘-팔레스타인 사이를 잇던 작은 소통마저도 막아버렸다. 이스라엘 텔아비브 대학에는 중동과 아프리카 지역학 연구소인 모세 다얀 센터가 있다. 이곳 선임 연구원인 브루스 매디-와이츠만 박사는 미국에서 이스라엘로 거주지를 옮긴 이른바 이민 1세대다. 그러나 요즘 그는 학문적인 공허감에 빠져 있다. 말이 중동과 아프리카 지역학 연구소지, 해당 지역 지식인들과의 교류가 전혀 없기 때문이다. "2000년 9월 말 예루살렘에서 유혈 사태가 벌어진 뒤로 서로 간에 교신이 끊어졌습니다." 정치적 긴장 상황이 학문적으로 자유로운 토론을 벌여야 할 지식인들의 거리마저 멀어지게 만든 것이다.

예루살렘 히브리 대학의 모세 마오즈 교수(역사학)는 "유혈 충돌이 길어지면서 느슨하게나마 이어지던 팔레스타인 쪽과의 학문적 교류가 끊어졌다"며 안타까워했다. 마오즈 교수는 "1980년대만 해도 지금 같은 유혈 충돌이 일어났을 때 이스라엘-팔레스타인 지식인들이 공동 선언문을 발표한 적이 있습니다"라고 밝혔다. 그러나 요즈음은 그런 선언문 작성 움직임은 꿈도 꾸지 못한다. 워낙 상황이 나빠져 팔레스타인 친구들에게 전화 걸기도 조심스럽다고 한다. "우리 같은 지식인들이 나서기엔 이미 너무 많은 피를 흘렸습니다. 중동의 영구 평화는 서로가 서로를 인정하는 바탕 위에서 가능하다고 믿고 있지만, 현실은 각박하다 못해 살벌하기만 합니다." 그가 탄식했다.

이스라엘의 각종 여론조사 지표와 선거 결과가 보여주듯이 80~90%의 이스라엘 유권자들은 팔레스타인에 대해 강공책을 펴는 것에 지지를 보낸다. 이런 현실을 비추어볼 때 마오즈 교수 같은 온건한 지식인들이 설 자리는 좁아 보인다. 텔아비브 대학 부설 야페전략문제센터 부소장 에프라임 캄 교수(정치학)는 "우리 지식인들이 다양한 목소리를 낼 때가 적어도 지금은 아닌 것 같습니다"라는 우회적인 발언으로 이스라엘 정부에 대한 지지를 나타냈다. 그는 밀어붙이기식의 군사적 강공책에 대해 회의를 나타내면서도 "언제 어디서 팔레스타인 저항 세력의 공격이 일어날지 모르는 상황에서 이스라엘의 생존과 보안 문제에 관한 한 우리 지식인들도 방어적일 수밖에 없습니다"
라고 말했다.

이스라엘의 보수적인 두뇌 집단들이 모여 있는 바르일란 대학의
제럴드 스타인버그 교수는 이스라엘 강경파 지식인의 한 표본이다.
스타인버그는 나와의 인터뷰에서 팔레스타인 강점에 대한 비판 여론
은 "전 세계 반유대주의자들의 음모"라고 주장했다. 그는 이스라엘군
이 팔레스타인 '테러리스트'들을 죽인 것을 두고 일부 인권 단체들과
언론들이 '학살'이라고 부르는 것이 음모의 단적인 보기라고 강변했
다. 이스라엘을 '악마화'하려는 음모는 6일전쟁에서 이스라엘이 승리
한 뒤 본격화됐다는 주장이다.

"거대한 아랍 세계에 포위된 이스라엘의 생존 전략이란 시각에서
지금의 중동 사태를 봐야 합니다. 그들(아랍인들)이 우리 이스라엘을
지중해 속으로 수장시키려는 음모를 차단하고 이스라엘이 생존하려
면, 전략적으로 1967년 6일전쟁 점령지인 서안지구와 가자지구를 이
스라엘이 통치할 수밖에 없습니다."

스타인버그 교수는 나아가 "(예전에 유대인들이 살던 곳으로 돌아온
것뿐이기에) 이스라엘 점령지란 없습니다. 점령에 대해 아랍인들에게
이해를 구해야 할 이유도 없습니다. 따라서 정착settlement이란 개념
도 잘못된 것"이라는 극단적인 논리를 폈다. 팔레스타인 점령지에 정
착촌을 세우는 것을 비판적으로 봐서는 안 된다는 것이다. 그는 지금
의 상황을 이스라엘과 아랍 사이의 '전쟁'으로 파악한다. "일단 전쟁
이 시작됐으면, 이스라엘이 신으로부터 약속받은 조국homeland을 지
킬 권리가 분명해진다"는 논리다. 그러니 이스라엘의 생존을 위한 전
쟁을 미국의 베트남 전쟁처럼 '침략'이라고 비판하는 것은 잘못된 시

이스라엘군의 잇따른 가자지구 침공과 그에 따른 학살, 파괴 행위는 국제사회의 거센 비난을 받았다. 이란 테헤란 거리에 선보인 이스라엘 비난 포스터.

각이라는 것이다.

침까지 튀기면서 열심히 말하던 스타인버그 교수가 손에 쥐고 있던 볼펜을 바닥에 떨어뜨렸다. 아까부터 손에 볼펜을 쥔 채 자신의 말 한마디 한마디를 강조할 때마다 손을 내 쪽으로 흔들었기에, 조금 불편했었다. 떨어진 볼펜을 주우려 그가 머리를 숙이자, 동그랗고 납작한 모자가 눈에 들어왔다. 유대인들은 전통적으로 머리카락을 그들의 신 야훼에게 내보이지 않으려고 '키파'라는 이름의 모자를 쓴다. 대개는 스타인버그 교수처럼 동그랗고 납작한 모자를 쓰지만, 검정색 신사모나 검은색 모피 모자를 쓰기도 한다. 종교심이 강한 유대인들은 특히 그렇다.

스타인버그 교수와 얘기를 나누는 동안 답답함이 밀려왔다. 이런 사람에게 이스라엘의 강공책이 지닌 문제점과 그에 따른 희생, 팔레스타인 사람들이 느끼는 분노와 좌절감, 그들이 흘리는 눈물에 대해 얘기를 하고, 그래서 그의 마음속에 무엇인가 작은 동요라도 일어나길 기대하는 것은 애당초 불가능한 일이라는 생각이 들었다.

중동의 반미, 반이스라엘 정서

이슬람 지역 사람들의 시각에서 보면 미국의 대중동 정책은 모순으로 가득 차 있다. 미국은 아랍 민주화론을 내세워 사담 후세인 체제를 무너뜨렸지만, 중동 지역에는 이라크 말고도 독재국가들이 여럿 있다. 이집트, 사우디아라비아와 쿠웨이트의 독재 왕정이 그렇다. 특히 사우디아라비아는 의회 제도조차 없는 민주주의의 불모지대다. 그러나 미국은 이 나라들의 민주화에 대해서는 말 한마디 없다. 이들이 미국의 석유 이권을 잘 지켜주는 까닭이다.

1979년 호메이니가 이끈 이슬람 혁명으로 무너졌던 이란의 샤 왕조도 비밀경찰 조직으로 온 국민을 감시하던 독재 체제였다. 그렇지만 미국의 석유 지분(40%)을 샤 왕조의 팔레비 국왕이 잘 지켜주었기에 우호 관계를 지속했다. 그러다 이슬람 혁명으로 석유 이권을 모두 빼앗기자 외교 관계를 단절하고 40년 동안 이란을 경제제재 등으로 압박했던 것이다.

부시 행정부에선 '악의 축'이란 용어로 이란과 이라크를 몰아세웠다. 사담 후세인이 이라크 석유를 국유화하지 않고 미국 석유 자본의 길을 막지 않았다면, 미국의 침공을 받아 권력을 빼앗기는 수모를 당하지는 않았을 것이다.

많은 아랍 민중들이 볼 때 석유를 안정적으로 확보하기 위한 미국의 이중적 태도는 반미 감정을 촉발시키고도 남는다. 오사마 빈라덴은 9·11 테러 뒤 미 특수부대원의 공격으로 파키스탄에서 사살되기까지 10년 동안 추격자들의 눈길을 피해 잠행을 거듭하느라 이렇다 할 활동을 하지 못했다. 그저 잊을 만하면 미디어를 통해 반미-반이스라엘 성명을 내고 선전전을 펼쳤을 뿐이다. 하지만 그가 내세웠던 지하드 논리는 이슬람권에서 아직도 강한 지지를 얻고 있다. 빈라덴은 자신의 대미 항쟁의 명분 가운데 하나로 미국의 친이스라엘 일방주의 정책을 꼽았다. 빈라덴은 1998년에 발표한 문건에서 미국이 이라크, 이란을 비롯한 이슬람 국가들을 침공해 지배하려는 배경을 다음과 같이 풀이했다.

"유대인의 이 작은 국가(이스라엘)의 예루살렘 점령과 이슬람교도들에 대한 살육으로부터 눈길을 돌리고…… 아라비아반도에 대한 잔인한 십자군적 점령을 유지함으로써 이스라엘의 생존을 보장하려는 것이다."

이슬람권에는 미국이 이스라엘의 건국을 지원함으로써 그동안 팔레스타인 민초들이 겪어온 고통의 원인 제공자라는 인식, 그리고 1948년과 1967년의 잇단 중동전쟁 이래 팔레스타인 강점과 억압 통치를 펴온 이스라엘의 강력한 후원자라는 인식이 널리 퍼져 있다. 이스라엘이 국제법을 어겨가며 팔레스타인 민중들의 인권을 짓밟아도 워싱턴 정가에서는 비난의 목소리가 터져나오지 않는다. 유엔에서 미국은 이스라엘을 비난하는 결의안이 통과되는 것을 막고자 언제나 거부권을 행사하면서 반대표를 던져왔다. 팔레스타인 사람들이 당하는 고난과 21세기 초강대국 미국의 친이스라엘 편향은 가뜩이나 높은 이슬람권의 반미 감정이라는 불에 기름을 붓는 격이다.

이라크 취재를 마치고 요르단에 들렀을 때 만난 압둘라티프 아라비야트(요르단 전 국회의장)는 중동 반미 감정의 뿌리를 이렇게 풀이했다.

"이스라엘은 1948년부터 지금까지 팔레스타인 사람들을 살상해왔습니다. 이스라엘 국민 대부분이 중동이 아닌 다른 지역에서 온 외국인들입니다. 그러면 팔레스타인 사람들은 어디에 있습니까? 난민이 되었습니다. 이것은 인권의 문제입니다. 유대인들은 팔레스타인의 희생을 대가로 나라를 건설했습니다. 그리고 이제는 미국과 손잡고 중동 지역 전체를 지배하려고 합니다. 이곳 중동은 지난 100년 동안 유럽에게 점령당한 역사를 지녔습니다. 2003년 미국의 이라크 점령은 이 지역의 새로운 문제가 되고 있습니다. 우리는 이제 미국과 이스라엘에 의해 또 다른 100년 동안의 점령 상황에 놓였습니다. 미국은 유대인들의 말에 따라 이라크를 점령하고, 이스라엘의 팔레스타인 점령을 지지해왔습니다. 그래서 중동 지역 사람들이 미국의 정책에 반감을 품고 있는 것입니다."

여기서 한 가지 물음을 던져본다. 18억 인구를 지닌 이슬람 세계가 이스라엘-팔레스타인 분쟁을 끝장내고 중동 평화를 가져오는 데 나름의 바람직한 역할을 할 수 있을까. 대답은 '아니오'이다. 중동 국가 지도자들은 이스라엘을 말로만 비난할 뿐 팔레스타인에 이렇다 할 도움을 주지 못하고 있다. 그나마 이라크의 사담 후세인이 팔레스타인 사람들을 물심양면으로 도와주었으나, 2003년 미국의 침공 뒤 역사의 뒷무대로 사라졌다.

돌멩이와 총알의 싸움(서안지구 라말라).

    대부분 민주주의와는 거리가 먼 중동 이슬람 국가들은 국내 반대 세력을 억압하는 데 반이스라엘 정치 정서를 이용할 뿐이라는 비판을 받는다. 이슬람회의기구(OIC)와 아랍연맹Leageu of Arab States에 모인 이슬람권은 이집트, 요르단, 사우디아라비아 등 친미 국가들이 대세를 이루고 있다. 이들은 특히 미국의 심기를 건드리지 않는 쪽으로 대외 정책의 가닥을 잡아왔다. 입으로는 "아랍 형제인 팔레스타인 사람들을 돕자"고 하지만, 미국의 눈치를 살피는 모습이다. 이슬람권이 이스라엘에 강경 대응을 못하는 데는 그런 배경이 있다. 아랍 외무부 장관들이 모일 때도 '이스라엘과의 관계 단절'이란 상징적 결의를 내리고는 싱겁게 막을 내리곤 한다.

이스라엘의 전략은 '현상 유지'

타협적이고 단계적이라는 비판을 받긴 했지만 그래도 팔레스타인 독립국가의 비전을 담았던 1993년 오슬로 평화협정 문서는 거듭된 유혈 충돌로 이미 휴지 조각, 사문서가 된 상태다. 팔레스타인 독립국가 건설이라는 팔레스타인인들의 오랜 희망이 이루어지지 않는 한, 중동에서의 유혈 투쟁은 그치기 어렵다. 하지만 이스라엘 강경파들은 그런 혼란을 구실로 오히려 중동 평화 회담을 무한정 뒤로 미루려고 한다. 이스라엘 국방부 장관을 지낸 샤울 모파즈도 그런 인물 가운데 하나이다. 강경파 중에서도 초강경파인 그는 국방부 장관으로 있던 2004년, 그해 연말 야세르 아라파트가 죽기 직전까지도 공식 석상에서 "아라파트 제거!"를 부르짖었던 인물이다. 그는 "지금은 팔레스타인과 평화를 논의할 수 없다. 다음 세대까지 기다려야 한다"고 주장한다.

이런 주장에 대해 팔레스타인 중동 평화 협상단을 이끌었던 사에브 에레카트는 "그런 발언은 팔레스타인 점령을 영구화하려는 속셈에서 나온 것"이라고 비판했다. 맞는 얘기다. 6일전쟁 이래 팔레스타인 지역을 군사적으로 강점한 지금의 상태를 유지하려는 것이 유대인 강경파들의 장기 전략이다.

미국도 큰 틀에서 현상 유지에 힘을 실어준다. 『포린 폴리시』에 발표한 글에서 스테판 주니스 교수는 이스라엘이 지난날 평화 협상에서 팔레스타인이 받아들이기 어려운 조건들을 제시한 것은 정착촌 건설 확대를 위한 시간 벌기였다고 여긴다. 그럼에도 친이스라엘 인사들이 포진한 미국 행정부와 의회, 그리고 언론들은 "중동 평화 협상을 저지하는 것은 팔레스타인"이라고 비난해왔다는 게 주니스 교수의 지적이다.

여기서 우리가 중동 평화를 위해 생각할 수 있는 잠정적인 대안이 하나 있다. 험난해 보이는 중동 평화의 길을 차근차근 닦으려면, 이스라엘이 점령 중인 팔레스타인 지역에 유엔 평화유지군 파병이 이뤄져야 한다는 것이다. 이는 중동의 유혈 사태가 악화되어 더 많은 희생자가 나오는 것을 막을 수 있는 방안의 하나로 보인다.

아프리카 서부의 작은 나라 시에라리온은 동부 밀림 지역의 풍부한 다이아몬드 광산을 차지한 반군 세력 혁명연합전선(RUF)과 정부군이 1990년대 초부터 10년 동안 내전을 벌였다. 2,000명 넘는 사람들이 반군이 휘두른 도끼에 손목을 잃었다. 그곳에 1만 4,500명의 유엔 평화유지군(UN-AMSIL)이 파병되어 지금은 평화를 되찾았다. 이스라엘은 주권 침해를 이유로 반대하지만, 중동 지역에 평화유지군이 파병된 전례가 없는 것도 아니다. 이스라엘-이집트 접경지대인 시나이반도가 그렇다. 1956년 이집트의 가말 압델 나세르 대통령이 아랍민족주의를 내세워 수에즈운하의 국유화를 선언하자, 영국-프랑스-이스라엘군이 군사적 대응에 나서면서 제2차 중동전쟁이 벌어졌다. 바로 그때 유엔 긴급군(UNEF)이 파병돼 전쟁이 커지는 것을 막았다.

길게 보면 1948년 이스라엘 독립 전쟁, 짧게 보아도 1967년 6일전쟁 이래 긴장이 끊이지 않는 팔레스타인 지역에 평화유지군이 발을 들여놓지 못할 이유가 없다. 시에라리온에 파병됐던 유엔 평화유지군 병력의 3분의 1 규모만 보내도 중동 상황은 크게 달라질 것이다. 유엔을 지배하는 것은 초강대국 미국이다. 팔레스타인 지역에 국제적인 인권 감시단을 보내려는 유럽 국가들의 노력조차 미국은 이스라엘과 손을 맞잡고 막아왔다. 결국은 미국의 친이스라엘 일방주의가 문제다. 국제사회는 미국과 이스라엘의 유착 관계를 15세기에서

19세기에 걸쳐 유럽 외교사에 자주 나타났던 여러 종류의 '신성동맹'에 빗대어 '신성하지 못한 동맹Unholy Alliance'이라고도 비난한다.

중동 평화의 세 가지 조건

이스라엘-팔레스타인 유혈 분쟁은 현재진행형이다. 이스라엘의 억압은 그치지 않고 팔레스타인의 눈물도 마를 새 없다. 이스라엘군은 걸핏하면 군사작전을 펼쳐 팔레스타인 사람들의 집을 부수고, 이에 항의라도 하면 죽이거나 때리고 체포해 감옥에 가둔다. 이스라엘군에게 잡혀 끌려간 사람 하나하나마다 그 등 뒤에는 가족의 눈물 어린 시선이 꽂혔을 것이다.

그렇다면 중동 땅에 유혈 사태가 그치고 평화가 깃들 날은 언제일까. 나아가 팔레스타인 독립국가가 출현할 날은 언제일까. 2000년 인티파다가 터진 뒤로 10여 차례에 걸친 중동 취재를 바탕으로 내린 결론은 기본적으로 세 가지 변화가 따라야 한다는 것이다. 첫째, 미국 워싱턴에 중도적인 입장을 지닌 정권이 들어서야 한다. 부시나 트럼프 같은 친이스라엘 일방주의를 펴는 정권은 중동 평화를 가져올 수 없다. 둘째, 이스라엘에 팔레스타인과의 공존을 인정하는 평화 지향적인 온건 정권이 들어서야 한다. 베냐민 네타냐후 같은 강성 인물은 이스라엘 유권자들이 퇴출시켜야 한다. 셋째, 팔레스타인의 양대 정치 세력이 손을 잡고 대표성을 지닌 평화 지향적 공동 정권을 세워야 한다. 미국과 이스라엘에 고분고분한 파타 정파는 대중의 믿음이 약하고, 강경파인 하마스는 국제사회로부터 '테러 단체'로 낙인이 찍혔다. 두 정파는 서로의 약점을 보완해 공동 정권을 만듦으로써 대표성을 확보해야 한다. 하지만 안타깝게도 현재로선 이런 세 가지 변화의

팔레스타인의 평화를 기원하며 한국의 인권 활동가들이 베들레헴 분리 장벽에 새긴 글.

조건이 동시에 충족될 가능성은 매우 낮아 보인다.

미국 내 유대인 파워에 휘둘리면서도 워싱턴의 일부 정치 지도자들은 중동 평화에 대해 의욕을 보여왔다. 오바마 행정부가 출범하던 2009년 초부터 중동 특사를 지냈던 조지 미첼 전 상원의원은 "끝나지 않을 분쟁이란 없다"며 중동 평화 협상에 적극 개입할 뜻을 내보였다. 미첼 특사는 1998년 북아일랜드 분쟁을 끝내는 협상 자리에서 양쪽을 아우르는 중재자 역할을 하여 긍정적인 평가를 받았던 인물이다. 하지만 어렵사리 중동 평화 협상이 열릴 때마다 이스라엘의 양보를 모르는 완고한 태도에 크게 실망한 끝에 2011년 특사 자리에서 물러났다. 중동 평화를 여는 문의 열쇠는 결국 이스라엘 강경파가 쥐고 있는 셈이다.

이스라엘의 억압에 좌절과 분노를 더해온 팔레스타인 사람들은 미국의 중동 평화 중재자로서의 역할에 의심스런 눈길을 거두지 않는다. 그러면서도 기대를 걸어본다. 이스라엘을 압박하고 양보를 받아낼 힘은 현실적으로 미국에게 있기 때문이다. 가자에서 만났던 므카이마르 아부사다 교수(알라자르 대학 정치학)의 다음 말은 아마도 많은 팔레스타인 사람들의 생각을 집약적으로 보여주는 듯하다.

"우리 팔레스타인 사람들이 미국에게 거는 기대는 크지 않지만, 그래도 지난날 몇몇 대통령이 그랬던 것처럼 정치적 수사에 그치는 말장난으로 기대를 허망하게 무너뜨리지 않았으면 합니다."

"우리도 사람답게 살고 싶다"

분쟁 해결을 위한 일반 이론 가운데 전쟁 피로war weariness 이론이 있다. 전쟁으로 많은 희생자가 생겨나 지친 상태에서, 어느 쪽이든 이기리라는 희망이 보이지 않을 때 전투 행위가 그치고 평화가 깃든다는 것이다. 전쟁 피로 이론은 이스라엘-팔레스타인 분쟁에도 적용될 수 있다. 거듭된 중동 현지 취재 경험에 비추어보면, 팔레스타인 사람들보다는 이스라엘이 더 지친 것 같다. 앞서 말했듯이, 팔레스타인-이스라엘 분쟁을 읽는 팔레스타인 쪽의 코드는 좌절과 분노다. 땅을 잃은 피지배 민족으로서의 좌절은 크지만 분노가 워낙 강한 까닭에 버티는 모습이다.

전쟁 피로를 더 강하게 느끼는 쪽은 이스라엘로 보인다. 거리의 카페에서 커피를 한잔 마시면서도 하마스의 자살 폭탄 테러가 바로 지금 이곳에서 벌어지지나 않을까 하는 불안 속에 주위를 살펴야 하는 게 이스라엘의 현실이다. 나에게는 뉴욕에서 같이 공부를 하던 유대인 친구가 있다. 그는 이스라엘에서 묻히기를 원하는 노부모를 따라 5년 전 예루살렘으로 옮겨갔다. 하지만 그는 최근 "지난 몇 년 동안 나는 팔레스타인의 저항으로 포위된 예루살렘에서 살얼음판을 딛는 기분으로 살아왔네. 그들의 고통을 가까이에서 지켜보는 것도 내 양심에는 맞지 않아. 뉴욕으로 다시 돌아가고 싶네"라고 쓴 편지를 보내왔다.

마찬가지로 일부 이스라엘 젊은이들도 끝 모르는 혼란과 유혈 분쟁에 지친 나머지 '이스라엘을 떠나야겠다'는 생각을 하고 있다. 중동 취재를 마치고 벤구리온 국제공항에서 비행기를 탔을 때 옆자리에 20대 중반의 유대인이 앉았다. 서로 얼굴을 익힐 쯤의 시간이 흐른 뒤, 그가 낮은 목소리로 들려준 말이 지금도 귓가에 맴돈다. "날마다 피 흘리는 뉴스를 전하는 텔레비전에서 팔레스타인이 죽어야 이스라엘이 산다고 외치는 강경파 정치인들의 얼굴을 보기가 역겹습니

팔레스타인의 미래를 짊어질 어린이들. 이들이 성년이 될 무렵이면 팔레스타인-이스라엘의 유혈
분쟁이 끝날 수 있을까.

다. 그런 사람들과 한 시대를 산다는 것은 불운입니다. 이래저래 나는
이곳이 싫어 떠납니다."

지금 이 시각에도 중동 땅은 피가 피를 부르고 있다. 이스라엘의
군사적 강공책으로 팔레스타인 사람들의 희생은 줄을 잇고, 살아남
은 자들은 분노와 슬픔으로 울부짖는다. 2000년 인티파다가 벌어진
이래 거듭 중동 현지를 취재하면서 얻은 결론은 '이스라엘군의 불법
적 팔레스타인 점령이 끝나지 않는 한 중동 평화는 어렵다'는 것이
다. 문제는 너무나 단순 명쾌하고 뻔한 이 결론에 대해 이스라엘의
강경파들은 고개를 끄덕이지 않는다는 점이다.

지난 2000년 이후부터만 따져도 지금까지 1만 4,000여 명의 사망
자를 낳은 중동 땅은 지금 평화를 갈망하고 있다. 팔레스타인-이스
라엘 양쪽의 강경파들이 맞붙는 유혈과 폭력의 구도는 이제 사라져
야 한다. 팔레스타인에 평화가 없다면 중동 평화는 물론 지구촌의 평
화도 없다. 이스라엘군의 거듭된 공격과 그에 맞선 팔레스타인 저항
세력의 충돌은 어제오늘의 일이 아니다. 그 유혈 충돌의 희생자는 많
은 경우 피점령지인 팔레스타인의 비무장 민간인들이다. 사랑하는
가족과 삶의 터전을 잃은 팔레스타인 사람들이 "우리도 사람답게 살
고 싶다"고 절규하면서 흘리는 눈물은 곧 지구촌의 눈물이다.

   지금 중동 상황을 기상예보에 견주면 '폭풍주의보'다. 세계의 화약
고 중동 땅에 평화의 기운이 살아난다면, 21세기 지구촌의 기상도는
'맑음'으로 바뀔 것이다. 평화를 사랑하는 지구촌의 모든 사람들이 중
동 평화가 남의 일이 아니라 바로 '나와 내 이웃의 문제'라고 여기고,
중동 평화의 전망에 대해 진지하게 고민해볼 때가 바로 지금이 아닐
까 싶다. 유대인 정착촌 확대와 분리 장벽 건설을 반대하는 시위 현
장에서 만났던 한 팔레스타인 청년은 "우리의 눈물이 강을 이루고,
지중해를 덮고 있다"며 눈시울을 붉혔다. 그의 선하게 생긴 얼굴에서
눈물 대신 환한 미소가 나타날 날이 하루빨리 다가오길 바란다.

| 참고 문헌 |

노먼 핀켈슈타인, 『이스라엘-팔레스타인 분쟁의 이미지와 현실』(돌베개, 2004)

노먼 핀켈슈타인, 『우리는 너무 멀리 갔다』(서해문집, 2012)

노암 촘스키, 『숙명의 트라이앵글』(이후, 2008)

랄프 쇤만, 『잔인한 이스라엘』(미세기, 2003)

일란 파페, 『팔레스타인 현대사』(후마니타스, 2009)

Allisair Horne, *A Savage War of Peace: Algeria, 1954-1962*, NYRB Classics, 2006

Amira Hass, *Drinking the Sea at Gaza*, Henry Holt and Company, 1996

Anthony Cordesman, *Military Balance in the Middle East*, Praeger Publishers, 2004

Arthur Koestler, *The Thirteenth Tribe*, Random House, 1976

Avner Cohen, *Israel and The Bomb*, Columbia University Press, 1998

Colin Chapman, *Whose Promised Land?: The Continuing Crisis Over Israel and Palestine*, Baker Books, 2002

Dennis Ross, *The Missing Peace: The Inside Story of the Fight for Middle East Peace*, Farrar, Straus and Giroux, 2004

Edward Said, *The Edward Said Reader*, Vintage, 2000

Henry Kissinger, *Crisis: The Anatomy of Two Major Foreign Policy Crises*, Simon & Schuster, 2003

John J. Mearsheimer & Stephen M. Walt, *The Israel Lobby and U.S.Foreign Policy*, Farrar, Straus and Giroux, 2007

Menachem Begin & Samuel Katz, *The Revolt: Story of the Irgun*, Steimatzky Agency Ltd, 1977

Michael Walzer, *Arguing About War*, Yale University Press, 2004

Michael Walzer, *Just And Unjust Wars: A Moral Argument With Historical Illustrations*, Basic Books, 2006

Nathan Weinstock & Alan Adler, *Zionism: False Messiah*, Unwin Hyman, 1989

Phil Marshall, *Intifada, Zionism, Imperiaism and Palestinian Resistance*, Bookmarks, 1989

Roane Carey, ed., *The New Intifada, Resisting Israel's Apartheid*, Verso, 2001

Shai Feldman & Yiftah Shapir, *The Middle East Military Balance 2000-2001*, The MIT Press, 2001

Shaul Mishal & Avraham Sela, *The Palestinian Hamas: Vision, Violence, and Coexistence*, Columbia University Press, 2000

Stephen Zunes & Richard Falk, *Tinderbox*, Common Courage Press, 2002

지은이 **김재명**

국제분쟁 전문가. 서울대학 철학과를 졸업하고, 뉴욕시립대학 국제정치학 박사 과정을 거쳐 국민
대학에서 정치학 박사 학위를 받았다. 『경향신문』과 『중앙일보』 기자로 일했으며, 지금은 『프레시
안』 국제분쟁 전문기자로 일하면서 성공회대학 겸임 교수로 있다. 지은 책으로 『오늘의 세계 분
쟁』(2015년, 개정판), 『군대 없는 나라, 전쟁 없는 세상』(2016년), 『시리아 전쟁』(2018년) 등이 있다.

눈물의 땅, 팔레스타인

발행일	2009년 9월 15일(초판 1쇄)
	2014년 4월 22일(초판 11쇄)
	2015년 2월 23일(개정판 1쇄)
	2015년 4월 7일(개정판 2쇄)
	2019년 5월 10일(개정 증보판 1쇄)
	2021년 12월 30일(개정 증보판 2쇄)

지은이   김재명
펴낸이   이지열
펴낸곳   미지북스
         서울 마포구 성암로 15길 46(상암동 2-120) 201호
         우편번호 03930
         전화 070-7533-1848   팩스 02-713-1848
         mizibooks@naver.com
         출판 등록 2008년 2월 13일 제313-2008-000029호
책임 편집 이지열, 서재왕
출력   상지출력센터
인쇄   한영문화사

ISBN   978-89-94142-96-8 03340
값 22,000원

• 블로그 http://mizibooks.tistory.com
• 트위터 http://twitter.com/mizibooks
• 페이스북 http://facebook.com/pub.mizibooks